交通系统分析及优化

主 编 魏金丽 张萌萌 陈秀锋 姜 涛

北京理工大学出版社

BEIJING INSTITUTE OF TECHNOLOGY PRESS

内 容 简 介

本书是国际工程教育认证认定的交通运输类的主干课程教材之一，上承宏观思想，下触微观方法，不仅从宏观角度对交通系统结构、功能、环境分析，交通系统供需分析、竞合及耦合分析等进行了介绍，还从微观角度对交通系统预测、优化、评价、决策、模拟及仿真等理论进行了系统阐述，涵盖了交通系统分析理论中较成熟的理论和方法，同时结合当前交通前沿问题探讨了部分理论及方法应用。

本书的编写是为了匹配新工科建设对交通类专业的新型教学需求，在总结国内外交通系统分析方面研究成果的基础上，基于 OBE 和 CDIO 理论设计教材结构及内容，融入综合教学方式及模式，以培养学生能力为目标，融入课程思政理念整体架构形成新型教材。

本书共分为 9 章，第 1~4 章从宏观角度介绍了交通系统分析的基本理论及方法，第 5~9 章从微观角度介绍了交通系统分析的常用理论及方法，同时探讨了各种方法在交通系统中的应用。

本书可作为交通工程、交通运输、道路交通管理、城市规划专业的本科生教材，也可作为相关工程技术人员的参考书。

图书在版编目（CIP）数据

交通系统分析及优化 / 魏金丽等主编. --北京：
北京理工大学出版社，2023.7
　　ISBN 978-7-5763-2576-8

　　Ⅰ. ①交… 　Ⅱ. ①魏… 　Ⅲ. ①交通运输系统–系统分析 　Ⅳ. ①U491.1

　　中国国家版本馆 CIP 数据核字（2023）第 127148 号

出版发行 / 北京理工大学出版社有限责任公司
社　　址 / 北京市海淀区中关村南大街 5 号
邮　　编 / 100081
电　　话 / (010)68914775(总编室)
　　　　　 (010)82562903(教材售后服务热线)
　　　　　 (010)68944723(其他图书服务热线)
网　　址 / http://www.bitpress.com.cn
经　　销 / 全国各地新华书店
印　　刷 / 三河市天利华印刷装订有限公司
开　　本 / 787 毫米×1092 毫米　1/16
印　　张 / 18.5　　　　　　　　　　　　　　责任编辑 / 陆世立
字　　数 / 432 千字　　　　　　　　　　　　文案编辑 / 李　硕
版　　次 / 2023 年 7 月第 1 版　2023 年 7 月第 1 次印刷　　责任校对 / 刘亚男
定　　价 / 90.00 元　　　　　　　　　　　　责任印制 / 李志强

图书出现印装质量问题，请拨打售后服务热线，本社负责调换

前 言

　　交通运输系统是一个复杂的多学科交叉的大系统，要解决现代交通问题，需以党的二十大提出的"必须坚持问题导向、必须坚持系统观念"等习近平新时代中国特色社会主义思想的世界观和方法论为指导，从系统结构、性能、经济、社会、环境等方面，以系统思想和现代系统分析技术，认识、分解、分析和描述交通运输体系，综合分析、优化处理，使其整体最佳。

　　《交通强国建设纲要》中提出"推动交通发展由追求速度规模向更加注重质量效益转变"，故如何系统解析交通运输所蕴含的规律，优化提高交通系统运行质量和效率，最大限度地发挥交通运输系统载体功能，对于当前交通运输系统的发展乃至建设交通强国意义重大。

　　本书是作者在多年从事"交通系统分析"课程教学的基础上编写而成的，运用系统工程的思想，从宏观、微观角度对交通系统进行了分析。为顺应新型教学要求，以学生能力培养为导向，本书重新梳理了课程体系，在传统内容的基础上配以讨论课题及项目课题。全书共分9章并附有习题、讨论课题(详见第1~4章)及项目课题(详见第6章)。前4章以宏观视角从系统整体出发，对交通系统结构、功能、环境、供需、耦合和竞合进行了分析；后5章以微观视角从系统要素出发，对交通系统预测、优化、评价、决策、模拟及仿真等理论、方法进行了介绍。本书既注重系统性和专业性，又突出实践性和创新性；既有原理和方法的介绍，又有丰富的案例及例题与之匹配。在案例分析方面，本书力求结合编者团队实际工程案例，帮助读者快速理解相关理论及方法。

　　本书由魏金丽、张萌萌、陈秀锋、姜涛主编，具体分工如下：第1、2、5、6章由魏金丽编写，卢柳樱、张林浩、李安琪、姜鑫鑫等校勘；第3章由陈秀锋编写，邴其春等校勘；第4章由张萌萌编写，杨金顺等校核；第7章由姜涛、刘存一编写；第8章由齐新宇、刘立新、潘福全编写；第9章由杨晓霞、曲大义编写；全书由魏金丽统稿。

　　交通系统分析专业性、综合性强，限于编者学识和实践经验，本书难免存在疏漏和不妥之处，恳请同行和读者批评指正，以便编者进一步修改完善本书，特此致谢！

　　书中引用了一些前辈和同行的研究成果和论述，特此一并致谢！

编　者

2023 年 2 月

目　录

第1章　系统分析概论 ……………………………………………………………………（1）

1.1　系统 ……………………………………………………………………………（1）

1.2　系统工程 ………………………………………………………………………（3）

1.3　交通系统分析 …………………………………………………………………（7）

1.4　案例分析——城市交通系统分析 …………………………………………（12）

本章小结 ……………………………………………………………………………（14）

习题 …………………………………………………………………………………（14）

讨论课题 ……………………………………………………………………………（14）

第2章　交通系统宏观分析 …………………………………………………………（15）

2.1　交通系统宏观组分 …………………………………………………………（15）

2.2　交通系统结构分析 …………………………………………………………（17）

2.3　交通系统功能分析 …………………………………………………………（24）

2.4　交通系统环境分析 …………………………………………………………（28）

2.5　案例分析——低碳城市交通系统分析 ……………………………………（36）

本章小结 ……………………………………………………………………………（42）

习题 …………………………………………………………………………………（42）

讨论课题 ……………………………………………………………………………（43）

第3章　交通系统供需分析 …………………………………………………………（44）

3.1　交通运输需求分析 …………………………………………………………（44）

3.2　交通运输供给分析 …………………………………………………………（55）

3.3　交通运输供求平衡分析 ……………………………………………………（65）

本章小结 ……………………………………………………………………………（78）

习题 …………………………………………………………………………………（79）

讨论课题 ……………………………………………………………………………（79）

第4章　交通系统竞合及耦合分析 …………………………………………………（80）

4.1　相关理论介绍 ………………………………………………………………（80）

4.2　区域综合交通系统竞合分析 ………………………………………………（84）

4.3　公共交通系统竞合分析 ……………………………………………………（89）

4.4　区域经济发展与交通运输耦合发展分析 …………………………………（97）

4.5　案例分析——都市圈交通一体化发展分析 ……………………（103）

本章小结 ………………………………………………………………（105）

习题 ……………………………………………………………………（105）

讨论课题 ………………………………………………………………（105）

第5章　交通系统预测 …………………………………………………（107）

5.1　概述 ………………………………………………………………（107）

5.2　定性预测方法 ……………………………………………………（112）

5.3　定量预测方法 ……………………………………………………（119）

本章小结 ………………………………………………………………（146）

习题 ……………………………………………………………………（147）

第6章　交通系统优化 …………………………………………………（148）

6.1　数学规划 …………………………………………………………（148）

6.2　组合优化 …………………………………………………………（161）

6.3　常用算法 …………………………………………………………（197）

本章小结 ………………………………………………………………（198）

习题 ……………………………………………………………………（199）

项目课题 ………………………………………………………………（201）

第7章　交通系统评价 …………………………………………………（202）

7.1　概述 ………………………………………………………………（202）

7.2　单项评价方法 ……………………………………………………（207）

7.3　综合评价方法 ……………………………………………………（209）

本章小结 ………………………………………………………………（227）

习题 ……………………………………………………………………（227）

第8章　交通系统决策 …………………………………………………（229）

8.1　概述 ………………………………………………………………（229）

8.2　不同决策问题的决策分析 ………………………………………（233）

8.3　对策 ………………………………………………………………（242）

本章小结 ………………………………………………………………（251）

习题 ……………………………………………………………………（252）

第9章　交通系统模拟及仿真 …………………………………………（254）

9.1　概述 ………………………………………………………………（254）

9.2　交通系统模拟 ……………………………………………………（255）

9.3　交通系统仿真 ……………………………………………………（259）

9.4　交通仿真软件 ……………………………………………………（274）

9.5　案例分析 …………………………………………………………（279）

本章小结 ………………………………………………………………（284）

习题 ……………………………………………………………………（285）

参考文献 ………………………………………………………………（286）

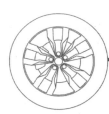

第1章
系统分析概论

系统分析概论

知识目标

掌握系统、系统工程、系统分析的定义、特征、方法论等，理解交通系统分析的意义、方法、内容、步骤等，了解城市低碳交通的组成、结构、功能等。

能力目标

能够系统分析某交通系统的组成、结构、功能及对环境的输入输出。

1.1　系　统

1.1.1　系统的定义

系统（System）一词来源于古希腊语，意为部分组成的整体。长期以来，系统概念的定义尚无统一规范的定论，不同的人在不同的场合往往赋予它不同的含义。一般系统论创始人贝塔朗菲定义："系统是相互联系、相互作用的诸元素的综合体"。这个定义强调元素间的相互作用以及系统对元素的整合作用。我国著名学者钱学森认为："系统是相互作用、相互依赖的若干部分结合而成的，具有特定功能的有机整体，而且这个有机整体又是它从属的更大系统的组成部分"。

从上述解释来分析，我们可以发现系统具有以下几个共同点：

（1）系统是由若干要素（部分）组成的。这些要素可能是一些个体、元件、零件，也可能本身就是一个系统。

（2）系统有一定的结构。一个系统是其构成要素的集合，这些要素相互联系、相互制约。系统内部各要素之间相对稳定的联系方式的内在表现形式，就是系统的结构。

（3）系统具有一定的功能，或者说系统具有一定的目的性。系统的功能是指系统在与外部环境相互联系和相互作用中表现出来的性质、能力和功能。这种功能是由系统内部要素的有机联系和系统的结构所决定的，要素关系决定系统结构，系统结构决定系统功能。

在现实生活中，我们常常会接触各种各样的系统。例如，21世纪生活工作中必不可少的计算机就是一个系统，其主要由硬件系统和软件系统组成：硬件系统包括中央处理器、存储器、输入和输出控制系统和各种外部设备；软件系统由操作系统、实用程序、编译程序等组成。从这个例子可以看出，系统是各种要素组成的整体，且要素本身也可以是一个系统；同时各要素之间存在一定的有机联系；最后系统具有一定的功能，就计算机系统而言，其具有网络通信、科学计算、事务处理和过程控制等功能。

因此，系统是由两个或两个以上相互区别、相互联系而又能相互作用的要素组成，在一定的阶层结构形式中分布，在给定的环境约束下，为达到一定目的而存在的有机整体，而这个有机整体又是它从属的更大系统的组成部分。

1.1.2 系统的特征

系统与要素的对立统一是客观事物的本质属性和存在方式。系统与要素是相互伴随而产生的、相互作用而变化的。系统与要素之间的关系主要表现在以下3个方面：一是系统通过整体作用支配和控制要素；二是要素通过相互作用决定系统的特性和功能；三是系统与要素的概念是相对的。

一般来说，通过系统的定义可以总结出系统具有以下几个特性。

(1)整体性。系统的整体性并不是指各个要素的简单集合。系统中每个要素都具有独立的功能，系统的各要素之间存在一定的有机联系，只有各要素之间相互统一和协调才能发挥系统的整体性。同时，系统的整体功能也不是各要素功能的叠加，对于各要素来说，整体功能的产生不仅是一种量变，更是一种质变。一般情况下，系统总体功能不限于各要素的功能总和，而是大于各组成要素的功能之和，即

$$F \geqslant \sum_{i=1}^{n} F_i$$

式中：F——系统的整体功能；

F_i——系统第i个要素的功能$(i=1, 2, \cdots, n)$。

若系统各要素达不到协调统一，系统功能会出现特殊情况，即

$$F < \sum_{i=1}^{n} F_i$$

(2)相关性。系统内各要素之间是相互作用的，在这些要素之间具有某种相互依赖的特定关系。例如，城市道路交通系统由道路网、车辆、信号控制系统、交通规则等单元或子系统组成，它们之间是相互关联的，它们之间的协调关系使车辆在道路上有条不紊地行驶。

(3)目的性。系统都具有一定的目的性，系统的每一个要素都有为系统目的服务的一面，这也是系统存在的价值和意义。

(4)集合性。系统都是由两个或两个以上可识别的部分(或子系统)所构成的多层次集合体。集合性说明系统是有边界的，集合之外与集合中各要素相关联的一切事物构成了系统的环境，两者的界线就是系统的边界，在处理问题时，划清系统边界，可避免将研究范围扩大化。

(5)层次性。系统是相互作用、相互联系的诸要素的多层次综合体，其中部分要素本

身也是一个系统，也就是子系统。例如，交通系统由铁路、道路、航空、水路、管道运输子系统组成；其中道路运输系统由人、车、路、设施、管理、环境等许多子系统组成。系统能量总是从高位向低位流动。

（6）环境适应性。系统总是存在一定的环境中，与环境不断进行物质、能量、信息的交换。系统必须适应外部环境的变化，否则将不能存在。例如智能驾驶车辆和车路协同技术，智能驾驶车辆无论是以摄像头+前置雷达为主还是以激光雷达为主，其目的主要是与外在环境信息进行交互，以适应当前环境的变化，如图 1-1 所示。

图 1-1　系统与环境的关系

自然界和人类社会中，系统是普遍存在的，根据系统的性质，系统形态可分为以下几类：自然系统与人造系统(海洋系统和各种机器组成的工程系统)；实体系统和概念系统(机械系统、管理系统)；动态系统与静态系统(区别在于系统状态是否随时间变化)；控制系统与行为系统，前者是为了进行控制而构成的系统，后者是指已完成目的的行为作为构成单元而形成的系统。在道路交通工程中，实际上存在的系统(道路网络系统、公路运输系统等)大多数是自然系统与人工系统复合而成的实体系统。

1.2　系统工程

1.2.1　系统工程的定义

近几十年来，科学技术迅猛发展，出现了许多繁杂的系统，如社会经济系统、生态环境保护系统、交通系统等。这些系统常常具有综合性的功能和目标，需要从结构组成、技术性能、生态影响等多方面来研究考虑。用传统的分析方法来分析这些问题力有不逮，而系统工程可从整体上研究这些复杂系统的共同问题。

由于参与研究和发展系统工程学的学者来自不同的领域，故各国学者对系统工程有不同的解释，但几乎都涉及系统工程的研究对象、研究方法、研究内容、研究目的等方面。系统工程的早期定义大多停留在对系统工程狭义上的理解，例如，1967 年美国人切斯纳(H. Chestnut)在其所著的《系统工程学的方法》一书中指出："系统工程是为了研究由多个子系统构成的整体系统所具有的多种不同目标的相互协调，以及系统功能的最大化，最大限度地发挥系统组成部分的能力而发展起来的一门科学"；同样在 1967 年，日本在《JIS-Z8212》中的定义为："系统工程是为了更好地达到系统目标，对系统的构成要素、组织结构、信息流动和控制机构等进行分析和设计的一种技术"。它们虽然明确了系统工程的理论基础是系统思想，但对其主要任务的认识却只是局限在分析、综合、模拟、优化上。

1971 年，日本寺野寿郎为系统工程所作的定义拓宽了系统工程的内容，将系统的组织技巧也纳入其中，自此明确了系统工程的研究内容包括两大方面：一是从系统开发、系统分析、系统优化到系统决策的一套系统的设计、制造过程；二是该设计、制造过程的规划、组织、管理。1978 年，钱学森进一步指出了系统工程是一种对所有系统都具有普遍意义的科学方法，他在《组织管理的技术——系统工程》一书中解释："系统工程是组织管理系统工程的规划、研究、设计、制造、试验和使用的科学方法，是一种对所有系统具有普遍意义的科学方法"。

总之，系统工程是用系统科学的观点，合理地结合控制论、信息论、运筹学、社会科学、经济管理科学、现代数学的最优化方法、电子计算和其他有关工程技术，按照系统开发的程序和方法去研究和建造最优化系统的一门综合性的管理工程技术。系统工程是从实践中产生的，由于处理的对象主要是信息，所以它又被称为"软科学"。

1.2.2 系统工程的特点

根据定义，可总结系统工程具有以下 4 个主要特点。

（1）一个系统、两个最优：目标和方法最优。系统工程一般是用系统科学的观点决定整体框架，进行系统的逻辑思维过程总体设计，运用最优化方法（方法最优）调整改善系统的结构使系统整体功能最佳，即目标最优。

（2）以"软"为主：系统工程属于"软科学"。系统工程的基本特征：人和信息的重要作用；多次反馈和反复协商；科学性与艺术性的二重性及其有机结合等。

（3）综合性强：应用综合性知识和技术。系统工程合理地结合了多领域、多学科的理论、方法与技术，将定性分析与定量分析有机结合，根据具体问题涉及的学科和专业范围，组成一个知识结构合理的专家体系。

（4）咨询性：不参与决策。系统工程是对各子系统或具体问题的研究，强调多方案的设计与评价，并不参与决策过程。

1.2.3 系统工程方法论

系统工程的基本处理方法，就是根据系统的概念与系统的基本组成和性质，把研究对象作为系统来分析，对分析结果加以综合，综合后产生的就是系统的设计，然后对这个系统的设计方法进行评价，这样反复进行，直到能有效地实现预定目标为止，如图 1-2 所示。

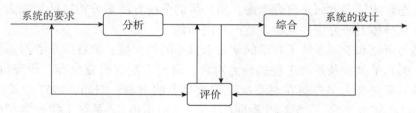

图 1-2　系统工程的基本处理方法框图

系统工程方法论就是分析和解决系统开发、运作及管理实践中的问题所应遵循的工作程序、逻辑步骤和基本方法。它是系统工程思考问题和处理问题的一般方法与总体框架，主要有硬系统工程方法论和软系统工程方法论两大类。

1）系统工程方法论原则

（1）整体性原则。系统工程要求把每项工程任务都看成是由不同部分构成的有机整体，把全局观点、整体观点贯彻于整个工程的各个方面、各个部分、各个阶段；从整体出发去组织局部的活动、使用局部的力量、协调局部的关系；把工程任务作为一个整体去研究，协调它与更大工程任务之间的关系。

（2）有序相关性原则。在系统层次上表现出来的整体特征是由要素或子系统层次上的相互关联、相互制约造成的。各部分之间的相互关系越有序，系统整体功能就越优良。

（3）动态性原则。系统工程往往是大型的、复杂的实践过程，对象内部复杂的相互作用和环境的多变性使过程本身呈现出动态特征。应将实施工程任务看作是一个动态过程，密切注意系统内外的各种变化，采取相应的措施，在变化中求得系统优化。

（4）目标优化原则。目标优化原则要求在组织和管理一个系统时应具有追求系统最优性的自觉性，以获得最大收益和付出最小代价为出发点去制订规划、方案和计划，实现系统的组织建立和运行管理。

（5）可行性原则。客观条件总会使系统优化受到一定的约束。优化而不可行的方案不是真正的优化方案。应把目标优化原则与可行性原则结合起来，在可行的方案中寻求最优方案。

2）硬系统工程方法论——霍尔三维结构体系

霍尔三维结构体系是硬系统工程方法论的典型代表。霍尔（Hall）把系统工程的研究方法和步骤用三维的笛卡儿坐标系来表示，该坐标系统称为霍尔三维结构。霍尔把工作进程或工作阶段称为时间维，把在系统各阶段中的思维过程称为逻辑维，把每个思维过程涉及的专业知识称为知识维。这就组成了包括时间、逻辑、知识的三维结构空间，如图1-3所示。

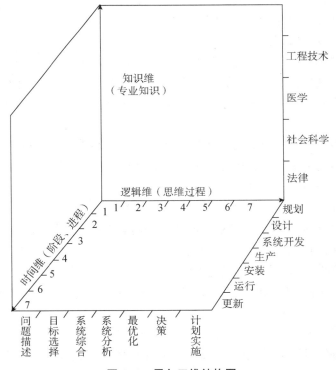

图1-3　霍尔三维结构图

（1）时间维。霍尔把任一系统由规划、设计到更新的整个寿命周期分为7个阶段：规划阶段、设计阶段、系统开发阶段（研制阶段）、生产阶段、安装阶段、运行阶段、更新阶段。

（2）逻辑维。霍尔把每工作阶段的思维过程划分为7个步骤：问题阐述、目标选择、系统综合、系统分析、最优化、决策、计划实施。

①　问题阐述。该阶段就是把系统的一切情况阐述清楚，主要包括对系统性质的认识，

了解系统的环境、目的、各组成部分及其联系等，属于定性地对系统进行研究的阶段，也是为进一步分析和研究奠定基础的关键阶段。

② 目标选择。目标选择的正确与否至关重要。霍尔曾指出："选择一个正确的目标比选择一个正确的系统重要得多，选择一个错误的目标，等于解决一个错误的问题，选择一个错误的系统，只不过是选择一个非最优化的系统"。

③ 系统综合。该阶段需根据问题的性质和所确定的目标提出几套方案并确定每套方案的参数，以便从中选择较好的方案。

④ 系统分析。系统分析是应用系统工程方法对系统综合中提出的备选方案进行分析比较的过程，包括建立数学模型、计算和模拟实验。

⑤ 最优化。该阶段是对模型求解结果进行评价，筛选出满足目标要求的最佳方案，为决策者提供决策依据的过程。该阶段中经常使用各种最优化方法。

⑥ 决策。一般来说，方案优化结果就可作为决策。

⑦ 计划实施。决策后，需把决策方案的详细实施步骤和内容，变成切实可行的行动计划，然后下达执行。

(3)知识维。霍尔把系统工程处于某阶段、某一思维过程中所涉及的专业知识按照定量化的难易程度由下至上排列，其顺序是工程、医药、建筑工程、商业、法律、经济管理、社会和艺术等专业知识。

霍尔三维结构是当前比较清楚地说明系统工程研究方法和步骤的模式。在所有工作阶段都包含不同的思维过程和专业知识，因此，一个向量(工作阶段、思维过程、专业知识)表示出系统工程所处的任一位置，就是霍尔三维结构空间作为系统工程的方法和步骤的本质。

霍尔三维结构主要适用于机理清楚的偏"硬"系统，侧重于工程系统，其特点是强调明确目标，核心内容是系统分析和优化，多用定量分析方法，不适用于偏重社会、经济、生物等机理不太清楚的偏"软"系统。

3)软系统工程方法论——切克兰德方法论

切克兰德的"调查学习"是软系统工程方法论的典型代表。英国人切克兰德(Checkland)于1981年提出了"调查学习"模式，它是一种半定性、半定量的偏"软"的系统方法论。切克兰德的"调查学习"软方法的核心不是"最优化"，而是通过从模型及现状"调查比较"中学习改善现存系统的途径，达到逐步改善系统的目的，其方法步骤如下，流程如图1-4所示。

(1)问题现状说明：通过调查对系统状况进行说明。

(2)弄清问题的关联因素：初步弄清改善系统的相关因素及相互关系。

(3)建立概念模型：用语言模型或结构模型描述系统。

(4)改善概念模型：通过比较、学习，进一步修正、改进模型。

(5)概念模型与现实系统的比较：将改进后的模型与现状进行比较，找出符合决策者意图的可行方案。

(6)寻求可行方案的改善途径进行设计，使可行方案更加优化。

(7)实施：提出可行方案，制订计划，落实执行。

(8)评估：对实施后的结果进行评估，看是否达到预期效果。

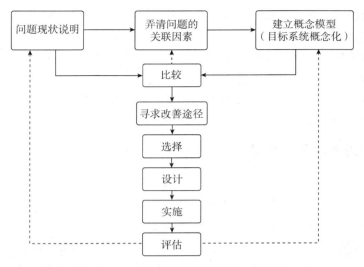

图1-4 切克兰德"调查学习"软方法流程

切克兰德的"调查学习"软方法的特点在于定性、定量相结合，以定性为主；其核心是比较，从比较中学习改善现状的途径。

4）其他系统工程方法论

除了以上介绍的几种较为常见的系统工程方法论，还有其他系统工程方法论。

（1）并行工程方法：美国于20世纪80年代末提出的工程技术方法论，这种方法力图使产品开发者从一开始就考虑产品全生命周期从概念形成到产品报废的所有要素，包括质量、成本、进度和用户需求。

（2）物理—事理—人理（Wuli—Shili—Renli，WSR）系统方法论：由中国系统工程专家顾基发和英国华裔专家朱志昌于20世纪90年代中期提出，由理解领导意图、调查分析、形成目标、建立模型、协调关系、提出建议6个步骤构成。

（3）综合集成系统方法论：中国科学家钱学森等针对开放复杂巨系统问题，于20世纪90年代初提出了从定性到定量的综合集成系统方法论。该方法论以对社会系统、人体系统、地理系统这3类复杂巨系统的研究实践为基础，形成一个整体。

1.3 交通系统分析

1.3.1 交通系统分析对象

交通是通过一定的组织管理技术，实现运载工具在公共交通网络上流动的一种经济活动和社会活动，特指运输工具在运输网络上的流动。运输是指利用公共交通网络和运载工具，通过一定的组织管理技术，实现人与物空间位移的一种经济活动和社会活动，包含4个要素：公共交通网络及其设施、运载工具、组织管理技术和运输对象（人和物）。

交通强调运输工具（交通工具）在运输网络（交通网络）上的流动情况，而与交通工具上所载运人员、物资的有无和多少无关。运输强调的是运输工具上载运人员与物资的多少、位移的距离，而不是特别关心使用何种交通工具和运输方式。因此，交通运输是运载工具在公共交通线网上流动、载运工具上载运人员与物资在两地之间位移这一经济活动和社会活动的总称。

交通运输系统是交通体系和运输系统的总称，是以"公共交通网络及其设施"和"载运工具"作为"交通"和"运输"的两项基本要素为依托，以现代联合运输工程技术和信息技术为基础，以便捷、安全、高效和经济为目标，实现客货运输过程的运输工程及管理系统，亦是交通系统分析的研究对象。

1.3.2 交通系统分析意义

交通系统由多个子系统构成，子系统之间相互联系、相互影响，形成了关系极其复杂的系统群体，交通系统的构成依赖于分析交通系统的角度或问题。如图1-5所示。因此，如此复杂的交通系统，难以用简单的方法说明它们的关系，而是需进行系统分析。

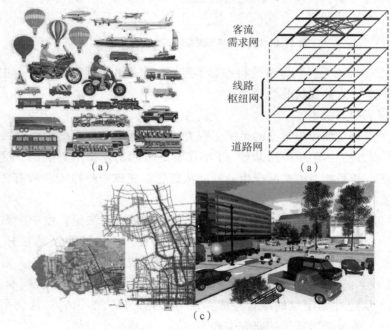

图1-5 交通系统的构成

(a)交通工具；(b)路网构成；(c)宏观、微观

交通供需矛盾一直存在，其结构如图1-6所示，土地利用决定了交通需求总量，交通发展政策影响交通需求，交通结构对应着交通供给，也影响着交通需求，要想从根本上解决拥堵问题，需系统分析供需平衡问题。

交通系统工程是系统工程在交通领域中具体应用的分支学科。它将人、车、路、环境作为一个有机整体，从系统观点出发，以数学和工程等科学方法为工具，综合运用汽车工程、运输工程、道路工程、交通工程、环境工程、管理工程、运输经济学和人类工效学等基本理论，为交通活动提供最优规划和计划，进行有效的协调和控制，并使之在一定期限内获得最合理、最经济、最有效的成果。运用系统科学的方法对交通系统进行分析，对于解决交通问题具有重要意义。

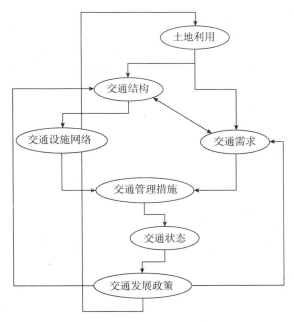

图 1-6 交通供需结构示意图

（1）为交通系统规划提供依据。交通系统分析为交通系统规划提供必要的理论依据，如开展交通需求总量和分布的预测、交通方式划分、计算道路上的交通量，从而设计交通系统。

（2）为交通设施设计及改造提供依据，如交通枢纽扩容、公交分布与规模、交叉口的改造设计。这些交通设施的设计及改造都离不开交通系统分析。

（3）为交通管理提供依据，如单行线设置、信号协调控制、交通诱导、拥挤收费、停车管理、公交专用道设置、票价设计、停车换乘。没有科学的具体分析，就难有科学的管理。

（4）为交通政策和法规制定提供依据，如公交优先、城市交通发展政策、道路交通法修订等。

1.3.3 交通系统分析过程

交通系统分析过程如下。

（1）系统界定。关系清晰：只有明确各个要素之间的关系，才能准确认识分析系统，有助于寻找问题本质。

（2）发现问题。综合运用定性、定量分析，从定性角度把握系统的走向；通过定量分析，建立问题的数学模型，明确应该采取的措施。综合各方面的因素，对系统给出明确的结论。

（3）寻找根源。明确系统问题后，寻找原因，比较各种影响因素，确定最主要的影响因素，有助于找到最优方案。寻找根源具体分为 3 个步骤：一是确定问题的层次，在寻求问题的根源时，需要对问题进行层次分析；二是明确问题关系，明确问题之间的关系，从根源问题入手；三是抓住主要问题，解决系统的主要问题，但不一定是最大问题。

（4）给出方案。给出方案时，要提供备选方案，即规划中的高低方案；对方案进行优选，一般是折中方案；最后确定方案，通过对优选方案进行评价，往往需要对多目标进行比选，进而决策。因此，交通系统分析的具体流程如图 1-7 所示。

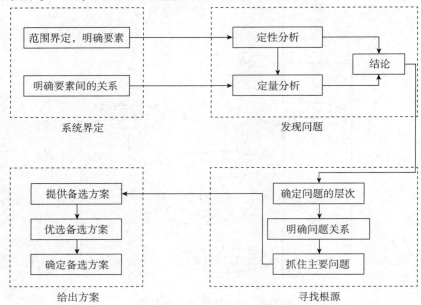

图 1-7　交通系统分析的具体流程

1.3.4　交通系统分析方法

交通系统分析方法包括系统描述方法、系统优化方法、系统评价方法。

1）系统描述方法

常用的系统描述方法有逻辑模型、物理模型、数学模型、仿真模型。

（1）逻辑模型：如在 CA 模型中交通流被描述为方格，方格为 1 表示有车辆，方格为 0 表示无车辆。

（2）物理模型：如跟车模型、流体模型。

（3）数学模型：通过数学方法建立各个要素之间的关系模型，如重力模型、交通分配模型、Logit 模型。

（4）仿真模型：借助计算机技术建立模仿交通系统运行的模型，如 CTM 模型、CA 模型。

2）系统优化方法

系统优化方法在交通系统工程中极为重要，涉及的问题往往造价高昂而复杂，主要有逻辑判断法、数学优化法、智能优化法。

（1）逻辑判断法：通过逻辑判断来确定系统最优方案，但由于缺少定量指标，故难以确定方案之间的优劣

（2）数学优化法：通过数学模型来获得系统的优化目标值，确定系统的最优方案，如基于路网容量的双层规划优化、信号灯滚动优化等。

（3）智能优化法：通过计算机智能算法来进行系统优化，如遗传算法、模拟退火算法等。

3）系统评价方法

常用的系统评价方法有对比评价方法和数学评价方法。

（1）对比评价方法：通过分析各个优化方案的各项指标，对各方案的各项性能指标进行综合分析来获得对方案的整体评价，通常为综合评价，为系统决策提供最终依据。图1-8所示为轨道交通方案综合评价。

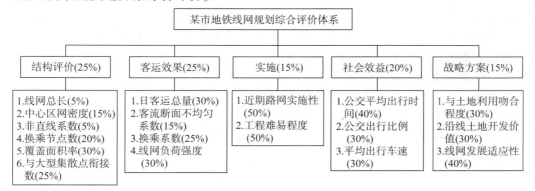

图1-8 轨道交通方案综合评价

（2）数学评价方法：通过数学模型对系统各项性能指标进行评价，图1-9所示为各交通参数指标评价。

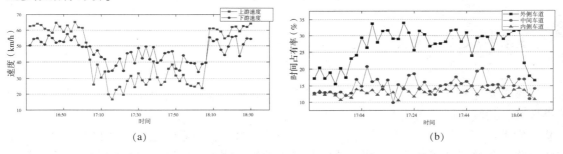

（a） （b）

图1-9 有无交通管控下的密度时空对比

（a）速度；（b）时间占有率

1.3.5 交通系统分析内容

交通系统分析研究的内容非常广泛，主要包括以下几个方面。

（1）交通参数分析：分析交通流的特性参数分为宏观参数和微观参数，宏观参数用于描述整体特性，包括交通流量、速度和密度；微观参数用于描述车辆之间的运行特性，包括车头时距、车头间距。这些交通流参数包括统计分布特性、道路通行能力和延误。

（2）交通供需关系分析：包括交通设施资源供应和交通量对交通资源的需求两方面，供应方面包括设施布局、规模（长度、面积）、服务速度（通行能力）等；需求方面包括人口和车辆总量、时空分布等。

（3）交通状态分析：采用排队论、跟驰理论、交通波理论，从宏观、微观层面对交通状态进行描述。

（4）交通系统优化：主要在某些投入资源约束的条件下，通过调整交通系统的拓扑结构和数量，使某些交通系统指标最优化。例如，以各个方向排队长度不溢出为目标的交通信号灯控制、财政约束下的道路建设方案优化。

（5）交通系统评价：主要介绍评价交通系统运行质量的各种指标和方法。例如，对公交企业的所有权、投入车队的评价、交通设施运行质量的评价等。

（6）交通系统模拟：以交通理论模型为基础，兼顾实测参数以及交通状态的随机特点，使分析过程切合实际，并且具有可重复性、实验性和可视性等特点。

（7）交通系统决策：各类方案在不同自然状态下的决策，采用合理的决策方法综合分析，进行方案的选择，为方案的实施提供依据。

综上所述，交通系统分析思路框图如图1-10所示。

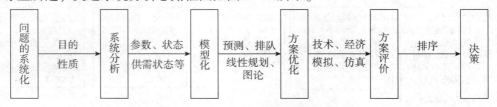

图1-10 交通系统分析思路框图

1.4 案例分析——城市交通系统分析

1.4.1 定义及特点

1）定义

城市交通系统是城市大系统中的一个重要子系统，体现了城市生产、生活的动态的功能关系，是城市区域系统内和城市间利用运输工具，通过时间的延迟、空间的占用，将客货的发生点和吸引点联系起来，使客货发生位移。城市交通系统是指各种交通工具、运输建筑物、各种服务设施和管理设施及人组成的一个共同完成城市客货运输的综合服务系统。

2）特点

城市交通系统是具有多变量且关系复杂、难以简单描述的多目标系统，系统结构复杂、交通流量大且具有不均衡性、立体化程度较高、拥有较先进的交通设施和工具，其特点如下。

（1）交通方式的综合性。五大交通方式在此交汇、转换，城市交通系统以道路交通为主，同时涉及铁路、水运、航空等运输方式的转换与协调。

（2）研究对象复杂性。除了考虑载运工具及其交通基础设施，还要考虑交通系统的参与者（行人、自行车、公交、摩托车、小汽车等）。

（3）研究目标多样性。5E：工程（Engineering）、法规（Enforcement）、教育（Education）、能源（Energy）、环境（Environment）。

1.4.2 组成

作为系统，城市交通系统由城市运输系统（交通行为的运作）、城市道路系统（交通行为的通道）和城市交通管理系统（交通行为的控制）组成。城市运输系统又称流量系统，包含行驶在道路上的各种车辆及行人；城市道路系统是为城市运输系统完成交通行为服务的，包括各种等级的道路、交叉路口和交通管理设施；城市交通管理系统则是整个城市交通系统正常、高效运转的保证，包括管理交通网络和流量的各种规章制度。

作为要素，城市交通系统是城市的社会、经济和物质结构的基本组成部分，把分散在城市各处的城市生产、生活活动连接起来，在组织生产、安排生活、提高城市客货流的有效运转及促进城市经济发展方面起着十分重要的作用。城市的用地布局、规模，甚至生活方式都需要城市交通系统的支撑。

1.4.3 结构

城市交通系统结构如图 1-11 所示。

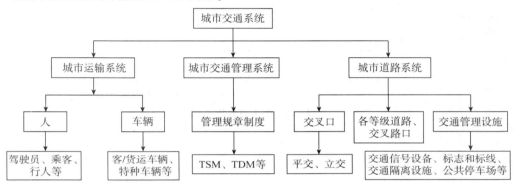

图 1-11 城市交通系统结构

1.4.4 功能

城市交通系统具有以下功能：
(1)保证和促进城市的生产活动。
(2)保证城市居民的正常生活。
(3)保证城市对外交通运输的正常运行。
(4)保证城市旅游资源的手段。

1.4.5 目标

基本目标：沟通城市中各个功能组成部分，在安全、经济、迅速、方便、低公害的条件下提供最大服务，使城市成为动态的有机整体。

子目标：提高社会效益、提高经济效益、提高生态效益，对应关系如表 1-1 所示。

表 1-1 城市交通系统的子目标的对应关系

	子目标	基本目标
目标	提高社会效益	增加舒适度、减少出行时间、减少事故率、增加方便性、提高服务质量
	提高经济效益	减少用户费用、降低资金能源消耗、增加利润收入、提高设备利用率、增加协调性
	提高生态效益	合乎要求的居留地、减少污染和噪声

本章小结

本章首先介绍了系统及系统工程的定义、特征及系统工程方法论，在此基础上，重点介绍了交通系统分析的对象、意义、过程、方法和内容；最后以城市交通系统为例，分析了城市交通系统的定义、特点、组成、结构和功能等。本章主要知识架构如图 1-12 所示。

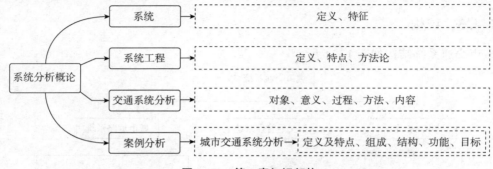

图 1-12　第 1 章知识架构

 习　题 ▶▶ ▶

1. 系统及系统工程的特点分别是什么？
2. 硬系统工程方法论与软系统工程方法论的典型代表方法是什么？请简述两者异同点。
3. 交通系统分析的内容及方法是什么？
4. 城市交通系统对应哪些明显的系统工程特点？
5. 请简述交通系统分析思路及过程。

讨论课题 ▶▶ ▶

2021 年是中国共产党建党一百周年，百年来我国交通行业发生了巨大变化。但随着城镇化进程的加快、机动车保有量的逐年增长，导致 CO_2、CO、碳氢化合物等污染物排放不断增加。习近平总书记指出绿色发展理念是我国发展的根本理念，未来应该接力促使交通行业的能源清洁化，实现低碳化目标。请从系统的角度出发分析该问题，在碳达峰、碳中和的目标下，交通系统该何去何从？并提出实现策略及路径。具体要求及示例详见二维码。

低碳交通讨论

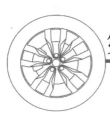

第 2 章
交通系统宏观分析

交通系统宏观分析

知识目标

　　了解交通系统宏观组分，掌握交通系统结构分析方法，理解交通系统功能非协调发展的表现形式，理解交通系统与环境的关系及其环境分析方法。

能力目标

　　能够从宏观角度对交通系统进行系统分析，并学会采用正确的系统结构分析方法对实际交通问题进行分析。

2.1　交通系统宏观组分

　　交通系统根据研究角度的不同，可划分为不同的组分，常见的系统宏观组分如下。

　　(1)按照运输方式分(五大运输方式)，交通运输体系内有铁路运输、公路运输、水路运输、航空运输和管道运输等多种运输方式。每种运输方式有不同的技术经济特点，适应着不同的自然地理条件和运输需要。纵观世界范围内交通系统的发展历史，按照不同运输方式在不同时期所起的主导作用，交通系统可以划分为 5 个发展系统阶段：铁路运输系统，公路运输系统，水路运输系统，航空运输系统和管道运输系统。由于铁路、水路、公路、航空和管道 5 种现代化运输方式在载运工具、线路设施、营运方式以及技术经济特征等方面各不相同，因而各有优势和不同的使用范围，它们之间的关系是相互补充、相互协作的合作竞争关系。

　　(2)按照服务对象分，交通系统由客运交通和货运交通构成。客运主要包括公/商务、旅游和通勤等，公/商务客运主要有航空运输、铁路运输和公路运输等方式；旅游客运有航空运输、铁路运输、公路运输和水路运输等方式；通勤客运主要包括铁路运输、公路运输及共享运输(如单车、网约车等)等方式。货运(物流)可分为运输环节和中转环节，运输环节的主要方式有航空运输、铁路运输、公路运输、水路运输及管道运输；中转环节主要分为货物装卸、存储和分拨等。

（3）按照组成道路交通活动的要素分，交通系统是人类社会大系统的组成环节，是一个复杂、开放的大系统，由人、车辆、线路和环境组成。人是交通系统的主体，包括驾驶员、乘务员、管理人员、维修人员、行人、乘车人等；车辆是交通系统的主要部分，包括通用车辆、专用车辆；线路包括公路、城市道路两部分，城市道路又分为快速路、主干路、次干路、支路等；人、车辆、线路构成了交通系统的内部结构，交通系统的外部环境包括交通站场、社会环境、土地利用等。构成交通系统的基本要素既是相互独立的，又往往以组合的形式出现，各类要素中有一类是寻求得到系统服务的需求因素，另一类则是对系统的扩展和运行时起制约作用的供给因素。

（4）按照所处环节不同，交通系统由载体子系统（包括各种交通网络、场站和交通工具）、运输子系统（包括运输方式的构成及运输组织管理等）和交通管理子系统等组成。交通大系统的外部环境同样也可以划分为若干个子系统（包括地理环境、城市形态与规模、土地利用以及社会经济环境等）。

（5）按照交通流研究角度不同，交通系统由宏观交通、中观交通和微观交通组成。宏观交通主要是从交通管理者的角度对城市路网的整体运行状态进行评价，如不同拥挤程度的道路里程百分比、不同严重程度的交通事故数量等，为交通管理中信号控制策略的选择、交通现场的指挥与救援调度等战略性的交通决策提供信息依据。中观交通是对局部路网或地区交通进行研究，主要集中于对交通流基础理论的研究。微观交通主要研究交通流特征参数随交通状态的变化趋势、车辆运行状态与相互影响，能够为交通控制和交通诱导系统提供翔实、有效的数据。

（6）从运营角度分析，现代化的交通系统都必须具备运载工具、通路、场站、动力、通信、经营管理等的配合，且运输经营的成功与否、服务质量能否令人满意，也取决于构成要素能否发挥其应有的功能，以及彼此能否密切配合，如图2-1所示。

图2-1 交通系统运营构成

① 运载工具。运载工具的功能在于容纳和保护被运送的人和物。

② 通路。通路是在运输网络中，连接运输始发地、到达地，供运输工具安全、便捷运行的线路。

③ 场站。场站是指交通运输工具出发、经过和到达的地点，为运输工具到发停留，客货集散装卸，售票代运服务，运输工具维修、管理、驾驶及服务人员休息，以及运输过程中转连接等的场所。

④ 动力。现代的动力装置利用空气、水、石油、电力等能源的燃烧运转作用，产生推动运输工具所需的动力。汽车的动力装置是汽车行驶的动力源，包括发动机及其燃料供给系统、冷却系统。新能源的鼓励使用使新型发动机在不同程度上提高了动力水平，节省了能耗，降低了环境污染。

⑤ 通信。通信设备的功能在于营运管理人员能迅速确实掌握运输服务的进展情况，遇到有突发事故时可以迅速解决，以确保运输持续与安全，提高运输服务质量与运输效率。公路交通控制设备主要有交通标志、路面标线和交通信号，对车辆、驾驶员和行人进行限制警告和诱导。

⑥ 经营管理。运输服务的提供需要驾驶人员、机械维修养护人员、运输工具上的服务人员、运输工具外的服务人员(如售票员、货运员)，以及许多其他业务管理与经营人员的参与，这样才能使那些硬件交通运输构成要素或设施真正发挥作用。管理人才以及运输企业组织的功能，在于建立规章制度，有效运用所有运输设备，充分利用运输设备能力，达到企业的经营目标，并充分发挥交通运输事业的功能，满足社会的运输需求。道路交通管理就是按照一定的交通法规和交通规划，规定车辆、驾驶员和行人在道路的行动准则，并运用各种手段、方法，合理地限制和科学地组织、指挥交通，确保行车和行人的安全。

(7)按照功能分，交通系统分为运输系统、集散交通组织和衔接系统。其中，运输系统：高机动性、低沿线用地服务功能(包括城市快速路系统、主干路系统、轨道交通系统、BRT 系统和常规公交干线系统)。集散交通组织：低机动性、高沿线用地服务功能(次干路、支路系统以及常规公共交通次干线和支线系统)。衔接系统：运输系统中转、运输系统与集散系统中转(不同层级的公交枢纽、重要道路节点)。

(8)按照系统化过程角度分析，交通系统由系统组分、系统结构、系统功能和系统环境组成。本章即按此组分进行宏观系统分析。

除了以上常见组分，交通系统还有其他组成分析，如软交通系统与硬交通系统、现实交通与元宇宙交通等，故分析交通系统组分时，要根据不同的研究角度和问题，具体问题具体分析。

2.2　交通系统结构分析

2.2.1　概述

系统结构是指系统内部各组成要素之间的相互联系、相互作用的方式或秩序，即各要素之间在时间或空间上排列和组合的具体形式。结构是系统的普遍属性，没有无结构的系统，也没有离开系统的结构。无论是宏观世界还是微观世界，一切物质系统都无一例外地以一定结构形式存在着、运动着和变化着。

系统至少由两个以上相互区别的要素组成，在各个要素之间必然有着某种相互关系。因此，构成系统的要素数量、各要素的转换能力，以及各要素之间发生联系的方式不同，系统的性质也因之而异。系统结构分析就是从系统内部来考察其组成要素的联结关系的一种分析方法，要素之间的关系发生了变化，就会引起系统结构的变化，所以系统结构是完成系统功能的基础，不同的系统结构产生不同的系统功能和功能效率。

交通系统结构分析的任务就是分析交通系统由哪些要素组成，这些要素之间、要素与整体之间都有什么样的关系，这些关系产生什么样的系统结构等，概括如下。

1. 交通系统组成要素分析

具体组成要素要依据研究角度和问题而定，上一节已展开阐述，此处不作赘述。

2. 交通系统各要素间相互关系分析

交通系统各组成要素在功能上是相互衔接、分工协作的，往往呈现出相互促进、相互制约的合作竞争关系。

3. 交通系统结构分析

分析交通系统结构要分层进行，从不同层次、不同角度分析运输系统内外相互联系的各个方面和环节的有机比例和构成。根据研究角度不同可划分为宏观、中观和微观 3 个层次。

宏观层次的交通运输结构，是从国民经济整体考察交通系统的运输能力与运输需求的适应程度，以及为了建立适应性运输业而应有的生产要素投入比例和运输业产出比例。中观层次的运输结构，是从运输行业内部考察各种运输方式的构成，以及为了实现合理分工协作所需的比例关系，如各运输方式的线网规模与地区分布、运输能力的比例、实际完成的客货运量比例等。微观层次的运输结构，是从各运输方式内部的各个环节考察其构成比例。

4. 结构的稳定性分析

系统的稳定性是指在其寿命期内可靠地完成系统应有的功能的能力，也就是要保持良好的结构和稳定的运行状态，具有抗干扰的功能。

5. 结构的合理性分析

一个合理的交通系统结构有两方面含义：一是交通系统与国民经济其他系统之间保持一种协调发展的比例关系；二是交通系统内部种运输方式之间保持一种合作竞争的优化比例。那么，合理的交通结构是怎样的？如何才能建立起合理的交通系统结构？综合运输通道理论应运而生。运输通道理论形成于 20 世纪 60 年代，它是以系统思想为指导，综合运用区域经济学、区位理论、运输经济学、经济地理、运输规划理论和方法而形成的一种新的运输规划理论。通过多国实践证明，运输通道理论可有效地规划和建设合理的交通系统结构。

1）综合运输通道的定义

综合运输通道是由公路、铁路、航空等多种运输方式线路组成的客货流密集地带，承担较大运量的中长途运输，是各种运输方式的最佳组合和补充，是主要产业通道，亦是运输大动脉。

2）综合运输通道的特点

综合运输通道具有区域性、规模性、集合性、方向性的特点。

3）综合运输通道的构成要素

综合运输通道通常由五大要素构成：节点、线路、运输工具、要素流、外部环境。

综合运输通道沿线所连接的城市群内各城市就是其"节点"；综合运输通道一般由不同的运输方式、走向大致平行的多条运输线路构成，这些线路是支撑通道线状交通的基础设施；运输工具是通道能够运行的基础设备；要素流由物质流(客流、货流)和非物质流(资金流、信息流和技术流等)构成；外部环境是指支撑综合运输通道的地域经济实体。

4)综合运输通道的分类

综合运输通道按地域范围可分为广域、区域和城市及其对外运输通道 3 种；按服务对象可分为客运、货运和客货混合运输通道 3 种；按运输功能可分为干线、集散、城市以及特殊用途运输通道。

对于城市交通系统而言，系统结构涵盖 3 层含义：交通方式结构、交通配置结构和交通出行结构等。城市交通方式结构是指城市中各类交通方式所承担的交通量的比例关系；城市交通配置结构是指城市中各类城市交通方式所配置供给的交通设施(固定交通设施，如路网、场站等；移动交通设施，如交通工具等)的比例和交通衔接关系；城市交通出行结构是指城市交通各类出行特征所占的比例，而出行特征包括出行量、出行频率、出行目的分布、距离分布、时间分布和空间分布等。城市交通系统结构既可以表示综合交通体系中各种交通方式的功能与地位，又可以反映城市交通出行需求的特征，同时还可以表示交通系统配置供给情况，它是城市客运交通系统的最本质特征。

2.2.2　系统结构分析方法

系统结构分析的目的，就是要弄清和理顺系统各构成要素(子系统)之间的关系，为实现系统功能建立起优良的系统结构。系统的结构模型是一种描述系统各要素之间以及系统与环境之间新的相互关系的模型。需要通过确定系统各要素之间的关系(因果关系、顺序关系、联系关系、隶属关系、优劣关系等)是否存在及相互影响程度等，一些难以量化的系统常常采用结构模型加以描述。常用的描述形式是有向图和邻接矩阵，由此产生的系统结构分析方法有很多，本小节重点介绍解释结构模型法(Interpretative Structural Modeling，ISM)与决策试验和评价实验法(Decision-making Trial and Evaluation Laboratory，DEMATEL)。

1. 解释结构模型法

解释结构模型法是利用图论中的关联矩阵原理来分析复杂系统的整体结构。根据系统中各要素之间存在的相关关系(直接关系、间接关系、层次关系、并列关系)，利用图论中的关联矩阵原理，定量地描述这些关系，由直接关系推算间接关系。此法常用来分析社会、经济、环境、规划、管理等方面的问题，为分析系统结构，制订系统规划提供科学的依据。

解释结构模型法的基本步骤包括以下几步。

(1)确定构成系统的要素集合 S，并将各个要素编号，记作

$$S = (S_1, S_2, \cdots, S_n)$$

(2)建立直接关系矩阵(邻接矩阵) M。由专家讨论找出各要素之间的直接关系，且引入如下二元关系式：

$$S_i \quad R \quad S_j = \begin{cases} 1, & 当 S_i 与 S_j 有直接关系时 \\ 0, & 当 S_i 与 S_j 无直接关系时 \end{cases}$$

其中，$i, j = 1, 2, \cdots, n$，以建立各要素之间的直接关系矩阵(邻接矩阵) M。

(3)生成可达矩阵 T：

$$T = M^{n+1} = M^n$$

式中：n 是直接关系矩阵 M 的阶数。

通过对 M 的布尔运算得到可达矩阵 T，T 除了反映系统中各要素间的直接关系，还可以反映出系统中各要素之间的间接关系。

布尔运算规则：

$$0+0=0 \qquad 1+0=1 \qquad 1+1=1$$
$$0\times0=0 \qquad 1\times0=0 \qquad 1\times1=1$$

（4）级间分解。将可达矩阵 T 分解成以下两个集合。

$R(S_i)$ 集合：包含由 S_i 可能到达的一切有关系的要素集合，称为 S_i 的母集合。

$A(S_i)$ 集合：包含一切有关系的要素可以到达 S_i 的集合，称为 S_i 的子集合。

（5）计算 $R(S_i)$ 和 $A(S_i)$ 的交集，满足 $R(S_i) \cap A(S_i) = R(S_i)$ 中的要素就是系统的最上位要素，即最高层次的要素。

（6）去掉最高层次要素，重复步骤（5），确定系统中所有因素的层级。

（7）建立解释结构模型。根据上述分析，把各要素放在对应的层次上，用有向图的形式，画出系统的层次结构图。

例 2-1 已知某系统由 5 个要素组成，$S = \{S_1, S_2, S_3, S_4, S_5\}$，经过两两判断，$S_1$ 影响 S_4，S_2 影响 S_4，S_3 影响 S_5，S_4 影响 S_2 和 S_5。试用解释结构模型法建立其递阶层次结构模型。

解：（1）建立直接关系矩阵（邻接矩阵）。

经过专家分析确定，4 个要素之间建立的直接关系矩阵如下：

$$M = \begin{pmatrix} 1 & 0 & 0 & 1 & 0 \\ 0 & 1 & 0 & 1 & 0 \\ 0 & 0 & 1 & 0 & 1 \\ 0 & 1 & 0 & 1 & 1 \\ 0 & 0 & 0 & 0 & 1 \end{pmatrix}$$

（2）生成可达矩阵。运算遵循布尔运算规则：

$$0+0=0 \qquad 1+0=1 \qquad 1+1=1$$
$$0\times0=0 \qquad 1\times0=0 \qquad 1\times1=1$$

$$M^2 = M \times M = \begin{pmatrix} 1 & 0 & 0 & 1 & 0 \\ 0 & 1 & 0 & 1 & 0 \\ 0 & 0 & 1 & 0 & 1 \\ 0 & 1 & 0 & 1 & 1 \\ 0 & 0 & 0 & 0 & 1 \end{pmatrix} \begin{pmatrix} 1 & 0 & 0 & 1 & 0 \\ 0 & 1 & 0 & 1 & 0 \\ 0 & 0 & 1 & 0 & 1 \\ 0 & 1 & 0 & 1 & 1 \\ 0 & 0 & 0 & 0 & 1 \end{pmatrix} = \begin{pmatrix} 1 & 1^* & 0 & 1 & 1^* \\ 0 & 1 & 0 & 1 & 1^* \\ 0 & 0 & 1 & 0 & 1 \\ 0 & 1 & 0 & 1 & 1 \\ 0 & 0 & 0 & 0 & 1 \end{pmatrix}$$

$$M^3 = M^2 \times M = \begin{pmatrix} 1 & 1 & 0 & 1 & 1 \\ 0 & 1 & 0 & 1 & 1 \\ 0 & 0 & 1 & 0 & 1 \\ 0 & 1 & 0 & 1 & 1 \\ 0 & 0 & 0 & 0 & 1 \end{pmatrix} \begin{pmatrix} 1 & 0 & 0 & 1 & 0 \\ 0 & 1 & 0 & 1 & 0 \\ 0 & 0 & 1 & 0 & 1 \\ 0 & 1 & 0 & 1 & 1 \\ 0 & 0 & 0 & 0 & 1 \end{pmatrix} = \begin{pmatrix} 1 & 1^* & 0 & 1 & 1^* \\ 0 & 1 & 0 & 1 & 1^* \\ 0 & 0 & 1 & 0 & 1 \\ 0 & 1 & 0 & 1 & 1 \\ 0 & 0 & 0 & 0 & 1 \end{pmatrix}$$

$$M^4 = M^3 \times M = \begin{pmatrix} 1 & 1 & 0 & 1 & 1 \\ 0 & 1 & 0 & 1 & 1 \\ 0 & 0 & 1 & 0 & 1 \\ 0 & 1 & 0 & 1 & 1 \\ 0 & 0 & 0 & 0 & 1 \end{pmatrix} \begin{pmatrix} 1 & 0 & 0 & 1 & 0 \\ 0 & 1 & 0 & 1 & 0 \\ 0 & 0 & 1 & 0 & 1 \\ 0 & 1 & 0 & 1 & 1 \\ 0 & 0 & 0 & 0 & 1 \end{pmatrix} = \begin{pmatrix} 1 & 1 & 0 & 1 & 1 \\ 0 & 1 & 0 & 1 & 1 \\ 0 & 0 & 1 & 0 & 1 \\ 0 & 1 & 0 & 1 & 1 \\ 0 & 0 & 0 & 0 & 1 \end{pmatrix}$$

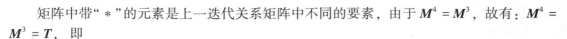

矩阵中带 "＊" 的元素是上一迭代关系矩阵中不同的要素，由于 $M^4 = M^3$，故有：$M^4 = M^3 = T$，即

$$T = \begin{pmatrix} 1 & 1 & 0 & 1 & 1 \\ 0 & 1 & 0 & 1 & 1 \\ 0 & 0 & 1 & 0 & 1 \\ 0 & 1 & 0 & 1 & 1 \\ 0 & 0 & 0 & 0 & 1 \end{pmatrix}$$

可达矩阵 T 反映了系统的总体结构，其不仅反映了系统中各要素之间的直接关系，还反映了系统中各要素之间的间接关系。

（3）级间分解。将可达矩阵分为两个集合，$R(S_i)$ 集合和 $A(S_i)$ 集合，并计算 $R(S_i)$ 和 $A(S_i)$ 的交集，如表 2-1 所示。$R(S_i) \cap A(S_i) = R(S_i)$ 中的要素就是系统的最上位要素。去掉最高层次要素，重复上述步骤，直到最后一个要素，以此确定各要素层级。

表 2-1　级间分解表

要素 S_i	母集合 $R(S_i)$	子集合 $A(S_i)$	交集 $R(S_i) \cap A(S_i)$	层级
S_1	S_1、S_2、S_4、S_5	S_1	S_1	Ⅲ
S_2	S_2、S_4、S_5	S_1、S_2、S_4	S_2、S_4	Ⅱ
S_3	S_3、S_5	S_3	S_3	Ⅱ
S_4	S_2、S_4、S_5	S_1、S_2、S_4	S_2、S_4	Ⅱ
S_5	S_5	S_1、S_2、S_3、S_4、S_5	S_5	Ⅰ

由表 2-1 可以看出，满足 $R(S_i) \cap A(S_i) = R(S_i)$ 的要素只有 $\{S_5\}$，故该集合中的要素 S_5 是系统的最上位要素。

去掉最上位要素 S_5，满足 $R(S_i) \cap A(S_i) = R(S_i)$ 集合的是 $\{S_2, S_3, S_4\}$，该集合中的要素 S_2、S_3、S_4 是系统的第二位要素。

去掉第二位要素 S_2、S_3、S_4 后，只剩下要素 S_1，该要素就是系统的最下位要素。

据以上分析可知，该系统的结构可以分为 3 个层次，可画出系统分层有向结构，如图 2-2 所示。

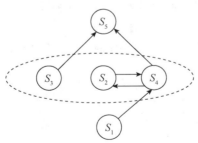

图 2-2　系统分层有向结构

2. 决策试验和评价实验法

决策试验和评价实验法是 1971 年美国 Battelle 实验室的学者 A. Gabus 和 E. Fontela 提出的一种运用图论和矩阵工具的系统分析方法。这种方法充分利用专家经验和知识处理复杂问题，可以用来筛选复杂系统的主要要素，简化系统结构，对于要素关系不确定的系统

尤为有效。目前，该方法已成功应用于企业创新能力评价、绿色产品评价等多个领域。

1）原理

通过系统中各要素之间的逻辑关系和直接影响矩阵，计算出每个要素对其他要素的影响度以及被影响度，从而计算出每个要素的原因度与中心度，作为构造模型的依据，从而确定要素间的因果关系和每个要素在系统中的地位。

2）基本步骤

决策试验和评价实验法的基本步骤包括如下几步。

（1）分析确定系统要素，量化各要素之间的相互关系，构建直接影响矩阵。

分析确定系统各个要素，采用专家打分法分别对各要素进行两两比较，并根据相应的判断标准，采用分级比例标度进行描述，给出各要素的直接影响关系和影响程度，建立直接影响矩阵。如果系统存在 n 个要素，则要比较 $n(n-1)$ 次，而要素自身不需要比较，即矩阵的对角线上的值通常用 0 来表示。

判断标准通常采用 3 种方法确定，一是客观的具有极强精度的测量值的量，其值取一个自然数，如长度、距离等物理量；二是 10 级标度，即取 0~9 的方法来度量；三是 5 级标度，即取 0~4 的方法来度量，此方法最常用。由于事物具有模糊性，故通常采用诸如：{没有，较小，一般，较大，大}、{无，较弱，正常，较强，强}等语义来度量要素之间相互影响的强弱，如表 2-2 所示。具体判断标准的确定要根据系统复杂程度，本着能够区分的原则灵活处理。如果系统复杂程度较高、要素数目较多，可在现有标度基础上进一步均匀细化，如在"0 无"和"1 较弱"之间均匀插入"0.5 很弱"。

表 2-2　要素影响关系判断标准

赋值（r_{ij}）	影响关系及程度
0	无
1	较弱
2	正常
3	较强
4	强

对于多位专家的判断结果，按照算术平均的方法得到 n 个要素的直接影响矩阵 $\boldsymbol{M}$。

$$\boldsymbol{M} = \left[M_{ij} \right]_{n \times n}$$

（2）通过归一化直接关系矩阵，计算得到规范化直接影响矩阵 $\boldsymbol{M}^*$，进而确定综合影响矩阵。

$$\boldsymbol{M}^* = \left[M_{ij}^* \right]_{n \times n} = \frac{\boldsymbol{M}}{\max\limits_{1 \leqslant i \leqslant n} \sum\limits_{1}^{n} M_{ij}}$$

（3）由规范化直接影响矩阵，计算得到综合影响矩阵 $\boldsymbol{T}$：

$$\boldsymbol{T} = \boldsymbol{M}^* + \boldsymbol{M}^{*2} + \cdots + \boldsymbol{M}^{*n}$$

当 n 足够大时，$\boldsymbol{T} = \boldsymbol{M}^* (\boldsymbol{I} - \boldsymbol{M}^*)^{-1}$，其中：$\boldsymbol{I}$ 为单位矩阵，$(\boldsymbol{I} - \boldsymbol{M}^*)^{-1}$ 为 $(\boldsymbol{I} - \boldsymbol{M}^*)$ 的逆矩阵。

（4）由综合影响矩阵，计算得到各个要素的影响度、被影响度、中心度、原因度。

影响度：$\boldsymbol{T}$ 的各行的值之和，表示各行对应要素对所有其他要素的综合影响值，该集

合记为 $D_{v'}$，有

$$D_{v'} = (D_1, \ D_2, \ D_3, \ \cdots, \ D_n)$$

其中：$D_i = \sum_{j=1}^{n} t_{ij}(i = 1, \ 2, \ 3, \ \cdots, \ n)$。

被影响度：T 的各列的值之和，表示各列对应要素受到所有其他要素的综合影响值，该集合记为 $C_{i'}$，有

$$C_{i'} = (C_1, \ C_2, \ C_3, \ \cdots, \ C_n)$$

其中：$C_i = \sum_{j=1}^{n} t_{ij}(i = 1, \ 2, \ 3, \ \cdots, \ n)$。

中心度：要素 i 的影响度和被影响度相加得到该要素的中心度，记作 M_i。中心度表示该因素在评价指标体系中的位置及其所起作用的大小。

$$M_i = D_i + C_i$$

原因度：要素 i 的影响度和被影响度相减得到该要素的原因度，记作 R_i

$$R_i = D_i - C_i$$

如果原因度大于 0，表明该要素对其他要素影响大，称为原因要素；反之，称为结果要素。

（5）结果分析，提出建议。根据实际情况进行进一步的处理，如去除非核心要素、与 ISM 等结构分析方法联用。

例 2-2　某系统由 4 个要素组成，记为 $S_i(i = 1, \ 2, \ 3, \ 4)$，通过专家打分确定直接影响矩阵 M 如下，试采用 DEMATEL 法分析系统各要素的地位及对系统的影响程度。

$$M = \begin{pmatrix} 0 & 0 & 0 & 0 \\ 5 & 0 & 0 & 0 \\ 4 & 0 & 0 & 0 \\ 3 & 2 & 1 & 0 \end{pmatrix}$$

解：（1）由 M 计算规范化直接影响矩阵，取各行最大和为 6，故

$$M^* = \begin{pmatrix} 0 & 0 & 0 & 0 \\ 5/6 & 0 & 0 & 0 \\ 2/3 & 0 & 0 & 0 \\ 1/2 & 1/3 & 1/6 & 0 \end{pmatrix}$$

（2）由 M^* 计算综合影响矩阵 T，有

$$T = M^*(I - M^*)^{-1} = \begin{pmatrix} 0 & 0 & 0 & 0 \\ 5/6 & 0 & 0 & 0 \\ 2/3 & 0 & 0 & 0 \\ 1/2 & 1/3 & 1/6 & 0 \end{pmatrix} \times \begin{pmatrix} 1 & 0 & 0 & 0 \\ -5/6 & 1 & 0 & 0 \\ -2/3 & 0 & 1 & 0 \\ -1/2 & -1/3 & -1/6 & 1 \end{pmatrix}^{-1}$$

$$= \begin{pmatrix} 0 & 0 & 0 & 0 \\ 5/6 & 0 & 0 & 0 \\ 2/3 & 0 & 0 & 0 \\ 1/2 & 1/3 & 1/6 & 0 \end{pmatrix} \times \begin{pmatrix} 1 & 0 & 0 & 0 \\ 5/6 & 1 & 0 & 0 \\ 2/3 & 0 & 1 & 0 \\ 8/9 & 1/3 & 1/6 & 1 \end{pmatrix} = \begin{pmatrix} 0 & 0 & 0 & 0 \\ 5/6 & 0 & 0 & 0 \\ 2/3 & 0 & 0 & 0 \\ 8/9 & 1/3 & 1/6 & 0 \end{pmatrix}$$

（3）由 T 计算影响度、被影响度、中心度和原因度，如表2-3所示。

表2-3　各要素的影响度、被影响度、中心度和原因率

要素	S_1	S_2	S_3	S_4
S_1	0	0	0	0
S_2	5/6	0	0	0
S_3	2/3	0	0	0
S_4	8/9	1/3	1/6	0
影响度 D_i	0	5/6	2/3	25/18
被影响度 C_i	43/18	1/3	1/6	0
中心度 $M_i=D_i+C_i$	43/18	7/6	5/6	25/18
原因度 $R_i=D_i-C_i$	−43/18	1/2	1/2	25/18

（4）重要程度（中心度）按大小依次为 S_1、S_4、S_2、S_3，原因度按大小依次为 S_4、S_2、S_3、S_1，且 S_4、S_2、S_3 为原因要素，S_1 为结果要素。

2.3　交通系统功能分析

2.3.1　概述

1. 概念

系统的结构与功能的关系是不可分割的一对范畴，系统结构是系统功能的基础。把系统与外部环境相互作用所反映的能力称为系统的功能，体现了一个系统与外部环境之间物质、能量和信息的输入与输出的转换关系。系统结构说明的是系统内部状态和内部作用，而系统功能说明的是系统外部状态和外部作用。贝塔朗菲曾解释：结构是"部分的秩序"，"内部描述本质上是结构描述"；功能是"过程的秩序"，"外部描述是功能描述"；功能是系统内部固有能力的外部表现，它归根结底是由系统内部结构所决定的。系统功能的发挥，既有受环境变化制约的一面，又有受系统内部结构制约和决定的一面，这就体现了功能对于结构的相对独立性和绝对依赖性的双重关系。

从系统的角度看，任何系统的存在都是为了实现特定的功能，即从事某种活动或产生某种结果。系统功能可以表述为构成系统的要素及其内部结构与外部环境的相互作用所呈现的系统行为功效和能力。其关系式可以表达为

$$F = f(K, S, E)$$

式中：F——系统的功能；

K——构成系统的要素；

S——系统内部结构；

E——系统外部环境。

系统功能有直接与间接之分，前者为系统的显功能，后者为系统的隐功能。隐功能无

论是否有利于人们社会生活的发展，都是客观存在的。一般情况下，人们偏重显功能而忽略隐功能，实际上隐功能的意义也不容忽视。

系统的功能效应有肯定和否定之分，所以在考察系统功能效应时，必须要衡量系统隐功能和显功能的肯定效应及否定效应两个方面。当系统的显功能与隐功能均为肯定效应时，系统功能发挥最为充分，对于交通系统而言，亦是如此。

2. 交通系统功能组成

交通系统是社会系统的重要组成部分，它承担着物质、能量、信息的转运传输，维系着社会生产和消费的平稳运行。交通系统功能是指交通系统与外部环境相互联系和相互作用中表现出来的性质、能力和行为。按照系统论角度分析，交通系统功能分为交通系统运输功能、交通系统服务功能、交通系统战备功能、交通系统附属功能四大部分。各大组成部分都包含相应子系统，子系统又具有相应功能，不同子系统之间存在着复杂的联系。

（1）交通系统运输功能：包括客运、货运和信息传递 3 个功能。

（2）交通系统服务功能：包括停靠功能（停车场、飞机场、码头、车站）、收费功能（收费站）和后勤保障功能（加油站、维修站等）。

（3）交通系统战备功能：包括应急起降功能（高速公路、快速路）、兵站服务功能（服务器、车站）、战储功能（交通枢纽）和防空功能（地铁、隧道）。

（4）交通系统附属功能：包括美化功能、应急功能、促进功能（经济、科技）、引导功能和其他功能。

3. 系统功能的特性

（1）易变性。与系统结构相比，系统功能是更为活跃的因素。一个系统对外部条件发挥功能，总要遵循一定的规律，表现为一定的秩序。随着环境条件的不同，将相应地引起系统功能的变化。一个系统的结构在一定的阈值内总是稳定的，但其功能则不同。当环境的物质、信息、能量交换有所变动时，系统与环境的相互作用过程、状态、效果都会随着环境的变化而变化。因此，系统发挥功能的过程，随着环境条件的变换而相应地调整其程序、内容和方式，不断促进系统结构的变革，以使系统不断获得新的功能。

（2）相关性。系统功能与系统结构一样也存在着相关性。在一个大系统内部，其要素之间的相互作用本来是属于系统结构关系，但是如果把每个要素或子系统作为一个系统整体来考察，则子系统之间均相互作用并转化为独立子系统之间的功能关系。

4. 交通系统功能需求

（1）智能化需求（智能公交、智能汽车、智能交通）。

（2）物联网技术需求（物联网技术融入交通系统）。

（3）文化建设需求（长久性、发展性）。

（4）"绿色交通"需求。

2.3.2　交通系统功能分解

功能分解是对复杂系统进行分解的核心问题，是一个自上而下的过程，上层功能与下层功能之间是一对多的映射关系。功能分解是一个树状图，如图 2-3 所示。

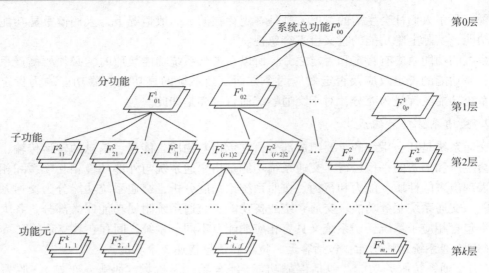

图 2-3 中，$F_{m,n}^{k}$ 每个字母的含义：F 表示功能；k 表示分解的层号，即第 k 个功能层；m 表示某功能层编号，即第 k 层中第 m 个分（子）功能；n 表示父功能编号，即在第 k 层中第 m 个分（子）功能是由第 $(k-1)$ 层中的第 n 个功能分解得到的。

由图 2-3 可以看出，对于复杂系统的功能分解，功能呈现出自上而下的层级关系，即总功能→分功能→子功能→功能元，功能元是最小的单位，处于分解的最底层。

系统功能具有可加性和不可加性，从而有功能可加系统和功能不可加系统之分。功能可加系统又具体分为功能完全可加系统和功能不完全可加系统，并认为对功能完全可加系统而言，总系统某一功能最优化的条件为各子系统同一功能的单独最优化，且各子系统实现这一功能是完全独立的，没有任何耦合关系。此时，总系统单个功能的优化只是形式上把子系统的同一功能联系在一起，总目标是各分目标的增函数，分目标之间没有实质上的耦合关系。对功能不完全可加系统而言，要实现系统某一功能的优化，可以从外部对系统施加协调作用，使系统功能达到期望值时，系统状态成功转移到协调状态的总成本最小。

现实中很多系统都是功能不可加系统，如交通运输系统，这类系统的功能也更加复杂，从系统内的单个子系统来看，并不是最先进的，但系统的整体性能可能是世界一流的。交通系统的功能分解要根据不同的组分具体分析。

2.3.3 交通系统功能实现程度度量

为了实现交通系统的某一功能，需要各子系统提供相应的功能。各子系统的功能值往往可以用一定的指标来度量。按照功能的取值性质，可以将功能值衡量指标划分为定量指标和定性指标，其中定量指标又分为效益型指标、成本型指标和固定型指标。由于交通系统属于功能不可加系统，其各子系统实现的功能值不具有直接可加性，所以为了研究方便，将子系统的功能进行标准化，用功能的实现度来度量。

为了便于讨论，将系统 S 的某项固有功能记为 GY_j，其包含的子系统记为 $S_i(i=1,2,\cdots,n)$，系统 S 为实现功能 GY_j 需要各子系统 S_i 提供的功能记为 $GY_{ji}(j=1,2,\cdots,n)$。

在系统 S 中，对于固有功能 GY_j，子系统 S_i 需要提供的功能为 GY_{ji}，且其取值范围为 $[X_{min}，X_{max}]$，如果子系统功能 GY_{ji} 的实际值为 X_i，则 X_i 对 $[X_{min}，X_{max}]$ 的满足度 $x_i = f(X_i，X_{min}，X_{max})$ 称为子系统功能 GY_{ji} 的实现度。

（1）如果功能值为效益型指标，则子系统功能 GY_{ji} 的实现度为

$$X_i = \frac{X_i - X_{min}}{X_{max} - X_{min}} \times 100\%$$

（2）如果功能值为成本型指标，则子系统功能 GY_{ji} 的实现度为

$$X_i = \frac{X_{max} - x_i}{X_{max} - X_{min}} \times 100\%$$

（3）如果功能值为固定型指标，令 $X = X_{min} = X_{max}$，则子系统功能 GY_{ji} 的实现度为

$$X_i = \begin{cases} 100\%，& X_i = X \\ 0，& X_i \neq X \end{cases}$$

如果功能值取值为固定型指标，可以通过一定的量化技术将其转化为上述 3 种情况处理。

2.3.4　交通系统功能非协调发展

根据一般系统理论，系统的整体功能可以不同于各要素功能之和，若要素之间协调统一发展，系统的整体功能会大于系统中全部要素之和。反之，若要素之间发展不协调，系统的整体功能会小于系统中各要素之和甚至小于某要素功能。

系统功能的非协调发展的形式有以下几种。

（1）相互吸收、相互抵消而使某种属性消失。在自然界，当相互吸收或相互抵消的事物相遇，两者本来的属性、功能就会弱化以致消失，或者其中一种事物的属性或功能会弱化以致消失，如旧轮船拆卸回炉与旧轮船之间的关系就是吞食关系。

（2）一方对另一方形成制约关系。系统的形成和解体，与内部要素之间的生克制化的运动有密切关系。"生"则系统发展壮大，"克"则系统削弱瓦解。"克"不是简单的数量关系，而是复杂的性能关系，如交通系统给环境带来的污染、噪声等。

（3）内部要素之间的掣肘、磨损而导致某种功能的消减退化。构成要素之间的牵扯、对立、离心、抵触、排斥现象十分普遍，其结果必然消减正常的结构功能，如交通子系统的恶性竞争会导致某一子系统功能消减。俗话说"一个和尚担水喝，两个和尚抬水喝，三个和尚没水喝"。这种衰退的结构功能与"三个臭皮匠，赛过一个诸葛亮"的上升结构功能形成了鲜明的对照。

（4）要素之间缺乏联系中介或信息沟通而不能形成有机的协调功能。实践证明，聚合到一起的事物，不一定能形成有机的整体和产生整体的功能。有些异类事物虽然在空间上拼接到了一起，但是由于没有中介物质或缺乏信息沟通而无法相互融合渗透，无法形成整体，也就产生不出"大于"功能。

（5）局部薄弱环节限制或破坏总体功能的发挥。系统结构间各部分的配合和协调是系统功能发挥的保证。某一局部出现薄弱环节，会不同程度地影响系统的整体功能，如"木桶效应"。特别是关键环节弱化，会引起整体功能的全线崩溃。

2.3.5　交通系统功能分析方法

系统功能分析方法是通过分析系统的功能及其作用进而认识系统特性及内部结构的一种科学分析方法。其主要目的是更有效地应用该系统，充分发挥其作用。

由于任何一个系统的功能既与系统内部结构有关，又与环境有关，因此，功能分析可从两个方面进行。

从功能与结构的关系中分析系统功能。一般来说，结构决定功能。当组成要素不同时，系统有不同的功能，如客运和货运具有不同的功能；当要素相同而结构不同时，系统有不同的功能，如公交和小汽车(都由碳原子组成)具有不同的功能；不同层次的结构，有不同的功能，如城市客运交通系统与城市公交子系统就有不同的功能；同一功能，还可由不同的结构来表达和实现，如公共交通既可是汽车，也可是电车。

从系统与环境的关系中分析系统功能。由于系统与环境发生着物质、能量和信息交换，因此可从输入和输出分析系统的功能。输入说明环境对系统的影响，但是变换和输出不仅能反映输入的影响，而且也能反映系统结构和调节机制的作用。系统的输出必须适应环境的需求，如果不适应，还要反作用于系统，改变系统的功能。

功能分析应与结构分析相互结合，这样才能达到全面认识系统的目的。为此，系统功能的分析方法一般有以下两种。

(1)要素–功能分析法。

系统是由要素构成的，不同的要素构成不同的系统，从而形成系统在功能上的差别，因此在对系统进行功能分析时必须研究要素对系统功能的影响。要素的数量不同，可能决定系统功能的差别；要素的质量不同，也会影响着系统的功能。通过对要素的数量和质量的分析来研究系统功能的方法，称为要素–功能分析法。

(2)环境–功能分析方法。

环境的不同也会引起系统功能的变化，或者影响系统功能的发挥。根据系统与环境相互关系的原理，分析环境变化对系统的影响，以及系统功能随着环境而变化的系统分析方法，称为环境–功能分析法。一方面，功能适应环境；另一方面，环境选择功能。通过这种相互关系的分析，人们可以改善环境，充分发挥系统功能的作用。同时，为了适应环境，不断变换系统功能而选择最优功能。

2.4　交通系统环境分析

2.4.1　系统环境的界定

系统是一个相对概念，系统本身可能是另一个更大系统的组成部分。因此，一个特定的系统不可能包罗万象，它与别的系统之间总要划出一条界限，这个界限就是系统边界。环境是存在于系统边界外的物质的、经济的、信息的和人际的相关因素的总称。系统环境既包括比原系统更高层次的更大系统，又包括系统周边的其他系统，同时包括系统周围的其他系统。任何具体的系统作为整体，都不是孤立存在的，它同外部环境处于互相联系、互相作用之中，系统离不开环境。

系统环境不同于系统资源，资源是系统内部进行工作的手段，包括物资、人力和信息资源。系统本身能对它加以控制、转换并提高其利用率。而系统环境独立于系统控制之外，包括技术、经济和社会等由外部条件构成的对系统的约束，直接或间接地对系统运行产生不同程度的影响。

系统环境的界定有以下几种。

1. 集合论定义

在集合论中，一个系统作为由若干要素构成的、具有特定属性和功能的集合 S，其补集，即集合 S 以外的所有要素(或系统)的总和就是该系统的环境。这个定义突出了环境的无限性特征，把系统之外的全部事物和关系都包括在环境的概念之中，表面上最为客观、全面和完备，但实际上却对揭示环境的本质以及系统与环境的关系作用不大。

从形式逻辑的观点来看，环境如果是一个无限集合的概念，则其外延最大而内涵最小，并不能提供多少有价值的信息。因此，对无限环境的认识只能通过具体的、有限环境认识的逐步深化来实现，没有对无限环境的简化与抽象，事实上也就无法把握环境。

2. 主体论定义

主体论定义是从系统研究者的主观方面，如研究目的、价值标准、认识水平、心理因素等去理解和规定环境的，如把系统的环境理解为广义环境直接是我们感兴趣的东西。环境主体定义反映了人们对环境认识的相对性，反映了人类实践活动范围的有限性。但是，过分强调环境概念的主体性也有其片面性，因为它没有触及环境客观本质及其内在属性等界定环境所必不可少的内容，因而也不能称之为最严格可靠的环境定义。

3. 关系论定义

系统理论的一个显著特点在于综合研究各种事物之间相互制约和相互作用的关系。通过对关系的性质、类型和关联程度的研究，区分出事物之间的有机联系与无机联系、内部联系与外部联系、强相互作用与弱相互作用，进而把具有内部有机联系、表现为强相互作用关系的诸要素的总和称为系统，把与系统只有外部无机联系、表现为弱相互作用关系的要素总和称为该系统的环境。从系统与环境的关系入手定义环境，具有突出的辩证色彩。

4. 熵流论定义

系统理论以开放系统作为研究对象，认为任何系统的存在和演化都依赖于同环境不断进行物质、能量、信息的交换。从交换的方向分，把系统从环境中获取物质、能量、信息的过程称为系统的输入，表征环境对系统的作用；把系统向环境排放物质、能量、信息的过程称为系统的输出，表征系统对环境的作用。

从交换的性质分，凡是有利于提高系统有序性或组织性的输入都称为负熵流，是系统存续和发展的基本条件；而对系统的稳定性、有序性起干扰破坏作用的输入称为正熵流，是系统通过输出加以排斥和克服的对象。在实际的系统输入过程中，负熵流和正熵流往往交织在一起。

所谓环境，可以看成是"系统的一切可能输入的集合"。这一定义具有形式简洁、范围明确、动态处理、建模方便等特点，因而在系统理论中被广泛采用。

5. 层次论定义

系统具有等级层次性，这就是系统理论的基本观点。系统与环境的关系是特定系统与更大系统的关系。环境就是从更大系统中除去特定系统以外的其余系统的总和。这一定义较之熵流定义，突出了环境的实在性和整体性，具有特殊的价值，因而在系统理论中经常被使用。

系统环境是多种多样的，从时间顺序上可以分为过去环境、现实环境和未来环境；从空间地域上可以分为国际环境、国内环境和地区环境；从层次上可以分为宏观环境、中观环境和微观环境；从自然和社会角度可分为自然环境、社会环境和文化环境等。

2.4.2 交通系统与环境的关系

系统和环境之间的相互影响，主要是通过物质、能量和信息的交换引起的。由于客观世界本身是一个多层次的大系统，某一系统的环境实际上是由另一些系统组成的，所以系统和环境之间的交换关系可以归纳为系统和系统之间的交换关系。

由于一个系统对另一个系统的输入、输出起的作用不同，因而系统之间存在的关系就不同。归纳起来，系统之间存在以下 4 种关系。

1. 互依关系

如果甲系统需要的某种物质、能量或信息是由乙系统的输出供应的，那么甲、乙两系统之间的关系称为互依关系。例如，交通运输系统和国民经济系统之间就是一种互依关系。

2. 竞争关系

如果甲、乙两系统需要同一种输入，且都是由丙系统的输出供应的，或者丙系统需要的某种输入是由甲、乙两系统的输出供应的，且甲、乙两系统之间再没有其他物质、能量或信息的交换关系，那么，甲、乙两系统之间的关系称为竞争关系。

系统之间的竞争可能导致两种不同的结果：一种是竞争促进了系统竞争力的提高，使系统的功能不断得到改进；另一种是导致竞争力弱的系统功能下降、瘫痪甚至崩溃。了解了竞争系统之间的这种关系以及竞争可能产生的后果，就要充分利用竞争有利的一面，并对竞争施以适当的控制，防止不良竞争后果出现。

运输系统之间的竞争关系表现为在运输系统中各种运输方式之间的可代替性，由此产生了各子系统之间的竞争关系。

3. 吞食关系

如果甲系统的输入是乙系统本身，而且乙系统进入甲系统之后，经甲系统的变换作为原系统的基本属性完全消失，那么甲、乙两系统之间的关系称为吞食关系。甲系统称为吞食系统，乙系统称为被吞食系统。

4. 破坏关系

如果甲系统的输出传给乙系统，或者甲系统掠取乙系统的组成元素作为自己的输入后，削弱了乙系统的功能，或者导致乙系统瘫痪甚至崩溃，那么甲、乙两系统之间的关系称为破坏关系。例如，交通运输系统给自然环境系统带来的污染、噪声等，就是对自然环境系统的破坏。

2.4.3 交通系统环境分析

系统环境分析是从环境的构成、结构、作用和转化等方面研究系统和环境关系的方法。任何一个系统都不能脱离一定的环境条件而孤立存在，系统环境分析就是根据系统与环境的这种相关性，分析系统对环境和环境对系统的作用情况。系统环境不仅对系统的性能等提出某些要求，而且有时环境条件的参数还作为系统的输入参数、信息和系统运行的外部约束条件。系统环境分析主要是研究影响系统的主要因素、分清系统与环境之间的关系、如何为系统的发展确定良好的环境条件并使它们协调发展。

因为系统自身的复杂性、系统环境的复杂性以及两者之间相互作用的复杂性，所以系统的环境分析也比较复杂，往往需要从多角度、多层级来综合分析，这样才有可能找到使系统优化的条件和改善系统环境条件的有效措施，以提高系统对环境条件的适应性。

1. 交通系统环境分析内容

一般来说，在分析交通系统和环境之间的相互影响时，可以从以下 4 个方面着手。

(1)如果系统和环境是互依关系，那么环境对系统的输入或系统对环境的输出是否稳定可靠。

一个系统要正常维持系统的功能，环境必须对系统提供正常的输入和正常地接受系统的输出，即环境对系统的输入与系统对环境的输出都要保持稳定，包括数量的稳定和质量的稳定，在考虑改建和新建系统时必须充分考虑这个问题。例如，在考虑新建或扩建某个港口的时候，就必须考虑该地区经济的发展、货运量的变化、腹地(消费地和生产地)的性质、地理条件、建港技术的发展和腹地城市的要求等，以此来考虑是否要建以及建多大规模。不考虑这些因素，盲目开发建设，就很可能会因为没有稳定可靠的输入输出作保障而导致系统不能正常执行其功能。

(2)在环境包含的各个系统中是否和新建或改建的系统有竞争关系。

由于系统之间的激烈竞争可导致竞争力弱的系统瘫痪甚至崩溃，所以在规划和设计新的系统或改造原有系统时，必须控制好系统的规模，或者在更高层次内协调这些竞争系统和环境之间的关系，认真做好系统之间输入、输出的综合平衡工作。过去，在我国的经济建设中，综合平衡工作是很有成绩的。但后来一度出现了不少盲目建厂和重复建厂的现象，造成某些工厂和企业原材料、能源和设备供应不足，不能全部开工或营业，某些产品又由于超过需求而大量累积。目前在经济调整中对某些工厂和企业进行改革，正是为了恢复综合平衡，使各个系统的输入和输出都能保持相对稳定。

(3)环境对系统提供输入或系统对环境提供输出时是否存在破坏关系。

国民经济的发展依赖于交通运输业的发展，交通运输业的发展反过来又促进了国民经济的进一步发展。然而，交通运输设施的建设对环境造成一定的影响：港口设施会引起海流的变化、海岸坍塌，并对水生物等有影响；交通设施造成的环境污染、噪声和振动等。因此，无论是在新建还是在改建一个系统，或是在设计或管理一个系统的时候，都要对系统可能产生的破坏作用予以充分的估计，并加以认真的防范。

(4)环境与系统之间是否存在吞食关系。

如果系统和环境之间存在吞食关系，那么就必须充分注意系统的吞食强度和环境的再生能力之间的关系，力求两者之间保持平衡。

2. 交通系统环境分析方法

环境分析的任务就是要从众多具体的研究方法中，归纳、概括和抽象出研究环境的一般原理和方法，形成具有普适性的分析模式。不同的环境问题需要采取不同的研究方法，即使是同一问题，由于研究角度、学科的性质不同，也会采取不同的方法，具体有以下 5 种分析方法。

1) 多元分析

环境的基本特征是无限性，即构成环境的事物是无穷无尽的。要揭示系统与环境之间的关系，首先需要对无限的环境因素做出划分和归类，使无限的问题有限化，进而分门别类地研究系统与各环境因素的关系。这种分类研究系统与环境关系的方法称为多元分析。

多元分析所要解决的问题如图 2-4 所示，包括：

(1)根据系统的性质、作用和对环境的依赖程度确定研究环境的范围；

(2)对众多的环境因素加以分类，确定环境的基本构成要素；

(3)通过对现有科学理论和方法的综合应用，从不同侧面揭示系统与各环境因素之间相互作用的性质、类型、特点以及作用规律。

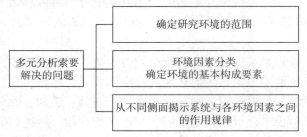

图 2-4　多元分析所要解决的问题

多元分析是环境分析的基础，由于系统和环境都是多种要素构成的，只有通过多角度、多层次、多学科的交叉研究，才能全面完整地把握系统与环境关系的全貌，从而进一步为研究系统与环境间整体的相互作用和相互转化规律奠定基础。

2)圈层分析

环境是由无限因素构成的整体，相对于某一中心事物或特定系统而言，各个环境因素的地位和作用各不相同，形成了不同的圈层(或等级)。揭示环境结构的圈层性和圈层在事物(或系统)发展中作用的波动性，是圈层分析的基本内容。

圈层分析如图 2-5 所示，包括：

(1)研究环境整体的圈层划分，揭示不同圈层因素在环境整体中的地位和作用；

(2)研究同一圈层各环境因素间的关系；

(3)研究环境圈层的波动情况和波动规律。

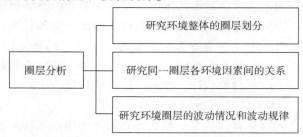

图 2-5　圈层分析

圈层分析在多元分析的基础上研究环境质的规定性，揭示环境整体性质、结构特征，为进一步分析系统整体与环境整体间的相互作用提供了依据。

3)作用分析

多元分析和圈层分析基本上是静态研究系统与环境关系的方法，要把握系统和环境相互转化的动态过程，需要研究系统与环境相互作用的性质和方向。

从作用性质分，系统与环境的相互作用有以下 4 种情况：

(1)环境的正作用，即环境对系统的作用有利于系统的存在和发展；

(2)环境的负作用，即与系统发展方向相反的环境作用；

（3）系统的正效应，即系统对环境的变化发展起积极的促进作用；

（4）系统的负效应，即与环境变化发展方向相反的系统作用。

在现实联系中，正负作用、正负效应往往是交织在一起的。系统与环境的相互作用的情况如图2-6所示。

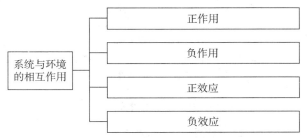

图 2-6　系统与环境的相互作用的情况

从作用方向看，在系统演化过程中，系统与环境的相对地位、力量对比是不断变化的，它反映系统与环境之间相互作用方向的改变，表现为环境主导和系统主导两种情况。

（1）环境主导是指环境对系统的作用占主导地位的情况，此时，环境的作用规定系统性质及其演化方向，换言之，系统只有适应环境才能存在和发展。

（2）系统主导是指系统对环境的作用占主导地位的情况，此时，系统不仅可以排除环境的副作用，保持自身的稳定性，而且可以促进环境系统作用方向变化发展，甚至改变环境的性质。

系统演化的过程是环境主导与系统主导不断变化的过程，在这个过程中，作用方向的改变不仅反映了环境在系统演化中的地位和作用的变化，而且反映了系统演化发展的阶段性、方向性。

作用分析有助于揭示系统形成和发展的外部动力、条件、阶段以及发展趋势，把握环境在系统发展不同阶段的地位和作用。

4）转化作用

系统与环境的相互作用导致系统和环境的变化发展，研究系统与环境变化的关系是转化分析所要解决的课题。

突变理论为研究系统与环境变化关系提供了有益的启示和方法。

（1）既然渐变与突变存在于一切事物的发展过程中，那么对系统与环境变化关系的研究应该从分析渐变与突变的性质入手。对系统而言，系统的渐变是系统结构和功能完善过程，而系统的突变则是系统结构和功能的质变过程；对环境而言，环境的渐变是环境构成和圈层结构稳定的情形，而环境的突变则反映了环境构成要素的重组和环境圈层的波动。

（2）环境的变化能导致系统的多种演化方式：一种是环境渐变引起系统的渐变和突变；另一种是环境突变导致系统的渐变和突变。

（3）系统演化也会对环境产生多种影响。系统结构或功能的变化能导致系统与环境相互作用性质和方向的改变，在一定程度上决定着环境变化的性质和方向。

转化分析把系统演化与环境变化联系起来研究，以揭示转化的性质、形式、途径和方向，有助于揭示系统与环境转化的规律性。

5）比较分析

环境分析中的比较分析是研究系统与环境关系的比较方法。比较分析分为静态比较和动态比较两种方法，如图2-7所示。静态比较从系统的结构和功能上研究系统与环境的关系，包括：

（1）对同一功能系统的不同环境条件下作比较研究，揭示环境对系统结构的影响；

（2）对同一环境条件下不同系统的功能作比较分析，揭示系统的选择与优化机制。

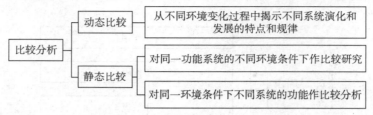

图 2-7　比较分析

动态比较是从不同环境变化过程中揭示不同系统演化和发展的特点和规律。

比较分析把比较方法同环境分析结合起来，解决如何比较、比较的原则和方法等问题，有助于开阔思路，全面认识系统与环境的关系。

例 2-3　城市交通环境容量分析。城市交通环境容量（ $UTEC$ ）是在一定的环境标准约束下所允许排放交通污染物的最大值，根据城市大气质量目标要求的不同，交通污染物允许排放的总量也是不一样的。城市交通环境容量计算模型如下：

$$UTEC = qSTa$$

式中： $UTEC$ ——控制时间 T 内城市交通污染物允许排放的总量；

a ——交通排放量分担率（%）；

q ——源强 $[mg/(m^2 \cdot g)]$ ；

S ——城区面积（ m^2 ）；

T ——控制周期时长，可以是一年、一日或一小时。

其中，源强 q 的简化计算公式为

$$q = \frac{c_i \mu h_i}{\sqrt{S}}$$

式中： c_i ——污染物地面浓度限值（ mg/m^3 ）；

μ ——主导风速（ m/s ）；

h_i ——混合层高度（ m ）；

S ——城区面积（ m^2 ）。

国家二级环境质量标准下，城市交通污染物允许排放参数如表 2-4 所示。根据城市交通环境容量计算模型，计算得到某市 2020 年城区氮氧化合物和一氧化物的最大允许排放量如表 2-5 所示。

表 2-4　城市交通污染物允许排放物宏观分析模型参数表

参数	数值		参数	数值	
	NO_x	CO		NO_x	CO
排放量分担率 a/%	78.9	33.2	污染物地面浓度限值 c_i/(mg · m^{-3})	0.1	4
城区面积 S/m^2	4 906 000 000		主导风速 μ/(m · s^{-1})	4.5	
控制周期时长 T/天	1		混合层高度 h_i/m	18.5	

表 2-5　某市 2020 年城区氮氧化合物和一氧化碳的最大允许排放量

污染物类别	城市交通环境容量/(kg·天$^{-1}$)
氮氧化合物 NO$_x$	392.730
一氧化碳 CO	661.026

根据长春市交通环境现状，在满足国家二级环境质量标准的基础上，长春市交通环境能允许排放的氮氧化合物大约为 393 kg/d，一氧化碳大约为 661 kg/d。

例 2-4　城市交通环境承载力分析。交通环境承载力是指在一定时期的一定区域内，以及特定交通结构下，在交通环境系统的功能和结构不向恶性方向转变的条件下，交通环境所承受交通系统的最大发展规模，即交通系统交通量的最大值。

根据城市交通环境承载力与城市交通结构的相关关系，构建不同交通结构、不同道路服务等级下城市交通环境承载力计算模型：

$$M_0 = \min(MC_i^p)$$

$$MC_i^p = \frac{UTEC^p}{E(PCU)_i^p L(PCU)}$$

$$E(PCU) = \frac{\sum_{j=1}^{k} b_j E_{ij}^p L_j}{\sum_{j=1}^{k} b_j \alpha_j L_j}$$

$$L(PCU) = \sum_{j=1}^{k} (L_j b_j)$$

式中：M_0——城市交通环境承载力；

MC_i^p——在城市道路网络 i 级服务水平条件下，对应 p 类污染物的城市交通环境承载力；

$UTEC^p$——城市第 p 种交通污染物的允许排放量，即城市交通环境容量(g)；

L_j——j 型车日均运行里程(km)；

E_{ij}^p——城市道路网络 i 级服务水平条件下 j 型车 p 类污染物综合排放因子 g/(veh·km)$^{-1}$；

b_j——j 型车比例(%)；

α_j——j 型车日均出行率(%)。

经过调查分析，得到某市交通环境承载力模型有关参数，如表 2-6 所示。

表 2-6　某市交通环境承载力模型有关参数一览表

道路交通	计算综合排放因子选用车型	计算综合排放因子车型构成比例 b/%	平均车速为 30 km/h 时的综合排放因子/[g·(veh·km)$^{-1}$]		日均运行里程 L_1/km	日均出行率 α_1/%
轿车	汽油轿车	69.83	59.901	1.694 7	130	90
微型客车	微型车	13.53	36.277 7	2.509 5	100	90
中型客车	中型车	5.96	58.063	4.211 6	90	90
小货	微型车	9.45	36.277 7	20 509.5	50	80
大货	微型车	1.24	21.649 1	43.701 6	90	80

计算 $E(PCU)$ 和 $L(PCU)$，单位分别是 $g(veh \cdot km)^{-1}$ 和 km。计算结果为

$$E(PCU)^{CO} = 62.254\ 5$$

$$E(PCU)^{NO_x} = 2.630\ 8$$

$$L(PCU) = 103.323$$

计算 MC_i^p，计算结果为

$$MC^{CO} = 919\ 263$$

$$MC^{NO_x} = 1\ 297\ 322$$

计算得到某市中心城区交通环境承载力为

$$M_0 = 919\ 263（标台）$$

根据某市目前的交通环境状况，在保证满足国家二级环境质量标准的条件下，该市中心城区交通环境承载力大约为 919 263 辆当量小汽车。

从模型的计算过程可以看出，交通环境承载力并不是一个静态量，而是一个动态变化的量。在掌握城市交通需求的基础上，通过分析和调整交通环境承载力模型的各个参数，可以调整城市交通发展规模的上限值，从而最大限度地满足城市日益增长的交通需求，同时可确定城市交通环境污染整治的投资方向。

2.5　案例分析——低碳城市交通系统分析

2020 年 9 月 22 日，中国政府在第七十五届联合国大会上提出："中国将提高国家自主贡献力度，采取更加有力的政策和措施，二氧化碳排放力争于 2030 年前达到峰值，努力争取 2060 年前实现碳中和。"

2021 年 3 月 5 日，2021 年国务院政府工作报告中指出，扎实做好碳达峰、碳中和[①]各项工作，制定 2030 年前碳排放达峰行动方案，优化产业结构和能源结构。作为节能减碳重要一环，交通运输过程中产生的碳排放一直是相关研究重点话题，交通领域占全国终端碳排放 15%，过去 9 年年均增速 5% 以上，预计到 2025 还要增加 50%。中共中央、国务院印发《国家综合立体交通网规划纲要》明确指出，加快推进绿色低碳发展，交通领域二氧化碳排放尽早达峰。"公交优先"上升为国家战略，"绿色出行"已成为行业共识。在新一轮科技革命的影响下，如何利用新技术推动新能源汽车和智慧城市、智能交通、清洁能源体系、信息通信产业融合发展，整体提升交通运输融合创新能力，成为节能减碳关键。

因此，在"双碳目标"的前提下，交通面临着严峻的挑战，要真正实现交通强国[②]，实现城市和环境的协调发展、和谐共生，城市的交通以低碳的模式发展和运行是其根本出路，城市的低碳交通有着其深刻的内涵，关系到人类的未来发展。

---

① 碳达峰(Peak Carbon Dioxide Emissions)，是指在某一个时点，二氧化碳的排放不再增长达到峰值，之后逐步回落。

碳中和(Carbon Neutrality)，节能减排术语，是指企业、团体或个人测算在一定时间内，直接或间接产生的温室气体排放总量，通过植树造林、节能减排等形式，抵消自身产生的二氧化碳排放，实现二氧化碳的"零排放"。

② 交通强国：交通是兴国之要、强国之基。2019 年 9 月 19 日，中共中央、国务院印发《交通强国建设纲要》，明确从 2021 年到本世纪中叶，我国将分两个阶段推进交通强国建设。到 2035 年，基本建成交通强国，形成三张交通网、两个交通圈。

2.5.1　概念与组分

1. 概念

1）多元性和多组分性

从低碳城市交通系统的字面含义就可以看到，低碳城市交通系统包含了 3 个大的方面的组分，分别是低碳、城市和交通。如果在其各个相关的组分中深入分析，会有更多的元素。低碳可以包括基底低碳、结构低碳、支撑低碳等，城市根据其所处的位置和规模的大小以及职能的不同也可以分为多种类型，交通根据其使用的交通工具以及目的不同亦可分为多种类型。各个组分、各个组分中的元素相互影响、相互促进从而形成了低碳城市交通系统的下一个层级的特征。

2）各个组分及相关性

低碳城市交通系统各个组分以及各个组分所包含的各个元素之间存在相关性。低碳和城市相关、低碳和交通相关、城市和交通相关，三者之间互为关联、互为联系，三者之中缺少了任何一个，就不能完整表达低碳城市交通系统所要涵盖的范围，也就不能完全显现城市交通系统的统一性和一体性。统一性和一体性形成了低碳城市交通系统的下一个层级的特征。

3）统一性和一体性

低碳城市交通系统的各个组分相互关联、互为作用，这个系统就能够成为统一体去影响城市的交通、居民的生活和城市的发展，进而影响资源的消耗以及整个区域乃至整个地球的生态环境保护。在这一系列影响的过程中，低碳城市交通系统作为一个整体去和其他外界因素发生关联，系统中的元素转化为系统的组分，处于系统的内部，成为系统的一部分。低碳城市交通系统对外界展示的不是其多组分，而是其低碳城市交通的一个整体。

4）整体性

低碳城市交通系统的多元性、相关性、一体性共同构成了系统的整体性。低碳城市交通系统作为一个整体去运行，同外界的其他事物发生关联。低碳城市交通系统的整体性是作为其系统研究的重点，也是低碳城市交通系统发挥其功能和作用的重要属性。

参照系统的概念并由以上分析可以提出低碳城市交通系统的概念如下。

在低碳社会整个大背景的要求下，城市中的各个级别的交通方式相互关联而形成的统一体称为低碳城市交通系统。在运行的过程中相互关联而被包含在低碳城市交通系统中的各个事物或各个对象相关元素的集合，称为系统组成的部分，简称组分。

2. 组分

结合传统交通系统的组分情况，加入现代的以及在低碳要求下的各项组分或元素，可以把低碳城市交通系统发挥作用所涉及的对象或组分为人流组分、物流组分、机械流组分、时间流组分、自然生态流组分、信息流组分，另外还有完成各种流流通的渠道组分，如图 2-8 所示，下面就各个组分分别予以阐述。

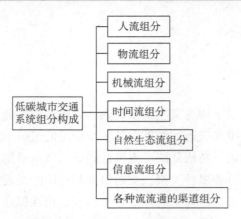

图2-8 低碳城市交通系统组分构成

1)人流组分

人在所有的社会活动中占据着主导因素，低碳城市交通系统中人流的组分也占据着主导的地位，低碳城市交通无论是低碳还是交通，其最终目的还是人类自己。如果把人流划分为单个的人，那么人在城市交通系统中一般不可具有再分性，但如果把人流归类进行讨论，那么就可以把人流分为不同的类型，其分类的方法有多少种，相应得到人流的分类就是多少种的多少倍。如果按年龄阶段分，可分为老年人、年轻人和儿童，然后对老年人、年轻人和儿童在低碳交通系统中扮演的角色或所承担的功能进行分门别类的研究。如果按人的职业及交通的目的角度分类，所分的人流组分的类型就会更多，如有学生流、上下班人流、休闲流等人流的分类。把人流进行分类，便于低碳城市交通系统的分类研究，同时能把低碳城市交通系统的最终服务对象——人作为研究的对象。

2)物流组分

相对于人流，物流组分要简单一些，流通的目的也更单纯，在目前的物流业日益发达与完备的今天，物流业在城市的资本流通中占据着越来越重要的份额。物流的流通绝大部分不像人流的流通那样具有即时性，一般的物资对时间性的限制不会太严格，物资在城市中的流通可选择在非高峰交通时段进行，对城市交通系统的考验不会太大，但是在物流的配车和车辆内燃机的燃烧性能上要做更深入的研究，并且要逐步进行实施，以便符合低碳城市交通系统的理念。

3)机械流组分

在汽车和各种交通工具日益发达与普及的今天，各种交通工具的使用已经成为人们日常生活的一部分，人们的出行往往伴随着各种交通工具的出行，各类交通工具对城市交通系统的影响要大于人流对城市交通系统的影响。在目前的城市交通系统中，各类的机械流在低碳城市交通系统中已经占据着主角的地位，对机械流的分类与讨论有助于构建与研究低碳城市交通系统中的结构。机械流可分为公共交通机械流(包括地铁、轻轨、快速公共交通、普通公共交通等)、私人小汽车机械流、电动自行车流等。各种机械流在城市交通中所占比例的大小对研究低碳城市交通系统起着关键性的作用。

4)时间流组分

随着目前生活节奏的加快，人们的时间观念逐步加强，对两地距离的描述现在通常以时间为单位进行衡量，如两地的距离如果是开车需要多长时间，如果是乘坐公交车需要多长时间。当然这些时间要素是在不堵车的前提下进行衡量的。现在随着城市规模的进一步扩大，人们来往于两地之间需要花费越来越多的时间，时间流也必须作为低碳城市交通系统中的一个因素，时间往往和交通的速度直接相关。

5）自然生态流组分

自然界的万事万物伴随着城市交通的发展，城市的交通对自然生态的影响也日益增加，以人力、畜力、水力、风力作为主要交通模式对自然界的影响微乎其微。社会发展到今天，人类交通模式的机动化程度日益提高，对自然界的影响已经仅次于生产的影响。自然和生态要素也必须作为低碳城市交通系统的一部分。自然生态流的组分反过来对低碳城市交通系统的构成模式，也会产生决定性的影响。

6）信息流组分

信息是系统优化以及变革的原动力，信息的增减对低碳城市交通系统输入负熵和正熵，来促使低碳交通内部组成结构的变化，促使低碳城市交通系统的优化以便更好地适应其外部综合环境。信息流在低碳城市交通系统中占据着很大的份额，主要包括：城市的交通总量的需求情况、城市的交通源和交通吸引点对城市空间的分布情况、城市交通流的主要流向情况、城市易堵路段在城市道路网络上的分布情况、城市居民出行方式的选择情况、各项城市交通政策的制定与落实情况等。另外，按信息的分类也可以分为社会信息、自然信息、技术信息，各类信息的输入与输出都会对低碳城市交通系统的运行产生不同的影响。

7）各种流流通的渠道组分

连接材是把各式各样的构建材按其内部的功能和结构的特点以不同的方式组合在一起，保证其实施对周围环境的功能。低碳城市交通系统中的连接材比某些构建材还要重要。组成低碳城市交通系统的各种流需要流通，如果不流通，则各种组分将失去其在低碳城市交通系统中存在的意义，那么整个系统也将成为一潭死水，也就没有对外界环境实施功能的能力。各种组分流通需要一定的渠道，这些渠道为这些流的流通提供物质和社会的载体，并且保证其流通的顺畅，以便各种组分发挥自己应有的功能和作用。保证各种流顺畅流通的渠道主要有以下几种类别，第一种类别是路，形式不同的路，包括铁路、公路和各种信息畅通的网络形式的电路；第二种类别是各种形式的静态交通，以及保证各种路畅通的各类交通设施和各类网络信息的中转服务站，这也应该归属于低碳城市交通系统中渠道的组分；第三种类别应该从社会层次来探讨这类渠道的存在形式，人的感情和心理情况的变化对整个交通系统中其他组分的流通顺畅也会起到很大的作用。三种类别的低碳城市交通系统渠道的组分为其他各种形式流的组分畅通与运行提供了各方面的保障。

2.5.2　结构与环境

1. 结构

低碳城市交通系统的组分都存续并运行于一定的空间和时间中，其中的物流、人流、机械流都需要依附于一定的空间而存在，并且在相应的时间中进行流通。信息流虽然是一种抽象的概念，常常在抽象的空间中用思维的方式去考察，但信息流存在的根本意义是指导其他流的流通且显示出其存在的价值。各种流流通的渠道需要占据一定的实体空间或抽象的数据空间，并在城市中纵横交叉分布，形成各种流通渠道的网络。时间流和自然生态流因时间有先后顺序而存在，人流、物流、机械流有时可能互相交叉，有时可能一体化进行，机械流流通的目的是使人流和物流进行流通。

2. 环境

低碳城市交通系统环境就是围绕在其周围与其相关联的一切事物的总和，这些相关联的事物的种类是多维度的，包括经济维度、技术维度、社会维度、管理维度、艺术维度以及自然环境维度等，具体包括城市的规模、城市的职能性质、城市的特色、城市的形态、城市中的人口分布状况、城市经济发展状况、城市经济增长点的分布情况、城市的自然环境、城市的产业分布情况、城市的功能布局及空间格局、城市居民的消费观念及对各类稀缺资源的依赖程度、城市的文化背景以及城市郊区的发展态势等。

2.5.3 功能与属性

从系统的基础概念入手，在低碳城市交通系统功能中，功能的主体是低碳城市交通系统，由其提供功能服务，功能的对象是系统中所有的外部环境。低碳城市交通系统的外部环境接受低碳城市交通系统提供的功能服务。

低碳城市交通系统的功能就是低碳城市交通系统内部的各组分（人流组分、机械流组分、物流组分、信息流组分，以及各种流流通渠道组分）或系统内部的多个组分在一起与其外部环境中的单个组分（自然环境因素组分、城市功能布局因素组分、经济环境因素组分、人文环境因素组分、科学技术环境因素组分等）或多个组分共同产生的相互作用，所产生的旨在提高城市交通运输的效率、降低能源的消耗、促进城市交通和自然生态环境和谐发展，从而构建社会和经济健康稳定发展的环境，促进社会、经济和环境保护等方面的共同进步，改善人类的居住环境，提高人类的生活质量。

2.5.4 形态

低碳城市交通系统作为系统而存在，就具有了系统的形态和状态的共有属性，可以在其自身系统的范畴内探讨其形态的特点、形态的外部形状、形态的内部构形、系统整体的神态以及系统的状态。低碳城市交通系统形态的特点如图 2-9 所示。

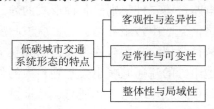

图 2-9 低碳城市交通系统形态的特点

1. 客观性与差异性

低碳城市交通系统作为系统而存在，总是具有一定的形态，并有其外部构形和内部构形，并对外展示其特有的神态。低碳城市交通系统运行时，在不同的时间点和空间点呈现出不同的状态。

2. 定常性与可变性

低碳城市交通系统的定常性主要体现在其内部组分的相互关系即结构的定常性上。低碳城市交通系统的定常性是指在实现城市交通在整个运行的过程中实现其高效率、低能耗，以及提升居民交通出行幸福度指数的总体目标。

目标的改变也即意味着低碳城市交通系统内部的组分结构发生本质性的变化，整个系统也将发生实质性的变化。低碳城市交通系统在运行过程中为了适应外界环境的变化而使其运行的方式在量上或其运行的模式上有所变化，以促进系统的进步。如果低碳城市交通系统固有的模式一成不变，那么整个系统的运行将失去应有的活力，进而失去系统存在的必要性。

3. 整体性与局域性

低碳城市交通系统形态是由一系列子系统的形态共同构成的，这其中包括人流组分子系统的形态、机械流组分子系统的形态、各种流流通渠道组分的形态，以及各种信息流组分的形态等。子系统形态的改变会促使其整个系统形态在一定程度上发生变化，这也体现了低碳城市交通系统整体性的范畴。低碳城市交通系统的整体形态是各个子系统共同涌现的产物，必须整体、全面地从大局加以把握，不能只关注某个子系统的形态，而忽视了其形态的整体研究。

2.5.5 数学模型

低碳城市交通系统的形态反映的是其系统的整体状态，而低碳城市交通系统的状态反映的是其系统的即时状态，运用系统的框图模型很难反映出系统的即时状态，只能定性地反映出系统运转的基本模式。进行科学的探究需要对系统运转的即时状态作深入细致的了解，通过上一层次的运转规律的总结，进而可以很精确地计算出下一个层次的运转状态，在这个研究层次上就需要借用数学模型这个能进行量化的工具进行定量的研究。

低碳城市交通系统建设的过程中会涉及很多组分因素和环境因素，在研究过程中，如果把每个影响因素都作为因子来考虑，那么系统的模型将会异常复杂，无法考究。因此，根据模型可操作性原则，对系统模型所要考虑的因素予以适当简化，使其更具有针对性。

低碳城市交通系统的第一个数学模型，是低碳城市交通系统的建设和社会经济建设之间的函数关系。在这个数学模型中，分阶段考虑低碳城市交通建设的过程，把该模型分为3 个阶段，分别是低碳城市交通建设对社会经济建设的负面影响阶段，由于要压缩建设量，以及减少不必要的交通出行量，最终目的是减少一定量的二氧化碳的排放，同时，由于交通量的压缩，以及各项限制私人交通政策的出台，势必会对国家的汽车产业造成一定的影响，降低居民购买汽车的欲望。在汽车产业拉动内需的今天，对社会经济建设的负面影响会很明显，在经历了这个阶段之后，低碳城市交通建设环保的理念会逐渐被人们所接受，各项低碳交通的配套设施也会逐步完善。另外，在低碳城市交通系统建设中，由于各项新技术、新发明的应用，其对经济的增长也会有一定的拉动作用。这些随着低碳城市交通系统建设对经济的影响就会产生正面的促进作用，在开始的过程中，正面的促进作用会比较明显，这个过程会持续一段时间。当经历了这个过程之后，其对经济增长的影响就会处于平稳的增长状态，直至达到无限稳定状态。各个阶段的函数关系以及函数图解如图2-10 所示。

交通系统分析及优化

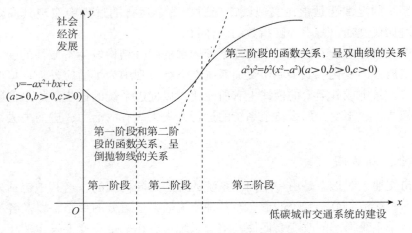

图 2-10　低碳城市交通系统的第一个数学模型

本章小结

　　本章从系统化角度对交通系统宏观分析进行了介绍。首先，概括分析了交通系统的宏观组分；其次，重点介绍了交通系统的结构分析方法；然后，对系统环境和系统功能的内在联系及分析方法进行了介绍；最后，以低碳城市交通系统为例，对低碳城市交通进行了宏观系统分析。本章主要知识架构如图 2-11 所示。

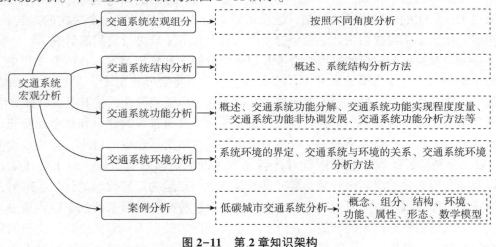

图 2-11　第 2 章知识架构

　习　题　▶▶▶

1. 如何分析交通系统的宏观组分？

2. 如何描述合理的交通系统结构？

3. 简述交通系统的非协调表现形式。

4. 交通系统功能分析方法主要有哪些？如何实现交通系统功能的协调发展？

5. 简述交通系统结构、功能与环境的关系。

6. 交通系统环境分析方法有哪些?

7. 设系统 S 有 4 个要素 $S = \{S_1, S_2, S_3, S_4\}$，其中，$S_1$ 影响 S_2，S_2 影响 S_3，S_3 影响 S_4，试用 ISM 分析该系统的结构，并建立递阶层次结构模型。

8. 某系统含有 7 个要素，记为 $S_i(i = 1, 2, \cdots, 7)$，其直接影响矩阵 M 如下，试用 DEMATEL 分析该系统各要素的地位及相互影响程度。

$$M = \begin{pmatrix} 0 & 3 & 0 & 3 & 3 & 3 & 3 \\ 0 & 0 & 0 & 2 & 2 & 0 & 0 \\ 0 & 0 & 0 & 1 & 1 & 1 & 0 \\ 0 & 0 & 0 & 0 & 0 & 0 & 0 \\ 0 & 0 & 0 & 2 & 2 & 0 & 0 \\ 0 & 0 & 0 & 0 & 0 & 0 & 2 \\ 0 & 0 & 0 & 0 & 0 & 0 & 0 \end{pmatrix}$$

讨论课题 ▶▶ ▶

　　近年来，由于城市规模的扩张以及人口的增加，加剧了城市交通问题。为了缓解城市交通问题，我国提出优先发展城市公共交通的理念。在大力发展公共交通的背景下，如何制订出合理的票价来鼓励居民选择公共交通出行、提高公共服务水平，是当前公共交通发展面临的重要问题。请从系统结构分析的角度出发，分析影响票价制订因素之间的关系，并提出改善意见。具体要求及示例详见二维码。

公交票价讨论

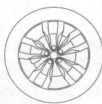 # 第3章
交通系统供需分析

交通系统供需分析

3.1　交通运输需求分析

3.1.1　交通运输需求的概念

1. 需求及需求法则

需求（Demand）是指针对某种商品或服务，在一定的时间内，对于每一种可能的价格，消费者愿意并且具有支付能力的购买数量。

需求在经济学中又被称为有效需要，所谓"有效"是说除了有购买欲望，还必须要有支付能力。人们想要得到很多东西，都有很多的需要或欲望，但一般而言，人们的需要很难得到完全的满足，除非你愿意并且能够支付你可能想要的东西，否则你的"需要"并不能够成为"需求"。

因此，理解经济学中需求的概念，需要把握以下3方面的含义。

（1）需求是和时间密切相关的，不同时间的需求是不一样的。

（2）不同的价格（Price）对应不同的需求数量，消费者愿意购买的商品或服务的数量与价格水平密切相关。

（3）消费者必须具有相应的支付能力。欲望人人都有，一个身无分文的流浪汉也想拥有豪宅，但这仅仅是欲望，不能构成需求。

这里需要对两个概念加以区别：需求与需求数量。从需求的定义可以看出，需求包括了在每一种价格下所对应的购买数量。需求数量（Quantity Demanded）指的是在其他条件不变的情况下，对于某个具体的价格，消费者愿意购买并能够支付的商品或服务的数量。

在超市购物时，你看到鸡蛋的价格是 10 元/kg，这时你决定买 2 kg，共花费了 20 元。你所购买的 2 kg 鸡蛋是你在 10 元/kg 的价格水平下对鸡蛋的需求数量，并不是你对鸡蛋的需求。

假定你看到鸡蛋的价格便宜了，是 9 元/kg，这时你可能觉得应该多买一些，买了 3 kg；如果鸡蛋的价格更便宜，为 8 元/kg，可能你会一次购买 4 kg。当然，如果鸡蛋涨价了，例如涨到 11 元/kg，可能你只会购买 1 kg。对于你来说，相对不同的鸡蛋价格，你会有不同的需求数量，所有这些价格和相应价格水平下的需求数量形成的全部组合，称为需求。这里的需求因为是个人行为，所以又称为个人需求（Personal Demand）。

与个人需求相对应的是市场需求（Market Demand）。市场需求是个人需求的总和，是全体消费者在某商品或服务的各个价格水平下愿意且能够购买的各个可能数量的总和。通常，经济学家讨论的是市场需求。现实生活中，企业不关心作为个人的顾客 A 或顾客 B 是否真正购买他们的产品，企业关心的是市场需求，即社会上会有多少人购买他们的产品。

需求可以用需求表来表示（常用的形式还有需求函数和需求曲线，后面会对它们进行讨论）。所谓需求表（Demand Schedule）是一个价格和需求数量的二维表格，表明价格和数量的一一对应关系。

上述购买鸡蛋的例子，可以表示为表 3-1 这样的需求表。

表 3-1　需求表

价格/ （元·kg⁻¹）	需求数量			
	个人需求数量/kg			市场需求数量 /kg
	A	B	C	
8	4	6	5	15
9	3	5	4	12
10	2	4	3	9
11	1	3	2	6

需求告诉我们在各种不同的价格水平下消费者会购买的数量；需求数量告诉我们，在某个特定的价格水平下消费者会购买的具体数量。

价格是市场调整个人欲望并限制人们需求数量的工具。当商品稀缺、价格高涨时，随着价格上升人们的购买数量会减少；当商品充足、价格下降时，随着价格下跌人们的购买数量会增加。"看不见的手"——价格机制会确保人们的需求与可获得的商品相匹配。

经过科学观察和研究，经济学家发现上述现象具有普遍性，因此人们总结归纳出称为需求法则（Law of Demand）的规律：在其他条件不变的情况下，商品的需求数量与商品价格成反比。

需求法则揭示了商品需求数量随价格上升而下降的趋势。那么需求数量为什么会随价格的上升而下降呢？原因有很多，其中最重要的有以下两点。

（1）替代效应（Substitution Effect）。替代效应指的是当某一物品的价格上升时，消费者倾向于用其他物品来替代变得较为昂贵的该种物品，从而更便宜地获得满足。

很多物品之间具有可替代性，当一种物品的价格上升时，我们会用其他类似的物品来替代它，从而减少了对原来物品的消费量（当然前提是可替代物品的价格没有变化）。例如禽流感的流行导致了鸡肉供应的短缺从而使鸡肉价格上涨，这时人们会转而增加牛肉或猪肉的消费从而减少对鸡肉的购买。

（2）收入效应（Income Effect）。收入效应指的是物品价格变化通过对消费者实际收入的影响，进而影响消费者对该物品的需求数量。

当价格上升时，尽管人们的收入没变，但会发现实际收入降低了（实际收入指货币能够购买到的物品的实际数量），人们的钱不再足以购买以前的数量，自然会减少消费开支。

2. 客运需求及类型

旅客运输需求（Passenger Transport Demand）简称客运需求，是指针对某种旅客运输服务，在一定的时间内，对于每一种可能的价格，消费者愿意购买并能够支付的人员位移服务数量。

在现代社会，人们的社会活动频繁，活动的地域范围广阔，除个别近距离者可以步行以外，一般要利用各种运输工具作为代步工具，所以旅客运输活动派生于人类的出行活动。旅客按照其需要在一定时间和空间范围内，沿运输线网上一个方向的流动形成客流。衡量客运需求的指标有 4 个：客运流量、客运流向、客运流程和客运流时。

（1）客运流量。客运流量是旅客运输需求的规模大小和数量的多少，通常用两个指标来表示：一个是旅客运输量（简称客运量，单位为人）；另一个是旅客运输周转量（简称客运周转量），定义为旅客运输量与相应的运输距离的乘积，以人公里来表示。

（2）客运流向。客运流向是旅客空间位移的地理走向，即从何处来，向何处去。

（3）客运流程。客运流程是旅客运输的距离，指旅客进行空间位移的起讫点之间的空间长度，一般用 km 来计算。

（4）客运流时。客运流时是旅客运输需求提供服务所需的时间，可以用出发时间和到达时间来表示。

3. 货运需求及属性

货物运输需求（Freight Transport Demand）简称货运需求，是指针对某种货物运输服务，在一定的时间内，对于每一种可能的价格，消费者愿意购买并能够支付的货物位移服务数量。

货运需求是交通运输需求中的一种类型，也具有交通运输需求的基本特征，包括非物质性、派生性、时空特定性、广泛性、多样性、部分可替代性等。对于货运需求的属性从 4 个方面加以考察：货运流量、货运流向、货运流程和货运流时。

（1）货运流量。货运流量表明货运需求的规模大小和数量的多少，一般以货物运输量（简称货运量，单位为 t），或者货物运输周转量（简称货运周转量，单位为 t·km）表示。

（2）货运流向。货运流向是货物空间位移所形成的路径走向。

（3）货运流程。货运流程指货物进行空间位移的起讫点之间的空间长度，一般用运输距离（简称运距，单位为 km）来表示。

（4）货运流时。货运流时是为货运需求提供服务所需的时间，一般用起运时间（货物运输服务开始的时间）和运达时间（货物运输服务结束的时间）表明满足运输需求所需的时间。

3.1.2　交通运输需求的特性及与社会经济活动的关系

1. 交通运输需求的特性

交通运输需求是指在一定的时期内、一定价格水平下，社会经济生活在货物与旅客空间位移服务方面所提出的具有支付能力的需要。交通运输需求特性主要有以下 5 个。

1）广泛性

现代人类社会活动的各个方面、各个环节都离不开人和物的空间位移，运输需求产生于人类生活和社会生产的各个角落。运输业作为一个独立的产业部门，任何社会活动都不可能脱离它而独立存在，因此与其他商品和服务的需求相比，运输需求具有广泛性，是一种带有普遍性的需求。

2）多样性

运输需求不仅仅是一个量的概念，它还有质的要求，安全、速度、方便、舒适、满足物流效率的要求等是运输质量的具体表现。运输服务的供给者必须适应运输质量方面多层次的需求。

3）派生性

在经济生活中，如果一种商品或劳务的需求由另一种或几种商品或劳务需求派生出来，则称该商品或劳务的需求为派生需求。引起派生需求的商品或劳务需求称为本源性需求。派生性是运输需求的一个重要特点。显然，货主或旅客提出位移要求的目的往往不是位移本身，而是为实现其生产、生活中的其他需求，完成空间位移只是中间一个必不可少的环节。

在人类社会中，对食物和住所的需求是一种源需求，而运输需求是一种非源需求，是派生需求。一般情况下，运输需求是由社会源需求引起的需求，即人们不是为了出行而出行，出行本身并不是出行的目的。他们使用交通系统，是为了能够参加他们在旅程终点的各种活动。

4）空间特定性

运输需求是对位移的要求，而且这种位移是运输消费者指定的两点之间带有方向性的位移，也就是说运输需求具有空间特定性。运输需求的这一特点，构成了它的两个要素，即流向和流程。

5）时间特定性

客货运输需求在发生的时间上有一定的规律性，例如，周末和重要节日前后的客运需求明显高于其他时间，市内交通的高峰期是上下班时间，蔬菜和瓜果的收获季节也是这些货物的运输繁忙期，这些反映在对运输需求的要求上，就是时间特定性。

2. 交通运输需求与社会经济活动的关系

交通运输对社会经济的发展起一定的作用。交通运输需求是社会需求系统中的一个元素。

社会需求是社会经济活动的动力，而社会经济活动的总供给能力又限制了社会总需求的膨胀。通过流通领域，社会需求与社会总供给得到了阶段性的协调。社会需求与社会经济活动的关系如图3-1所示。

图3-1　社会需求与社会经济活动的关系

交通运输是流通领域的一部分，交通运输生产是一种社会经济活动，满足社会对交通运输的需求，这些需求包括以下4个。

1）经济发展产生交通运输需求

良好的运输系统是获得经济发展的先决条件。因为运输活动是生产与消费过程中不可分割的一个部分，如果没有有效的运输，这两种活动就难以实现。运输活动是社会生产的最一般条件，一个地区的运输发展程度可以用来衡量这个地区的社会经济发展程度，因此区域经济发展必然产生更大的交通运输需求。

2）物价稳定与平衡的交通运输需求

如有甲、乙两地，如果它们之间运输通道的能力是无限的，那么，甲、乙两地的物价将达到稳定。设甲、乙两地之间的运输费用为C，某货物A产于甲地，其价格为$P_甲$，那么在乙地，这种货物的稳定价格为$P_乙 = P_甲 + C$，这样乙地对货物A的需求可以充分满足。如果这两地之间没有便利的运输，那么乙地的货物A的价格将随着从甲地运送到乙地的货物数量的变化而产生巨大的波动。因此，稳定的平衡物价产生交通运输需求。

3）社会分工与交通运输需求

社会分工越细，对运输的需求越大。从经济学中我们知道，分工程度高，生产费用会减少，但流通费用会增加，而且流通费用比分工程度增加得快。当实际交通运输需求量小于最优社会经济结构下的交通运输需求量时，说明社会分工度还可以更细，产品的总成本还要降低。若实际交通运输需求量大于最优社会经济结构下的交通运输需求量，则说明分工太细，生产力布局不合理。

4）商品社会效用与交通运输需求

商品的社会效用是指产品的社会消费效果。不同的商品，其效用是不一样的，即商品的使用价值上有差异。即使是同一种商品，时节不同和地区不同，它在这个区域上的社会效用就不同。为了调节这种社会效用，得到更多效用高的商品，使商品的社会总效用最大，这就产生了交通运输需求。

3.1.3　需求函数与需求曲线

1. 需求函数

现实生活中，消费者愿意消费某种商品的数量取决于很多种因素，如商品的价格、收入的多少、消费的偏好、是否有替代商品以及替代商品的价格等。如果把对某种商品的需求数量作为因变量，把影响人们对该种商品需求的因素作为自变量，就可以得出需求函数：

$$Q = f(P, I, T, R\cdots) \tag{3-1}$$

式中：Q——对该种商品的需求数量；

P ——该种商品的价格；

I ——人们的收入；

T ——人们对该种商品的喜好程度；

R ——该种商品的替代物的价格。

由于影响商品需求的因素有很多，通常情况下要同时考虑众多因素的相互作用是比较困难的。一般我们采取称为局部均衡的分析方法，即在需求函数中，假定其他自变量均保持不变，只考虑对需求数量影响最大的因素——商品价格变化的影响。这样，上述需求函数可以简化为需求价格函数：

$$Q = f(P) \tag{3-2}$$

式中：Q ——对该种商品的需求数量；

P ——该种商品的价格。

由于微观经济学中大部分情况下都假定其他因素不变，从而重点研究商品价格变动对需求数量的影响，因此一般情况下把需求价格函数简称为需求函数。

按照需求法则，在其他条件不变的情况下，商品的需求数量与商品价格成反比。当一种商品的价格越高，消费者愿意购买的数量就越少；反之，价格越低，消费者愿意购买的数量就越多。需求函数形式必须满足需求法则的要求。当然，满足需求法则要求的函数形式也多种多样，不过在研究中，为了简化起见，一般采用一种斜率为负数的线性函数关系，例如：

$$Q = a - bP \tag{3-3}$$

式中：Q ——对该种商品的需求数量；

P ——该种商品的价格；

a ——常数；

b ——斜率。

2. 需求曲线

需求可以用需求表或需求函数表示，同样，需求也可以用曲线表示。以商品的需求数量为横坐标，以商品的价格为纵坐标，考查在每一种价格下所对应的需求数量，将这些坐标点连成曲线，形成了我们所说的需求曲线（Demand Curve），如图 3-2 所示。

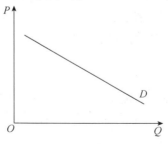

图 3-2　需求曲线

图 3-2 中，纵轴代表商品的价格 P，横轴代表商品的需求数量 Q。曲线上的点表示出了在相应的价格水平下消费者愿意并且能够购买的商品数量。需求曲线给出了每一个价格水平上消费者所愿意购买的需求数量，表示出了所有价格和需求数量的组合。

按照需求法则的原理，在其他条件不变的情况下，商品的需求数量与商品价格成反比，这样的规律反映在图形曲线上，是需求曲线向右下方倾斜。需求曲线表明消费者消费的商品数量和其价格之间是负相关的。

需要注意的是，经济学中的需求曲线的表示方式和数学中的函数曲线的表示方式有所不同。在数学中一般函数曲线的表示方法，自变量是横坐标，因变量是纵坐标。而在需求函数中，价格是自变量，需求数量是因变量；对应的需求曲线中需求数量（因变量）是横坐标轴，价格（自变量）是纵坐标轴。

3. 影响需求变化的因素

影响需求变化的因素有很多，其中比较重要的包括以下一些因素。

1）消费者的收入

很显然，消费者的收入（Income）是影响需求的最重要的因素。需求是指"在一定的时间内，对于每一种可能的价格，消费者愿意并且能够支付的购买某种商品或服务的数量"，这里的支付能力直接受制于消费者的收入水平。如果人们的收入发生了变化，那么他们对商品的购买数量往往也会发生变化。

大部分情况下，收入的增加会提高人们对商品的购买量。例如，一个刚毕业工作不久的大学生，其收入不会太高，尽管他也有购买汽车的欲望，但由于缺乏基本的支付能力，因此他的欲望并不能算是需求。假如工作几年之后，随着职务升迁薪酬增加，他有支付能力购买汽车，这样由于增加了一个个人需求数量，总体上对汽车的市场需求数量也增加了。对于这些需求数量随着收入的提高和下降而相应增加和减少的商品，一般称为正常商品（Normal Good）。

但是还有一些商品的性质不同，随着消费者收入的增加，对商品的需求数量反而在下降，这类商品一般称为劣等商品（Inferior Good）。这里的"劣等"并非指商品的质量，而只是商品在经济学中的一种性质的术语表达。例如，随着收入的增加，消费者会放弃购买显像管电视转而购买液晶电视，显像管电视的需求数量会下降。这里，正常商品和劣等商品的概念是相对而言的，随时间的变化而变化。例如在早期，彩色显像管电视刚刚兴起的时候，黑白电视是劣等商品，彩色显像管电视是正常商品，随着消费者收入的增加，黑白电视的需求数量会下降，彩色显像管电视的需求数量会上升；而近几年，随着液晶电视的兴起，彩色显像管电视就成为劣等商品，表现为随着收入的增加，其需求数量在下降。

因此，如果商品为正常商品，消费者收入的增加会导致需求曲线右移，收入的减少会导致需求曲线左移；如果商品为劣等商品，消费者收入的减少会导致需求曲线右移，收入的增加会导致需求曲线左移。

2）相关商品的价格

商品本身的价格不构成对该商品需求的影响（只影响该商品的需求数量），但是相关商品的价格会影响对该商品的需求。这里所说的相关商品包括两类：一类是替代品（Substitute），另一类是互补品（Complement）。

某种商品的替代品是指与该商品具有相同的特征、类似的功能或能带来同样享受的商品。

一般而言，如果某种商品的替代品价格上涨，对该商品的需求就会增加；如果替代品的价格下跌，对该商品的需求就会减少。例如，牛肉和羊肉对于大部分人来说具有替代作用，如果某种原因使牛肉的价格上涨，大部分人会转而购买羊肉，从而增加了羊肉的需求。

某种商品的互补品是指需要与该商品共同消费或使用的商品。

如果某种商品的互补品价格上涨，对该商品的需求就会减少；如果互补品的价格下跌，对该商品的需求就会增加。例如，数码相机和相机存储卡是互补品，它们互相配合使用，如果数码相机的价格上涨，那么对相机存储卡的需求就会减少；反之如果数码相机的价格下跌，那么对相机存储卡的需求就会增加。

因此，商品互补品的价格下跌会导致该商品的需求曲线右移，互补品价格上涨导致该商品的需求曲线左移；商品替代品的价格上升会导致该商品的需求曲线右移，替代品的价格下跌导致该商品的需求曲线左移。

3）消费偏好

每个消费者都有自己的喜好，可能特别偏爱某种商品，作为市场整体而言也会表现出对某种商品或服务具有倾向性的喜好，在经济学上称为消费偏好（Consumer Preference）。消费偏好的形成既有历史原因，也有社会风俗习惯和心理因素的影响，甚至广告的影响。

消费偏好的变化对商品需求的影响也很大。例如时尚服装，某一段时期可能流行一种风格，消费偏好集中于某类型款式，那么对这一类的商品需求会有很大影响。

4）市场上消费者的数量

需求代表的是市场上商品的价格与所有消费者的需求数量之间的关系，如果市场上消费者的数量增加了，那么市场需求也会增加；如果消费者的数量减少，那么市场需求也会减少。例如，20世纪90年代末，诞生于美国"婴儿潮"时期的婴儿都成长为青少年，因此美国青少年的数量急剧增长，对滚轴溜冰鞋、祛痘化妆品等青少年消费品的需求都相应增加了。如果人口构成中的老年人人口增加，对老年医疗以及福利院的需求就会增加。

因此，消费者数量增加会导致需求曲线右移；消费者数量减少会导致需求曲线左移。

5）消费者对未来价格的预期

如果消费者估计某些影响需求的因素在未来会发生变化，那么他们就会及时调整消费，从而影响现期的需求。通常情况下，未来很难进行预测。但是有时市场的微小波动会传递影响，从而使消费者对未来形成某种预期，进而会做出相应的反应。

例如，人们预期商品价格未来会上涨，他们就会在涨价之前进行购买；相反，如果人们预测未来商品价格会下跌，他们就会减少现在的购买量，等到价格真的降下来之后再购买。通常情况下，当人们预期商品未来价格会上涨时，现期需求会增加；当人们预期商品未来价格会下跌时，现期需求会减少。

因此，消费者预期商品未来价格上涨会导致需求曲线右移；预期商品未来价格下跌会导致需求曲线左移。

6）商品宣传的信息影响

消费者对与商品有关的信息的了解程度也会引起需求的变化。例如，随着社会对吸烟危害宣传力度的加大，人们逐步意识到了吸烟的危害，了解了相关的信息，对香烟的需求就会下降。同样，随着医学健康知识的普及，人们开始了解胆固醇对健康的影响，从而会减少对一些高胆固醇食物的需求。

同样，一些商品通过市场广告和宣传的方法，让消费者逐步增加对商品的了解和正面印象，从而也会提高商品的市场需求。

3.1.4 交通运输需求预测理论

1. 时间序列分析

时间序列分析是一种广泛应用的数量分析方法，它主要用于描述和探索现象随时间发展变化的数量规律性，主要从时间序列的观察值本身出发，进行统计对比分析。

1）绝对数时间序列的序时平均数

绝对数时间序列的序时平均数的计算方法是最基本的时间序列分析方法，它是计算相对数或平均数时间序列序时平均数的基础。由于绝对数时间序列有时期序列和时点序列之分，所以序时平均数的计算方法也有所区别。

（1）时期序列的序时平均数。时期序列的序时平均数的计算公式为

$$\overline{Y} = \frac{Y_1 + Y_2 + \cdots + Y_n}{n} = \frac{\sum\limits_{i=1}^{n} Y_i}{n} \tag{3-4}$$

式中：$\overline{Y}$——序时平均数；

Y_i——第 i 个时期的观察值；

n——观察值的个数。

（2）时点序列的序时平均数。时点序列中的各观察值是在某个瞬间时点上取得的，由于各观察点的时间间隔长度有所不同，因此通常采用不同的计算方法。

对于以"天"为统计间隔的时点序列，其序时平均数的计算公式为

$$\overline{Y} = \frac{Y_1 + Y_2 + \cdots + Y_n}{n} = \frac{\sum\limits_{i=1}^{n} Y_i}{n} \tag{3-5}$$

对于统计时点间隔在一天以上的时点序列，计算其序时平均数时应先求出每两个相邻观察值的平均数，然后求出各平均总量，最后再根据这一总量求得平均数。其基本计算公式为

$$\overline{Y} = \frac{\left(\dfrac{Y_1 + Y_2}{2}\right)T_1 + \left(\dfrac{Y_2 + Y_3}{2}\right)T_2 + \cdots + \left(\dfrac{Y_{n-1} + Y_n}{2}\right)T_{n-1}}{\sum\limits_{i=1}^{n-1} T_i} \tag{3-6}$$

式中：T_i——观察值 Y_i 与 Y_{i+1} 之间的间隔日期长度。

例 3-1 某种商品 2020 年各统计时点的运输价格如表 3-2 所示，计算该商品 2020 年的年平均运输价格。

表 3-2 某种商品 2020 年各统计时点的运输价格

统计时点	1 月 1 日	3 月 1 日	7 月 1 日	10 月 1 日	12 月 31 日
运输价格/（元·t^{-1}）	15.2	14.2	17.6	16.3	15.8

解：

$$\overline{Y} = \frac{\left(\dfrac{15.2+14.2}{2}\right)\times 2 + \left(\dfrac{14.2+17.6}{2}\right)\times 4 + \left(\dfrac{17.6+16.3}{2}\right)\times 3 + \left(\dfrac{16.3+15.8}{2}\right)\times 3}{2+4+3+3} = 16.0(\text{元/t})$$

2）相对数或平均数时间序列的序时平均数

相对数或平均数通常是由两个绝对数对比形成的，如观察值 $Y_i = A_i / B_i$，计算其序时平均数时，应先分别求出构成相对数或平均数的分子 A_i 和分母 B_i 的平均数，而后进行对比，即得相对数或平均数时间序列的序时平均数。其基本计算公式为

$$Y = \frac{\overline{A}}{\overline{B}} \tag{3-7}$$

式中：$\overline{A}$ 和 $\overline{B}$ 可按绝对数时间序列的序时平均数的计算方法求得。

例 3-2　某国 5 年间的国内生产总值及其构成数据如表 3-3 所示，试计算 5 年间第二产业占全国国内生产总值的平均比重。

表 3-3　某国 5 年间的国内生产总值及其构成数据

年份	2017	2018	2019	2020	2021
国内生产总值/亿元	46 759.4	58 478.1	67 884.6	74 772.4	79 552.8
第二产业国内生产总值/亿元	14 930.0	17 947.2	20 427.5	24 033.3	26 104.3
比重/%	31.9	30.7	30.1	32.1	32.8

解：设第二产业国内生产总值为 A，全国国内生产总值为 B，第二产业所占比重为 Y，则

$$\overline{A} = \frac{\sum_{i=1}^{n} A_i}{n} = \frac{103\ 442.3}{5} = 20\ 688.46(\text{亿元})$$

$$\overline{B} = \frac{\sum_{i=1}^{n} B_i}{n} = \frac{327\ 447.3}{5} = 65\ 489.46(\text{亿元})$$

$$\overline{Y} = \frac{\overline{A}}{\overline{B}} = \frac{20\ 688.46}{65\ 489.46} \times 100\% = 31.59\%$$

2. 多元线性回归预测

进行多元线性回归分析必须抓住主要矛盾，选择那些对因变量变动具有决定性影响的自变量建立模型。多元线性回归模型的形式是

$$\hat{Y}_I = b_0 + b_1 X_{1i} + b_2 X_{2i} + \cdots + b_n X_{ni} \tag{3-8}$$

多元线性回归方程中系数的解法有多种。

第一种解法是解线性方程组，用最小二乘法，令随机误差 u_i 的平方和为最小，即令

$$Q = \sum u_i^2 = \sum (Y_i - \hat{Y}_i)^2 = \sum [Y_i - (b_0 + b_1 X_{1i} + b_2 X_{2i} + \cdots + b_n X_{ni})]^2$$

设 b_0，b_1，b_2，$\cdots$，b_n 的偏导数为 0，可得到由 $(n+1)$ 个方程组成的方程组，解出系数即可。

第二种解法是利用自变量和因变量的方差、标准差与协方差。例如二元回归系数

$$\begin{cases} b_1 = \dfrac{\sigma_{X_2 Y} \sigma_{X_1 X_2} - \sigma_{X_1 Y} \sigma_{X_2}^2}{(\sigma_{X_1 X_2})^2 - \sigma_{X_1}^2 \sigma_{X_2}^2} \\[4mm] b_0 = \dfrac{\sigma_{X_2 Y} \sigma_{X_1 X_2} - \sigma_{X_2 Y} \sigma_{X_1}^2}{(\sigma_{X_1 X_2})^2 - \sigma_{X_1}^2 \sigma_{X_2}^2} \end{cases} \tag{3-9}$$

式中：$\sigma_{X_1}^2$、$\sigma_{X_2}^2$——自变量 X_1 和 X_2 的方差；

σ_{X_1Y}、σ_{X_2Y}、$\sigma_{X_1X_2}$——两个自变量的协方差。

第三种解法是矩阵解法。当 $u_0 = Y_i - \hat{Y}_i = Y_i - (b_0 + b_1X_{1i} + b_2X_{2i} + \cdots + b_nX_{ni})$ 时，观察值数据应满足下列矩阵

$$U = Y - X \times B$$

这时

$$U = \begin{pmatrix} u_1 \\ u_2 \\ \vdots \\ u_n \end{pmatrix}, \quad Y = \begin{pmatrix} Y_1 \\ Y_2 \\ \vdots \\ Y_n \end{pmatrix}, \quad X = \begin{pmatrix} 1 & X_{11} & X_{21} & \cdots & X_{n1} \\ 1 & X & X & \cdots & X_{n2} \\ \vdots & \vdots & \vdots & & \vdots \\ 1 & X_{1n} & X_{2n} & \cdots & X_{nn} \end{pmatrix}, \quad B = \begin{pmatrix} b_0 \\ b_1 \\ \vdots \\ b_n \end{pmatrix} \qquad (3-10)$$

于是多元回归直线方程也可以写为矩阵形式

$$\hat{Y} = X \times B \qquad (3-11)$$

误差 u_i 的平方和为

$$Q = \sum u_i^2 = U^{\mathrm{T}}U = (Y - X \times B)^{\mathrm{T}}(Y - X \times B) \qquad (3-12)$$

式中：U^{T}——矩阵 U 的转置矩阵。

根据最小二乘法对 Q 求偏导数，并令其为 0，即可求出各回归系数 b_0，b_1，$\cdots$，b_n。

需要指出的是，多元线性回归分析中多个自变量可能具有多种量纲和单位，必要时可进行标准化处理。

回归预测的规范步骤如下。

1）建立模型阶段

（1）准备和整理必要的资料数据，这是回归分析的基础。必须尽可能全面、完整地搜集有关的统计数据，加以确认和必要的整理。

（2）确定回归分析的因变量和自变量，重要的是选出影响最大的自变量。

（3）根据资料和初步确定的因变量、自变量作散点图。从散点图可以看出两个变量之间的大致关系，以便选择适宜的数学模型加以计算，主要有 6 种散点图，如图 3-3 所示。

（4）通过完成以上步骤初步确定预测模型的形式，这一步是要选择预测方程的特征：线性或非线性、一元或多元的。

（5）利用已有资料数据为选定的模型计算确定参数。

（6）计算有关的标准误差和相关系数。

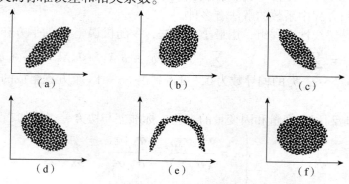

图 3-3　散点图

（a）强正相关；（b）弱正相关；（c）强负相关；（d）弱负相关；（e）非线性相关；（f）无相关

2）对建立的模型加以检验阶段

（1）初步经验检验。初步经验检验主要是考查已经得出的模型在整体上是否符合常识或已经得到公认的理论。

（2）统计检验。统计检验包括离散系数 V 检验、相关系数 $r(R)$ 检验、可决系数（判定系数）$r^2(R^2)$ 检验、t 检验、F 检验以及 $D-W$ 检验，这是从数学上考查已有模型的特征值，并给出评价的标准。

（3）初步评定预测效果。一个回归模型在实际进行预测之前，有必要预先测定其预测功效。一个比较简单的方法是，不包括在样本期内的某期因变量实际值与同期的预测值比较，如果误差不大，说明模型的预测功能较好；如果误差过大，则应重新修改模型。

3）实际预测阶段

前面几步都获得通过的模型，才能进入实际预测阶段，即真正在实际预测中提供比较有价值的信息。

3.2 交通运输供给分析

3.2.1 交通运输供给的概念

交通运输供给（Transportation Supply）是运输供应商在特定的时间、空间内，在各种可能的运输价格水平上，愿意并能够提供的运输产品和服务。

运输供给在市场经济中的实现必须同时具备两个相互关联的条件：一是运输供应商有出售运输产品或提供运输服务的愿望；二是运输供应商有提供某种运输产品或运输服务的能力。这两个条件是缺一不可的。

根据运输对象、运载工具方式以及位移起讫点的不同组合形成了不同种类的运输服务。运输供给提供的是一种位移服务，既包括运输对象的位移，也包括运载工具的位移。运输供给一般包括数量、方式、布局、管理体制和运价 5 个方面的内容。

（1）运输供给的数量通常用运输设备的运输能力来表示，以说明运输供应商所能提供的运输产品的数量和规模。

（2）运输方式是指公路、铁路、水路、航空和管道 5 种运输方式。由于各种运输方式具有不同的技术经济特征，因此不同运输方式呈现相互区别的供给特点。

（3）运输布局是指各种运输方式的基础设施在空间的分布和活动设备的合理配备及其发展变化的状况。它是运输供给结构合理化的物质技术基础，是实现运输供给体系现代化、建立综合运输体系的物质保证。

（4）运输管理体制表明了交通运输业发展的结构、制度、资源配置的方式以及相应的政策、法规等。

（5）运输价格是运输单位货物或每位旅客所需的费用。

3.2.2 交通运输供给的特点及影响因素

1. 交通运输供给的特点

供给函数在经济中定义为供给者在市场上以某一价格愿意提供的货物运输服务。因而它和需求函数一样，也是描述价格和货物量之间的关系。这一定义在经济分析中很适当，因为其中价格确实是影响消费最重要的供给变量。然而在交通系统中，供给却有其特殊性。

（1）在交通系统中，有时供给者并不十分明确，因而不便于清楚地研究供给者行为。例如，在城市间的公路运输中，在这样大的、集结的规模下，对任何特定的交通行为都无法识别给定价格下的适当的能力供给者。实际上，对公路运输而言，如果不收过路费，公路的使用者是通过税收等间接地支付费用。

（2）在交通系统中，供给的一些非货币特征相对于运营者收取的价格来说也是非常重要的。在很多运输方式中，运行时间都是供给中最重要的一个因素。经济学理论中并没有提供现成的和满意的分析运输供给中诸多特征的方法，而诸如运行时间、运输服务的可获得性等因素对于使用者来说更为重要。

（3）很多确定交通运输供给的特征是使用者而不是供给者行为导致的结果。很多直接影响交通流的运输服务水平和重要特征取决于使用者如何使用已有的运输系统，而不能认为是仅由供给者决定的供给特征。例如，在城市交通中，运行时间主要由使用者的路径选择所决定。在农村公路系统中，运行时间和车辆成本主要取决于速度，这在很大程度上是由司机制约的。

从上述交通运输供给的特点来看，将运输供给严格限制在经济学中，即理解为一定价格下的市场货运服务供应量的概念是不合适的。为了进行需求分析和交通量预测，我们考虑由一组真正发生的、对运输活动的特征和数量有影响的运输系统特征来定义供给。这一推广超出了以货币表示的运输成本和价格，它包括了其他直接或间接地代表消耗在运输中的资源的特征，尽管它有时无法定量或转化为货币成本。这一组特征的选择依赖于所考虑的不同运输方式。因而在城市小汽车交通系统中，运行时间、成本、延候、停车费和可达性等就足以描述运输供给了。而在航空客运中，运行时间、票价、地面交通费、机场延误、机型、服务频率、时刻表、服务质量等是运输供给的必要描述量。没有必要遵循统一的模式给各种运输方式定义供给，这样的统一模式容易复杂化并且有可能忽略运输分析的重要特征。

2. 交通运输供给的影响因素

交通运输供给特征的改善有赖于以下 4 个主要影响因素。

1）技术

运输系统的技术特性影响它的行为。特别是系统的运营成本在很大程度上取决于所使用的技术类型。运输的能力和速度也直接受技术的影响。

2）运营策略

用技术来提供运输服务的方式，即运营策略，取决于运营者的行为和目标。例如，为了适应交通量的增加，系统扩能策略对于像航空、铁路这样按时刻表运行的系统来说对供给特征的影响很大。运营者的行为也决定了运营成本被还原的程度及还原的方式。这是将运营成本转化为使用者成本（函数）的一种价格机制。

3）政策机构的要求和限制

运营策略和价格政策常常要受到政府的调节和限制。例如，在一个被调节的运输系统中，运营者能够使用的价格政策可能是由政策机构制定的，有时使用的设备类型也由政策机构确定。市场结构也可能会产生类似的影响。例如，在竞争和垄断的情况下可能有不同的价格政策。

4）使用者行为

交通运输供给的有些特征取决于运输系统中使用者的行为。货主选择的运输服务方式常常决定了货运总成本，货主可选择不同的存储量、批量、频率和包装方式。市内旅客也可以通过选择路径、速度以及交通工具来影响供给特征。交通运输供给影响因素分析示意如图 3-4 所示。

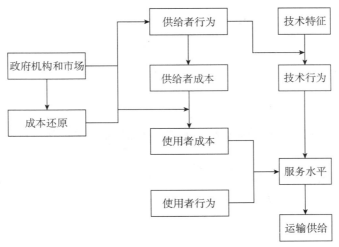

图 3-4　交通运输供给影响因素分析示意

为了弄清楚它们之间的相互关系，必须认清供给者、运营者、使用者和调节者之间存在的功能层次关系。这一功能层次从供给者开始，它的技术基础决定了要提供的运输类型，接着是运营者，它依据交通量和系统环境运用调节这种技术，最后，使用者接受这种运输服务。所有这三者的行为都受调节者的影响。这一功能层次也适用于成本和其他服务水平特征。供给者的成本将影响运营者的成本，运营者的成本将影响使用者的成本。所有这些成本，以及它们之间的关系都受第四种因素——调节者的影响。

3.2.3　供给函数与供给曲线

1. 供给函数

在现实生活中，生产者愿意供给某一商品的数量，同样取决于多种因素，如商品的价格、生产技术水平、生产要素的价格等。如果我们把某种商品的供给数量作为因变量，把影响供给量的各种因素作为自变量，那么就可得出供给函数

$$Q = f(P, R, C, G, T \cdots) \tag{3-13}$$

式中：Q——商品的供给数量；

　　　P——商品价格；

　　　R——相关商品的价格；

　　　C——生产要素的成本；

　　　G——厂商的经营战略；

　　　T——生产技术水平。

与需求函数一样，我们不可能同时对各种影响供给的变量进行分析，而只能在假设其他因素既定的条件下，就自身商品价格与供给数量之间的关系进行局部均衡分析。这样，

上述供给函数可简化为

$$Q = f(P) \tag{3-14}$$

在特定的时期内，生产者对供给一定数量的商品所要得到的最低价格，称为供给价格。与需求价格相反，通常情况下，生产者愿意提供的商品数量与商品价格呈正方向运动。当一种商品的价格越高，生产者愿意提供的数量就越多；相反，当一种商品的价格越低，生产者愿意提供的数量就越少。在研究中，为了简化起见，可以将供给数量与商品价格之间的关系表示为一种线性关系，例如

$$Q = a + bP \tag{3-15}$$

式中：Q ——商品的供给数量；

$\quad$ P ——商品价格；

$\quad$ a ——常数；

$\quad$ b ——正斜率参数，表示商品价格与供给数量之间是同方向运动的。

2. 供给曲线

供给可以用函数表示，也可以用曲线表示。将市场供给量与商品价格之间的点在坐标图上用一条曲线连接起来，就可得到一条供给曲线（Supply Curve），如图3-5所示。

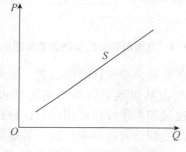

图3-5　供给曲线

图3-5中，纵轴代表商品价格 P，横轴代表商品的供给数量 Q。曲线上的点表示出了在相应的价格水平下生产者愿意并且能够提供的商品数量。供给曲线给出了每一个价格水平上生产者愿意出售的商品数量，表示出了所有价格和供给数量的组合。

按照供给法则的原理，在其他条件不变的情况下，商品的供给数量与商品价格成正比，这样的规律反映在图形曲线上，使供给曲线向右上方倾斜。同样在供给函数中，价格是自变量，供给数量是因变量；但对应的供给曲线中供给数量（因变量）是横坐标轴，价格（自变量）是纵坐标轴。

3. 影响供给变化的因素

供给曲线是在假定除价格以外的其他因素都不变的情况下得到的。但在现实生活中，所谓的"其他因素都不变"的条件很难满足，任何一个条件的变化都会引起供给的变动。引起供给曲线移动的原因有很多，主要的原因有以下几种。

1）生产所需投入品的价格

商品的生产都是需要投入的，厂商为提供一定的商品供给需购入相应的生产投入品。如果生产所需投入品的价格下降，如原材料或劳动力的价格下降，那么生产商品的成本就会降低，即使供给价格不变，厂商也愿意提供更多的供给量。这样在商品的每一个价格之下，厂商的生产数量就会增加，供给曲线会右移。相反，如果生产所需投入品的价格上

升，供给曲线会左移。

2）技术进步

技术进步会改变生产过程，减少生产的投入，或者提高生产的效率。这种进步包括从应用科学突破到现有技术的更新与挖潜，或者生产流程的重新组织。技术进步同样也会降低生产成本，从而增加商品的供给，使供给曲线右移。

3）相关产出品的价格

供给角度的相关商品与需求角度的相关商品的概念是不同的。从需求的角度，相关商品是从消费使用功能上划分为替代品与互补品。而从供给的角度，相关商品（也称为相关产出品）指的是那些生产所需的投入品和生产过程基本相同的商品。

相关产出品的价格上升，生产者就会将有限的资源用于生产那些价格相对较高的商品。如果玉米的价格提高，小麦的价格不变，那么农民就会在有限的土地资源中，减少小麦的种植，增加玉米的种植，从而使小麦的供给曲线左移。

4）市场上生产者的数量

供给一般是指市场供给，市场供给是个别供给的总和。如果生产者的数量增加，那么每一个价格上的生产数量也会相应增加，市场供给量增加，从而使供给曲线右移。如果生产者的数量减少，供给曲线左移。

5）生产者对未来价格的预期

如果生产者预测未来其生产的产品价格会上涨，那么他们至少会将一部分商品留待以后价格上涨时再出售。因此，对于未来价格将会上涨的预期，会引起供给量的减少，从而使供给曲线左移；相反，对未来价格将会下跌的预期会引起供给量的增加，从而使供给曲线右移。

6）政府的税收和补贴

政府能够对厂商生产的商品产生影响。例如，政府向生产者征税，以弥补其在教育、医疗、公共安全等方面的支出。征税会提高生产厂商的成本，使供给数量下降，引起供给曲线左移。而对某些生产者的补贴，如向公共交通企业的补贴，会增加补贴商品或服务的供给数量，从而引起供给曲线右移。

3.2.4　交通运输供给能力分析

交通运输供给能力由交通运输基础设施和交通运输载运工具两个部分构成，两者密切配合，缺一不可，共同形成运输供给系统能力。铁路、公路、航道、管道等运输线路及车站、港口、机场等运输枢纽构成了交通运输基础设施，形成了交通运输供给的物质技术基础，是交通运输载运工具运行的载体；铁路机车车辆、汽车、船舶、飞机等属于可移动的运载工具，交通运输基础设施和交通运输载运工具共同构成了运输的生产能力。虽然在运输管理体制上，交通运输基础设施与交通运输载运工具的管理可能分离，但是在运输生产能力的形成上，两者是紧密结合、缺一不可的。

1. 交通运输基础设施

交通运输基础设施也称固定设施，是指那些不能移动的交通运输线路、站点以及附属设备等设施。这些固定设施只是与特定地理位置的运输市场有关，在固定设施领域的投资一般只能增加特定地理位置或区域的运输能力，主要包括铁路线路、道路、车站、港口、航道、机场等。

1）交通运输服务层面的市场机制

在交通运输的发展过程中，涉及交通运输的资源配置问题。在这里市场机制是如何发挥作用的呢？按照经济学的理论，市场通过价格机制，自动对供给和需求进行调节。在交通运输服务提供商满足人、货物或交通工具空间位移这样具体的交通运输需求层面，市场机制起决定作用。旅客或货主根据运输价格（有时候并不是简单的运输价格，而是运输广义费用）的高低，决定自己的交通运输需求数量。一般情况下，交通运输市场是一个垄断竞争型市场，交通运输企业在市场机制的作用下，根据运输市场的价格决定企业的运力配置，达到自己的生产均衡状态。企业的运力配置，更多的是对交通运输载运工具，如汽车、机车车辆、船舶、飞机等的配置，以及运输服务线路、服务频次等的优化配置。但这种运输厂商均衡是在一定的交通运输基础设施条件下达到的，交通运输市场与普通商品市场的一个最大区别在于，交通运输供给是在固定设施供给与交通运输载运工具供给同时匹配起作用的情况下才发挥作用。这里就存在一个问题：交通运输基础设施作为一种固定设施供给，它的均衡是通过市场机制实现的吗？如果交通运输基础设施是通过市场机制实现资源配置的，那么交通运输市场也是一个比较简单的价格机制起作用的市场，但实际情况却复杂得多。

2）交通运输基础设施层面的规划机制

由于交通运输基础设施的特殊性质，决定了运输供给的形成不完全是市场机制作用的结果，交通运输的资源配置也不可能完全由市场决定，其中必然混合了政府的作用。交通运输市场中的调节机制如图 3-6 所示。

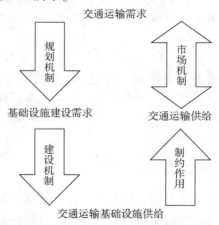

图 3-6　交通运输市场中的调节机制

从图 3-6 中可以看到，交通运输供给除按照市场机制受到交通运输需求的影响外，还受到交通运输基础设施供给的制约作用。也许我们会认为交通运输基础设施和交通运输需求是挂钩的，也是受到交通运输需求的市场作用，其实不然。

由于交通运输基础设施的特殊性，它不和交通运输需求直接相关联，中间经过了一个环节，即交通运输基础设施建设需求的环节，交通运输基础设施供给是满足了交通运输基础设施建设需求的，这个需求实际上是政府需求。政府通过规划机制将交通运输需求转化为交通运输基础设施建设需求，而这个需求和交通运输需求之间可能存在一定的偏差。

另外，交通运输基础设施建设需求和供给建设之间，也不完全是市场行为，这样也可能会存在一些非市场扭曲。因此，在交通运输市场的资源配置中，除了市场机制起作用，政府通过规划机制也起着重要的作用。而要真正做到交通运输基础设施的供给，还需要解决交通运输基础设施的建设经营问题。

2. 交通运输载运工具

除了管道，其他的交通运输方式都需要使用移动运输设备，即交通运输载运工具，简称运载工具。只有通过运载工具在固定设施上的移动，才能完成旅客和货物的空间位移。对应于不同的运输固定设施，需要不同类型的运载工具。例如，公路交通的运载工具是汽车，铁路运输的运载工具是机车车辆，水路运输的运载工具是船舶，航空运输的运载工具是飞机。

1）运载工具的经济装载量

（1）经济装载量的确定。运输业的产品是旅客与货物的位移，然而除管道外，运输服务却是以在线路上运行的运载工具（车、船、飞机、列车等）为单位进行组织的。运载工具的成本和供给特性在不同运输方式之间甚至同一运输方式内部都是有差别的。对于不同的需求批量，不同运载工具的经济性大不相同。从供给者的角度，涉及运载工具的经济装载效率问题。

在运载工具的类型已定的情况下，运输业者选择装运多少的目的是使提供运输服务的利润最大化。根据经济学的基本原理，供给者应当将产量置于边际收益等于边际成本处。

对于某一运输过程来说，假定运输距离是固定的，运输供给者的产量就是运载工具的装载量。因此，运输供给者应当将装载量定在运输的边际收益等于边际成本时的水平上，我们将此时的装载量定义为"经济装载量"。

假定对于某一运输过程，运距不可调整，市场运价 P 也固定不变，用图 3-7 来说明装载量选择的问题。

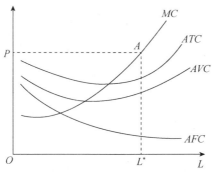

图 3-7　运载工具经济装载量

图 3-7 中，横坐标为运载工具的装载量 L，纵坐标为运输成本或价格 P。AFC 曲线代表运载工具的平均固定成本。固定成本是与装载量无关的费用，如车辆的时间折旧、固定税费、司乘工资等。随着运载工具装载量的增加，平均每一吨货物或每一位旅客所分摊到的固定成本呈逐渐下降的趋势。AVC 曲线代表运载工具这一运输过程的平均变动成本，主要包括燃料消耗、物理折旧、维修费用以及其他一些变动开支。它是一条先下降然后逐渐上升的曲线。AVC 曲线后期逐渐上升的一个原因是，随着装载量的增加，车船的使用强度渐渐超过其原有的设计标准，运载工具的平均燃料消耗和平均维修费用会大大提高。

AFC 曲线与 AVC 曲线的叠加是运载工具这一运输过程的平均成本曲线 ATC。MC 曲线是运载工具的边际成本，即在一定装载量基础上，每增加单位装载货物带来的成本的增加量。注意 MC 和 ATC 是不同的概念。而市场运价 P 与边际成本曲线 MC 的交点对应的装载量 L^* 即为运载工具这一运输过程的经济装载量。

如果装载量达不到经济装载量，运载工具的运输能力出现闲置，这当然是不经济的；而如果运载工具的装载量超过了经济装载量，又会导致对运载工具的过度使用，在经济上也是无效率的行为。据此，运输供给者应当选择经济装载量为最佳装载量，因为这样可以获得这次运输服务的最大利润。

（2）影响经济装载量的因素。影响经济装载量的因素有以下 4 个。

①运载工具类型的影响。不同类型的运载工具，其成本曲线的形式不同，经济装载量也千差万别。即使对于同一类型的运载工具来说，由于货运需求的多样性与复杂性，加之每一台车辆、每一架飞机或每一艘船舶的具体状况与使用环境也不尽相同，其运输过程的经济装载量也存在差别。

②货运需求不平衡性的影响。众所周知，运载工具的运输存在"返程问题"，货运需求的地区不平衡性，会引起运载工具在重载方向与回程方向经济装载量的区别。如果回程时交通运输需求较小，无法达到去时的经济装载量，那么，车主也可能同意提供运输服务，因为回程是无法避免的。回程方向的装载量峰值会小于重载方向的装载量峰值。

③固定税费的影响。如果固定税费水平提高，等效于增加了车辆的固定运输成本，平均固定成本曲线 AFC 将向右上方移动，从而导致平均成本曲线 ATC 的最低点向右移，即车辆的经济装载量增加了。这也是我国超载运输治理中，有时会出现"越治越超"（即处罚越多，超载越多）的原因。因为如果对超载车的处罚与其装载量无关，对于车主来说处罚仅相当于固定税费，他有动力通过装运更多的货物来分摊掉这些处罚的成本。

④生产要素价格的影响。如果某一生产要素（燃油、轮胎、车辆配件等）的价格出现变动，情况就比较复杂。简单地讲，如果生产要素的消耗相对于装载量缺乏弹性，如司机工资通常不会随着装载量的变动出现较大浮动，那么这类生产要素价格更接近于固定成本，其价格水平的上升会导致车辆的经济装载量有所增加。而如果生产要素的消耗相对于装载量富有弹性，那么这类生产要素的价格水平的上升会导致车辆的经济装载量有所降低。但总体上看，市场要素价格的变动对车辆的经济装载量影响不大。

2）载运工具的使用寿命

同人类一样，运载工具也有自己的生存期限，不过长短差别很大。我们把运载工具从投入市场开始到被市场淘汰为止所经历的时间，称为运载工具的寿命周期。一般将运载工具的寿命分为物理寿命、技术寿命和经济寿命 3 种类型。

（1）物理寿命。物理寿命是指运载工具从开始使用，直到它们的物理性能损耗到不能或不宜继续使用、退出运输过程为止的时间。运载工具的价值一般来说会随着其使用时间或行驶距离的增加而减少，这些有形损耗是由于使用和自然力的影响而引起的，因此运载工具物理寿命的长短与运载工具的质量、使用条件、使用强度和使用维修技术密切相关。

（2）技术寿命。从运载工具开始使用到因技术性能落后而被淘汰所经历的时间，称为运载工具的技术寿命。由于运载工具生产制造工艺技术的发展，原有运载工具的无形损耗加剧，当技术更先进、功能更强、完全可替代的新运载工具生产出来后，原来的运载工具在技术上就应该被淘汰了，尽管有些在物理性能上还能使用。

（3）经济寿命。经济寿命指运载工具从投入使用，直到从经济效益方面考虑不宜继续使用、退出运输过程为止的时间。虽然依靠维修可以延长运载工具的物理寿命，但随着役龄的增加，技术状况不断恶化，维修费、燃油费等运营费用不断增加，运载工具使用的经济效益将逐渐降低，以至于从经济上考虑需要淘汰。

交通运输供给能力由固定设施和运载工具两个部分构成，两者密切配合，缺一不可，共同形成交通运输供给系统能力。

3. 影响交通运输供给能力的因素

"通则不痛，痛则不通"，这句话用于描述运输与经济的关系也是相当合适的。运输通畅，各种物资、客流流动无阻，经济发展健康，自然不痛，反之亦然。在我国当前的基本国情下，改革转型势在必行，而经济建设仍然是重中之重，要想经济健康，交通就必须要"通"。而我国交通系统的现状与国民经济的发展状态，两者并不是和谐的。具体而言是交通系统的供给满足不了社会对运输的需求，从而形成了交通系统在一定程度上制约了经济的发展，出现了"不通则痛"的状态。要想让交通真正"通"起来，就必须要提高整个系统的供给能力，而提高供给能力首先要做的就是对影响交通系统供给能力的一些因素进行研究。

综合运输系统实质上是一个网络结构系统，由各个节点（车站、港口、航空港）和许多边（线路、道路、航道、航线以及在其上运营的各种交通工具）组成，所以可以将交通系统供给能力相应地分为两部分：节点的能力和边的能力。

1）影响交通系统节点能力的因素

交通系统网络的节点通常在人口稠密地区，如城市、大型工矿企业等。在这些地方修建的运输网络节点，其能力受系统外部因素的影响较大，主要是城市土地规划、环境、运营组织方式、设备设施等影响。

（1）城市土地规划的影响。占地面积是衡量运输网络中节点能力大小的一个重要指标，而城市土地规划对节点的占地面积则起着主要影响。城市土地规划，应率先考虑交通，对于运输网络中的节点，在城市土地规划中应当给予重点考虑，要摸清城市的人口规模，调查人们的出行意愿，并且预测未来可能的需求量，在此基础上再决定运输节点的修建地点、占地大小。另外，还应当考虑到这些节点日后可能会存在改扩建的问题，所以还应该在其附近预留一些规划用地。由此可见，城市土地规划的合理与否，对运输节点的重视与否，是与节点能力密切相关的。

（2）环境的影响。另一个影响节点供给能力大小的是节点周围的环境。通常，运输节点上会存在大量的交通运输工具，运输工具的运营则必然带来空气、噪声等污染，特别是从事客运业务的运输节点，这一类节点通常都是在城市交通便利，人口流量较大的城市中心地区、节点周围商业区、住宅区林立，如果环境问题处理不当，必然会给周围小区的环境造成比较严重的影响，所以这一类节点会考虑控制其规模。控制节点上的运输工具总量，从而也会对节点的能力带来不利的影响。

（3）运营组织方式的影响。节点内部的运营组织方式对节点的能力有着重要的影响，一个运输节点设计的能力再大，如果其内部的运营组织犹如乱麻，必然就会使其能力得不到充分发挥和利用，造成能力资源的浪费。运输节点内部的运营组织中，流线的疏导是一个重要方面。

流线是指旅客、车辆、行包在节点内的集散活动，产生一定的流动过程和路线，主要有旅客流线、车辆流线和行包流线。对于这 3 种不同性质的流线，首先要在节点设计阶段充分考虑其疏导，在实际的运营中也要严格遵守各类流线流动疏导的原则，尽量避免和减少各种流线的相互交叉干扰，最大限度地缩短旅客流动距离，避免流线迂回，防止对流，确保安全。只有各种流线有条不紊，运输节点内部的运营组织才会井然有序，节点的供给能力也才能得到充分的发挥。另外，各运输方式节点也会承担货运业务，在装卸货物的流程上可以更多地利用统筹等方面的知识，优化货物装卸流程，使节点的货物运输供给能力得到提高。

（4）设备设施的影响。节点内部运输相关设备的协调性和先进性是影响节点供给能力的另一方面。以安检设备为例，先进的安检设备可以提高安检的效率，加快旅客流线的流速，提高节点能力。除了设备的先进性，各种设备的协调一致对节点能力的提高也是很重要的，如安检、监控、客运、货运等。只有这些设备相互配合，节点供给能力才能得到充分的利用。

2）影响交通系统边能力的因素

运输网络由节点和边组成，这两个方面的能力必须要相互适应，只有这样，整个系统才会有客观的供给能力。节点的能力再大，边的能力如果很小，则会限制节点能力的发挥，造成旅客、货物堆积在节点之中，无法运送。因此，边的能力也是我们不得不考虑的。影响边的能力的因素主要有以下 4 个。

（1）气候的影响。作为受气候影响最小的一类交通运输方式，铁路几乎可以在任何恶劣的气候下运行，但在极端的气象条件下，铁路的运行也会受到极大的影响，从而导致整个铁路系统供给能力的降低。

相比于铁路运输，公路运输、水路运输和航空运输受气候的影响就明显得多。每年因冰雪、雾霾等关闭的高速公路和机场的数目相当巨大，公路和航空的运输供给能力必然也会大幅度削弱。对于水运而言，河流冰冻和大雾天气同样影响巨大，但对其供给能力影响最大的还是航道的水流量，丰水期和枯水期航道所能航行的船只吨位相差巨大，在某些航段上，枯水期间甚至是不能通航的。由此可见，公路运输、水路运输和航空运输 3 种运输方式的供给能力在很大程度上都会受到气候条件的影响。

（2）地形的影响。同气候一样，地形也是影响交通系统供给能力的重要因素。航空运输使用的是空间航线，几乎不受地形影响。水路运输受地形影响主要是航道宽度，在峡谷地段，航道狭窄，通行船舶不可过宽，吨位不能过大，航行速度也不能过快；而在其他一些航段上，航道的宽度则同水量密切相关，同样受到气候、降水量的影响。公路运输的供给能力主要取决于道路的车道数，也就是路面的宽度，在丘陵山区地带，可供修建公路的土地有限，路面宽度会受到限制，其供给能力也必然会受到影响。铁路运输的供给能力受地形影响较大，在山岭起伏，高度差较大的山区修筑的铁路，多为大坡道和隧道，必然会加重列车运行时所受到的坡道附加阻力和隧道附加阻力，使列车牵引力不能使用充足，影响列车运行速度，最终就会导致铁路线路的运输供给能力受到限制。

（3）运输组织的影响。各交通方式系统的运输组织占了至关重要的地位。其中又尤以铁路系统为甚，铁路行车组织是铁路系统中极其重要的一环，按照列车运行图的规定，铁路系统内部各部门通力合作，共同保证铁路运营的安全高效。作为整个铁路行车的基础，列车运行图的合理与否事关整个铁路系统能力是否得到充分利用。不断优化列车运行图以及列车运营组织，可以使铁路系统内部各部门之间的协调工作更加轻松有效，这样铁路的供给能力才能得到更加充分的体现。公路方面，在设计之初就必须要做好交通量的调查，确定道路的车道数，高速公路收费站所开窗口应随车流量的变化而变化，不能因窗口不足而限制高速公路供给能力。水路运输运营组织上，需要优化船舶通过航道困难地段的方法，特别是要优化船舶通过水利枢纽工程的过程，提高水路运输的速度。航空运输的运输过程受各方面的影响都较小，运营组织上需要优化航线、途中转机、加油的作业过程，以此提高航空运输系统的运输供给能力。

(4) 设备的影响。在影响运输网络边的能力的因素中，运输设备仍然是重要的一方面。作为旅客和货物的载体，运输工具是组成运输系统供给能力的重要部分，无论在铁路、公路、水路还是航空方面，运输工具的不断进步都是交通系统供给能力不断提高的一大标志。铁路客运机车车辆正在向着高速化的方向发展，特别是高速动车组的广泛使用必将极大提高铁路客运的供给能力；铁路货运则在向重载化发展，并力争在牵引重量增加的情况下力保速度的稳定，以此提高铁路货运的供给能力。在全球环境恶化的大背景下，汽车也在向着更加清洁、高效地利用能源的方向发展。如此汽车不仅能够克服其环境污染这一缺点，同时也可以提高公路运输的供给能力。除此之外，水运和航空也都在运输工具上需求突破，从而大幅度提高水运和航空的能力。

通信信号设备的改善同样会对交通系统的供给能力带来影响。铁路系统闭塞方式和机车信号的发展使行车效率越来越高，在安全的大前提下，前后列车间距越来越短，从而使同样的时间段内在线路上运行的列车对数增加，提高了铁路的供给能力。在城市道路交通中，利用现代通信系统及时通知汽车驾驶员各条道路的拥堵情况，通过驾驶员自身选择道路的行为缓解交通堵塞，将车流向各条道路分散，使各条道路的通行能力都能得到有效利用。水运、航空亦是如此，先进的信号通信设备可以提高其运营组织的效率，降低恶劣气候对运输的影响，提高它们的供给能力。

3.3　交通运输供求平衡分析

3.3.1　均衡理论

1. 均衡的内涵

"均衡"一词起源于物理学，之后逐步被经济、政治、军事、文学、心理、教育、化学、艺术等各学科、各行业在表述两种对立事物的一种微妙状态时广泛应用。从中国哲学的角度来说，均衡是"天"和"人"相合的一个过程。经济系统中的均衡状态指的是一种稳定状态。凯恩斯(Keynes)建立宏观经济体系之后，经济学家已经很习惯运用平衡的观念去看待和解释经济现象，如对经济波动、经济危机、货币经济学、发展经济学的研究。由系统科学得知：稳定是系统存在的前提。经济系统并非一成不变，随着其发展，会因某些因素偏离了原有的均衡，并使不均衡波及整个系统，然后通过克服阻力，最终使系统找到了一个认为最优的均衡点，达到了新的均衡状态。经济社会正是在均衡到不均衡再到均衡的循环运动中进步和发展的。

交通系统是一个内外交互作用、环境复杂、因素众多的开放型大系统，因此，交通系统的均衡受到多种因素的复杂作用，是一系列动态的平衡过程。

交通系统的均衡包含：

（1）运输市场均衡；

（2）用户均衡；

（3）运输经营者均衡；

（4）供需均衡。

为了研究方便，给在运输系统分析研究中所关心的系统定义了以下 3 个基本变量：

T——运输系统，即运输系统的设备、运输方案；

A——活动系统，也就是与运输系统相关的社会经济系统的活动形式；

F——运输系统中流的形式，包括流的起点、终点、路径和通过系统的客货流量。

图 3-8 定性地反映了这 3 个变量之间的相互关系：

（1）运输系统中流的形式由运输系统和活动系统来决定；

（2）现行流的形式随着时间将引起活动系统的变化：通过所提供的运输服务和这些运输服务所消耗的资源；

（3）现行流的形式也引起了运输系统的变化：相应于现有的或预测的流，企业或政府要发展新运输服务设施或改进现有的供给服务。这些相互作用关系是通过"均衡"来定量描述的。

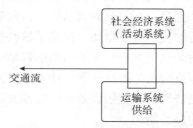

图 3-8　运输系统基本变量之间的关系

2. 供求均衡理论分析

1）市场均衡

均衡运价和均衡交通量的变化关系如图 3-9 所示。DD 与 SS 分别代表运输市场的需求曲线和供给曲线。根据运输市场的需求规律和供给规律，DD 自左向右下方倾斜，表示需求量与广义运价的变化相反。SS 曲线自左向右上方倾斜，表示供给量与运价的变化相同。

在采用均衡分析方法考查均衡运价和均衡交通量时，由它们代表的需求状况和供给状况是假定为已知的和既定不变的。DD 与 SS 的交点 E 表示：当价格为 EQ（等于 OP）时，供给者愿意供给的能力（由 SS 表示出来）和使用者需求的交通量（由 DD 表示出来）恰好相等，这时运价在这个高度固定下来，不再有变动的趋势，称为运输市场达到均衡状态。这种使需求量与供给量相等的运价，称为均衡运价，与均衡运价相应的供应量称为均衡交通量。

可以看出，当运价高于均衡运价时，供给大于需求，运输能力过剩；反之，当运价低于均衡运价时，需求大于供给，运输能力紧张。

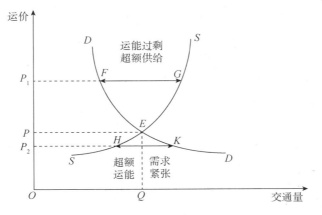

图 3-9　均衡运价和均衡交通量的变化关系

图 3-10 中，假设 *DD* 与 *SS* 是原来的交通运输需求与供给曲线，将由此决定的均衡运价是 *OP*，均衡交通量是 *OQ*。

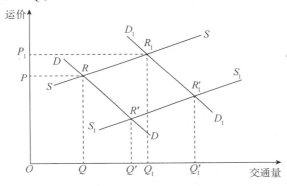

图 3-10　交通运输需求与供给的变化与运价和交通量的变化

假设供给状况不变，但由于本地区人口增多、经济增长和人均收入的增加，使人们的交通需求增大了，也就是需求状况发生了变化，这表现为需求曲线向右上方移动至 D_1D_1。显然，由 D_1D_1 和 *SS* 所决定的均衡运价，将由 *OP* 增为 OP_1，均衡交通量则由 *OQ* 增为 OQ_1。若想使均衡价格不变，只能扩大运输系统的能力，增加供给。

再假定需求状况不变，但生产技术的进步，或者生产要素价格的降低，如铁路运输线路的电气化改造，公路运输采用大吨位、低能耗的车型等，使供给状况发生了变化，这表现为供给曲线向右下方移至 S_1S_1 位置，与每一运价相应的供给量较之前增加。S_1S_1 与 *DD* 交于 *R′* 点，与 D_1D_1 交于 R'_1 点，可见，*DD* 与 S_1S_1 所决定的均衡运价 *R′Q′* 比 *OP* 低，而均衡交通量 *OQ′* 则比 *OQ* 增加。

可以看出，当需求和供给都增加时，即需求曲线 *DD* 移至 D_1D_1，供给曲线 *SS* 移至 S_1S_1，均衡交通量将增加很多，新的均衡运价则可能高于也可能低于原来的均衡运价。

2) 供求动态均衡分析

上文首先说明了采用静态分析方法时均衡运价和均衡交通量如何决定的问题，然后说明被假定为给定的供给状况和需求状况发生变化时，相应的均衡量的变化，但并不论及从原来的均衡点到达新的均衡点的发展变化过程，故称为比较静态均衡分析。

同静态均衡分析不同，动态均衡分析研究供给的发展变化过程。下面我们将以一种运输系统的供给与需求和运输市场上运价的相互作用为例，来说明运价和交通量在运输市场上随运价而变化的供求两种力量的相互作用下，在动态的时间序列中出现的发展变化过程。

图 3-11(a) 中的 $S_t = f(P_{t-1})$ 表示出租汽车运输系统的供给量。出租汽车运输系统的供给量的变化主要取决于进入运输市场的出租车的数量和运输能力，因为城市道路在一定时间内是相对稳定的。$D_t = f(P_t)$ 表示市场对出租车运输的需求。供给量(S_t)、需求量(D_t)和运价(P_t)这 3 个变量的下标附以时间变量 t，表示它们在时间 t 的值。

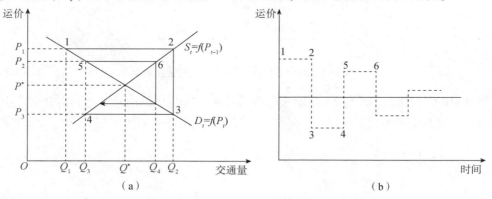

图 3-11　稳定的蛛网

(a)运价与交通量关系图；(b)运价与时间关系图

在动态均衡分析中，我们知道本时期的供给量是由上一时期市场价格和需求所决定的。例如，若上一年运价和需求决定的均衡供给量大于实际的供给量，也就是运能紧缺，因而运价上涨将导致下一年运输系统能力的增加，反之亦然。

在图 3-11(a) 中，我们假设初始年出租车运输系统的供给为 Q_1，第一年的实际运价由于运能紧张而涨至 P_1。根据供给函数的特性，第一年的运价 P_1 决定第二年的供给，从图 3-11(a) 中可看出，当运价为 P_1 时，供给者愿意供应的交通量为 Q_2。根据需求函数的特征，要使出租车运能 Q_2 全部被旅客接受，运价应为 P_3，因为从需求曲线可见，当运价为 P_3 时，旅客愿意接受的交通量为 Q_3。当第二年的运价为 P_3 时，第三年的供给量将从上一年的 Q_2 减为 Q_3，因为从供给曲线可见，运价为 P_2 时，供给者愿意供应的交通量为 Q_3。当第三年的供应量为 Q_3 时，根据需求函数的特性，这一年的均衡运价应为 P_2，因为从需求曲线可见，运价为 P_2 时，旅客愿意使用的交通量为 Q_3，即使当年的运能恰好被全部利用。

依此类推，在连续型的时间序列中，市场价格有时高于均衡价格，引起下一年供给量超过按均衡运价会有的需求量，这种超额供给导致当年市场运价低于均衡运价。由此引起下一年供应减少，出现需求大于供给的情况，以致市场运价又高于均衡运价。综上所述，逐年市场实际运价和形成的交通量围绕运价和交通量的均衡值上下波动，沿着图 3-11(a) 所示的途径变化，变动后的轨迹像一个蜘蛛网的形状。蛛网模型(蛛网理论)即由此得名。

从理论上讲，上例的动态变化途径及趋向可以有 3 种不同情况。每一种情况取决于供给曲线的斜率与需求曲线的斜率这两者的对比关系，换句话说，每一种情况取决于供给的运价弹性与需求的运价弹性这两者的对比关系。

第一种情况，如图 3-11 所示，供给曲线 S_t 的斜率的绝对值大于需求曲线 D_t 的斜率的绝对值。在此场合，运价变动引起的需求量的变动大于运价变动引起的供给量的变动，因而任何超额需求或超额供给只需较小的运价变动即可消除，在此情况下，运价和交通量变动的时间序列是向平衡点收敛的，称为动态的稳定均衡。

第二种情况，如图 3-12 所示，供给曲线 S_t 的斜率的绝对值小于需求曲线 D_t 的斜率的绝对值。在此情况下，一旦出现失衡，继后各年的供应不足或供应过剩的波动幅度，以及市场实际运价的起伏幅度，都越来越和均衡值相背离，因而运价和交通量变动的时间序列是发散型的，称为不稳定均衡。

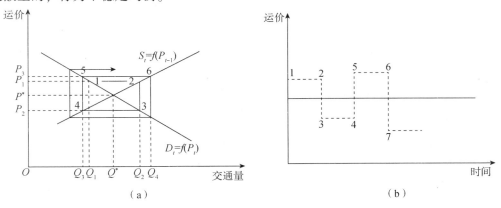

图 3-12　不稳定的蛛网

（a）运价与交通量关系图；（b）运价与时间关系图

第三种情况，如图 3-13 所示。供给曲线 S_t 的斜率的绝对值与需求曲线 D_t 的斜率的绝对值恰好相等。当初始状态偏离均衡状态后，继后各年的运价和交通量的变动序列，将表现为环绕其均衡值永无休止循环往复地上下波动，波动的幅度既不扩大也不缩小。

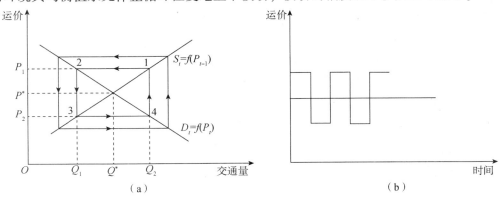

图 3-13　循环往复的蛛网

（a）运价与交通量关系图；（b）运价与时间关系图

3）供需均衡与短缺

在完全自由竞争的市场经济中，运输市场均衡左右着运输系统内外部关系。但是，对于有一定计划经济的市场和交通运输这样的基础设施建设，还有运输短缺的因素在其中发挥着相当的作用。

短缺是匈牙利经济学家亚诺什·科尔奈（János Kornai）提出并加以重点分析的一个经济概念。短缺作为需求与供给差异的一种表征，反映了一定经济条件下生产不能满足需求的滞后现象。在我国运输领域中短缺现象极为明显，几十年来运输领域长期不适应交通运输需求的增长。这种运输短缺不仅表现为数量上的不足，也表现为运输质量的下降。运输短缺在宏观控制中的作用主要表现为以下几个方面。

（1）短缺作为供给约束，制约经济的增长。运输短缺表明了许多地区得不到足够的物资补给，自身的产品不能送到市场，而使经济蒙受损失。但经济系统由于其活动的自组织功能，在一定程度上对运输短缺有消化能力，如技术进步、产业结构的调整、地方市场的开拓等，因此仍能保持一定的增长势头，但这些调整是要付出一定代价的。

（2）短缺作为非价格信号影响着运输的投入。在我国交通运输发展中这种作用很普遍。由于实行对外开放，沿海港口能力严重短缺，"六五"沿海港口建设出现高潮。华东煤炭运输短缺压力甚大，使大秦线、华东技术改造等项目加速建设。我们可以看出，影响运输资金分配的重要信号之一就是短缺，如图3-14所示。

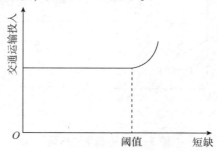

图3-14　交通运输投入与短缺关系

短缺越严重，投资计划被接受的可能性就越大。对于投资决策，短缺信号的作用有一个时间延迟，同时存在一个容忍阈值，即当只有短缺达到或超过一定限度后，才会引起投入的增加。

（3）运输短缺作为一个局部信号，会引起运输需求在不同交通运输方式中实现替代或转移。

交通系统是一个多种运输方式构成的综合运输体系，某种运输方式的短缺，将引起运输需求在运输方式中的转移，这种需求的转移将引起运输投入分配的变化，也会改变运输系统的格局。

综上所述，交通运输短缺对交通系统的宏观控制作用如图3-15所示。

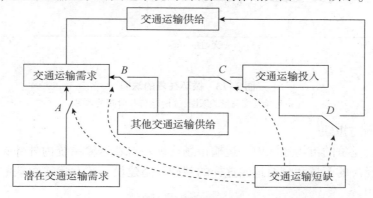

图3-15　交通运输短缺对交通系统的宏观控制作用

短缺会使开关A断开，抑制需求膨胀，也可以关闭开关B，实现需求转移，同时，也

可关闭开关 C 或 D，增加运输供给，扩大对运输需求的消化能力。

3.3.2　弹性理论

1. 弹性的概念

弹性（Elasticity）的概念最早源于物理学，指的是反应，如一个物体与另一个物体相碰撞时的反应。如今经济学家对弹性概念的使用频度已经不亚于物理学家，同时弹性的信息对于企业定价决策具有非常重要的意义。

我们需要知道需求数量在多大程度上对价格的变化做出反应。例如，观光旅游者对航空票价十分敏感，较大的折扣票价会吸引更多的以旅游为目的的乘客，而商务出行者通常不太关注票价的折扣。又如，一些物品，如食品、燃气等必需品的消费几乎不受价格变化的影响。这些问题可以运用弹性这一重要概念进行分析。

弹性指一个变量对于另一个变量反应的敏感性，用因变量变化率与自变量变化率的比值进行衡量。若两个经济变量存在某种函数关系

$$Y = f(X) \tag{3-16}$$

那么弹性公式可以表示为

$$E = \frac{\Delta Y/Y}{\Delta X/X} \tag{3-17}$$

式中：E——Y 对 X 的弹性；

Y——因变量，ΔY 为因变量 Y 的变化量；

X——自变量，ΔX 为自变量 X 的变化量。

弹性告诉我们的是如果一个变量（自变量）变化 1%，另一个变量（因变量）将会发生多大的百分比的变化。因为自变量和因变量有时是负相关的关系（如价格和需求数量），因此弹性的计算有时会出现负值。

另外需要注意，在弹性的计算中，分子是因变量的变化率 $\Delta Y/Y$（而非变化量 ΔY），分母是自变量的变化率 $\Delta X/X$（而非变化量 ΔX）。变化率是无量纲的相对数，变化量是有量纲的绝对数。因此弹性也是无量纲的相对数，与自变量和因变量的度量单位无关。一般而言，如果两个经济变量之间存在某种关联关系，则可以用弹性来表示因变量对自变量反应的敏感程度。

2. 需求价格弹性及其计算方法

经济学中更多地涉及需求价格弹性（Price Elasticity of Demand）的概念，需求价格弹性一般也简称需求弹性（Elasticity of Demand），表示在一定时期内需求数量对于价格变化的敏感程度，用需求数量变化率除以价格变化率来计算。一般需求函数表现为需求数量和价格之间的关系

$$Q = f(P) \tag{3-18}$$

式中：Q——商品的需求数量；

P——商品的价格。

需求价格弹性的计算公式为

$$E_P = \frac{\Delta Q/Q}{\Delta P/P} \tag{3-19}$$

式中：E_P——需求价格弹性；

ΔQ ——需求数量的变化量；

ΔP ——价格的变化量。

由于需求数量和价格是成负相关的，因此上述公式计算出的 E_P 为负数，一般我们只讨论其绝对值的大小。需求弹性计算的不是需求数量和价格绝对量的比值，而是需求数量对价格的相对变动率，反映了需求数量对价格的敏感程度，即价格变化 1% 会带来需求数量变化百分之几。

需求价格弹性的计算有两种方法：弧弹性计算和点弹性计算。

1）弧弹性计算

弧弹性是指需求曲线上某两个价格区间之间的弹性。一般来说，当价格在一定的范围内变动较大时，采用弧弹性的计算方法，如图 3-16 所示。

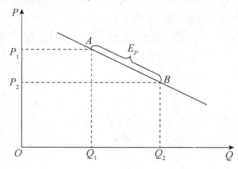

图 3-16 弧弹性计算

当价格从 P_1 下降到 P_2 时，需求数量则从 Q_1 增加到 Q_2，其变化量计算公式为

$$\left.\begin{array}{l} \Delta P = P_2 - P_1 \\ \Delta Q = Q_2 - Q_1 \end{array}\right\} \tag{3-20}$$

而对于 P 或 Q 的取值，如果取 P_1、Q_1，其和 P_2、Q_2 得到的弹性显然有区别，意味着在需求曲线 AB 区间内，降价的弧弹性值和涨价的弧弹性值是不同的。为解决这一矛盾，弧弹性的计算一般采用中点公式

$$\left.\begin{array}{l} Q = \dfrac{Q_1 + Q_2}{2} \\[2mm] P = \dfrac{P_1 + P_2}{2} \end{array}\right\} \tag{3-21}$$

对应弧弹性的计算公式为

$$E_P = \frac{\Delta Q}{\Delta P} \cdot \frac{P_1 + P_2}{Q_1 + Q_2} \tag{3-22}$$

2）点弹性计算

点弹性是指需求曲线上某一点的弹性，可以看作是弧弹性的特例。在需求曲线上，当价格变动很微小的时候，需求数量的变动也很微小，用数学方法来表示：当 ΔP 趋于 0 的时候，ΔQ 也趋于 0，这时，弧最终就成为一个点了。点弹性的计算公式为

$$E_P = \lim_{\Delta P \to 0} \frac{\Delta Q}{\Delta P} \cdot \frac{P}{Q} = \frac{\mathrm{d}Q}{\mathrm{d}P} \cdot \frac{P}{Q} \tag{3-23}$$

直观地，点弹性还可采用几何作图来计算，如图 3-17 所示。

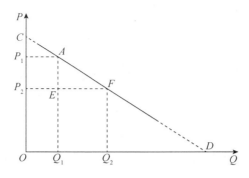

图 3-17 点弹性几何测度

假设：AF 为无限小量，AF 区间的需求弹性为

$$E_P = \frac{\Delta Q}{\Delta P} \cdot \frac{P}{Q} = \frac{\overline{Q_1 Q_2}}{\overline{P_1 P_2}} \cdot \frac{\overline{OP_1}}{\overline{OQ_2}} = \frac{\overline{EF}}{\overline{EA}} \cdot \frac{\overline{Q_1 A}}{\overline{OQ_1}} \quad (3-24)$$

因为 $\triangle AEF \sim \triangle AQ_1 D$，得

$$\frac{\overline{EF}}{\overline{EA}} = \frac{\overline{Q_1 D}}{\overline{Q_1 A}} \quad (3-25)$$

因此

$$E_P = \frac{\overline{EF}}{\overline{EA}} \cdot \frac{\overline{Q_1 A}}{\overline{OQ_1}} = \frac{\overline{Q_1 D}}{\overline{Q_1 A}} \cdot \frac{\overline{Q_1 A}}{\overline{OQ_1}} = \frac{\overline{Q_1 D}}{\overline{OQ_1}} \quad (3-26)$$

又因为 $AQ_1 /\!/ OC$，得

$$\frac{\overline{Q_1 D}}{\overline{OQ_1}} = \frac{\overline{AD}}{\overline{AC}} \quad (3-27)$$

所以

$$E_P = \frac{\overline{Q_1 D}}{\overline{OQ_1}} = \frac{\overline{AD}}{\overline{AC}} \quad (3-28)$$

对于非线性需求曲线来说，测定某一点的弹性，可以根据曲线在这一点的切线来测定其弹性，如图 3-18 所示。

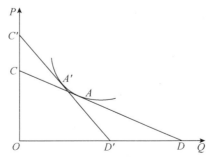

图 3-18 非线性需求曲线点弹性的测定

为测定需求曲线点 A 的弹性，可以在点 A 作一条切线与坐标轴分别相交于点 C、D，那么点 A 的需求弹性为

$$E_A = \frac{\overline{AD}}{\overline{AC}} \qquad\qquad (3-29)$$

同样，如果计算点 A' 的弹性，可以过点 A' 作一条切线与坐标轴分别相交于点 C'、D'，那么点 A' 的需求弹性为

$$E_{A'} = \frac{\overline{A'D'}}{\overline{A'C'}} \qquad\qquad (3-30)$$

需要注意的是，按几何方法计算得到的实际上是需求弹性的绝对值，需求弹性本身应该是负数。

3. 需求价格弹性的类型和影响因素

1）需求价格弹性的类型

根据需求价格弹性（E_P）绝对值的大小，可以将需求价格弹性分为以下 5 种类型。

（1）富有弹性。当 $1 < |E_P| < \infty$ 时，表示较小价格的变化会带来较大的需求数量的变化，我们称此时的需求是富有弹性的。

图 3-19 所示是对富有弹性的描述。当价格从 P_1 下降到 P_2 时，需求数量则从 Q_1 增加到 Q_2。如果需求数量的变动率 $\Delta Q/Q$ 大于价格变动率 $\Delta P/P$，即 $(\Delta Q/Q)/(\Delta P/P) > 1$，其需求是富有弹性的。

非生活必需用品，如消费类电子产品、观光旅游、时尚品牌服装等，对价格的变化十分敏感，它们属于富有弹性的产品。因此，商家也经常用各种名目的降价促销手段达到提升消费量的目的，因为较小的降价幅度会带来较大的市场需求数量增加。

（2）缺乏弹性。当 $0 < |E_P| < 1$ 时，表示需求数量的变动率小于价格变动率，即较大的价格波动带来较小的需求数量的变化，我们称此时的需求是缺乏弹性的。

如图 3-20 所示，当价格从 P_1 到 P_2 发生较大变动时，仅引起需求数量从 Q_1 到 Q_2 较小的变动，显然，其需求弹性小于 1。

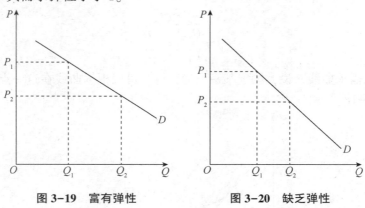

图 3-19　富有弹性　　　　图 3-20　缺乏弹性

一些生活必需品，如农产品、燃料、鞋及药品等一般缺乏弹性，对价格的反应不敏感。例如大米，当价格下降时也不会增加太多的需求数量，价格上升时也不会减少需求数量，因为人们一日三餐的用量基本是稳定的。

对于需求曲线上的某一个点，通过该点的需求曲线越平坦，需求的价格弹性就越大；通过该点的需求曲线越陡峭，需求的价格弹性就越小。对于不同的点之间无法直观地通过需求曲线的平坦或陡峭来判断其需求弹性的大小。

(3)完全弹性。当 $|E_p| = \infty$ 时，表示价格的微小变化会引起需求数量的无限变动，称为完全弹性。实际上，这时的价格为固定价格，不会发生变化，需求曲线 D 为一条平行于横坐标轴的直线，如图 3-21 所示。

　　(4)完全无弹性。当 $|E_p| = 0$ 时，表示无论价格怎样变动，都不会引起需求数量的变动，称为完全无弹性。这时需求数量固定不变，如图 3-22 所示。图中需求曲线 D 为一条垂直于横坐标轴的直线。

　　(5)单一弹性。当 $|E_p| = 1$ 时，表示价格的变动会引起需求数量同等程度的变动，即价格的变化率等于需求数量的变化率，称为单一弹性，如图 3-23 所示。如果需求曲线上每一个点的弹性都等于 1，这条曲线必然是正双曲线的一部分。

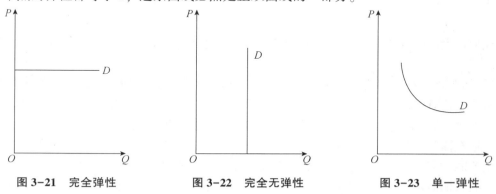

　　　图 3-21　完全弹性　　　　　图 3-22　完全无弹性　　　　　图 3-23　单一弹性

　　现实生活中我们可以听到"薄利多销"的说法，这也是商家经常采取的一种促销手段，意思是经营者降低价格，可以提高销售量，从而可以使经营收入提高。真实的情况是这样吗？

　　经营者的收入 R 就是消费者的支出，消费者的支出等于商品价格乘以购买的商品数量，即

$$R = Q \cdot P \tag{3-31}$$

式中：Q——商品数量；

　　　　P——商品价格。

　　按照需求法则，价格提高，需求数量下降；价格下降，需求数量提高，两者变动方向相反。作为价格与需求数量的乘积，消费者的支出(也就是经营者的收入)随价格如何变化？

　　要准确分析这一问题，需要区别不同需求价格弹性的商品。价格与需求数量的变动都会影响收益与支出。但当需求弹性不同时，一定的价格变动所引起的需求数量变动是不同的，从而收益或支出的变动也不同。价格变动所引起的需求数量的变动取决于需求弹性的大小，所以当价格变动为既定时，需求弹性的大小就会影响收益或支出。

　　富有弹性的商品，亦即需求价格弹性绝对值大于 1 的商品，若价格下降，则因为需求数量提高的比率要大于价格下降的比率，所以消费者的支出会提高，即经营者的收入会增加。

　　缺乏弹性的商品，亦即需求价格弹性绝对值小于 1 的商品，若价格下降，则因为需求数量提高的比率要小于价格下降的比率，消费者的支出会下降，即经营者的收入会减少。

　　单一弹性的商品，亦即需求价格弹性绝对值等于 1 的商品，其价格无论提高还是下降，需求数量总在相反方向变动同样的比率，所以消费者的支出不变，经营者的收入也不变。

　　根据以上分析可以知道，"薄利多销"是有条件的。如果商品富有弹性，那么降低价格，其需求数量增加的比率大于价格下降的比率，总收益得到提高。只有在这种条件下，

才能"薄利多销多收益"。反之，如果商品缺乏弹性，降低价格只能使收益降低。

2）影响需求价格弹性的因素

影响需求价格弹性的因素有许多，归纳起来主要有以下几个。

（1）商品的性质。一般来说，生活必需品，如粮食、盐、日用品等，其需求价格弹性比较小，为缺乏弹性的物品；而奢侈品和耐用消费品，如高级香水、首饰、钢琴、住宅、小汽车等，其需求价格弹性比较大，为富有弹性的商品。

（2）商品替代品的丰富程度。如果某种商品有许多相近的替代品，那么它的需求价格弹性就比较大。因为当它的价格上涨后，人们就会不同程度地将消费转向替代品，而减少购买该商品。例如，当羊肉涨价后，人们就会转向牛肉或家禽肉的消费来满足自己的肉类需求，从而减少对羊肉的需求数量。如果商品的替代品很少，其需求价格弹性就较小。同样是食物，鸡蛋的替代品很少，鸡蛋涨价后人们也没有太多的替代选择，鸡蛋的需求弹性就小。

（3）人们对价格变动做出反应的时间长短。通常，商品的长期需求价格弹性和短期需求价格弹性是有区别的，但孰大孰小取决于商品的特性。例如，汽油价格突然上涨，短期内人们不会放弃开车来减少汽油消费，这时的汽油需求非常缺乏弹性。但长期而言，人们可以根据汽油较高的价格来调整自己的消费行为，人们可能会淘汰旧的高耗油的汽车，购买小型节能汽车或电动汽车，也可能放弃开小汽车转乘公共交通工具或骑自行车，这意味着汽油的长期需求价格弹性要大于短期需求价格弹性。但对汽车消费而言，短期需求价格弹性要大于长期需求价格弹性。本章后面的案例与讨论也说明了这一现象。

（4）商品用途的广泛性。一般来说，需求价格弹性与商品用途的广泛性密切相关。一种商品的用途越广泛，其需求价格弹性就越大；用途越单一，其需求价格弹性就越小。例如，电是一种用途较广的物品，当电费价格提高后，人们就会将电用于最迫切需要的地方，如照明、保温等，从而需求数量就会减少；当电费价格下降后，除了日常照明、保温等，人们可能会增加各种各样的用电设备，如电视机、电子烹调设备、电淋浴器等，电的使用范围有较大程度的增加，电的消费量就会大幅上升。

（5）商品在消费者预算支出中所占的比例。商品在消费总支出占的份额越低，消费者对其价格变化的反应就越小，需求价格弹性也越低。例如文具、电池、牙刷等商品，由于它们在消费者的预算支出中所占的比重较低，所以消费者较少计较其价格变化，其需求价格弹性也比较低。

4. 供给价格弹性分析

供给价格弹性（Price Elasticity of Supply）表示在一定时期内供给量对于价格变化的敏感程度，用供给量变动率除以价格变动率来计算。其计算公式为

$$E_{\mathrm{SP}} = \frac{\Delta Q/Q}{\Delta P/P} = \frac{\Delta Q}{\Delta P} \cdot \frac{P}{Q} \tag{3-32}$$

式中：E_{SP}——供给价格弹性；

Q、ΔQ——供给量及供给量的变化量；

P、ΔP——价格及价格的变化量。

通常供给价格弹性又称供给弹性（Elasticity of Supply）。由于 P 与 Q 的变化方向一致，所以 E_{SP} 为正值。供给弹性的计算也有点弹性计算和弧弹性计算两种方法。

与需求价格弹性类似，同样根据 E_{SP} 的大小，可将供给价格弹性分为以下 5 种类型。

（1）富有弹性。当 $E_{SP} > 1$ 时，表示较小的价格变化会带来较大的供给量的变化。在图 3-24 中，供给量的变动幅度大于价格的变动幅度，其供给是富有弹性的。一般来讲，轻工业产品的供给都富有弹性。

（2）缺乏弹性。当 $E_{SP} < 1$ 时，表示较大的价格变化会带来较小的供给量的变化。在图 3-25 中，供给量的变动幅度小于价格的变动幅度，其供给是缺乏弹性的。一般来讲，生产周期、建设周期较长，资源供给有限的重工业产品和农产品的供给都缺乏弹性。

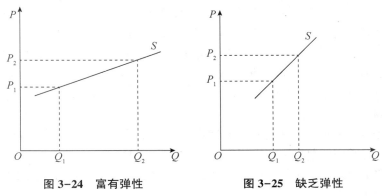

图 3-24　富有弹性　　　　　　图 3-25　缺乏弹性

（3）单一弹性。当 $E_{SP} = 1$ 时，表示价格的变化会引起供给量同等程度的变化，图 3-26 描述的就是这种类型。这种情况在现实经济生活中是比较少见的。

（4）完全无弹性，即 $E_{SP} = 0$。在图 3-27 中，与横坐标轴垂直的供给曲线属于这种类型。在这一供给曲线中，无论价格怎样变动，其供给量始终不变。一般来讲，古玩、名画等无法再生产的商品的供给是完全无弹性的。

（5）完全弹性，即 $E_{SP} = \infty$。在图 3-28 中，与横坐标轴平行的供给曲线属于这种类型。在这一供给曲线中，即使价格确定，其供给量仍无穷大。一般来讲，在劳动力大量过剩的国家，在一个既定的水平下，其劳动力供给近似为完全弹性。

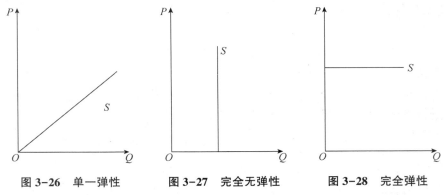

图 3-26　单一弹性　　　　图 3-27　完全无弹性　　　　图 3-28　完全弹性

5. 影响运输供给价格弹性的因素

1）运输设备的适应范围

运输服务就是使运输对象发生空间位移，但由于运输需求的差异性，提供运输服务的运输设备也具有差异性。若运输设备适应运输需求的范围大，则供给弹性就大，反之供给弹性就小。例如，普通货车与油罐车相比，普通货车适合运输的货物种类广泛，在运输市场上便于灵活调配，供给价格弹性就大；而油罐车专用性较强，较难转移到其他货类市场，因此供给价格弹性较小。

2）调整运力的难易程度

一般来说，能够根据价格的变动灵活调整运力的运输方式，其价格弹性大；反之，其价格弹性就小。铁路运输方式与公路汽车运输方式相比，前者调整运力困难，供给价格弹性较小，后者调整运力容易，供给价格弹性较大。

3）运输成本增加幅度大小

如果一种运输服务增加供给引起的成本增加较大，那么其供给价格弹性就小；反之，如果增加的成本不大，那么其供给价格弹性就大。如果旅客运输在座位满员情况下还能超员（如铁路的无座票）运输，即其成本随运量变化而增加的幅度小，那么其供给价格弹性大。相对而言，处于运量饱和的货物运输再增加运量，就需增加运输工具等，因此带来成本增加的幅度大，供给价格弹性小。

4）考查期间的长短

交通运输是资金密集型产业，具有初始投资大、建设周期长、运力储备风险大等特点，所以不易做到短时间内调整运力，供给价格弹性较小。但从长期考查，运输市场在运价的作用下，供给与需求会逐步趋于相互适应，表明在长期内，运输供给具有足够的弹性。

5）需求的相对状况

当需求量较低时，通常运输市场供给过剩，因此具有较大的供给价格弹性；当需求量较高时，通常运输市场供给紧张，即使价格上升，也无大量供给投入，因此供给弹性较小。

6）运价波动的方向

运价朝不同方向变化时，运输供给价格弹性大小亦不同。一般来说，运价上涨时，刺激供给增加，运输供给弹性较大；运价下跌时，供给很难退出市场，只有实在难以维持时，才被迫退出市场，此时供给价格弹性较小。

本章小结

本章首先介绍了交通运输需求的定义、特性，需求函数与需求曲线，交通运输需求预测理论；其次介绍了交通运输供给的定义、特性，供给函数与供给曲线，交通运输成本的构成、特点，交通运输供给能力的定义及影响因素；最后基于均衡理论、弹性理论对交通运输供求进行平衡分析。本章主要知识架构如图3-29所示。

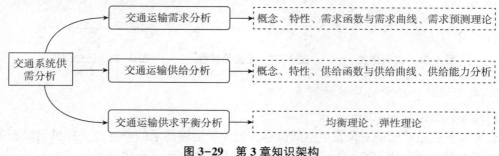

图3-29 第3章知识架构

习　题

1. 需求与需求数量有什么区别?
2. 举例说明不同类型的货物运输的需求弹性。
3. 试分析经济发展水平对货运需求的影响体现在哪些方面。
4. 交通运输需求和供给分别有何特性?
5. 分析影响交通运输供给能力的因素?
6. 交通运输供需平衡包括哪几个层面?
7. 解释并举例说明需求价格弹性的 5 种类型。
8. 如果需求是富有弹性的, 价格上升会如何改变总收益? 解释其原因。

讨论课题

为实现交通强国, 中华人民共和国交通运输部推进供给侧结构性改革, 从加快构建多样化城市出行服务体系, 持续提升城市交通系统的韧性和灵活性; 加强技术创新的"四化" (职业化、标准化、规范化、信息化) 应用, 积极推动车联网、大数据、人工智能、自动驾驶等技术的有效应用等方面, 不断提升交通运输供给体系质量和效率, 试从系统角度分析交通系统供给侧结构性改革的意义及要点。

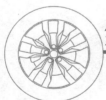

第 4 章
交通系统竞合及耦合分析 ▶▶▶

交通系统竞合及耦合分析

4.1　相关理论介绍

4.1.1　系统竞合理论

1. 竞合的概念

　　竞合的概念最早是由 Brandenburger 和 Nalebuff 教授在 1996 年出版的《合作竞争》一书中提出。在经济发展的过程中，企业与企业之间在形成社会市场时彼此互为合作关系，但在社会市场形成及发展过程中，又因市场份额、客户服务分配、成本、原材料获取等因素彼此互为竞争关系，因此将企业之间这种复杂多变的二层关系统称为竞合关系。竞合理论最早被应用于企业管理领域，该理论的基本观点可概括为竞争和合作是一对矛盾的统一体，合作并不否认竞争，企业既可以在竞争中寻求合作的机会，也可以通过合作更好地进行竞争，而在合作的过程中新的竞争关系又将产生，竞争和合作二者可以共存并相互影响是竞合关系区别于传统竞争理论的最为明显的特征。

2. 竞合理论研究框架

竞合理论用于描述和解释事物间合作与竞争共存的现象。相比于传统竞争理论对合作关系与竞争关系不相容的论断，竞合理论认为合作与竞争是可以相互共存，并相互影响的。竞合理论模型主要致力于回答以下 4 类问题。

1) 哪些因素导致竞合（即关注竞合的前因变量）

竞合的前因变量研究重点考察导致组织间竞合关系形成与发展的原因，即在什么要素条件下，组织间竞争会处于比较高的水平，而在什么要素条件下，组织间的合作会居于主导地位。影响竞合关系的因素包括外部环境特征、各相关组织特征和组织间合作关系的特征。影响组织间竞争倾向的关键变量包括实力不对等、环境恶化、利益冲突等；而影响组织间合作倾向的关键变量包括相互依赖性、资源互补性、环境压力、关系质量等。

2) 竞合如何互动和演化（即关注竞合的内涵及过程）

竞合的互动和演化研究重点关注组织间关系的演化过程，即竞争性与合作性之间的平衡、演变及与外部环境共变的过程。此类研究主要通过时序分析与观察来了解组织间竞合关系的动态变化。

3) 竞合关系导致什么结果（即关注竞合的结果变量）

竞合的结果变量研究重点关注组织间竞合的产出或结果，特别是在组织有能力管理和平衡竞合关系的情况下，竞争能为组织带来哪些竞争优势和潜在风险。

4) 竞合类型（即按照竞争与合作的相对强度对组织间关系进行分类）

竞合类型研究主要是根据竞争的相关特点来对竞合主体或竞合关系进行分类，并考察每种类型的竞合关系的特点、管理手段和关键问题等。

组织间竞合关系研究框架包括了竞合关系的形成要素、要素间关系、互动与演化等问题之间的联系，如图 4-1 所示。

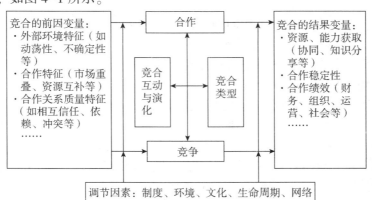

图 4-1 组织间竞合关系研究框架

学者们已就竞合的基本内涵达成共识，即竞合是指企业（或组织）之间在一些活动中进行合作，同时在另一些活动中展开竞争的现象。竞合理论辩证地从合作和竞争共存、共变的角度来分析组织间关系，是组织间关系研究的一个重要前沿领域。该理论的提出，为专家学者研究某一对象群体间的关系提供了全新且系统的切入点，诸多相关研究一一展开深入，对于竞合理论的研究也在不断改进，如今可以在各个领域见到对其的灵活运用。将竞合理论作为理论支撑，讨论关于交通领域内在关系的研究主要可分为两类，一类是探讨不同种类交通出行方式之间的关系，如公共交通（常规公交、轨道交通、辅助公交）与个体交

通(步行、摩托车、私家小汽车等)之间的竞合关系；另一类是探究同一类交通出行方式中具体出行工具之间的相互影响关系，如地铁与轻轨、公共汽车与地铁之间都存在着竞争与合作的关系。通常以乘客抵达目的地所用时间、换乘累积里程以及乘客出行与线网运营成本等作为指标来度量其竞合关系。

4.1.2　系统耦合理论

1. 耦合基本概念

耦合(Coupling)的概念起源于物理学，最初表示多个电路元件或电网的输入与输出之间存在着紧密配合，并通过彼此作用从一方向另一方传递能量的现象，主要针对若干实体的相互依赖关系及其程度进行分析。随着跨学科理论的不断丰富，这一概念被广泛用于其他学科之中，并基于不同的研究对象和特征，又分别形成了新的内涵。

系统耦合是指两个或两个以上性质相近的系统具有互相亲和的趋势，当条件成熟时，它们可以结合为一个新的、高一级的结构及功能体。系统耦合可以使系统中的各个分组配置更合理，系统功能趋向于完善，呈现出耦合系统特征，推动形成新的耦合系统，实现系统的进化。但是，系统内部构成元素之间因相互作用而表现出的依存性和不确定性，都是耦合分析时必须考虑的方面。这种耦合关系表现为一种动态的交互作用，其中，良性耦合说明了(子)系统之间是配合得当、互惠互利的状态，而恶性耦合则说明了(子)系统之间是相互摩擦、彼此牵制的状态。

2. 耦合基本特征

耦合的系统之间主要存在以下特性。

(1)关联性。参与耦合的各系统耦合元素之间必然是有内在联系、相互关联的，没有关联的封闭系统将不具备耦合的条件。

(2)协调性。参与耦合的各系统的耦合元素能够突破原来的系统组合，形成一个新的各要素协同合作、优势互补的良性系统。

(3)多样性。参与耦合的各系统的耦合元素具有自组织能力，耦合要素以自然关联和信息自由流动为原则，形成多种组合方式。

系统耦合规律主要包括共生互动规律、聚散规律、竞合规律。

(1)共生互动规律。共生互动规律是指系统之间存在着时间、空间、速度三维的协调性，彼此之间一方的生存和发展以另一方为依托条件，任何一方过度超前或滞后都会对另一方造成负面影响，致使耦合度降低。在二者良性互动的情况下，能够互相引导和促进。

(2)聚散规律。系统之间的耦合遵循着集聚-扩散规律，这种聚散不是单向的而是双向的，是交互作用和相互转换的，是一种内向式集聚和外向式扩散的综合作用。

(3)竞合规律。没有竞争就没有生机和活力，就不会有发展；没有合作就没有群体效应和更大的收益，就会造成不必要的损失。系统间既竞争又合作，竞争与合作之间呈现此消彼长的变化趋势。如果竞争多于合作，耦合度就比较低，甚至不会发生耦合；如果合作多于竞争，耦合度提升，避免过度竞争和恶性竞争，形成一股整体合力参与外部市场竞争，从而把彼此竞争的或有损失的变为合作的收益。

在交通领域，系统耦合理论广泛应用于社会经济发展与交通运输之间的互动关系研究。具体地，如交通需求、交通基础设施、交通优势、交通可达性等要素与社会经济之间的耦合协调关系研究。

3. 耦合协调度模型

1）功效函数

功效函数是建立耦合度模型及耦合协调度模型的基础，通过构建功效函数，既可以通过数据标准化消除数据量纲、数量级及属性的差异，又可以反映各个子系统变化对整个系统演化的贡献程度。

假定变量 $u_i(i=1, 2, \cdots, n)$ 是系统序参量或要素，u_{ij} 为第 i 个序参量或要素的第 j 个指标，其值为 $X_{ij}(j=1, 2, \cdots, m)$，$\alpha_{ij}$ 和 β_{ij} 是系统稳定临界点序参量或要素的上、下限值；当 X_{ij} 越大，且为正指标时，对系统的功效贡献为正；当 X_{ij} 越小，且为逆指标时，对系统的功效贡献为负。因此，系统有序的功效系数 U_{ij} 可表示为

$$U_{ij} = \begin{cases} (X_{ij} - \beta_{ij})/(\alpha_{ij} - \beta_{ij}) \\ (\alpha_{ij} - X_{ij})/(\alpha_{ij} - \beta_{ij}) \end{cases}$$

式中，当 X_{ij} 为正指标时，U_{ij} 为正功效；当 X_{ij} 为逆指标时，U_{ij} 为负功效。U_{ij} 为变量 X_{ij} 对系统的功效贡献大小。式中功效系数具有如下特点：U_{ij} 反映了各指标达到目标的满意程度，有 $0 \leqslant U_{ij} \leqslant 1$，$U_{ij}$ 趋近 0 为最不满意，U_{ij} 趋近 1 为最满意。

总系统包括主分量和子系统，主分量和各子系统由若干序参量或要素构成，各子系统的序参量或要素的"总贡献"可通过集成方法加以实现，在实际应用中一般采用几何平均法和线性加权和法，即

$$U_i = \sum_{j=1}^{n} \lambda_{ij} u_{ij}$$

$$\sum_{j=1}^{m} \lambda_{ij} = 1$$

式中：U_i——子系统对总系统有序度的贡献；

λ_{ij}——各序参量或要素的权重，可利用层次分析法（Analytic Hierarchy Process，AHP）等方法予以确定。

2）耦合度

系统发展的特征和规律取决于系统内部各子系统之间的协同作用，耦合度正是反映这种协同作用的计量值，即系统或内部要素之间相互影响、彼此协调程度的数值。耦合度对于判别两系统相互作用的强度以及作用的时序区间具有十分重要的意义，但是，它的缺点是无法精确量化系统彼此协调、相互适应的具体水平。

3）耦合度模型

借鉴物理学中的容量耦合概念及容量耦合系数模型，当有 n 个系统时，确定系统内各指标对系统作用程度用总贡献来表示，即 $u_1, u_2, \cdots, u_n$，则该 n 个系统内各个系统的耦合度计量模型为

$$C = \left[\frac{u_1 \times u_2 \times \cdots \times u_n}{\prod (U_i + U_j)} \right]^{\frac{1}{n}}$$

由此可以得到有关多个系统间相互作用的耦合度模型。式中，耦合度值 $C \in [0, 1]$。当 $C=1$ 时，耦合度最大，系统之间或系统内部要素之间达到良性共振耦合，系统将趋向新的有序结构（整个系统呈现良性涌现）；当 $C=0$ 时，耦合度极小，系统之间或系统内部

要素之间处于无关状态，系统将向无序发展（整个系统呈现负涌现）。

4）耦合协调度

耦合协调度与耦合度相比，能定量描述系统良性耦合程度，更好地反映系统之间的"功效"与"协同"效应。

5）耦合协调度模型

构造系统耦合协调度模型，其目的是评判系统交互耦合的协调程度，其算法可表示为

$$D = (CT)^{\frac{1}{2}}$$

$$T = \sum_{i=1}^{n} k_i U_i$$

式中：D——耦合协调度；

T——系统综合调和指数、系统整体协同效应或贡献；

k_i——待定系数。

耦合协调度模型综合考虑了系统的耦合状况 C 和二者所处的发展层次 T。一般地，取 $T \in (0, 1)$，使 $D \in (0, 1)$。根据耦合协调度 D 的大小，并结合系统综合序参量大小，可以将系统的耦合协调类型粗略划分为以下 4 类：

（1）$0 < D \leq 0.4$，低度协调耦合；

（2）$0.4 < D \leq 0.5$，中度协调耦合；

（3）$0.5 < D \leq 0.8$，高度协调耦合；

（4）$0.8 < D < 1.0$，极度协调耦合。

系统耦合度计算方法的步骤如图 4-2 所示。

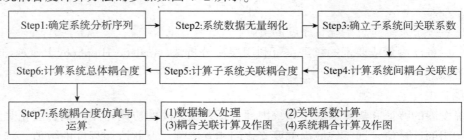

图 4-2　系统耦合度计算方法的步骤

4.2　区域综合交通系统竞合分析

4.2.1　区域综合交通系统概述

综合交通系统根据服务性质及服务对象的不同，可分为区域综合交通系统和城市综合交通系统两大分支。

1. 区域综合交通系统

由若干城市所组成的区域经济联合体中，通过一种或多种运输方式将所有的重要节点（如主要城市和交通枢纽等）连接起来的系统称为区域综合交通系统。

2. 城市综合交通系统

城市综合交通系统是以市域为范围进行界定的，主要由普通公共交通、慢行交通、小汽车、城市轨道交通等子系统组成。

4.2.2 区域综合交通系统多运输方式竞合关系分析

1. 多运输方式间的竞合关系内涵

区域综合交通系统各运输子系统之间相互竞争、相互依存，在竞争与合作中不断发展与演变。竞争指的是综合交通系统的各运输子系统为了自身生存和发展，对系统资源的占有以及争取获得支配其他子系统地位的过程；合作则指的是综合交通系统内部各运输子系统之间相互依存、相互协作，表现出集体性的过程。这种竞争与合作是相互联系、辩证统一的，是交通系统在服务于社会经济发展过程中完善自身所不可或缺的过程。

1) 多运输方式间的竞争

运输方式竞争力是指运输方式在运行过程中根据市场环境整合自身资源(如技术资源、经济资源和运输组织资源等)与各种能力(如安全性、可靠性、便利性、经济性等)所形成的一种能够利于该运输方式在运输通道竞争中获得最大市场与可持续发展的一种能力。各种运输方式具有不尽一致的技术经济特性，决定了各种运输方式并存的客观基础。在某一运输需求由两种或两种以上运输方式来满足时，各种运输方式之间的竞争关系或强或弱，始终是存在的，即便是在运输需求大于运输供给的情况下，各种运输方式之间的竞争也一直存在。运输需求消长的连续性同运输能力增减的跳跃性之间的矛盾是导致各种运输方式之间竞争的重要原因；不同的运输方式供给特性的优劣部分重叠是导致各种运输方式之间竞争的另一个原因。

2) 多运输方式间的合作

交通系统是由铁路运输、公路运输、水路运输、航空运输、管道运输 5 种运输子系统构成的复杂系统，各子系统在相互竞争的同时，也普遍存在着相互配合与协调发展的要求。交通系统的协调合作发展，就是基于各运输方式之间的合作效应，合理安排各运输方式的线路、设施等空间分布及它们之间接驳的基础设施和设备配置，并制定合理的技术政策，建立有效的运输系统规划、设计、运营、组织、管理等协同机制。

同时，交通系统是一个开放系统，它不断与外界进行物质、能量、信息的交换，其内部各运输方式都在独立地完成客货运输任务，自成体系地满足运输需求，但同时，各运输方式存在一定程度的关联而形成协同运动。不同的运输方式之间技术经济性能优劣各异，决定了任何一种运输方式都有其优势的领域。然而，运输需求的层次，客观上远远多于各种运输方式优势供给的领域，势必要求"组合供给"。也就是通过两种或两种以上的运输方式之间的协作，达到比任何一种运输方式都能更好地满足某些运输需求的目的。

综合来看，多运输方式之间的竞争与合作将使综合交通运输体系保持系统整体性的协调，其整体性协调功能主要表现为以下 4 个特征。

1) 延伸效应

某种运输方式通过与其他运输方式的协作，可以延伸其客货运输范围，为单一运输方式没有覆盖到的区域的客货运输需求服务，使客货运输过程形成完整连续的运输链。

2）服务优化效应

各运输方式之间的竞争与协作可以优化运输服务。各运输方式由于其技术经济特征上的差异，在服务质量上各具优势，因而，整体协调的运输系统可以满足社会多层次的运输需求，提高社会对运输系统的整体满意程度。

3）放大效应

通过各运输方式之间的协作，合理安排、规划客货运输路径，可发掘各运输方式潜力，提高运输系统的整体运输能力。

4）可持续性效应

各运输方式协调发展与合理配置，可降低运输成本及运输外部成本，提高运输效率，减轻对交通环境的承载压力，从而实现可持续交通系统的结构优化。

2. 竞合影响因素分析

1）客运方式竞合关系影响因素分析

从供给属性和需求属性两个方面分析客运方式竞合关系影响因素。

（1）供给属性方面。

影响客运方式竞合关系的供给属性主要包括各种交通运输方式的安全性、方便性、舒适性、快速性、准时性等。

①安全性。安全是影响旅客选择交通运输方式的基本条件，旅客在出行之前，会根据经验以及来自交通安全方面的信息，形成对交通运输方式安全性的态度。调查数据表明，旅客对安全的需求远远高于其他运输产品的特性。

②方便性。方便性包含等候时间短、购票方便、行包托运和提取方便、运输接续服务（其他交通运输方式接续运输或中转换乘）方便等。等候时间短和接续服务方便都在一定程度上依赖于开行间隔（频率），在需要接续服务时，旅客将考虑接续服务的各种特性，如准点率、可选择客运方式的产品质量等。

③舒适性。影响旅客舒适性的因素主要有人均坐卧面积、旅行时间、车站旅行环境、运载工具运行平稳度和客运职工服务水平等。

④快速性。除观光旅客外，旅客旅行有一个共性的心理需求，即快速到达目的地。衡量快速性的标准是旅行时间，而不仅是旅客在运载工具上的时间。因此，影响旅客选择交通方式的快速性还应包括从旅客出行的起始点到车站（航空港、水运港）的快速性、售票快速、托运和提取行包快速、通过车站（航空港、水运港）快速等。

⑤准时性。准时性是指运载工具的准时到发。准时到发与否关系到旅客的日程安排、运输接续等事宜。研究表明，绝大部分旅客都认为准时到发很重要或重要。因此，运载工具的准时到发与否将在很大程度上影响旅客对交通方式的选择。

（2）需求属性方面。

需求属性主要由旅客本身的属性决定，主要包含出行目的、出行距离、收入水平、方式偏好等因素。

①出行目的。人们出行有着各种各样的目的，这是运输需求之所以成为派生需求的根源所在。出行目的大体可归类为：出差、旅游、探亲、访友、购物及其他。一般来说，出行目的不能孤立地对方式选择发挥作用，而是与其他因素综合作用于方式选择的全过程。

②出行距离。各种交通运输方式各有其优势运距，出行距离对旅客的方式选择有着较大的影响。随着经济的发展，当地面运输时间较长时，旅客对航空运输的偏好越来越强烈。

③收入水平。这可能是客运方式选择的最重要的一个影响因素，或者说是限制因素。旅客的交通运输方式选择严格地受到收入预算的约束限制，收入水平直接影响旅客对交通运输方式费用方面的需求。

④方式偏好。偏好是方式选择的重要因素，而且偏好又是其中最具有感情色彩的因素，特别是在价格、服务水平差别不大的方式间进行选择时，旅客出行习惯往往起着主导作用。

⑤时间价值。时间价值一般是指旅客为节约单位出行时间所愿意支付的运输费用。从更广义的角度来看，如果出行时间的节约能为旅客带来货币形式或非货币形式的收益，当这种收益不仅能够弥补所选较快方式与较慢方式之间的费用之差而且有剩余，这就是出行时间价值的具体体现。旅客的时间价值与其收入水平成正比，而且与出行目的密切相关。

⑥心理及生理状况。旅客对客运方式的评价不单纯取决于认识要素，还取决于这些认识要素同出行需求的吻合程度（即价值观），信念能决定旅客方式选择行为。

2）货运方式竞合关系影响因素分析

从运输需求、运输供给等方面分析货运方式竞合关系影响因素。

（1）运输需求方面。

运输需求结构的变化的根源在于产业结构的变化，产业结构的变化必然导致运输的货种结构随之变化。不同的产业结构阶段，社会生产和居民消费对货物运输的要求在数量上和质量上是有区别的，而各种运输方式的技术经济特征不同，其适应对象和优势范围亦不相同。因此，随着货种结构（种类、距离、批量）的变化，各运输方式的发展速度也相应变化，致使运输结构随之变化。

（2）运输供给方面。

供给因素，即服务属性，与交通运输方式有关，包括运输服务费用、送达时间、运输服务可靠性、服务频率等。

①运输服务费用。运输服务费用是指货主所支付的全部运输费用，包括运费、装卸费、保险费等。运输服务费用是影响货主选择决策的重要因素之一。任何经济活动的最终目的都是要以尽可能最少的费用支出，获得最大的经济效益。因此，对货主来说，在满足其他货运需求的前提下，总是希望选择最经济的交通运输方式。

②送达时间。送达时间是指由发货单位起运至收货单位收货的全程运输时间。送达时间对于时效性较强货物的影响是显著的。送达时间越长，货主在终点保持的货物存储空间水平越高，占用的流动资金、存储空间和存储费用也就越高。因此，许多货主为了节省运输时间，宁愿支付较高的运输费用、选择快速的交通运输方式，以提高货物运输的时间效益。

③运输服务可靠性。运输服务可靠性是一种表示交通运输方式按计划时间交货能力的属性。运输服务可靠性影响交通运输方式的交货时间，可靠性越高，交货时间越接近计划送达时间；可靠性越低，交货时间越偏离计划送达时间。因此，货主愿意使用比较可靠的交通运输方式，以降低货物存储中断的概率，同时保持较低的货物存储水平。

④服务频率。服务频率是指单位时间完成的交货次数或发车次数。服务频率影响货物存储水平，还影响交通运输方式的使用方便性。

此外，经济政策、地理位置、资源分布和生产布局等也是影响货运方式竞合关系的重要因素。

3. 多运输方式竞合关系分析

1) 多运输方式间竞争关系分析

对于多运输方式间竞争力的定量评价，多选取费用、时间、可靠性等影响因素作为特征变量，应用非集计交通方式选择模型（如 Logit 模型、Probit 模型）等对不同运输方式竞争关系进行量化评估，以辅助相关部门制定运输竞争策略、优化运输方式选择、提升市场竞争力等。

多元 Logit 模型是非集计交通方式选择模型中较常用的模型之一，基于出行者总是选择具有最大出行效用的出行方式的假设，出行者 n 选择第 i 种出行方式的概率为

$$P_n(i) = P(U_{ni} \geq U_{nj}), \ j \in C_n, \ i \neq j$$

式中，U_{ni}——出行者 n 选择第 i 种方案时的效用函数；

C_n——选择方案的集合。

根据随机效用理论，效用函数分为可观测的确定项和不可观测的随机项两大部分，并假设它们呈线性关系。因此，交通方式 i 对出行者 n 的效用函数可以表示为

$$U_{ni} = V_{ni} + \varepsilon_{ni}$$

式中，V_{ni}——出行者 n 选择第 i 种方案时的效用函数的确定项；

ε_{ni}——出行者 n 选择第 i 种方案时的效用函数的随机项。

假设误差项服从二重指数分布，且各变量两两相互独立，则可得到多元 Logit 模型的选择概率公式

$$P_{ni} = \frac{\exp(\lambda_k V_{ni})}{\sum_{j \in C_n} \exp(\lambda_k V_{nj})}$$

式中，P_{ni}——出行者 n 选择第 i 种方案时的概率；

j——交通方式；

λ_k——第 k 个变量所对应的未知参数。

2) 多运输方式间合作关系分析

多运输方式间的合作是由两种及两种以上的交通工具相互接驳、转运而共同完成的多式联运。

（1）货物运输方式间的合作。

货物运输方式间的合作主要以多式联运形式呈现。多式联运是现代综合交通运输体系的重要组成部分，可依托两种及两种以上运输方式进行有效衔接，提供全程一体化运输服务，具有产业链长、资源利用率高、综合效益好等特点。市场经济环境下，实现综合交通运输服务全程一体化。

多式联运的构成要素主要包括多式联运经营人、发货人、契约承运人和实际承运人、收货人等，其特点主要有：

①根据多式联运的合同进行操作，运输全程中至少使用两种运输方式，而且是不同方式的连续运输；

②多式联运的货物主要是集装箱货物，具有集装箱运输的特点；

③多式联运是一票到底，实行单一运费率的运输，发货人只要订立一份合同一次付费、一次保险，通过一张单证即可完成全程运输；

④多式联运是不同方式的综合组织，全程运输均是由多式联运经营人组织完成的。无

论涉及几种运输方式、分为几个运输区段，均由多式联运经营人对货运全程负责。

大力发展多式联运，是实现交通强国战略、发展综合交通运输体系的重要支撑，是推进运输结构调整、促进物流业降本增效的重要举措，是引领国际物流通道建设、推动国际贸易便利化的基础工程。

（2）旅客运输方式间的合作。

随着社会经济的发展以及人们生活水平的提高，出行者对出行质量、出行时间及体验提出了更高的要求，为适应这种需求，基于多种交通方式合作的"零换乘"、出行即服务（Mobility as a Service，MaaS）等理念应运而生，这种理念的实现就是交通资源重新合理整合和分配的过程，为出行高效、快速、安全转换提供了支撑。

零换乘，即零距离换乘，是指将城市轨道交通、地面公共交通、市郊铁路、私人交通等不同交通出行方式紧密连接，建立起各种交通运输方式有机衔接的综合交通枢纽，以使出行者尽可能实现同站换乘，缩短换乘距离。以零距离换乘和无缝衔接为要求的综合交通枢纽是城市空间结构体系、相关轨道交通网络规划、地下空间开发及其他接驳设施的协同发展的体现，同时也是人流的聚散中心、各类交通信息的汇集和发布点，其高效运转与调度也有赖于强大的信息共享系统。由于出行者在同种交通方式或不同交通方式间换乘时一般通过步行实现，所以对于出行者来说，交通枢纽"零"换乘的主要控制因素包括换乘距离、换乘时间、换乘环境，这也是衡量换乘便捷性、通畅性的主要考核指标。各交通工具之间无缝衔接，组成一个完善的交通系统，在实现城市、交通一体化的同时提高了各交通运输方式的利用率。

出行即服务系统在一个综合服务平台，以众包式服务模式为用户提供一站式出行体验，减少对私家车的使用，倡导公共交通出行，是一种全新的出行问题解决方案。基于目前已有的交通方式，利用技术综合匹配乘客出行的时间成本、金钱成本和对环境影响的基础上，采用一种或多种交通方式服务乘客空间位置移动的一站式出行服务方式。理想化的MaaS平台打通了火车、地铁、公交、出租车、共享汽车、共享单车等多种交通方式的壁垒。

通过整合不同的运输资源，充分发挥不同运输方式的比较优势和组合效率，推进旅客联程运输、货物多式联运发展，进一步提升居民出行便捷性、促进物流运输高效性。

4.3　公共交通系统竞合分析

4.3.1　公共交通系统与慢行交通系统竞合关系分析

公共交通系统与慢行交通系统竞合关系内涵可从以下几方面进行介绍。

1. 公共交通系统与慢行交通系统竞合关系影响因素

公共交通系统（简称公交系统）与慢行交通系统之间的竞合关系是诸多影响因素综合作用的结果。

1）内部影响因素

影响交通方式关系的根本因素称为内部影响因素（简称内因），如出行者个人及家庭属性，包括性别、年龄、职业、受教育程度、家庭收入情况、家庭拥有交通工具情况等方面。另外，出行方式属性及出行特征、出行方式本身的服务特性等也是影响竞合关系的因素。

2）外部影响因素

交通系统是一个开放系统，外部影响因素如城市空间环境、交通基础设施、地理气候环境及相关政策等方面同样对交通方式间的竞合关系有显著作用。

随着经济技术进步和城市发展，交通系统结构趋向复杂化，公共交通与慢行交通出行方式间总会存在相互影响，二者之间建立一种长期共赢的合作竞争关系，可以避免交通方式之间的破坏性竞争，以此提高交通系统的整体竞争力。

2. 公共交通系统与慢行交通系统的竞争关系

公共交通与慢行交通在单次出行中的花费均较低，但运载能力、适宜出行距离等技术特性存在差异，它们决定了其不同的功能定位、服务属性及服务范围，这也就使公共交通系统与慢行交通系统之间产生了竞争关系。

公共交通发展至今，作为居民中短途出行的交通运输工具，凭借其运载力强、便利程度高、出行费用低的特点，受到了居民出行的青睐。慢行交通具有机动灵活、绿色环保、可便捷衔接其他交通方式的特点，是短距离出行、短途接驳的理想方式，特别是在高峰拥堵时段，公共交通受交通环境影响较大，其运营速度不高，慢行交通的灵活性特点更为突出，使其成为众多出行者的选择。但其在中长距离出行，以及安全性、舒适性等方面逊色于公共交通。

公共交通系统与慢行交通系统各自的优势与不足决定了二者之间必然存在一定的竞争关系，而竞争关系的存在也有助于提升整个交通系统的服务水平和质量。

3. 公共交通系统与慢行交通系统的合作关系

"公交+慢行"为主体的交通模式是实现绿色低碳出行的重要实践，公共交通系统与慢行交通系统之间的合作关系可从基础设施、运营管理等方面体现。

1）基础设施方面

公共交通系统与慢行交通系统基础设施一体化设置，包括步行和自行车/助力车与公共交通系统基础设施的一体化设置。在公交站点保障足够的换乘空间，配备合理的慢行过街设施和自行车停放设施；合理规划慢行交通网络和自行车网络，减少自行车、行人和公交之间的冲突，设计合理的标志标线，以提高居民在两种出行方式之间的便捷程度和换乘效率。

2）运营管理方面

公共交通出行受其固定站点、固定线路的限制，并不能实现最终的"门到门"服务，而慢行交通具有灵活、便捷、可达性和准时性高的特点，公共交通与慢行交通接驳为解决出行"初始或最后一公里"的问题、实现"门到门"服务提供了有效途径，而这也正是公共交通与慢行交通协同合作的体现。

综合来看，公共交通系统与慢行交通系统在经济技术特征等方面各具优势，但也有各自的不足之处。二者之间良好的合作竞争关系，有利于城市交通方式时空一体化衔接，优化交通系统整体服务质量，满足居民不同出行目的、出行距离、出行时间下日益复杂的出行需求。

4.3.2　常规公交与轨道交通竞合关系定义与分析

1. 常规公交与轨道交通基本概念

《城市公共交通分类标准》(CJJ/T 114—2007)将城市轨道交通定义为采用轨道结构进行承重和导向的车辆运输系统，设置全封闭或部分封闭的专用轨道线路，以列车或单车形式运送相当规模客流量的公共交通方式。城市轨道交通具有运能大、速度快、安全性强、准点率高、低碳环保等特点，在当前我国的城市轨道交通体系中，地铁、轻轨、有轨电车为常见的 3 种方式。

常规公交是指具有固定的行车线路和车站的公共汽车系统，按班次运行，并由具备商业运营条件的适当类型公共汽车及其他辅助设施配置而成。从载客工具类型与客运能力进行分类，常规公交可以分为小型公共汽车、中型公共汽车、大型公共汽车、特大型(铰接)公共汽车、双层公共汽车。

在城市公共交通系统中，常规公交和轨道交通作为城市公共交通服务的共同提供者，在发展与运营过程始终伴随着竞争和合作。

2. 常规公交与轨道交通的竞合关系定义

如果居民出行起、讫点均处于轨道交通与常规公交的服务范围内，且不存在换乘的情况，那么二者在该区间内存在竞争关系。相反，若轨道交通与常规公交之间存在接驳，则二者存在合作关系。总之，常规公交与轨道交通的竞合关系是指某一城市内，具有相同或公共运输范围的常规公交与轨道交通之间采取的一种既竞争又合作的双赢战略。

常规公交与轨道交通的竞争更多集中于客源的争取上，轨道交通作为新兴的公交出行方式进入群众日常生活之前，群众早已习惯于以地面常规公交为主导的公共交通出行方式，因此，常规公交具有稳定而垄断的客源。而轨道交通以其大运量、高速度的优势形成强势竞争力，与常规公交争夺客源，两种交通方式在票价、运量、站间距及路线等相关方面也不断调整策略，争取更多的客源份额。随着双方服务水平的提升，客流需求也会不断增加，双方会展开换乘衔接方面的合作。

3. 常规公交与轨道交通之间竞合关系演化过程

常规公交与轨道交通之间竞合关系演化过程具体可概括如下。

(1)热竞争时期。在轨道交通刚融入整个城市交通网络时，其运量大、速度快、延误时间少、服务质量高等特点对整个公交系统带来冲击，因此会呈现轨道交通竞争力大而常规公交在短时间内客运量下降的局面，但由于常规公交在长期运营中积累了稳定客源，其最终客运量会下降到一定水平而不会持续衰败；常规公交系统为应对轨道交通引入带来的客源流失和市场份额降低问题，开始积极提高自身竞争力，双方进入热竞争时期。

(2)冷竞争时期。经过双方激烈竞争和相互磨合后，两种方式各自进入发展期。轨道交通会逐步改善运营模式、扩展线路和形成换乘路网，进一步提高系统的可达性和便利性，提升服务质量，因此对客流的吸引能力会逐渐加强；而地面公交也由于线路调整和服务能力提升，可以为市民出行提供更加便捷的服务，从而即使面对日益壮大的轨道交通，也仍能在市场占据一定的稳定地位，双方在未展开合作的前提下仍能保持共存的局面。

(3)热合作时期。轨道交通和常规公交体系的发展刺激了城市居民出行需求不断增加，虽然双方各自的资源依然在增长，但其发展速度远远不及社会经济以及交通需求的发展，在基础设施与车辆资源有限的前提下，两种方式均无法通过单独运营满足市民日益增长的出行需求。在此情况下双方会展开合作，通过线路的对接、服务的衔接，逐渐实现相辅相成、互利共生的稳定发展局面。

(4)冷合作时期。随着时间的推移，双方的客运市场份额已经达到均衡状态，合作趋于平稳，进入冷合作时期。在这个时期，需要政府提供新的运营激励机制、出行引导政策，推进双方进一步优化运营结构，创新换乘衔接模式，实现供需均衡。

常规公交和轨道交通在竞争演化中互相作用及制约，并且不断在竞争及合作中发展成熟，提升营运能力，完善营运策略，从而在城市客运市场上生存壮大。

4.3.3 公交线路(网)间的竞合关系分析

1. 公交线路间竞合关系内涵

公交系统的线路之间存在着竞争与合作关系，这是公交系统的本质属性。城市公交路网的复杂性决定了城市公交线网中必定会存在服务线路部分重合或相距较近的公交线路，乘客在服务线路重合或站点相距较近区域，选择某一站点换乘体现了换乘前后两条公交线之间的合作关系；与此同时，在乘客出行成本以及出行预期时间一定的情况下，乘客必然选择运输效率较高，即时间短、里程少的线路，这两条公交线路在重合或相距较近的站点处对客流的分配又体现了彼此之间的竞争关系。

当两条公交线路在功能上既能相互替代又能互补，即同时存在竞争关系与合作关系时，称为公交线路间的竞合关系。

2. 公交线网内竞合关系的影响因素分析

1)公交线网布局形式

在已运营的公交线网上，公交线路之间的竞合关系都是通过出行乘客选择出行路线所决定的，而出行路线的核心便是起、讫点。因此，讨论公交线网之间的竞合关系，需要从线网内的公交站点分布入手，公交站点的分布反映该线网的布局形式。由于站点的位置是不变的，且两条线路之间的站点有没有服务覆盖面积相重合的站点直接决定二者是否相互影响，因此站点的服务覆盖面积是影响公交线网内竞合关系的重要因素。

2)公交供给与出行需求匹配情况

单条公交线路的服务范围及运输能力是有限的，而居民出行需求却复杂多样。当乘客确定了出发站与终点站时，所在的公交线网能够为其提供多种乘车方案，此时这些乘车方案所包含的公交线路之间就存在竞争关系；而当一条公交线路无法满足乘客出行需求，乘客在公交线网内可能需要多次换乘才能到达目的地时，公交线路间的衔接能延伸每条线路的服务范围，公交供给与出行需求的不匹配促进了公交线路间的合作关系。

3)有限的公交客源

某一区域的乘客出行总量是有限的，因此公交线网所能提供的运输服务客源是一定的。对于两个站点服务覆盖面积重合的公交线路之间，其重合的服务覆盖面积越大，该区域内公交线路竞争的可能性就越大。有限的公交客源造成了公交线路间的竞争，是公交线路间竞争关系的驱动力。

4)其他因素

公交车辆配置、公交线路服务水平、乘客出行偏好等因素都在一定程度上影响着公交线网之间的竞合关系。

3. 竞合关系下公交线网布局分析

公交线路间的竞合关系主要通过公交站点的分布体现，而站点的分布直接反映着公交线网的布局形式，对于不同竞合关系的公交线路，其站点分布各有不同。根据公交站点服务范围是否重合，公交站点的位置关系可分为相交和独立两种关系。站点服务覆盖面积有重合的公交站点之间的关系，称为相交关系；没有重合的公交站点之间的关系，称为独立关系。具有相交关系的两个公交站点称为重叠站点，根据重叠面积的大小，重叠站点分为完全重叠站点和非完全重叠站点；具有独立关系的两个公交站点称为独立站点，如图 4-3 所示。

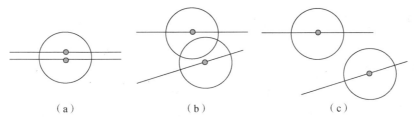

（a）　　　　　　　　　（b）　　　　　　　　　（c）

图 4-3　基于位置关系的公交站点分类
（a）完全重叠站点；（b）非完全重叠站点；（c）独立站点

当乘客有出行需求时，在两条公交线路的相关站点组处做出选择，体现了公交线路间的竞合关系。因此，相关站点组的服务覆盖面积重合得越多，所在的公交线路之间的竞合关系越剧烈。

公交线路之间的合作关系体现在为乘客提供公交换乘服务上，直接换乘和二次换乘的公交线路间存在合作关系。直接换乘的两条公交线路间至少存在一个重叠站点；二次换乘的两条公交线路间虽不存在重叠站点，但它们与中转线路间均存在间接的重叠站点，可以看作两个直接换乘的组合。因此，公交线路间具有直接或间接的重叠站点是公交线路间存在合作关系的基础。

乘客的出行起、讫点间存在多条公交线路，导致乘客出行时存在多种选择，从而造成公交线路间的竞争。由于在乘客出行起点与终点处的竞争线路间均有联系，因此，具有竞争关系的两条公交线路至少存在两个重叠站点。

由于存在竞争关系的两条公交线路至少有两个重叠站点，而两条公交线路只需具有一个重叠站点便存在合作关系，因此，若两条公交线路存在竞争关系，则它们之间必然存在合作关系，即这两条公交线路间存在竞合关系。

4. 公交线网内竞合关系定性分析

结合公交线路的布局形式，依据公交线路间是否存在合作关系或竞争关系，公交线路间的竞合类型可分为非合作非竞争、合作、竞合和竞争 4 种类型，如图 4-4 所示。

（1）非合作非竞争类型：当两条公交线路间不存在重叠站点时，它们之间的关系属于非合作非竞争类型。

（2）合作类型：当两条公交线路间只存在一个重叠站点时，它们之间的关系属于合作类型。

（3）竞合类型：当两条公交线路间至少存在两个重叠站点，且这两条线路未完全重合时，它们之间的关系属于竞合类型。

（4）竞争类型：当两条公交线路完全重合时，它们之间的关系属于竞争类型。

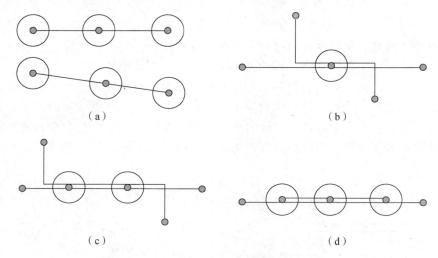

图 4-4 公交线路间竞合类型

(a)非合作非竞争类型；(b)合作类型；(c)竞合类型；(d)竞争类型

对于合作类型的公交线网，当重叠站点为完全重叠站点时，合作强度最大，为完全合作类型。对于竞合类型的公交线路，随着重叠站点数的增加，呈现出竞争增强、合作减弱的趋势；随着重叠站点的重叠服务覆盖面积增加，呈现出竞争与合作均增强的趋势。对于竞争类型，由于两条公交线路完全重合，竞争强度最大，为完全竞争类型。

根据公交线网内部合作与竞争的强度，可将公交线路间竞合类型分为弱合作弱竞争型、弱合作强竞争型和强合作弱竞争型 3 种类型，如图 4-5 所示。由于随着重叠站点数的增加，公交线路间的竞争增强、合作减弱，因此，公交线路间竞合类型不存在强合作强竞争的类型。图 4-5 中 O、A、B 三点分别代表非合作非竞争类型、完全合作类型和完全竞争类型；由于公交线路间只存在竞争不存在合作时，这两条公交线路必完全重合，只存在完全竞争类型，因此，竞争轴为虚线。

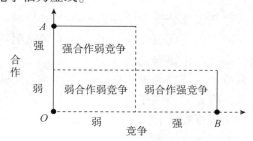

图 4-5 公交线网内竞合二维关系

5. 公交线网内竞合关系定量分析

1) 合作站点对

对于具有重叠站点的两条公交线路，若乘客出行的两个站点不属于同一条公交线路，乘客需要通过直接换乘才能完成出行，则称这两个站点与换乘站点构成一个合作站点对。考虑到换乘的方便性，由完全重叠站点构成的合作站点对换乘距离最短，它是乘客换乘的首要选择方式，称这类合作站点对为完全合作站点对；由非完全重叠站点构成的合作站点对换乘需要一定的步行距离，它是乘客换乘的次要选择方式，称这类合作站点对为次级合作站点对，如图 4-6 所示。由于乘客只需要在一个换乘站点处即可完成换乘，同时乘客在乘坐公交出行时，一般倾向于选择换乘方便的站点换乘，因此，若两条公交线路间具有多个重叠站点，则默认乘客在完全重叠站点处或重叠服务覆盖面积最大的重叠站点处换乘。

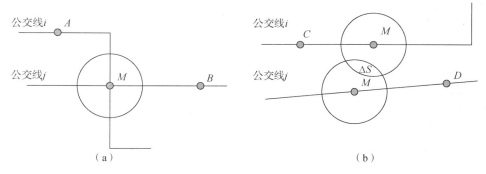

图4-6　合作站点对示意

(a)完全合作站点对；(b)次级合作站点对

对于次级合作站点对构成的合作公交线路，由于重叠站点没有完全重叠，因此所提供的换乘场所没有完全合作站点对提供的完美；只有两条公交线路间不存在完全重叠站点时，乘客才会选择次级合作站点对换乘，其换乘效率低，带来的公交线路间的合作也较弱，从公交规划者的角度应尽量避免这种合作方式的出现。考虑重叠服务覆盖面积的大小反映了重叠站点间的距离，因此，定义重叠站点的重叠服务覆盖面积与单个公交站点服务覆盖面积的比值为合作站点对修正系数，用于描述次级合作站点对与完全合作站点对的差异。合作站点对修正系数 γ 为

$$\gamma = \frac{\Delta S}{S_0}$$

式中：γ——合作站点对修正系数；

　　　ΔS——重叠站点的重叠服务覆盖面积（km^2）；

　　　S_0——单个公交站点的服务覆盖面积（km^2）。

修正系数的取值范围为 $0 < \gamma \leqslant 1$，当且仅当合作站点对为完全合作站点对时，$\gamma = 1$。

2）合作系数

采用合作系数（δ）来度量公交线路间的合作关系。由于存在直接合作关系的公交线路间的合作站点对数量反映了这两条公交线路存在换乘（合作）的可能性。因此，两条公交线路间的合作系数定义为这两条公交线路的实际完全合作站点对数量与可能存在的最大完全合作站点对数量的比值，即

$$\delta = \frac{M_\delta}{M_{\delta,\max}}$$

$$M_\delta = \gamma (N_i - \Delta N)(N_j - \Delta N)$$

式中：δ——公交线路 i 与公交线路 j 间的合作系数；

　　　M_δ——公交线路 i 与公交线路 j 的实际完全合作站点对数量（个）；

　　　$M_{\delta,\max}$——公交线路 i 与公交线路 j 可能存在的最大完全合作站点对数量（个）；

　　　ΔN——公交线路 i 与公交线路 j 的重叠站点数量（个）；

　　　N_i——公交线路 i 的公交站点数量（个）；

　　　N_j——公交线路 j 的公交站点数量（个）。

根据完全合作站点对的定义，当两条公交线路间有且仅有一个完全重叠站点时，其完全合作站点对数量最大，即

$$M_{\delta,\max} = (N_i - 1)(N_j - 1)$$

公交线路间的合作系数反映了两条公交线路间合作关系的强度。对于存在合作关系的两条公交线路，有 $M_\delta > 0$，且 $M_\delta \leqslant M_{\delta,\max}$。因此，公交线路间的合作系数的取值范围为 $0 \leqslant \delta \leqslant 1$。当两条公交线路间不存在合作关系时，其合作系数 $\delta = 0$；当两条公交线路间有且仅有一个完全重叠站点，即 $M_\delta = M_{\delta,\max}$ 时，合作系数最大为 1；合作系数越大，表明这两条公交线路的合作强度越大，所能提供的合作站点对数量相对较多。

3）竞争站点对

竞争站点对是公交线路间存在竞争关系的元胞结构。对于存在竞争关系的两条公交线路，若所有乘客在某个竞争站点对间出行时选择这两条公交线路的可能性均相同，则称该竞争站点对为完全竞争站点对；否则，称为部分竞争站点对。

如图 4-7 所示，站点 A、C 是公交线 i 上的两个公交站点，站点 B、D 是公交线 j 上的两个公交站点，且站点 A 与站点 B、站点 C 与站点 D 都是完全相关站点组，并且站点 A 至站点 C 的里程等于站点 B 至站点 D 的里程。因此，站点 A、B、C、D 构成一个完全竞争站点对。

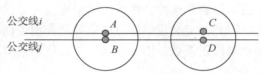

图 4-7　完全竞争站点对

对于部分竞争站点对（如图 4-8 所示），由于受重叠服务覆盖面积大小及竞争站点对间公交线路长度差异的影响，部分竞争站点对间的竞争强度与完全竞争站点对间的竞争强度存在差距。因此，定义竞争站点对修正系数来描述这种差异，竞争站点对修正系数 λ 为

$$\lambda = \frac{\Delta S_1}{\Delta S} \frac{\Delta S_2}{\Delta S} \frac{\min(\Delta L_i, \Delta L_j)}{\max(\Delta L_i, \Delta L_j)}$$

式中：λ——竞争站点对修正参数；

ΔS_1——第一个相关站点处的站点重合服务覆盖面积（km²）；

ΔS_2——第二个相关站点处的站点重合服务覆盖面积（km²）；

ΔL_i——竞争站点对在公交线路 i 上对应起、讫点的里程长度（km）；

ΔL_j——竞争站点对在公交线路 j 上对应起、讫点的里程长度（km）。

竞争站点对修正系数的取值范围为 $0 < \lambda \leqslant 1$；当且仅当竞争站点对为绝对竞争站点对时，竞争程度最大，$\lambda = 1$。

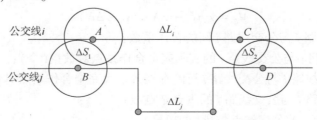

图 4-8　部分竞争站点对

4）竞争系数

采用竞争系数（c）来度量公交线路间的竞争关系。竞争系数定义为存在竞争关系的两条公交线路间实际存在的完全竞争站点对数量与这两条公交线路可能存在的最大完全竞争站点对数量的比值，即

$$c = \frac{M_c}{M_{c,max}}$$

式中：c——公交线路 i 与公交线路 j 间的竞争系数；

M_c——公交线路 i 与公交线路 j 间实际存在的完全竞争站点对数量（个）；

$M_{c,max}$——公交线路 i 与公交线路 j 间可能存在的最大完全竞争站点对数量（个）。

竞争公交线路实际存在的完全竞争站点对数量 M_c 包括两部分，一部分是竞争公交线路本身具有的完全竞争站点对数量；另一部分是竞争公交线路的部分竞争站点对乘以相应的竞争站点对修正系数转化为完全竞争站点对后求和所得的数量，其实质是所有竞争站点对的竞争站点对修正系数的总和。

根据完全竞争站点对的定义，当且仅当两条公交线路完全重合时，其完全竞争站点对数量最大。此时，这两条公交线路间的完全重叠站点数量为这两条公交线路站点数中的较小值，即 $\Delta N = \min(N_i, N_j)$。因此，两条公交线路间可能存在的最大完全竞争站点对数量为

$$M_{c,max} = \frac{\min(N_i, N_j)\left[\min(N_i, N_j) - 1\right]}{2}$$

公交线路间只要存在竞争关系，必然有 $M_c > 0$ 且 $M_c \leqslant M_{c,max}$，当且仅当两条公交线路完全重合时，$M_c = M_{c,max}$；当 $M_c = 0$ 时，即这两条公交线路显然不存在竞争关系，定义其竞争系数为 0。因此，公交线路间竞争系数的取值范围为 $0 \leqslant c \leqslant 1$。当 $c = 0$ 时，这两条公交线路间不存在竞争关系；当 $c = 1$ 时，这两条公交线路完全重合，$M_c = M_{c,max}$，且这两条公交线路属于完全竞争线路，竞争系数越大，表明这两条公交线路间存在的竞争站点对数量相对越多，越容易出现竞争现象。

4.4 区域经济发展与交通运输耦合发展分析

4.4.1 区域经济发展与交通运输耦合发展的概念

区域经济是在一定区域内经济发展的内部因素与外部条件相互作用而产生的生产综合体。作为区域经济的先行性和战略性产业，交通运输业是实现区域经济均衡发展的基础，区域经济发展与交通运输发展之间存在着错综复杂的关系。

如果把区域经济与交通运输分别看成一个系统，那么，这两个系统之间的耦合作用可以这样描述：一方面，交通运输为区域经济的有效运转提供运输服务，实现各类经济要素、资源或商品的地域调拨和优化配置，能够通过集聚效应、扩散效应和乘数效应影响和带动经济系统内相关产业发展的速度和质量，促进区域经济的发展，但是交通运输的社会成本也会通过负效应抑制区域经济的发展；另一方面，区域经济的发展需要各类经济要素、资源或商品的优化配置与地域调拨，从而增加对交通运输的需求，进一步刺激交通运输的发展。交通运输与区域经济两者交替推拉、循环往复，这就是交通运输与区域经济发

展相互耦合作用的过程。

因此，耦合用于描述交通运输与区域经济发展之间存在的高度关联性，这种耦合一方面包括两者的相互适应和促进，另一方面包括两者的相互牵制与阻碍。

4.4.2 区域经济发展与交通运输耦合发展的特点

区域经济发展与交通运输耦合发展是一个复杂的、动态的、相互作用的过程，这种相互作用具有以下特点。

（1）耦合作用具有正、反两种方向，即在两者相互影响、耦合发展的过程中，并不总是表现出相互作用的协调性，也会产生两者相互制约、不协调发展的现象，这些现象可分为彼此耦合协调发展、交通滞后发展以及交通超前发展。

（2）耦合作用的时序特征。伴随着区域经济的发展，两者在时间上会先后经历交通超前发展、交通滞后发展和耦合协调发展3个阶段。

（3）耦合作用的时滞型。交通基础设施的完善是一个渐进过程，因此交通运输对区域经济发展的作用并不会立即显现，而是具有一定的时滞性。

鉴于此，在两者的发展过程中，通过及时掌握两者相互作用的强度和协调状况，辅以适当的引导措施，以此促进两者的良性互动发展，将有助于提升交通运输体系服务能力，带动区域经济又好又快发展。

4.4.3 区域经济发展与交通运输耦合发展的内在机制

区域经济发展与交通运输之间存在着密切直接的内在联系。两者互相影响，并存在整体结构功能上走向完善的内在作用机制。这种内在作用机制可大致概括为相互促进和制约机制、联动共生机制和叠加放大机制三大机制。

1. 相互促进和制约机制

一方面，区域经济发展与交通运输相互促进。交通运输是经济活动有序进行、推进经济发展的前提，经济的发展则为交通运输发展提供了坚实的物质基础。同时，随着经济的快速持续发展，新运输需求产生，有利于刺激交通运输的改善和升级。交通运输更新升级促进的交通建设是城市空间结构发生改变的主要动力，城市空间结构的改变又带来城市国土资源的有效开发，从而推动城市建设的发展。另一方面，两者又相互制约。随着区域经济的快速发展，交通基础设施无法满足快速增长的运输需求，导致交通需求与供给失衡，交通拥堵现象频繁发生，对城市社会经济的发展造成一定的阻碍。同时，交通建设必然要挤占有限的城市发展空间，造成商业、绿化和人居等其他城市建设用地的紧张，进而导致城市土地价格上涨。随着城市居民经济水平的提升，机动车保有量快速增加，但是由此带来的尾气和噪声等污染使城市人居环境逐渐恶化，影响城市居民生活环境质量。

2. 联动共生机制

区域经济与交通系统的联动共生机制表现为两者在时间和空间维度上的高度协调一致性。在时间维度上，区域经济与运输业往往伴随着工业化的发展而发展，工业化的发展是运输设施设备体系不断更新升级的基础，同时，工业化的集聚要求也促进了区域经济的发展，因此两者的发展阶段存在很强的一致性。另外，经济的发展也是运输形式、运网密度以及运输工具现代化不断发展与完善的直接动因，反之，交通运输的完善也是促进区域经济发展的有利条件。在空间维度上，一方面，城市道路网结构决定了城市的空间形态，按照城市交通轴线形态进行分类，城市空间形态具有环状放射形、方格形、扇形、带形和卫星形等模式；另一方面，交通系统作为区域经济发展的有机构成部分，只有两者协调配合，才能促进城市以及交通的可持续性发展。

3. 叠加放大机制

根据产业波及原理，在国民经济产业体系中，当某一产业部门发生变化，这种变化会沿着不同的产业关联方式，引起与其直接相关的产业部门的变化。区域经济的发展引起运输需求的不断增长，需要不断投入大量交通基础设施建设资金，根据投资乘数效应，当投资增加一个量时，国民收入会数倍于投资增量而增长，产业波及是造成这种变化的主要原因。交通基础设施建设投资增加，带动了建筑业、物流业和流通业的发展，吸引了更多的劳动人口进入交通运输行业，从而带动区域经济快速发展。良好的交通基础设施将会增加对投资的吸引力，大量的投资又会刺激区域经济的发展。经济发展以及人口增长刺激交通运输需求的增长，也为交通发展提供了坚实的基础，促进交通运输方式的变革和进步。

4.4.4　区域经济发展与交通运输耦合发展的效用分析

社会的迅速发展、经济活动的日益频繁、人口的迅猛增长和城市规模的扩大等都对交通系统提出了越来越高的要求。社会经济发展会带来人口和就业岗位的集聚和空间分布变化，居民的生活工作活动和出行模式在发展过程中逐步形成，由此形成的交通模式对于社会、经济、环境的影响也是不同的。具体来看，区域经济发展与交通运输耦合发展效用主要体现在以下几个方面。

1. 优化区域结构布局，改善区域投资环境

交通运输业是国民经济中的一个重要部门，对产业结构升级起着显著的前导性作用。一般情况下，一个地区的发展速度和产业结构与该地区的交通运输水平成正相关关系。首先，完善的交通网络大大缩短了沿线节点城市之间的时空距离，借助交通网络快速便捷的有利条件，通过优势整合，实行错位发展，促进区域产业结构的优化升级。其次，交通系统的发展，特别是对外交通运输的发展是引导城市空间格局演变的主要原因，这其中交通方式的改进和交通网络的不断完善发挥着主要作用。最后，便捷的公路交通网改善了经济交通运输条件，也改善了沿线地区的投资环境，有助于城市外向型经济的快速发展，增强沿线地区吸引外资和实际利用外资的能力。

2. 推动资源优化配置，促进区域一体化发展

交通对于城市发展来讲，犹如血管之于人体的健康，血管畅通无阻自然有助于身体健康，阻塞拥堵则必然抑制成长，城市交通在城市的发展过程中发挥着极为重要的作用。根据增长极理论，城市的发展是要素集聚和扩散过程的交替循环，在此过程中，交通运输发挥着至关重要的作用。其一，发达的交通条件能够加速要素和产品的区际与区内流动，从而使经济圈内各区域摆脱自身资源和市场的局限性，得以更好地发展；其二，使地理位置、要素禀赋和产业结构不同的各等级区域充分发挥自身优势，承担不同的经济功能，在区域范围内实现单个城市无法达到的规模经济和集聚效益；其三，有利于增强对周边区域经济的辐射带动作用，从而将乡村经济发展纳入城市经济发展的战略，促进城乡经济一体化发展。

3. 增强集聚辐射功能，提高区域整体发展水平

区域间的作用可以概括为集聚力和扩散力两种力的此消彼长。集聚力主要表现在中心城市对整个区域内各要素的吸引力，构成中心城市发展的动力源。当中心城市发展成熟后，又会通过自身资源优势带动整个区域的发展，此即扩散力。搞好区域内大中城市的建设和发展，充分发挥中心城市的集聚效应和辐射作用，对区域经济整体水平的提高至关重要。一方面，交通条件的改善相对缩小了生产、居住和流通的空间距离，扩大了人们的社会往来，形成由一系列不同等级规模城市组成的、职能分工相互补充的城市体系，其整体集聚和辐射效应、规模效益和专业化效益均大为提高，从而保证城市自身经济的持续增长，这样才能持久发挥城市在区域发展中的带头作用；另一方面，完善的交通网使区域间联通更为方便，既能发挥大城市的辐射带动作用，又能有效利用小城镇的资源和劳动力优势，充分发挥区域经济协作发展的高效性，带动区域经济整体水平的提高。

4.4.5 区域经济发展与交通运输耦合协调评价

1. 指标选取原则

区域经济发展与交通运输的耦合关系类似于一种复杂的系统工程，区域经济发展与交通运输之间不仅存在着错综复杂的关系，而且区域经济发展和交通系统内部也存在着复杂的关系，区域经济发展与交通系统之间通过相互促进和制约机制、联动共生机制和叠加放大机制产生相互影响、互动作用以至于紧密联系起来。鉴于此，选取的指标要能同时反映两者之间以及各自系统内部子系统之间的关系。

一般遵循以下原则选取指标：

(1)选取的指标能很好地反映区域经济发展与交通运输互动作用的特征；

(2)两大系统之间以及内部各子系统之间的相互作用，构成一个有机整体，因此选取的指标要全面，层次结构要清晰；

(3)区域经济发展与交通运输耦合发展是一个动态过程，选取的指标要能动态反映二者之间的关系。

2. 区域经济发展指标选取

为了保证区域经济发展水平指标选取的全面性、科学性，常将经济、人口、社会、空间等多项指标作为区域经济发展水平指标，下面重点介绍经济、社会、空间指标。

(1)经济指标常选择人均生产总值、第三产业产值比重、人均工业产值、人均可支配收入和人均消费性支出等指标。

(2)社会指标主要反映地区生活水平和生活质量的高低，一般从居住、医疗和教育3个方面，选取人均居住面积、每万人拥有医生数和每万人大学生数3个指标进行综合评价。

(3)空间指标一般包括地域形态和功能分区(土地利用)两个方面，主要指标包括城镇建成区面积、城市建设用地占市区面积比重、人均公共绿地面积和人口密度等，考虑到数据的易得性和连续性，常选取建成区面积占国土面积比重和人口密度两个指标进行衡量。

3. 交通运输发展指标选取

一般而言，对交通运输线路设施的衡量主要从道路长度和道路面积两个方面展开，为了确保数据的可比性，一般选用道路面积用地率、人均道路面积和每万人公路里程3个指标。其中，道路面积用地率指道路用地面积占建设用地面积的比重。

运输设备设施通常指机动车，包括汽车及汽车列车、摩托车及轻便摩托车、拖拉机运输机组、轮式专用机械车和挂车等。由于机动车统计数据难以获取，故常选取每万人出租车和每万人公交车两个平均数指标来衡量运输设备设施情况。

交通运输行业管理特指运输管理信息平台以及技术体系方面的内容，这方面的数据难于统计，也不存在专门的官方统计数据。因此，常选取交通运输业产值以及从业人员总数两个指标来衡量。运输能力指运输业为完成旅客和货物运输所拥有的运输生产力，可以通过运输组织管理水平和运输设施设备的总量来衡量，综合考虑数据易得性和科学性，一般选取运输完成情况来间接衡量运输能力。

区域经济发展与交通运输耦合协调评价指标体系如表 4-1 所示。

表 4-1　区域经济发展与交通运输耦合协调评价指标体系

区域经济系统		交通系统	
人口	城市化率/%	线路设施	道路长度/km
	非农人口比重/%		道路面积用地率/%
	第三产业从业人员比重/%		人均道路面积/($m^2 \cdot$ 人$^{-1}$)
经济	人均生产总值/(元 · 人$^{-1}$)	设备设施	公路密度(km/km^2)
	第三产业产值比重/%		每万人公路里程/(km · 万人$^{-1}$)
	人均工业产值/(元 · 人$^{-1}$)		每万人出租车/(辆 · 万人$^{-1}$)
	人均可支配收入/(元 · 人$^{-1}$)		每万人公交车/(辆 · 万人$^{-1}$)
	人均消费性支出/(元 · 人$^{-1}$)	运输能力	公路旅客周转量/亿人公里
社会	人均居住面积/($m^2 \cdot$ 人$^{-1}$)		公路货物周转量/亿吨公里
	每万人拥有医生数/(个/万人$^{-1}$)		客运量/万人次
	每万人大学生数/(个/万人$^{-1}$)		货运量/万吨
空间	建成区面积占国土面积比重/%	行业管理	交通运输产值比例/%
	人口密度/(人 · km^{-2})		交通运输从业人员/万人

4. 区域经济与交通运输耦合协调评价模型

为了更好地评判区域经济发展与交通运输耦合水平的高低，需要构造区域经济与交通运输耦合协调评价模型。其评价模型主要由耦合度计量模型和耦合协调度模型计算组成，具体如下。

1) 耦合度计量模型

已有学者提出借鉴物理学中的容量耦合概念及容量耦合系数模型，模型表述为：设有 m 个系统，各系统内序参量对系统有序程度的总贡献分别为 u_1，u_2，$\cdots$，u_m，则该 m 个系统或要素相互作用的耦合度计量模型为

$$C_m = \left[\frac{u_1 u_2 \cdots u_m}{\prod (u_i + u_j)} \right]^{1/n}$$

式中，i、$j = 1$，2，$\cdots$，m。考虑到耦合度的时序变化特征，定义 C_t($t = 1$，2，$\cdots$，T)为第 t 期区域经济与交通运输的耦合函数，自变量为区域经济系统与交通系统内各序参量对有

序程度的总贡献，即 u_{1t} 和 u_{2t}，则

$$C_t = f(u_{1t}, u_{2t}) = 2\left[\frac{(u_{1t} \times u_{2t})}{(u_{1t} + u_{2t})(u_{1t} + u_{2t})}\right]^{1/2}$$

由上式可知，区域经济与交通运输耦合度值 $C_t \in [0, 1]$，根据耦合度值的大小，可将区域经济与交通运输耦合度值划分为 6 个阶段，即无序发展阶段、低水平耦合阶段、颉颃耦合阶段、磨合阶段、高水平耦合阶段、良性共振耦合阶段，每一个阶段代表了不同耦合发展阶段。

（1）无序发展阶段：两系统处于无关状态，系统将向无序发展。

（2）低水平耦合阶段：两系统处于低水平耦合阶段，此时区域经济水平发展较低，交通运输超前发展，在一定时期内完全能够满足区域经济发展对交通的需求。

（3）颉颃耦合阶段：系统两种力量不相上下，经济发展进入快速发展期，交通运输建设也得到一定重视，两者此消彼长，但是总体状态是交通运输滞后于区域经济发展。

（4）磨合阶段：两系统进入磨合发展阶段，区域经济发展由于受到前期交通运输的制约，而且通过前期的发展也积累了大量资金，可以将很大一部分资金投入交通运输建设，两者开始良性耦合。

（5）高水平耦合阶段：城市建设以及经济发展方面也取得很大进步，与交通系统相得益彰、互相促进，整体系统即将步入高水平耦合阶段。

（6）良性共振耦合阶段：耦合度最大，两系统之间达到良性共振耦合，将促使整体系统趋向新的有序结构。

2）耦合协调度计算模型

将区域经济与交通运输分别作为一个系统，已知第 t 期各分系统序参量对分系统自身的有序程度的总贡献为 u_{1t} 和 u_{2t}，则区域经济系统与交通系统对有序程度的总贡献（记为 U_t）可以通过加权求和方法来实现，即

$$U_t = au_{1t} + bu_{2t}$$

式中：a、b——区域经济系统与交通系统的权重，一般取 $a = b = 1/2$，表示两者同等重要；

U_t——交通与区域经济的综合评价指标，反映两者的整体效益或水平。

根据前述对协调的定义与分析，将度量交通运输与区域经济发展水平高低的定量指标称为耦合协调度，记为 D_t，用公式表示为

$$D_t = (C_t U_t)^{\theta}$$

式中：θ 一般取 $1/2$，由于 C_t、$U_t \in [0, 1]$，所以 $D_t \in [0, 1]$，与耦合度类似，参照已有的研究，把区域经济系统与交通系统耦合协调度值划分为 10 个阶段，即极度失调阶段、严重失调阶段、中度失调阶段、轻度失调阶段、濒临失调阶段、勉强协调阶段、初级协调阶段、中级协调阶段、良好协调阶段、优质协调阶段。

综上所述，区域经济与交通运输之间相辅相成、密不可分，交通运输对促进社会分工、产业布局以及规模经济的形成具有重要作用，而社会经济的发展又显著地影响着交通运输的发展。如果区域经济与交通运输耦合协调程度高，那么两者能够相互促进、协调发展；反之，如果两者耦合协调程度较低，那么发展滞后的一方必然成为另一方发展的瓶颈和束缚。由此看来，区域经济的发展应与交通运输的发展相协调适应，并保持合理的比例关系，将有效提升经济发展质量，大力提高交通运输服务水平。

4.5 案例分析——都市圈交通一体化发展分析

在当今世界经济快速发展的大背景下，全球经济的发展形式主要表现为合作与竞争并行的局面，各国之间聚力合作，友善交往，共同维护良好的国际经济发展大环境。在合作氛围良好的同时，又存在着激烈的竞争。竞争也不再是传统意义上的单一城市竞争，而主要表现为以具有国际竞争实力的大都市为核心，在合作基础上形成力量整合、产业聚集与优势互补的城市群和都市圈之间的竞争。各城市间不再拘泥于自身城市的行政规划部署，而是在互相合作与互利共赢的基础上充分发挥城市的自身优势，逐步提高城市群的竞争实力，促进区域经济协调、持续发展。

区域经济协调发展的先行条件是区域交通一体化的协调发展，交通一体化对塑造都市圈空间形态、优化产业和人口格局、打造宜居生活环境具有重要支持和引领作用，是建设现代化都市圈的重要前提和基础。区域城市群交通基础设施不断完备，交通网络系统不断更新，交通建设范围不断扩张，国家政策不断完善，在一定程度上都有效缓解了长久以来交通对于经济发展的瓶颈限制。

因此，需要根据都市圈发展的阶段性、差异化特征，在充分把握交通系统与区域经济竞合、耦合关系的基础上，制定"因圈施策"的更加精准的交通供给策略，通过交通一体化发展更好地打造现代化都市圈。

4.5.1 基本概念

1. 都市圈

法国地理学家 J. Gottman 最早提出了"都市圈"一词，它是指以一个或多个中心城市为核心，以发达的联系通道为依托，由核心城市及外围社会经济联系密切的地区所构成的城市功能地域。都市圈的主要城市特征可概括为：子城市数量多且分布集中，区域人口密度大，城市间经济联系密切，各种系统间优势互补、分工明确。都市圈建设的宗旨是通过产业的紧密联系和交通的高效组织，形成中心城市与周边地区一体化发展的空间形态，以实现都市圈空间组织效率最大化。

2. 交通一体化

交通一体化是通过交通基础设施建设，缩短城市空间距离，形成高速公路、城际快速通道、城际铁路和高速铁路客运专线相互融通的交通网络。交通一体化也可以通俗的理解为：在同一区域内不同类型的交通运输方式，在一定的条件下进行组合，从而形成新的交通运输体系。在这一系统中，对所涉及的各类资源和环境进行有效整合，充分带动区域内各行各业经济的发展，从而形成全新的发展模式。其内涵包括城际交通供需匹配、设施网络一体联通、运输服务一体衔接、多式运输立体互补、综合枢纽一体融合、运营组织一票到底、体制机制一体协同等。

4.5.2 都市圈交通一体化发展中的竞合关系

21 世纪以来，各区域经济发展的空间布局已经发生了新的重大变化，构建交通一体化的现代综合运输体系是都市圈和城市群经济发展的重要支撑和保障。

在都市圈交通一体化发展过程中，竞争与合作相互渗透、相辅相成。各种交通运输方式分工协作、优势互补，按各自技术特征有机结合组成布局合理的完整交通运输体系，具体表现为各种运输方式跨区域、跨部门，各利益主体间通力合作、合理分工，共同推进交通一体化布局实现。另外，交通科学辅助技术的不断创新和快速发展，使客/货流的运输方式不再单一化，运输种类累计增加，运输设备越来越先进，现代先进技术使交通系统在物理和逻辑上实现一体化。各交通运输方式之间的优势互补、科学技术辅助交通系统发展等充分展现了交通一体化发展过程中的合作共赢关系。

同时，竞争关系也贯穿在都市圈交通一体化发展的过程之中，例如：交通运输体系内各运输方式间的竞争，交通行业与其他行业之间（如在建设投资等方面）的竞争等。具体表现有：交通运输体系内各运输方式间的时间竞争、服务竞争、效益竞争等，不同运输方式充分发挥自身优势，争取更多的市场份额；另外，在目前的市场经济条件下，资本追逐利润是不变的真理，与高利润、高回报行业相比，交通基础设施建设投资规模大、回收周期长等特点，使其在社会资金吸引方面处于竞争劣势，政府预算投资仍是交通基础设施建设的主要渠道。因此，都市圈交通一体化发展过程中既有交通运输体系内部的竞争，也有与其他行业之间的竞争。

4.5.3 都市圈交通与产业的耦合发展关系分析

时至今日，区域经济的概念不再仅仅是行政区划和地理区位，而是各方面互联互通的关联程度，更是产业地位、运营与发展水平和质量的体现。因此，研究都市圈区域经济与交通运输的耦合关系，可通过分析都市圈交通与产业的耦合发展关系来体现。在具有一体化发展诉求的都市圈区域，城际间的交通联系和产业联系同向、同步、同速耦合是确保区域经济高质、快速发展的基础条件。产业的结构动力变革和交通系统的多样化发展，促使两者相互作用更加紧密且错综复杂，忽视两者之间的深层次互动关系，就"产业"论"产业"，就"交通"论"交通"的传统区域发展模式早已难以为继。

产业、交通的耦合具有系统性和复杂性，可从结构匹配、空间同向、时效同步等多个维度综合考量评估。

首先，从结构匹配维度来看，即区域内产业结构对物流运输方式的需求是否与该区域交通系统供给相匹配。需要对区域产业体系结构和对各类交通方式偏好进行详细辨识，包括且不限于产业门类、配套关系以及产品流向等内容，充分掌握本区域内的产业产品物流需求，评估区域内物流方式、道路网络和交通枢纽供给匹配程度，以验证产业结构体系和交通结构体系的耦合性、协调性和一致性。

其次，从空间同向维度来看，即产业集聚区布局是否与重要交通设施、干道和枢纽等交通空间网络相适应。轴带空间方面，线性交通布局对沿途产业集散具有决定性作用，需要评估都市圈区域内是否存在以主要交通干线为轴的经济带或产业走廊；节点空间方面，需要评估都市圈区域内交通设施供应是否考虑不同城市产业功能的差异性与互补性；设施覆盖方面，需要评估都市圈区域内产业园区是否与重要交通转换枢纽和通道邻近布局。

最后，从时效同步维度来看，即产业发展对成本、强度、效率的要求是否与交通设施升级方向和供应精准度相协调。伴随产业发展壮大，庞大的人流、物流、信息流将对交通设施的供应提出更高要求，需要从"流"的视角评估现有的交通空间是否满足当下及未来产业规模引致的货运强度需要。另外，随着交通方式变化和道路等级提速，区域可达性正逐步打破传统意义上的"地理"邻近性。时间成本的计算将重塑区位新优势，在此情况下，需要重新评估在现有多方式交通叠加下产业园区与重要交通枢纽之间的最短时间距离，并作为核算空间组织效率的重要依据。

如今，伴随新经济发展范式不断涌现更迭，生产技术、效率和动力变革日新月异，一体化交通运输体系推动区域产业结构合理化、高级化，产业结构的调整助推区域经济的发展，而区域经济的发展又会对交通运输业提出新的要求和规划，从而多样化增设交通供给以提升产业要素的运转效率。

本章小结

本章首先简要介绍了系统竞合、耦合的相关理论，在此基础上，重点介绍了综合交通系统、公共交通系统的竞合关系，对区域经济发展与交通运输耦合发展关系进行了分析；最后以都市圈交通一体化发展为例，对都市圈交通一体化的相关概念、发展过程中的竞合和耦合关系等进行了介绍。本章主要知识架构如图 4-9 所示。

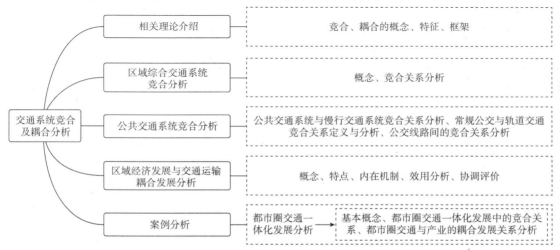

图 4-9　第 4 章知识架构

 习　题

1. 计算系统耦合度的步骤是什么？
2. 公共交通系统竞合关系体现在哪些方面？
3. 请分析区域综合交通系统多运输方式竞合关系。
4. 请分析综合交通运输体系内部系统及其与外部社会经济系统的耦合关系。

讨论课题

中华人民共和国成立以来，几代人逢山开路、遇水架桥，建成了交通大国，并正在加快建设交通强国，交通成为中国现代化的开路先锋。习近平总书记强调："要建设更多更先进的航空枢纽、更完善的综合交通运输系统，加快建设交通强国"。建设交通强国是新时代党和国家的重大战略和历史使

系统耦合讨论

命。便利的交通运输、日趋完善的基础设施，为经济社会发展提供了有力支撑，经济社会发展的需求又决定了交通发展的规模和方向。请从系统耦合的角度出发，分析在交通强国战略背景下，我国区域经济发展与交通运输间呈现怎样的关系及在发展过程中可能存在的问题，并提出促进两者高质量协调发展的相关建议措施。具体要求及示例详见二维码。

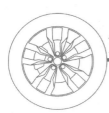

第5章
交通系统预测

交通系统预测

知识目标

　　掌握预测的定义、特性及要素，了解预测的程序及分类，掌握常用定性预测方法及核心问题，掌握常用定量预测方法。

能力目标

　　能够采用正确的定性、定量预测方法解决实际交通问题。

5.1　概　述

5.1.1　预测的定义及特性

1. 预测的定义

　　预测是通过对客观事实的历史和现状进行科学的调查和分析，由过去和现在去推测未来，由已知去推测未知，从而揭示客观事实未来发展的趋势规律。交通系统预测是对未来所发生的交通事情进行合理估计，它根据历史和现状资料，推测在一定条件下将会出现何种现象或产生何种结果，即在研究事物发生、发展所呈现的规律性以及分析现状条件、环境因素制约和影响的基础上，推测未来交通流的演变状态和交通状态发展的趋势。预测在工农业生产以及交通运输等方面都有着重要的应用，它是现代管理科学的重要基础和手段之一。

2. 预测的特性

　　预测具有以下几个特性。

1）一定的科学性

　　预测是一种科学活动，表现在预测前提的科学性、预测方法的科学性和预测结果的科学性3个方面。预测的途径主要是因果分析、类比分析和统计分析等，其中所采用的手段和技术通常是较先进的，因此预测结果具有一定的科学性和先进性。

2）近似性和不确定性

无论采用何种预测方法，预测过程都不同程度地依赖于信息，而所采用的信息主要从历史资料中获取，历史资料的准确性与完整性都将影响预测的准确程度。同时，预测时需要对实际问题进行抽象、简化，其中包含了一定程度的近似，因而使预测的结果具有近似性。

预测的结果所面临的对象往往受到外部因素的影响，而外部因素的发展常常受到人为因素的干扰，使预测对象的发展变化具有多样性和不确定性，因而预测结果具有不确定性。

3）局限性

由于决策的结果具有近似性和不确定性，从而使预测结果具有局限性，决策者不能完全按照预测结果去决策。同时，要求预测者要从决策者的角度出发，尽量考虑全面，尽可能得到实用可行的预测结果。预测者不仅要依靠历史数据和公式计算完成预测，还需要拥有深刻敏锐的洞察力和富有远见的判断力。

4）良好的导向性

合理的预测结果往往给出了未来的发展方向和如何改进现有系统的有用信息，其具有良好的导向性，它们有助于提出未来的努力目标，从而促使人力、物力和财力都向这个目标调整。

对交通系统进行预测时，既要分析交通系统与其他系统的关系，又要分析交通系统的运输能力与需求之间的关系，充分考虑交通量的特点，建立起交通系统与国民经济系统之间的协调发展关系。

5.1.2　交通系统预测的意义

在交通系统中，预测是系统投资、规划的需要，也是系统评价的需要。一个国家、一个地区或一个部门，对交通系统进行投资，主要是由于现有的运输能力并不能满足交通量，尤其是未来交通量的需求。从宏观角度来看，要对交通系统的投资做出合理规划，就必须对全局范围内的交通需求状况和总体趋势做出科学的预测；从微观角度来看，一个具体的项目是否值得投资、什么时候投资、投资规模如何，也需要对未来交通量的发展变化情况进行预测。预测也是交通系统评价的基础。交通系统的评价包括技术评价、经济评价、社会评价和环境评价等。如果没有科学合理的交通量预测结果，就无法正确衡量决策结果，导致决策的失误。交通系统预测与规划、决策之间的关系，如图5-1所示。

图 5-1　交通系统预测与规划、决策之间的关系

5.1.3　交通系统预测的要素及程序

1. 要素

（1）时间：不同的预测方法适用于不同的预测期限。一般来说，定性预测较多地用于长期预测，而定量预测适用于各个预测期。

（2）数据：不同的预测方法，适用于不同的数据类型。有的数据是定周期变化的，有的是随机波动的。因此，在选择预测方法时，应注意提供的数据形式。

（3）模型：大多数预测方法都要求运用某种模型。每种模型的应用前提是不同的，在不同的问题中应用这些模型，其功效也是不同的。

（4）费用：预测是一个研究过程，预测费用的多少将影响对预测方法的选择。

（5）精度：定量预测的精度或准确度对决策者是重要的。不同情况下对预测结果的精度要求可能不同，一般来说，预测的精度是时间的一个不连续函数，如图 5-2 所示。在预测方法学上，15~30 年是最难预测的时间段，主要因为这个时间段处于新旧技术的更替期，新技术开拓期未知因素较多。

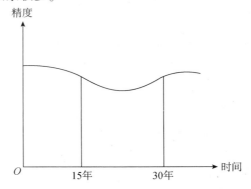

图 5-2 预测精度与时间的关系

（6）实用性：预测是为决策服务的，只有理解容易、使用方便、结果可信的预测方法才能被广泛使用。

2. 程序

预测程序是一个资料、技术和分析的结合过程。资料是预测的基础和出发点，预测技术的应用是核心，分析则贯穿了预测的全过程，如图 5-3 所示。

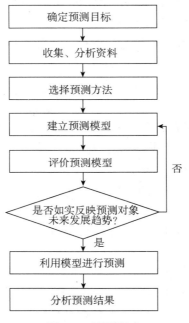

图 5-3 预测程序

1）确定预测目标

预测是为决策服务的，所以要根据决策的需要来确定预测对象、预测结果达到的精度，确定是定性预测还是定量预测以及完成预测的期限等。例如，当决策只需知道产品销售发展的趋势时，能够预测出销售量是增加、减少还是不变就可以了，而当决策需要了解产品销售量能达到什么样的水平时，则必须对销售量增加或减少的具体数值进行预测，预测也就从定性变为定量了。又如，短期预测所要求的时间期限和预测精度与中、长期预测也不一样。总之，预测一个事物的发展变化时，首先要了解决策的要求并据此确定属于哪类预测，应满足哪些标准等。

2）收集、分析资料

预测是根据有关历史资料去推测未来，资料是预测的依据。应根据预测目标的具体要求去收集资料。预测中所需的资料通常包括以下 3 项。

（1）预测对象本身发展的历史资料。

（2）对预测对象发展变化有影响作用的各相关因素的历史资料（包括现在的资料）。

（3）形成上述资料的历史背景、影响因素在预测期间内可能表现的状况。

对收集到的资料还要进行分析、加工和整理，判别资料的真实程度和可用度，去掉那些不够真实的、无用的资料。

3）选择预测方法

预测的方法有很多，不同的预测方法有不同的适用范围、不同的前提条件和不同的要求。对于特定的预测对象很可能有多种方法可用，而有的预测对象因为受到人、财、物、时间等因素的限制只能用一种或少数几种方法。实际中应根据计划、决策的需要，结合预测工作的条件、环境，以经济方便、精度足够好为原则去选择预测方法。

4）建立预测模型

预测模型是对预测对象发展变化的客观规律的近似模拟，预测结果是否有效取决于模型对预测对象未来发展规律近似的真实程度。对数学模型，要求出其模型形式和参数值。如果用趋势外推法，则要求出反应发展趋势的公式；如果用类推法，则要寻求与预测对象发展类似的事物在历史上所呈现的发展规律等。

5）评价预测模型

由于预测模型是用历史资料建立的，所以它们能否比较真实地反映预测对象未来发展的规律是需要验证的。评价预测模型就是评价模型能否真实地反映预测对象的未来发展规律。例如，预测对象是否仍按原趋势发展下去，即事物发展是否会产生突变？若无突变，所建立的模型能否反映它的趋势？如果评价结果是该模型不能真实地反映预测对象的未来发展状况，则重建模型；如果能真实地反映，则进入下一步。

6）利用模型进行预测

根据收集到的有关资料，利用经过评价的预测模型，计算或推测出预测对象的未来结果。

7）分析预测结果

利用预测模型得到的预测结果有时并不一定与事物发展的实际结果相符。这是由于所建立的模型是对实际情况的近似模拟，有的模型的模拟效果较好，有的较差；同时，在计算和推测过程中也难免会产生误差，再加上预测是在前述的假设条件下进行的，所以预测结果与实际结果难免会发生偏差。因此，每次得到预测结果之后，都应对其加以分析和评价。通常是根据常识和经验，检查、判断预测结果是否合理，与实际结果之间是否存在较大的偏差，以及未来条件的变化会对实际结果产生多大的影响等，以确定预测结果是否可信，并想出一些办法对预测结果加以修正，使之更接近于实际。此外，在条件允许的情况下，可以采用多种方法进行预测，再经过比较或综合，确定出可信的预测结果。

5.1.4　交通系统预测方法的选择

近年来发展了许多种预测方法来适应交通系统。由于每一种预测方法都有其特殊用途，所以实际应用时必须选择合适的预测方法。预测者在如何选择预测方法上起着重要作用，预测可能性的范围越广，预测结果便会越显著。预测方法的选择取决于诸多因素，如预测的范围、历史数据的有效性以及真实性、预测成本（或效益）以及预测分析的时间等。这些因素需要在不同水准上加以权衡，选择能充分利用现有数据资料的预测技术。

1. 注意事项

在选择预测方法时，应以考虑预测对象和预测技术本身的特点作为出发点，并权衡预测对象以及预测结果的应用价值。在面临具体预测对象时，要考虑以下几个方面的问题。

（1）预测对象是处于历史的延续，还是处于基本情况发生变化的转折点。

（2）预测精度与所需费用直接相关，在达到要求精度的前提下，尽可能选择简单方便、费用较少的预测方法。

（3）考虑所需资料的多少以及收集资料所花费的时间和费用。

2. 选择方法

选择合适的预测方法，对于提高预测精度、保证预测质量有着十分重要的意义。影响预测方法选择的因素有很多，在选择预测方法时应该综合考虑。选择的预测方法具体如下。

（1）从时间期限考虑，适用于近期与短期的预测方法有趋势外推法；适用于短期与中期的预测方法有回归分析法；适用于长期预测的方法有定性预测方法，如经验判断预测法。

（2）从预测的精度要求考虑，满足较高精度要求的预测方法有回归分析预测法、神经网络预测法等。精度要求较低的预测方法有经验判断预测法、趋势外推预测法等。

（3）从预测费用预算考虑，预测方法的选择，既要达到精度的要求，满足预测目标的需要，还要尽可能的节省费用。既要有高的运算效率，也要实现高的经济效益。用于预测的费用包括调研费用、数据处理的费用、程序编制费用、专家咨询费用等。费用预算较低的预测方法有经验判断预测法、时间序列分析预测法以及其他比较简单的预测模型法。费用预算较高的预测方法有经济计量预测模型法以及大型的复杂的预测模型法。

（4）从资料的完备程度考虑，凡是需要建立数学模型的方法，对资料的完备程度要求较高，当资料不够完备时，可采用专家调查法等经验判断类预测方法。

（5）从模型的难易程度考虑，因果分析类方法都需要建立模型，有些方法的建模要求预测者要有比较坚实的预测基础理论和娴熟的数学应用技巧。因此，当预测者的水平难以胜任复杂模型的预测方法时，应选择较为简易的方法。

（6）从历史数据的变动趋势考虑，在定量预测方法的选择中，必须以历史数据的变动趋势为依据。在实际应用中，通常使用的曲线预测模型有指数曲线（修正指数曲线）、线性模型、抛物线曲线等。

通常情况下，用不同的预测方法计算得到的预测结果是不同的。因此，在实际工作中应在条件允许的情况下，采用多种方法进行预测，并对不同预测方法得到的结果进行分析，从中确定采用的结果。预测过程中常涉及大量的数据和计算，一般宜采用计算机以及专用的软件完成，如 Excel、MATLAB、SPSS。

5.1.5　交通系统预测的分类

1）按预测技术的性质分类

（1）定性预测：专家会议法、德尔菲法、情景分析法等，主要分析事物发展的大致趋势。

（2）定量预测：用大量数据建立数学模型进行分析计算，确定量化结论。系统分析注重定量预测，同时强调定性、定量相结合预测。定量预测主要分为以下三大类。

①外推法：时间序列法。

②因果法：因果外推法、回归分析法、经济计量法、投入产出法、系统动力学方法等。

③其他定量方法：灰色预测法、神经网络预测法等。

2）按预测对象分类

按预测的对象，可分为社会预测、经济预测、科学预测、技术预测及军事预测。

3）按预测有效期限分类

按照预测的有效期限长短，可分为短期预测、中期预测、长期预测，对于不同的预测对象，其预测期限的划分是不一样的。总体而言，划分基准是预测对象的"寿命周期"（5%，50%，100%）。

5.2　定性预测方法

5.2.1　定性预测的概念

定性预测方法，也称为经验判断预测法，是预测者根据历史与现实的观察资料，依赖个人或集体的经验与智慧，对未来的发展状态和变化趋势做出判断的预测方法。定性预测方法的优点是简便、灵活。实践中，在缺乏数据的情况下，可以采用定性预测的方法对事物进行预测。有时，在数据充足的情况下，也可以采用定性预测方法，目的是将定性预测的结论与定量预测的结果进行比较，从而提高预测的准确性和可行性。在定性预测指导下的定量预测会有意想不到的结果。常用的有头脑风暴法、德尔菲法、类比法等。

5.2.2　定性预测的方法

常用的定性预测的方法有集思广益法、德尔菲法、情景分析预测法、类比法等。

1. 集思广益法

集思广益法又称智暴法、头脑风暴法，出自"头脑风暴"一词。所谓头脑风暴，最早是精神病理学上的用语，是就精神病患者的精神错乱状态而言的。而现在则成为无限制的自由联想和讨论的代名词，其目的在于产生新观念或激发创新设想。

集思广益法是由美国创造学家 A·F·奥斯本于 1939 年首次提出，1953 年正式发表的一种激发思维的方法。集思广益法是一种专家调查咨询方法，本意是形容参加会议的人可以畅所欲言，不受任何约束地发表不同意见。也有人将其形象化地译为诸葛亮会议、神仙会、智力激励法或集体思考法等。这种方法可以采取广泛收集专家学者意见的方式，也可采取小组会议的方式。

1）集思广益法的程序

集思广益法的程序主要分为确认要讨论的问题、准备会场、组织人员、宣布主题、头脑风暴、整理问题并找出重点问题、会后评价 7 个部分，如图 5-4 所示。

图 5-4　集思广益法的程序

2）集思广益法的人员组成

（1）方法论学者——预测学领域的专家，一般担任会议的组织者。

（2）思想产生者——专业领域的专家，人数应占小组的 50%～60%。

（3）分析者——专业领域内知识比较渊博的高级专家。

（4）演绎者——具有较高逻辑思维能力的专家。

3）集思广益法的实施规则

（1）禁止对与会者或其他人发表的意见作任何非难，如果进行评论，许多人就会变得更加拘谨。他们未发表的意见或许非常好，或许可以激发别人的好意见，还要避免言词上的武断等。

（2）"思想"的数量是首要的，数量越大，出现有价值思想的概率就越大。

（3）要重视那些不寻常的、看得远的、貌似不太合实际的思想，欢迎自由奔放的思考，思路越广、越新则越好。

（4）头脑风暴之后，要合并问题的同类项，对问题进行排序，组合各个问题，评论问题，认证问题的可行性。

4）集思广益法的优、缺点

集思广益法的优点：

（1）多人参与的形式，能够更好地运用每个人独特的思维方式，互相启发，讨论彻底深入，分析问题更加全面透彻，产生更多的观点；

（2）减少进攻型人物支配会议的可能性，便于交流思想和信息，培养感情，增进相互了解和信任；

（3）面对任何难题，举重若轻，易于获得正确（准确）的预测结论。

集思广益法的缺点：

（1）会议易受权威的操纵，当有人夸夸其谈时会浪费大量时间；

（2）容易受心理因素的影响，当有不同的意见时，会碍于面子，不便当面提出，或者受表达能力的影响，不善于在大庭广众之下当面发表自己的真知灼见；

（3）问题的挑选难度大，不是所有的问题都适合讨论，集思广益法不适用于一些具有机密性和高技术含量及专业性问题。

5）集思广益法的适用范围

集思广益法比较适合所探讨的问题比较单纯，目标比较明确的情况。如果问题牵涉面太大，包含因素太多，那就要先对所研究的问题进行分析和分解，然后采用此法。

2. 德尔菲法

德尔菲是古希腊传说中众神每年聚会的城市，因为这个城市中有一座阿波罗神殿（见图5-5），这种方法就是以这座神殿所在的历史名城德尔菲所命名的，又称专家调查法或专家意见法。1964年，美国著名咨询机构——兰德公司（见图5-6）首次将其发明的德尔菲法用于预测技术，以后便迅速地应用于美国和其他国家。

图5-5　阿波罗神殿

图5-6　兰德公司

1）德尔菲法的程序

德尔菲法的程序是预测机构或人员预先选定相关专家，采用信件方式联系，将专家们的意见进行整理、归纳后再匿名反馈给各位专家再次征求意见，按这种方式多次反复，直至专家们的意见一致为止，最后再得出预测结论。

（1）选择专家。专家人数的确定应根据预测问题的复杂性和所需知识面的宽窄，选择在相关领域具有丰富实践经验的人，一般以10~50人为宜。并且，选择专家不能就所回答的问题相互交换意见，只能以书信形式和预测者直接发生联系。

（2）调查。向专家介绍预测目的和内容，并提供与预测相关的资料，连同"专家意见调查表"一起邮寄给专家，请专家按照调查表内容发表自己的意见，并按期寄回。

（3）分析整理"专家意见调查表"，汇集专家们的意见并进行分析和整理。

（4）与专家们反复交换意见。将整理好的结果反馈给各位专家（注意不标明专家姓名），请各位专家修订自己的意见，再填写"专家意见调查表"，重复（2）~（4）的步骤，直至各位专家意见一致，取得满意的结论为止。

（5）将最终预测结论函告各位专家并致谢。

德尔菲法的程序如图5-7所示。

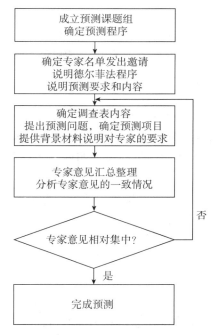

图 5-7　德尔菲法的程序

2）德尔菲法的特点

（1）匿名性。因为采用这种方法时所有专家组成员不直接见面，只是通过函件交流，所以可以消除权威的影响。这是该方法的主要特点。匿名是德尔菲法的极其重要的特点，从事预测的专家彼此互不知道有哪些人参加预测，他们是在完全匿名的情况下交流思想的。后来改进的德尔菲法允许专家开会进行专题讨论。

（2）反馈性。该方法需要经过 3~4 轮的信息反馈，在每次反馈中使调查组和专家组都可以进行深入研究，使最终结果基本能够反映专家的基本想法和对信息的认识，所以结果较为客观、可信。小组成员的交流是通过回答组织者的问题来实现的，一般要经过若干轮反馈才能完成预测。

（3）统计性。最典型的小组预测结果是反映多数人的观点，少数派的观点至多概括地提及一下，但是这并没有表示出小组的不同意见的状况。而统计回答却不是这样，它报告一个中位数和两个四分点，其中一半落在两个四分点之内，一半落在两个四分点之外。这样，每种观点都包括在这样的统计中，避免了德尔菲法只反映多数人观点的缺点。

注意：此方法的核心是专家的选择。

3）德尔菲法的优、缺点

德尔菲法的优点：

（1）由于采用匿名方式调查，所以可以消除召开专家讨论会所出现的随声附和、崇拜专家、有顾虑等弊病，有利于各种不同观点的充分发表；

（2）可使意见迅速集中，提高预测速度和节约预测费用；

（3）预测经过多次反复，专家可以参考别人的观点进行进一步的缜密思考，使结果更加科学、准确；

（4）由于是众多专家的意见集合，所以预测结果具有较高的可靠性和权威性；

（5）在没有足够的基础资料的中、长期规划中，能充分发挥专家的智慧和经验。

德尔菲法的缺点：

（1）缺少思想沟通交流，可能存在一定的主观片面性；

（2）易忽视少数人的意见，可能导致预测的结果偏离实际；

（3）存在组织者主观影响。

4）德尔菲法的实施规则

（1）挑选的专家应有一定的代表性、权威性。

（2）在进行预测之前，首先应取得参加者的支持，确保他们能认真地进行每一次预测，以提高预测的有效性。同时，也要向组织高层说明预测的意义和作用，取得决策层和其他高级管理人员的支持。

（3）专家意见调查表的设计应该措辞准确，不能引起歧义，征询的问题一次不宜太多，不要问那些与预测目的无关的问题，列入征询的问题不应相互包含；所提的问题应是所有专家都能答复的问题，而且应尽可能保证所有专家都能从同一角度去理解。

（4）进行统计分析时，应该区别对待不同的问题，对于不同专家的权威性应给予不同权数而不是一概而论。

（5）问题要集中，要有针对性，不要过度分散，以便使各个事件能构成一个有机整体，问题要按等级排队，先简单后复杂；先综合后局部。这样易激发专家回答问题的兴趣。

（6）调查单位或领导小组的意见不应强加于调查意见之中，要防止出现诱导现象，避免专家意见向领导小组靠拢，以至得出专家迎合领导小组观点的预测结果。

（7）要支付适当的报酬，以鼓励专家的积极性。

注意：此法的核心是专家意见调查表的编制和专家的选择。

例5-1 某市2030年公路网规划方案设计，使用德尔菲法进行预测分析。

解：第一轮，规划小组选择有关专家构成专家咨询小组，专家人数30~40人，覆盖面要广，分别来自公路管理部门、有关设计院、高等院校及科研部门。将同样格式的调查表分别函寄给各位专家。因为所选择的专家对该地区的公路情况比较熟悉，因此第一轮调查表可以不提供背景信息，而让专家自由地发表自己的意见。调查表中的问题分为定性回答和定量回答两类。定性回答问题一般要留够空行供专家提出观点并进行论述。例如，公路网的建设原则、重点是什么？定量回答问题要求专家对问题做定量回答。例如，到2030年规划区城内共新、改建多少里程（km）？各等级的新、改建公路分别为多少里程（km）？分布在何处？一般要求专家在两周内寄回调查表。

第二轮，规划小组在收回调查表（一般要求回收75%以上）后，对专家的意见进行汇总、分类、整理，得到几种代表性的方案表。规划小组将预测的交通分布量分别分配到这几类方案上，得到各方案的路网交通量、拥挤度等分析结果提供给专家。

在反馈的调查表中，专家对某个问题的回答意见可能很分散，常用四分位法对它们进行筛选。四分位法是先将中位数求出，然后保留中位数附近各25%的意见供下一轮征询，舍去两边外侧各25%的意见。这样就可以使专家的意见在下一轮中逐步集中。

例如，40位专家对某段新建公路等级的征询意见为：8人同意建一级公路，14人同意建二级汽车专用公路，13人同意建普通二级公路，5人认为建普通三级公路。可保留二级汽车专用公路及普通二级公路两方案，并将相应的交通量、拥挤度等分析信息一起提供给专家继续征求意见。

如果第二轮的征询意见还比较分散，则还需重复第二轮的工作，进行第三轮甚至第四轮征询，直至专家对问题的意见相对集中为止。注意：最后收回的调查表数量不应少于专家总数的 2/3，应使结果具有代表性。

3. 情景分析预测法

"情景分析"一词是赫尔曼·凯恩在 20 世纪 50 年代于兰德公司为美国政府提供的军事和战略研究报告中首先使用的术语。情景是对一些兼备合理性和不确定性的事件在未来一段时间内可能产生的发展态势的假定和描述，情景分析预测法是一种辨识关键因素及其影响，旨在预测这些发展态势的发生并比较分析其可能产生的影响的方法。

情景分析结果的表述方式有两种：一种是对未来某种状态的描述；另一种是描述一个发展过程，可采用定性与定量相结合的方法进行。

1）情景分析预测法的程序

（1）情景要素分析：确定要预测的相关层面和影响因素。

（2）确定预测主题：确定要预测的目标和内容，定义情景主题。定义情景主题的任务是划定系统的边界和环境，而确定边界的目的是便于分析系统所处的内外部环境。

（3）建立新的情景：根据预测主题寻找资料，充分考虑主题将来会出现的状况（情景）。一般考虑 2~4 个情景，以考察决策者采取某一决策时在每一种未来情境下的状况，每个情景下还可以设定不同的方案。

（4）寻找影响因素：影响因素是指对系统的发展起作用的因素（也称变量），特别是那些对系统的发展起重要作用的因素（关键因素）。这些因素可以通过系统分析，在综合归纳专家意见和历史资料的基础上得到。分析是否有突发事件的影响，如果有，影响程度如何；要尽可能全面地分析不同因素的影响程度。

（5）情景预测：这是情景分析的核心，可借助一些模型工具和定量分析方法，对各影响因素进行定量分析，对各种可能出现的主题状态进行预测，并最终确定最有可能实现的情景下的预测结果。

2）情景分析预测法的实施规则

情景分析预测法的实施规则是注重分析当某种因素变化时，系统会发生什么样的变化？会有什么样的情况发生？预测将会发生的情景，进行研究比较。

3）情景分析预测法的优、缺点

情景分析预测法作为一种面向未来研究的思维方法，承认未来发展的不确定性，故有多种可能的发展趋势，其预测结果也将是多样的。同时，承认人在未来发展中的"能动作用"，包括分析未来发展中不同群体的意图和愿望作为情景分析的一个重要方面。该法注重对系统发展起重要作用的关键因素的分析，定性与定量分析相结合进行。基于以上特点，情景分析预测法具有以下优点：

（1）使用范围广、不受条件限制；

（2）考虑全面，应用灵活，利于决策分析；

（3）采用定性与定量分析相结合的方式，为决策者提供主、客观相结合的未来情景；

（4）及时发现未来可能出现的难题，以便采取行动消除或减弱其影响；

（5）通过应变计划对新的发展和突发事件做出灵活、快速而不过分的反应。

情景分析预测法的缺点：受参与者主观判断影响较大，整个过程所需时间较长。

4）情景分析预测法的适用范围

情景分析预测法适用于资金密集、产品或技术开发的前导期长、战略调整所需投入大、风险高的产业以及不确定因素太多、无法进行唯一准确预测的情况。

例 5-2 进行某市未来客运交通结构预测情景分析。

解：根据该市客运交通体系的现状，结合其发展策略，可以提出 3 种情景来进行研究：期望情景、基础情景和悲观情景，描述如下。

1）期望情景

基于如下假定：在研究年限内，城市客运交通体系不断完善，健全了运输协调发展机制，实现了各运输方式之间分工协作、优势互补的协调发展，建立了以绿色交通（公共交通、自行车交通和步行）为主体，其他机动车交通为有效补充的合理结构，在此情景下，各运输方式之间形成了良性竞争。

城市公交系统做到了高效、便捷、准点、舒适，对绝大多数出行者具有吸引力和竞争力，真正确立了公共交通在城市中的主体地位；小汽车的发展规模、比例、时间符合城市客运交通发展的整体要求；自行车网络得到完善，出行条件改善，与公交换乘便捷，实现各种运输方式协调统一的目标。

2）基础情景

假定在研究年限内，将延续历史上过去同样的发展趋势，即政策引导的效用不明显。因此，在传统发展情景下，各运输方式增长情况基本维持历史发展趋势，其基本的结构比例保持现状，变化不大。

3）悲观情景

这一情景假定在研究年限内，政策引导失效。各种交通方式恶性竞争，并未形成合理的分工协作。城市公共交通的主体地位不能确立，发展迟缓甚至出现萎缩和倒退。自行车的出行条件恶化，路网不能满足人们快捷、安全的出行需求。机动车等非绿色出行车辆保有量增长迅速，取代了自行车等绿色出行方式的中长距离出行。

在上述情景设置下，结合该市交通发展目标规划，并考虑各种约束及限定条件，如社会经济、科技和资源环境条件，建立相应的模型，进行情景预测，应对各种情景下的预测结果进行分析，得出最终的预测结果，并给出决策建议。

4. 类比法

类比法也称为经验判断法，即利用事物之间具有的相似特征，由预测者把预测指标同其他类似的指标加以对比分析来推断未来发展变化趋势的一种方法。其基本思路是将不同时间或空间中的同类现象的相关情况进行对比类推，找出某种规律，从而推断出预测对象的发展变化趋势。

常采用地区类比法和局部总体类推法，例如：在对某种事物进行预测时，可以将其同国内其他地区或国外同类事物进行比较，找出某些共同的相类似的变动规律，借以对预测对象的发展变化趋势做出某种判断。局部总体类推法就是利用典型调查或抽样调查等局部的资料，推算预测总体的预测值。

1）类比法的基本思想

类比法的基本思想是利用不同事物所具有的共性，由此事物的性质对彼事物进行推断。也就是利用相似点进行类比分析，分析事物的关键特点。

2）类比法的程序

（1）明确预测的目标。

（2）确定类比对象。

（3）分析类比的可行性。若不相似，则不能采用类比预测的方法。为了保证有效类比，需要逐项比较类比模型与类比物（预测对象）的环境条件，包括技术、经济、政治、文化等。

（4）确定预测的起始点。

（5）测算预测期间单位时间递增率。

注意：此法的核心是类比对象的选择。

例 5-3　某市某地区将新建居民住宅。预计居民中低收入、无汽车、每户 3 人的有 100 户；中等收入、有一辆汽车、每户 4 人的有 400 户；高收入、有两辆汽车、每户 4 人的有 50 户。该市其他地区测定的不同家庭收入情况下每天的交通发生率如表 5-1 所示，试求该地区总的交通发生量。

表 5-1　该市其他地区测定的不同家庭收入情况下每天的交通发生率

家庭汽车保有量 /(辆·户$^{-1}$)	低收入家庭户均人口		中等收入家庭户均人口		高收入家庭户均人口	
	1~3 人	≥4 人	1~3 人	≥4 人	1~3 人	≥4 人
0	2.0	4.7	2.5	5.2	2.7	5.5
1	2.5	6.0	3.0	6.0	3.7	7.0
2	3.0	7.5	3.5	8.0	3.9	8.5

解：由于在同一城市中，居民交通发生量统计规律基本相同，因此根据其他地区测定的不同家庭收入的交通发生率，预测该地区将产生的交通发生量为

$$100×2.0+400×6.0+50×8.5 = 3\ 025\ 人次/天$$

即该地区将产生每天 3 025 人次/天的交通发生量。

5.2.3　各种定性预测方法之间的比较

以上介绍的定性预测方法中，除类比法之外，其他方法的共同问题就是如何选择好专家，选择合适且全面的专家组，实施要点如下。

（1）方向选择：根据预测的任务和内容，主要看专家就此问题提供多少有用信息，以本专业为主，适当聘请外部和边缘、交叉学科的专家，开阔思路，提高质量。

（2）人数的选择：以 10~50 人为宜，坚持自愿原则，尤其是德尔菲法，在调查表编制上要以方便专家回答为原则。

（3）禁止对自己或他人发表的意见、思想进行非难，允许发表不同意见。

5.3　定量预测方法

5.3.1　定量预测的概念

定量预测法是依据调查研究所得到的数据资料，运用统计方法和数学模型，近似地揭示预测对象及其影响因素的数量变动关系，建立对应的预测模型，据此对预测目标做出定量测算的预测方法。

5.3.2　定量预测的方法

定量预测方法通常有时间序列预测法、因果分析预测法（回归分析法）以及计量经济学中的其他方法。

1. 时间序列预测法

时间序列预测法是根据客观事物的发展在时间上具有连续性，未来不会发生突然跳跃

式变化，而是渐进变化的规律，事物过去和现在的发展变化规律和发展水平，会影响到事物未来的发展变化规律和规模，运用过去的历史数据，通过统计分析，进一步推测对象系统未来的一种方法。

时间序列预测法基于这样的原理，一方面承认事物发展的延续性，因为任何事物的发展总是同它的过去有着密切的联系，因此，运用过去时间序列的数据进行统计分析就能够推测事物的发展趋势；另一方面，充分考虑到由偶然因素影响而产生的随机性，为了消除随机波动的影响，利用历史数据进行统计分析，并对数据进行适当处理，进行趋势预测。

时间序列预测法的优点是简单易行，只要有可靠、充分的资料就可以做出预测。它的缺点是不能排除偶然因素的影响，未涉及事物发展的因果关系。当预测对象的系统环境发生较大变化时，时间序列预测法往往会出现较大偏差，对于短期的预测效果比中长期好。

时间序列预测法一般可以反映以下 3 种实际变化规律。

（1）趋势变化：如客运量、货运量的增长趋势。

（2）周期性变化：如客运量的季节性变化。

（3）随机性变化：如各种偶然性因素引起的变化。

时间序列预测法一般包括：趋势外推法、移动平均法和指数平滑法等。

1）趋势外推法

趋势外推法又称趋势延伸法，它是根据预测变量的历史时间序列揭示出的变动趋势外推将来，以确定预测值的一种预测方法。趋势外推法通常用于预测对象的发展规律是呈渐进式的变化，而不是跳跃式的变化，并且能够找到一个合适函数曲线反映预测对象变化趋势的情况。

趋势外推法的基本理论：决定事物过去发展的因素，在很大程度上也决定该事物未来的发展，其变化不会太大，事物发展过程一般是渐进式的变化，而不是跳跃式的变化。掌握事物的发展规律，依据这种规律推导，就可以预测出它的未来趋势和状态。

（1）趋势外推法的程序。

趋势外推法首先由 Rhyne 用于科技预测。应用趋势外推法进行预测的程序如下：

①选择预测参数；

②收集必要的数据；

③拟合曲线；

④趋势外推；

⑤预测说明；

⑥研究预测结果在制定规划和决策中的应用。

（2）趋势外推法的分类。

实际预测中最常用的是一些比较简单的函数模型，如线性模型、指数曲线、生长曲线、包络曲线等。因此，趋势外推法可分为线性外推法、指数曲线法、生长曲线法和包络曲线法。

①线性外推法。线性外推法是最简单的趋势外推法。这种方法可用来研究随时间按恒定增长率变化的事物。在以时间为横坐标的坐标图中，事物的变化近似一条直线。根据这条直线，可以推断事物未来的变化。

应用线性外推法，首先是收集研究对象的动态数列，然后画数据点分布图，如果散点构成的曲线非常近似直线，则可按直线规律外推。

②指数曲线法。指数曲线法是一种重要的趋势外推法。当描述某一客观事物的指标或参数在散点图上的数据点构成指数曲线或近似指数曲线时，表明该事物的发展是按指数规律或近似指数规律变化的。如果在预测期限内，有理由说明该事物仍将按此规律发展，则可按指数曲线外推。

许多研究结果表明，技术发展，有时包括社会发展，其定量特性往往表现为按指数规律或近似指数规律增长。一种技术的发展通常要经过发生、发展和成熟 3 个阶段。在技术发展进入阶段之前，有一个高速发展时期。一般地，在这个时期内，很多技术特性的发展是符合指数增长规律的。例如，运输工具的速度、发动机效率、电站容量、计算机的存储容量和运算速度等，其发展规律均表现为指数增长趋势。

对于处在发生和发展阶段的技术，指数曲线法是一种重要的预测方法，一次指数曲线因与这个阶段的发展趋势相适应，所以比较适合处于发生和发展阶段技术的预测。一次指数曲线也可用于经济预测，因为它与许多经济现象的发展过程相适应，二次指数曲线和修正指数曲线则主要用于经济方面的预测。

指数曲线的数学模型为

$$y = y^0 e^{K_t}$$

式中：系数 y^0 和 K_t 值由历史数据利用回归方法求得。

对上式取对数可得

$$\ln y = \ln y^0 + K_t$$

令 $Y = \ln y$，$A = \ln y^0$，则

$$Y = A + K_t$$

式中：A，K_t 可以用最小二乘法求得。

③生长曲线法。生长曲线法可以描述事物发生、发展和成熟的全过程，是情报研究中常用的一种方法。生物群体的生长，如人口的增加、细胞的分裂，开始几乎都是按指数函数的规律增长的。在达到一定的生物密度以后，由于自身和环境的制约作用，逐渐趋于稳定状态。通过对技术发展过程的研究，发现也具有类似的规律。由于技术性能的提高与生物群体的生长存在着这种非严谨的类似，因而可用生长曲线模拟技术的发展过程。

生长曲线法几乎可用来研究每个技术领域的发展，皮尔生长曲线如图 5-8 所示，它不仅可以描述技术发展的基本倾向，而更重要的是，它可以说明一项技术的增长由高速发展变为缓慢发展的转折时期，为规划决策、确定开发新技术的恰当时机提供依据。

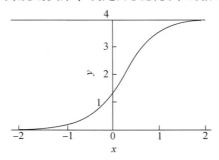

图 5-8　皮尔生长曲线

有些经济现象也符合或近似生长曲线的变化规律，因而它也完全可以用来研究经济领域的问题。

生长曲线的数学模型为

$$\frac{\mathrm{d}y}{\mathrm{d}t} = ry\left(1 - \frac{y}{L}\right)$$

式中：y——预测值；

L——y 的极限值；

r——增长率常数，$r>0$。

解此微分方程得

$$y = \frac{L}{1 + ce^{-rt}}$$

式中：c——常数。

可记生长曲线的一般形式为

$$y_t = \frac{L}{K + ab^t}$$

式中：$K>0$，$a>0$，$b>0$ 且 $b\neq1$。

检验是否可以使用生长曲线的方法，是看给定数据倒数的逐期增长量的比率是否接近一个常数 b，即

$$\frac{1/y_{t+1} - 1/y_t}{1/y_t - 1/y_{t-1}} \approx b$$

④包络曲线法。生长曲线描述一项单元技术的发展过程，而包络曲线描述整个技术系统的发展过程。一项单元技术有功能特性上限，而由一系列先后相继的单元技术构成的整个技术系统，不会因单元技术达到性能上限而停止发展。例如，把计算机作为整个技术系统，则分别以电子管→晶体管→中小规模集成电路→大规模集成电路作为逻辑元件的相应计算机就是它的单元技术。随着单元技术的更替，计算机技术性能在不断提高。

由于单元技术的连续更替，在时间-特性图上表现为一系列的 S 形曲线，随时间的推移，后一条 S 形曲线的性能比前一条 S 形曲线的性能有所提高。如果把这一系列 S 形曲线变成一条包络曲线，其形状也往往是一条 S 形曲线。Ayres 通过对整个技术系统实际发展过程的观察和分析，列举了许多实例，用以说明整个技术系统的发展是符合包络曲线规律的。例如，粒子加速器工作能量的增加，白炽灯效率的提高，航空发动机功率的增长，交通工具速度的提高（见图 5-9）等。

这些事实说明，整个技术系统的发展也是连续的，呈现某种规律性，符合或近似包络曲线规律。这一规律是制订长远科技发展规划的一个依据。

（3）趋势线的选择方式。

①由散点图选择趋势线。

②由数据本身的取值规律选择趋势线。

③比较预测标准误差大小。标准误差的计算公式为

$$S = \sqrt{\frac{\sum_{i=1}^{n}(y_i - \hat{y_i})^2}{n}}$$

当有几种趋势线可以选择时，应该选择标准误差小的趋势线。

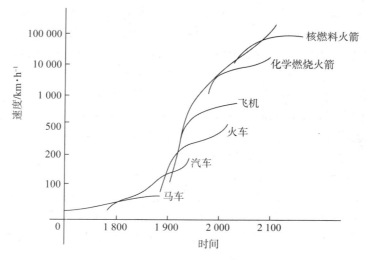

图 5-9　交通工具的包络曲线预测

2）移动平均法

移动平均法是在算术平均法的基础上发展起来的预测方法，它将原来的时间序列的时间跨度扩大，采用逐项推移的方法计算时间序列平均数，形成一个新的时间序列，以消除短期的、偶然的因素引起的变动（即不规则变动），从而使事物的发展趋势更加明显地表现出来。移动平均法可分为一次移动平均法和二次移动平均法。

（1）一次移动平均法。

一次移动平均法包括算术移动平均法和加权移动平均法。

一次移动平均法的预测公式为

$$S_{t+1} = \frac{1}{n}\sum_{j=1}^{n} X_{t-j+1} = (X_t + X_{t-1} + \cdots + X_{t-n+1})/n$$

式中：n——期数；

　　　X_{t-j+1}——$t-j+1$ 期的实际值；

　　　S_{t+1}——$t+1$ 期的预测值。

①算术移动平均法。算术移动平均法的数学模型为

$$S_t = \frac{1}{n}\sum_{i=t-1}^{t-n} X_i$$

式中：n——取平均数据的期数；

　　　X_i——第 i 期的实际值；

　　　S_t——t 期的预测值。

②加权移动平均法。算术移动平均法认为各个时期的历史数据对将要发生的数据的影响是相同的，而实际上，这种影响往往是不同的。为了改进算术移动平均法存在的缺点，提出加权移动平均法。加权移动平均法通过对各个时期的历史数据赋予不同的权重，来反映不同时期数据对预测对象的影响。加权移动平均法的数学模型为

$$S_i = \frac{\displaystyle\sum_{i=t-1}^{t-n} W_i X_i}{\displaystyle\sum_{i=1}^{n} W_i}$$

式中：W_i——与 X_i 对应的权值。一般来说，距预测期较近的数据，对预测值的影响较大，因此权值较大；距预测期较远的数据，对预测值的影响较小，因此权值也较小。

一次移动平均法对模型变化的反映取决于 n，随着 n 的减小，预测系统对模型变化的反应速度加快，但是抗干扰能力下降，估计值的预测精度降低。预测精度和反应速度是相互矛盾的，两者不能兼得。对于 n 值，一般应该根据具体情况，采用折中办法确定，一般取 3，5，6。根据预测对象的实际发展趋势，n 值大约有以下 4 种选择方法。

①水平式：趋势保持不变，移动平均值是无偏差的，S 值与 n 值无关。

②脉冲式：趋势仅在一段时间内突然增加或减少，随后又保持不变，n 值取得越大，S 的误差就越小，因此 n 值应该取得大一些。

③阶梯式：趋势仅在开始一段时间内保持不变，然后增加或减少到一个水平后又保持不变，发展趋势有拐点，n 值越小，S 值的误差就越小，因此 n 值应该取的小一些。

④斜坡式：趋势周期递增或递减，S 总是比实际趋向落后，因此 n 值的取值应该越小越好。

一次移动平均法的优点是计算简单，一般适用于短期预测；缺点主要表现在以下几个方面：

①为了计算移动平均数，需要储存最近 n 项观测值，需占用较大的存储空间；

②观测值较少时，得到的预测值往往不真实；

③平均时间间隔 n 难以确定；

④只能预测最近一期的数值，逐期移动、逐期预测，因此，要求保存大量的历史资料。

例 5-4 某运输公司过去 10 年货运量的统计资料如表 5-2 所示，试用一次移动平均法预测该公司今年的货运量（n 取 3）。

表 5-2 某运输公司过去 10 年货运量

周期/年	2013	2014	2015	2016	2017	2018	2019	2020	2021	2022
货运量/万吨	245	250	256	280	274	255	262	270	273	284

解：分别用算术移动平均法和加权移动平均法两种方法预测，选择平均绝对误差小的作为最终预测值，如表 5-3 所示。

表 5-3 预测过程表

实际值 X_t /万吨	预测值 S_t		绝对误差值 $\lvert X_t - S_t \rvert$	
	平均	加权平均 $W_t=3$，$W_{t-1}=2$，$W_{t-2}=1$	平均	加权平均
245	—	—	—	—
250	—	—	—	—
256	—	—	—	—
280	250.33	252.17	29.67	—
274	262.00	267.00	12.00	27.83
255	270.00	273.00	15.00	7.00
262	269.67	265.50	7.67	18.00

续表

实际值 X_t /万吨	预测值 S_t 平均	预测值 S_t 加权平均 $W_t=3$，$W_{t-1}=2$，$W_{t-2}=1$	绝对误差值 $|X_t-S_t|$ 平均	绝对误差值 $|X_t-S_t|$ 加权平均
270	263.67	261.67	6.33	3.50
273	262.33	264.83	10.67	8.33
284	268.33	270.17	15.67	8.17
—	275.67	278.00	—	13.83
平均绝对误差			13.86	12.38

由表 5-3 可知，今年的货运量预测值为 278 万吨。

一次移动平均法适用于接近平稳的时间序列预测。所谓平稳的时间序列，是关于时间参数 t 是均匀的，或者其均值函数是一常数，与时间无关。

思考：一次移动平均法只能预测一期，二次移动平均法能否预测未来多期？

（2）二次移动平均法。

二次移动平均法适用于存在明显的线性上升或下降的时间序列。它依据两次移动平均数据，建立线性趋势预测模型进行预测。

预测模型：

$$\hat{y}_{t+T} = a_t + b_t T$$

参数确定：

$$a_t = 2 M_t^{(1)} - M_t^{(2)}, \quad b_t = \frac{2}{n-1}(M_t^{(1)} - M_t^{(2)})$$

式中：$M_t^{(1)}$——t 期一次移动平均预测值；

$M_t^{(2)}$——t 期二次移动平均预测值。

例 5-5　已知某汽车销售公司过去 12 年的销售额数据如表 5-4 所示，试用二次移动平均法预测该公司未来第三年的销售额（答案直接列于表中）。

表 5-4　某汽车公司过去 12 年的销售额数据表　　　单位：百万元

年份	销售额	一次移动预测销售额	二次移动预测销售额
2011	200		
2012	240		
2013	360		
2014	380	266.7	
2015	420	326.7	
2016	400	386.7	326.7
2017	340	400.0	371.1
2018	360	386.7	391.1
2019	420	366.7	384.4

年份	销售额	一次移动预测销售额	二次移动预测销售额
2020	460	373.3	375.6
2021	420	413.3	384.4
2022	460	433.3	406.7
2023		446.7	431.1

解：从销售额的观察值判断，该时间序列近似斜坡式上升趋势，如图 5-10 所示，可用二次移动平均法预测，n 取 3，由表 5-4 可知 $M_t^{(1)} = 446.7$，$M_t^{(2)} = 431.1$。

参数：

$$a_t = 2M_t^{(1)} - M_t^{(2)} = 2 \times 446.7 - 431.1 = 462.3$$

$$b_t = \frac{2}{n-1}(M_t^{(1)} - M_t^{(2)}) = \frac{2}{3-1} \times (446.7 - 431.1) = 15.6$$

预测模型：

$$\hat{y}_{t+T} = a_t + b_t T = 462.3 + 15.6T$$

因此，该公司未来第三年销售额的预测值为

$$462.3 + 15.6 \times 2 = 493.5 \text{ 万元}。$$

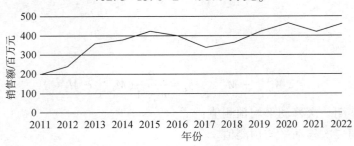

图 5-10　历年销售数据趋势

由以上例题可见，移动平均法存在以下两个问题：

①计算未来预测值没有利用全部历史资料，只考虑 n（二次移动平均法为 $2n-1$）期资料便做出预测；

②当移动平均间隔中出现非线性趋势时，给较近期观察值以较大权数，较远期观察值以较小权数，进行加权移动平均，预测效果较好，但要为各个时期分配合适的权数也非常麻烦。

为克服移动平均法的上述缺点，介绍指数平滑法。

3）指数平滑法

指数平滑法与移动平均法的基本原理相同，都是通过对历史数据进行平滑来消除随机因素的影响，但指数平滑法不舍弃过去的数据，仅给予逐渐减弱的影响，相较于移动平均法更加灵活，这种方法只需要实际值和预测值便可预测下一期的数据，因此不需要保存大量的历史数据。指数平均法同样可分为一次指数平滑法、二次指数平滑法和三次指数平滑法。

（1）一次指数平滑法。

一次指数平滑法的数学模型为

$$S_t^{(1)} = \alpha Y_t + (1 - \alpha) S_{t-1}^{(1)}$$

式中：$S_t^{(1)}$——t 期的一次指数平滑值；

　　　$S_{t-1}^{(1)}$——（$t-1$）期的一次指数平滑值；

　　　Y_t——t 期的实际观察值；

　　　α——平滑指数，值域为 0~1，其大小决定了本次预测对前期预测误差的修正程度。α 的值越趋近 1 时，新预测值将包含一个相当大的调整，即用前一次预测中产生的误差进行调整。相反，当 α 的值越趋近 0 时，新预测值就没有用前一次预测的误差作较大的调整。

一次指数平滑法的预测模型为

$$\hat{y}_{t+1} = S_t^{(1)}$$

式中：$\hat{y}_{t+1}$——（$t + 1$）期的预测值；

　　　$S_t^{(1)}$——t 期的一次指数平滑值；

　　　t——预测的基年。

一次指数平滑法的两点说明。

①平滑系数 α 的确定。最佳平滑系数应该使实际值和预测值之差最小。实际操作时，可以取多个 α 值，分别计算其误差值，选择预测误差最小的那个 α 值。

对于一次指数平滑法，若时间序列比较稳定，则 α 的取值比较小；若时间序列的波动较大，则 α 的取值也就越大，使预测值能敏感地跟踪实际值的变化。

②初始预测值的确定。指定初始预测值，一般采用的方法：当时间序列期数在 20 个以上时，初始值对预测结果影响很小，可用第一期观察值代替，即 $S_0^{(1)} = y_1$；当时间序列期数在 20 个以下时，初始值对预测结果有一定影响，可用前期几个数值的平均值作为初始值，如第一、二期的平均值代替，即 $S_0^{(1)} = \dfrac{1}{2} [y_1 + y_2]$。初始预测值的确定还可由软件自动生成。

（2）二次指数平滑法。

二次指数平滑的数学模型为

$$S_t^{(2)} = \alpha S_t^{(1)} + (1 - \alpha) S_{t-1}^{(2)}$$

式中：$S_t^{(2)}$——t 期的二次指数平滑值；

　　　$S_{t-1}^{(2)}$——（$t - 1$）期的二次指数平滑值；

　　　$1 - \alpha$——阻尼系数。

二次指数平滑法的递推公式为

$$\hat{y}_{t+T} = a_t + b_t T$$
$$a_t = 2S_t^{(1)} - S_t^{(2)}$$
$$b_t = [\alpha / (1 - \alpha)](S_t^{(1)} - S_t^{(2)})$$

式中：$\hat{y}_{t+T}$——（$t + T$）期的预测值；

　　　T——预测的时间跨度。

（3）三次指数平滑法。

三次指数平滑法的数学模型为

$$S_t^{(3)} = S_{t-1}^{(3)} + \alpha(S_t^{(2)} - S_{t-1}^{(3)})$$

在三次指数平滑处理的基础上，可建立如下非线性预测模型

$$\hat{x}_{t+T} = a_t + b_t T + c_t T^2$$

式中：

$$\begin{cases} a_t = 3S_t^{(1)} - 3S_t^{(2)} + S_t^{(3)} \\ b_t = \dfrac{\alpha}{2(1-\alpha)^2}\left[(6-5\alpha)S_t^{(1)} - 2(5-4\alpha)S_t^{(2)} + (4-3\alpha)S_t^{(3)}\right] \\ c_t = \dfrac{\alpha}{2(1-\alpha)^2}\left[S_t^{(1)} - 2S_t^{(2)} + S_t^{(3)}\right] \end{cases}$$

注意：一般初始预测值取 $S_0^{(1)} = S_0^{(2)} = S_0^{(3)}$。

指数平滑法克服了移动平均法的一个局限性，即对距离较远的观测值减少了它的权重，在实际预测中更加合理。

当时间序列的数据呈现水平式时，简单的指数平滑法能得到有效的结果，而且费用低廉，但这种方法也存在缺点，主要表现在以下两个方面：

①当预测变量的数据模式有较大的变化时，指数平滑法的预测效果不能令人满意，在处理长期趋势或非水平模式时效果不佳；

②平滑系数 α 值的确定较困难。

例 5-6　某企业某产品 2010—2022 年销售额如表 5-5 所示，请用二次指数平滑法（$\alpha = 0.6$）求解一指数平滑及二指数平滑值（答案直接列于表中），并预测 2025 年和 2031 年的销售额。

解：具体一次指数和二次指数平滑值如表 5-5 所示。

表 5-5　某企业某产品 2010—2022 年销售额数据

年份	销售额/万吨	$S_t^{(1)}$	$S_t^{(2)}$
		141	141
2010	139	139.80	140.28
2011	143	141.72	141.14
2012	142	141.89	141.59
2013	150	146.76	144.69
2014	161	155.30	151.06
2015	162	159.32	156.02
2016	167	163.93	160.76
2017	165	164.57	163.05
2018	170	167.83	165.92
2019	174	171.53	169.29

续表

年份	销售额/万吨	$S_t^{(1)}$	$S_t^{(2)}$
		141	141
2020	180	176.61	173.68
2021	171	173.25	173.42
2022	183	179.10	176.83

由 2022 年一次指数平滑值和二次指数平滑值可计算预测模型为

$$a_t = 2S_{13}^{(1)} - S_{13}^{(2)} = 2 \times 179.10 - 176.83 = 181.37$$

$$b_t = \frac{\alpha}{1 - \alpha}(S_{13}^{(1)} - S_{13}^{(2)}) = \frac{0.6}{0.4}(179.10 - 176.83) = 3.405$$

$$\hat{x}_{t+T} = 3.405T + 181.37$$

因此，2025 年销售额，即当 $T=3$ 时，$\hat{x}_{t+T} = 3.405 \times 3 + 181.37 = 191.585$ 万吨。2031 年销售额，即当 $T=9$ 时，$\hat{x}_{t+T} = 3.405 \times 9 + 181.37 = 212.015$ 万吨。

2. 回归分析法

回归分析法是在掌握大量观察数据的基础上，利用数理统计方法建立因变量与自变量之间的回归关系函数表达式（又称回归方程）。它是从被预测变量和与其有关的解释变量之间的因果关系出发，通过建立回归分析模型，预测对象未来发展的一种定量方法。通常，处在一个系统中的各种变量，可以有两类关系，一类是函数关系，另一类是相关关系。当事物之间具有确定关系时，变量之间表现为函数关系。而有些事物，虽然它们之间有着密切的联系，但并不能准确地用某一函数式确定其间的关系，我们称这类事物之间具有相关关系。具有相关关系的变量，虽然不能用准确的函数式表达其联系，却可以通过大量试验数据（调查数据）的统计分析，找出各相关因素的内在规律，从而近似地确定变量之间的函数关系。这便是回归分析的基本思想与方法。

回归分析法的程序具体如下。

（1）根据预测目标，确定自变量和因变量。明确预测的具体目标，也就确定了因变量。如果预测具体目标是下一年度的销售量，那么销售量就是因变量。通过市场调查和查阅资料，寻找与预测目标的相关影响因素，即自变量，并从中选出主要的影响因素。

（2）建立回归分析模型。依据自变量和因变量的历史统计资料进行计算，在此基础上建立回归方程，即回归分析模型。

（3）进行相关分析。回归分析是对具有因果关系的影响因素（自变量）和预测对象（因变量）所进行的数理统计分析处理。只有当自变量与因变量确实存在某种关系时，建立的回归方程才有意义。因此，作为自变量的因素与作为因变量的预测对象是否有关，相关程度如何，以及判断这种相关程度的把握性多大，就成为进行回归分析必须要解决的问题。进行相关分析，一般要求出相关关系，以相关系数的大小来判断自变量和因变量的相关程度。

（4）检验回归分析模型，计算预测误差。回归分析模型是否可用于实际预测，取决于对回归分析模型的检验和对预测误差的计算。回归方程只有通过各种检验，且预测误差较小，才能将其作为分析模型进行预测。

(5)计算并确定预测值。利用回归分析模型计算预测值，并对预测值进行综合分析，确定最后的预测值。

与时间序列法相比，回归分析的优点在于可以根据相应于一系列不同变量的数值进行一系列的预测；缺点是除被预测的单个变量以外，还需要几个相关变量的数据，并需要确定因变量与自变量之间的函数形式。

回归分析中，当研究的因果关系只涉及因变量和一个自变量时，称为一元回归分析；当研究的因果关系涉及因变量和两个或两个以上的自变量时，称为多元回归分析。此外，回归分析中，依据描述自变量与因变量之间因果关系的函数表达式是线性的还是非线性的，分为线性回归分析和非线性回归分析。通常，线性回归分析法是最基本的分析方法，遇到非线性回归问题可以借助数学手段转化为线性回归问题处理。回归分析预测法是利用回归分析方法，根据一个或多个自变量的变动情况预测与其相关的因变量的未来值。进行回归分析需要建立描述变量间相关关系的回归方程。

1）一元线性回归分析

在回归分析中，只包括一个自变量和一个因变量，且两者的关系可用一条直线近似表示，这种回归分析称为一元线性回归分析。

(1)建立回归方程。进行一元线性回归分析时，可建立回归方程

$$y_i = a + bx_i$$

式中：y_i——因变量；

x_i——自变量；

a、b——回归系数。

对于一元线性回归来说，可以看成 y 的值是随着 x 的值变化的，每一个实际的 x 值都会有一个实际的 y 值，我们称为 $y_{实际}$，那么我们就是要求出一条直线，每一个实际的 x 值都会有一个直线预测的 y 值，我们称为 $y_{预测}$，回归线使每个 y 的实际值与预测值之差的平方和最小，即 $(y_{1实际} - y_{1预测})^2 + (y_{2实际} - y_{2预测})^2 + \cdots + (y_{n实际} - y_{n预测})^2$ 最小。这个和称为离差平方和（Sum of Squares for Error，SSE），有

$$S_{SE} = \sum_{i=1}^{n} (y_i - a - bx_i)^2$$

离差平方和反映了 n 个统计数据 y_i 与回归方程的总偏差程度。根据最小二乘法原理，离差平方和最小的回归方程为最优方程，即满足

$$\min S_{SE} = \min \sum_{i=1}^{n} (y_i - a - bx_i)^2$$

式中的 a、b 就是一元线性回归中分析的 a、b。

参数 a、b 可以使用以下式子进行计算

$$a = \bar{y} - b\bar{x}$$

$$b = \frac{L_{xy}}{L_{xx}}$$

式中：

$$\bar{x} = \frac{1}{n} \sum_{i=1}^{n} x_i$$

$$\bar{y} = \frac{1}{n} \sum_{i=1}^{n} y_i$$

$$L_{xx} = \sum_{i=1}^{n} x_i{}^2 - \frac{1}{n} \left(\sum_{i=1}^{n} x_i \right)^2$$

$$L_{xy} = \sum_{i=1}^{n} x_i y_i - \frac{1}{n} \left(\sum_{i=1}^{n} x_i \right) \left(\sum_{i=1}^{n} y_i \right)$$

另外

$$L_{yy} = \sum_{i=1}^{n} y_i{}^2 - \frac{1}{n} \left(\sum_{i=1}^{n} y_i \right)^2$$

（2）相关性和显著性检验。可通过相关性检验和显著性检验进行一元线性回归分析。

①相关性检验。相关系数是反映两个变量之间是否存在相关关系，以及这种相关关系的密切程度的统计量。相关系数 r 的计算公式为

$$r = \frac{L_{xy}}{\sqrt{L_{yy} L_{xx}}}$$

当 $|r| = 1$ 时，表示变量 x_i 与 y_i 完全线性相关，$S_{SE} = 0$，所有的 (x_i, y_i) 均在回归直线上。

当 $|r| = 0$ 时，表示变量 x_i 与 y_i 之间不存在线性关系，此时，回归直线变成 $y_i = a$，其与 x 轴平行，y 的变化与 x 无关。

当 $0 < |r| < 1$ 时，表示变量 x_i 与 y_i 之间存在不同程度的线性相关关系。

当 $0 < |r| \leq 0.3$ 时，变量 x_i 与 y_i 为微弱相关，r 越趋近 0，散点 (x_i, y_i) 离回归直线越远。

当 $0.3 < |r| \leq 0.5$ 时，变量 x_i 与 y_i 为低度相关。

当 $0.5 < |r| \leq 0.8$ 时，变量 x_i 与 y_i 为显著相关。

当 $0.8 < |r| \leq 1$ 时，变量 x_i 与 y_i 为高度相关，r 越趋近 1，散点 (x_i, y_i) 越集中在回归直线附近。

由上述分析可见，指标 r 可以衡量两变量之间的线性相关程度。但是 r 只提供了相对比较的评价依据，若要进行绝对评价，则显得依据不足。因此，要进行绝对评价，必须进行显著性检验。

②显著性检验。进行显著性检验，实际上相当于规定一个合理的、认为可以满足使用要求的指标界限，并用该指标界限对系统分析模型的适用性进行绝对评价。

由 r 的计算公式可知，r 值的大小取决于 x_i、y_i 和数据数量 n。因此，为任何系统都规定一个统一的标准值是不能反映不同情况下的差异的，这样也是不合理的。显著性检验就是依据所占有的数据量以及其分布情况、变量个数等条件，确定一个合理的标准作为评价指标。

变量的显著性检验的思想：纯数理统计中的假设检验的思想。对 x_i 参数的实际值作一个假设，然后在这个假设成立的情况下，利用已知的样本信息构造一个符合一定分布（如正态分布、T 分布和 F 分布）的统计量，然后从理论上计算得到这个统计量的概率，如果概率很低（5%以下），根据"小概率事件在一次实验中不可能发生"的统计学基本原理，现在居然发生了（因为我们的统计量就是根据已知样本计算出来的，这些已知样本就是一次实验），那么肯定是最开始的假设有问题，所以就可以拒绝最开始的假设，如果概率不低，那就说明假设没问题。

现阶段，比较常用的显著性检验有 3 种，t 检验、F 检验，R 检验，下面以 t 检验为例

来说明显著性检验。

t 检验的意义是检验回归方程中参数 b 的估计值在某一显著水平下（通常取 0.05）是否为 0。该检验是在假设参数 b 的估计值为 0 的情况下进行的，如果为 0，则说明 y 的变化与 x 的变化无关，因此该方法根据占有数据的多少（样本数 n）查 $f_{1-\alpha/2}(n-2)$ 的分布表，确定 t 的临界值 t_α，与根据实际问题计算的 t 的分布值进行比较，如果 $t>t_\alpha$，则说明原来的假设不成立，相关显著，回归方程有实用价值；否则原假设成立，可以认为 b 在所确立的显著性水平下为 0，即 $b=0$，这时，回归方程无实用价值。

t 的计算公式为

$$t = \frac{\hat{b}}{S}\sqrt{L_{xx}}$$

式中，S 为 y 的均方差，且

$$S = \sqrt{\frac{\sum(y_i - y)^2}{(n-2)}} = \sqrt{\frac{L_{xx}L_{yy} - (L_{xy})^2}{(n-2)L_{xx}}}$$

若统计检验不能通过，则说明回归效果不显著。造成这种结果的可能原因：尚有不可忽略的其他因素对 y 有重大影响，可以考虑建立多元线性回归方程；y 与 x 的相关关系不是线性的，而是非线性关系，可考虑建立非线性回归方程；y 与 x 无关，需要进一步确定影响 y 的主要因素。

③预测与置信区间估计。有了回归方程，就可以根据自变量的值 x_0 确定因变量的值 y_0，即确定预测值。然而，由于过去的预测值没有完全落在回归线上，因此，很难期望未来的数值点全部落在回归线的延长线上。一般是在某种置信度水平 $100(1-\alpha)\%$ 上，如 95%（即 $\alpha=0.05$）、97.5%（即 $\alpha=0.025$），求预测值所在的区间。

在置信度水平 $100(1-\alpha)\%$ 上，y_0 的置信区间为

$$y_p = y_0 \pm t_{\alpha/2}S$$

式中：y_p——置信区间；

$t_{\alpha/2}$——统计量。

2）多元线性回归分析

多元线性回归表现在线性回归方程中的自变量有多个，多元线性回归分析的预测原理与一元线性回归分析基本相同，不同点只是计算复杂、分析方法理论较深。

（1）自变量选择的准则。建立多元线性回归方程时，为了保证回归方程具有优良的解释能力和预测效果，应首先注意自变量的选择，其准则是：

①自变量对因变量必须有显著影响，并呈现密切的线性相关；

②自变量与因变量之间的线性相关必须是真实的，而不是形式上的；

③自变量之间应具有一定的互斥性，即自变量之间的相关程度不应高于自变量与因变量之间的相关程度；

④自变量应具有完整的统计数据，其预测值易确定。

（2）多元线性回归方程。多元线性回归方程为

$$Y = \beta_0 + \beta_1 X_1 + \beta_2 X_2 + \cdots + \beta_n X_n + \varepsilon$$

当有 n 组数据样本，那么这个多元线性回归方程会组成一个矩阵，记 n 组数据样本分别是 $(x_{i1}, x_{i2}, \cdots, x_{in}, y_i)$，$i=1, 2, \cdots, n$，令

$$Y = \begin{pmatrix} y_1 \\ y_2 \\ \vdots \\ y_n \end{pmatrix}, \quad X = \begin{pmatrix} 1 & x_{11} & x_{12} & \cdots & x_{1p} \\ 1 & x_{21} & x_{22} & \cdots & x_{2p} \\ \vdots & \vdots & \vdots & & \vdots \\ 1 & x_{n1} & x_{n2} & \cdots & x_{np} \end{pmatrix}, \quad \boldsymbol{\beta} = \begin{pmatrix} \beta_0 \\ \beta_1 \\ \vdots \\ \beta_p \end{pmatrix}, \quad \boldsymbol{\varepsilon} = \begin{pmatrix} \varepsilon_1 \\ \varepsilon_2 \\ \vdots \\ \varepsilon_n \end{pmatrix}$$

那么，多元线性回归方程的矩阵形式为

$$Y = X\boldsymbol{\beta} + \boldsymbol{\varepsilon}$$

式中：$\boldsymbol{\varepsilon}$ 代表随机误差，随机误差分为可解释的误差和不可解释的误差，随机误差必须满足以下 4 个条件，多元线性回归方程才有意义（一元线性回归方程也一样）。

①服从正态分布，即随机误差 $\boldsymbol{\varepsilon}$ 必须是服从正态分布的随机变量。

②无偏性假设，即期望值为 0。

③同方差性假设，即所有的随机误差变量方差都相等。

④独立性假设，即所有的随机误差变量都相互独立，可以用协方差解释。

（3）多元线性回归的优缺点。

优点：

①回归分析法在分析多因素模型时，更加简单和方便；

②运用回归分析模型，只要采用的模型和数据相同，通过标准的统计方法可以计算出唯一的结果，但在图和表的形式中，数据之间关系的解释往往因人而异，不同分析者画出的拟合曲线很可能也是不一样的；

③回归分析可以准确地计量各个因素之间的相关程度与回归拟合程度的高低，提高预测方程式的效果。在回归分析法时，由于实际一个变量仅受单个因素的影响的情况极少，要注意模式的适合范围，所以一元回归分析法适用于存在一个对因变量影响作用明显高于其他因素的变量的情况。多元回归分析法适用于实际经济问题，受多因素综合影响的情况。

缺点：

①有时候在回归分析中，选用何种因子和该因子采用何种表达是很难确定的；

②回归方程只是一种推测，这影响了因子的多样性和某些因子的不可测性，使回归分析在某些情况下受到限制。

例 5-7　某地区客运周转量的增长与该地区总人口的增长及人均月收入有关。已知近 10 年的有关资料，如表 5-6 所示。如果预测 5 年后该地区的总人口为 430 万人，人均月收入为 725 美元，试预测该地区 5 年后的客运周转量。

表 5-6　某地区过去 10 年的相关数据及计算

年份	客运周转量 Y/千万人公里	总人口 X_1/万人	人均月收入 X_2/10 美元	$X_{1i}Y$	$X_{2i}Y$	$X_{1i}Y_{2i}$	X_{1i}^2	X_{2i}^2	Y^2
2013	70	200	45.0	14 000	3 150	9 000	40 000	2 025	4 900
2014	74	215	42.5	15 910	3 145	9 137.5	46 225	1 806.25	5 476
2015	80	235	47.5	18 800	3 800	11 162.5	55 225	2 256.25	6 400
2016	84	250	52.5	21 000	4 410	13 125	62 500	2 756.25	7 056
2017	88	275	55.0	24 200	4 840	15 125	75 625	3 025	7 744

年份	客运周转量 Y /千万人公里	总人口 X_1 /万人	人均月收入 X_2 /10 美元	$X_{1i}Y$	$X_{2i}Y$	$X_{1i}Y_{2i}$	X_{1i}^2	X_{2i}^2	Y^2
2018	92	285	57.5	26 550	5 290	16 387.5	81 225	3 306.25	8 464
2019	100	300	60.0	30 000	6 000	18 000	90 000	3 600	10 000
2020	110	330	57.5	36 300	6 325	18 975	108 900	3 306.25	12 100
2021	112	350	62.5	39 200	7 000	221 875	122 500	3 906.25	12 544
2022	116	360	65.0	41 760	7 540	223 400	129 600	4 225	13 456
合计	926	2 800	545	267 390	51 500	156 187.5	811 800	30 312.5	88 140

解: (1)建立二元线性回归方程。设 X_1 为总人口, X_2 为人均月收入, 则有

$$Y = a + b_1X_1 + b_2X_2$$

$$\begin{cases} L_{11}b_1 + L_{21}b_2 = L_{Y1} \\ L_{12}b_1 + L_{22}b_2 = L_{Y2} \end{cases}$$

为计算回归方程中的系数, 列表求相关数据, 如表 5-6 所示。

$$\overline{Y} = \frac{1}{10}\sum_{i=1}^{10} Y_i = 92.6$$

$$\overline{X_1} = \frac{1}{10}\sum_{i=1}^{10} X_{1i} = 280$$

$$\overline{X_2} = \frac{1}{10}\sum_{i=1}^{10} X_{2i} = 54.5$$

$$L_{11} = \sum_{i=1}^{10}(X_{1i} - \overline{X_1})^2 = \sum_{i=1}^{10} X_{1i}^2 - \frac{1}{10}\left(\sum_{i=1}^{10} X_{1i}\right)^2 = 27\ 800$$

$$L_{22} = \sum_{i=1}^{10}(X_{2i} - \overline{X_2})^2 = \sum_{i=1}^{10} X_{2i}^2 - \frac{1}{10}\left(\sum_{i=1}^{10} X_{2i}\right)^2 = 510$$

$$L_{12} = L_{21} = \sum_{i=1}^{10}(X_{1i} - \overline{X_1})(X_{2i} - \overline{X_2}) = \sum_{i=1}^{10} X_{1i}X_{2i} - \frac{1}{10}\left(\sum_{i=1}^{10} X_{1i}\right)\left(\sum_{i=1}^{10} X_{2i}\right) = 3\ 587.5$$

$$L_{Y1} = \sum_{i=1}^{10}(X_{1i} - \overline{X_1})(Y_i - \overline{Y}) = \sum_{i=1}^{10} X_{1i}Y_i - \frac{1}{10}\left(\sum_{i=1}^{10} X_{1i}\right)\left(\sum_{i=1}^{10} Y_i\right) = 8\ 110$$

$$L_{Y2} = \sum_{i=1}^{10}(X_{2i} - \overline{X_2})(Y_i - \overline{Y}) = \sum_{i=1}^{10} X_{2i}Y_i - \frac{1}{10}\left(\sum_{i=1}^{10} X_{2i}\right)\left(\sum_{i=1}^{10} Y_i\right) = 1\ 033$$

$$L_{YY} = \sum_{i=1}^{10}(Y_i - \overline{Y})^2 = \sum_{i=1}^{10} Y_i^2 - \frac{1}{10}\left(\sum_{i=1}^{10} Y_i\right)^2 = 2\ 386.4$$

得到方程组

$$\begin{cases} 27\ 800b_1 + 3\ 587.5b_2 = 8\ 110 \\ 3\ 587.5b_1 + 510b_2 = 1\ 033 \end{cases}$$

解得

$$b_1 = 0.328\ 9, \quad b_2 = -0.288\ 4$$

则

$$a = \overline{Y} - b_1 \overline{X}_1 - b_2 \overline{X}_2 = 16.225\ 8$$

因此，所求的回归方程为

$$Y = 16.225\ 8 + 0.328\ 9X_1 - 0.288\ 4X_2$$

（2）对得到的回归方程进行相关性检验。

$$R = \sqrt{\frac{b_1 L_{Y1} + b_2 L_{Y2}}{L_{YY}}} = \sqrt{\frac{0.328\ 9 \times 8\ 110 - 0.288\ 4 \times 1\ 033}{2\ 386.4}} = 0.996\ 4$$

可见，变量 X 与 Y 之间的线性相关关系高度显著，得到的回归方程能够很好地反映客运周转量 Y 与总人口 X_1 和人均月收入 X_2 之间的关系。

将预测年份的总人口 $X_1 = 430$，人均月收入 $X_2 = 72.5$ 代入回归方程，得到预测年份的客运周转量为

$$Y = 16.225\ 8 + 0.328\ 9 \times 430 - 0.288\ 4 \times 72.5 = 136.74\ 千万人公里$$

3. 神经网络法

1）概念

神经网络模型是一种应用类似于大脑神经突触连接的结构进行信息处理的数学模型。在工程与学术界也常直接简称为神经网络或类神经网络。神经网络是一种运算模型，由大量的节点（或称神经元）之间相互连接构成。每个节点代表一种特定的输出函数，称为激励函数。每两个节点间的连接都代表一个对于通过该连接信号的加权值，称为权重，这相当于人工神经网络的记忆。网络的输出则根据网络的连接方式、权值和激励函数的不同而不同。而网络自身通常是对自然界某种算法或函数的逼近，也可能是对一种逻辑策略的表达。

它的构筑理念是受到生物（人或其他动物）神经网络功能的运作启发而产生的。人工神经网络通常是通过一个基于数学统计学类型的学习方法得以优化，所以它也是数学统计学方法的一种实际应用。一方面，通过统计学的标准数学方法我们能够得到大量的、可以用函数来表达的局部结构空间；另一方面，在人工智能学的人工感知领域，我们通过数学统计学的应用可以来做人工感知方面的决定问题，这种方法比正式的逻辑学推理演算更具有优势。

2）神经网络信息的主要基本特征

（1）大量的分布储存与高度的容错性。

（2）大规模的并行处理能力。

（3）信息处理与储存、寻找同时进行。

（4）可塑性与自学习、自组织特性。

（5）清晰的层次性和复杂的系统性。

3）人脑神经元基本模型

（1）引子。人们对于神经元的研究由来已久，1904 年，生物学家就已经知晓了神经元的组成结构。一个神经元通常具有多个树突，主要用来接收传入信息；而轴突只有一条，轴突尾端有许多轴突末梢可以给其他多个神经元传递信息。轴突末梢跟其他神经元的树突产生连接，从而传递信号。这个连接的位置在生物学上称为"突触"，如图 5-11 所示。

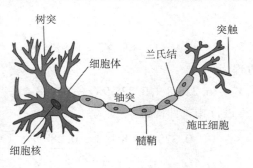

图 5-11 神经元的组成

（2）神经元的特征。神经元含有以下几个重要特征：

①神经元是一个多输入、单输出的元件；

②神经元是一个具有非线性输入、输出特性的元件，表现在只有当来自各个神经元的活动电脉冲达到一定强度之后，该神经元才能被激活，并发出自身的电脉冲；

③神经元具有可塑性，表现在其活动电脉冲的传递强度具有可调节性；

④神经元的输出是各个输入综合作用的结果。

（3）生物神经元模型。人们建立了生物神经元模型，如图 5-12 所示。

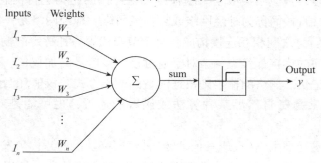

图 5-12 生物神经元模型

图中，I_1，I_2，$\cdots$，I_n 是神经元的输入，即来自前级 n 个神经元的轴突信息；W_1，W_2，$\cdots$，W_n 分别是神经元 I 对 I_1，I_2，$\cdots$，I_n 的权值连接，即突触的传输效率；y 是神经元的输出。

设输入向量为 I，连接权向量为 W，则

$$I = (I_1, I_2, \cdots, I_n)$$
$$W = (W_1, W_2, \cdots, W_n)^T$$

用 U 来表示神经元所获得的输入信号的累积效果（神经元的网络输入），则有

$$u_i = \sum x_i w_i$$

写成向量形式，则有

$$U = IW$$

神经元的输出形式为

$$y = f(U)$$

传递函数 f 的形式有很多种，最常见的就是线性函数、非线性函数、阶跃函数和 s 型函数。

（4）人工神经元的组成。人工神经元由一组连接、一个加法器和一个激活函数组成。

①一组连接：连接强度由各连接上的权值表示，权值可以取正值也可以取负值，权值为正表示激活，权值为负表示抑制。

②一个加法器：用于求输入信号对神经元的相应突触加权之和。

③一个激活函数：用来限制神经元输出振幅。激活函数也称为压制函数，因为它将输入信号压制（限制）到允许范围内的一定值。

4）神经网络模型与结构

神经元和神经网络是元素和整体的关系，神经元的结构简单，但由神经元组成的神经网络非常复杂。神经网络是基于连接主义的人工智能，是一个由大量简单的处理单元组成的高度复杂的大规模非线性自适应系统。人工智能是研究如何让计算机模仿人脑进行工作。智能的本质就是链接机制。

人工神经网络是一个非线性的有向图，图中含有可以通过改变权值大小来存放模式的加权边，并且可以从不完整的或未知的输入找到模式。

目前神经网络已经有几十种不同的模型。

①按照网络的结构分，有前向网络（见图 5-13）和反馈网络。

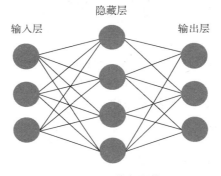

图 5-13　前向网络

②按照学习方式分，有教师学习网络和无教师学习网络。

③按照网络性能分，有连续型网络（见图 5-14）、离散型网络（见图 5-15）、随机型网络（见图 5-16）和确定型网络。

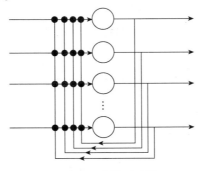

图 5-14　连续型网络

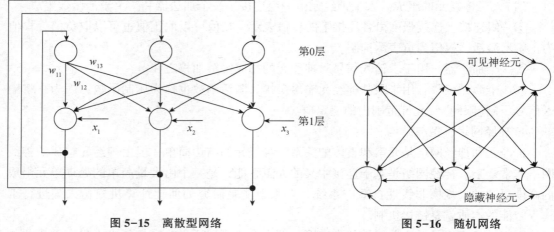

图 5-15 离散型网络　　　　　　　　图 5-16 随机网络

④按照突触性质分，有一阶线性关联网络和高阶非线性关联网络。

⑤按照对生物神经系统的层次模拟分，有神经元层次模型、组合式模型、网络层次模型、神经系统层次模型和智能型模型。

一般而言，神经网络有分层网络、层内连接的分层网络、反馈连接的分层网络、互连网络等4种结构。

5）人工神经网络的学习规则

神经网络的主要特征是由其拓扑结构和学习规则决定的，网络的拓扑有两种基本类型，而学习规则的区别可以产生各种各样的人工神经网络。预测中应用的正是人工神经网络的这种学习规则，通过对预测对象历史数据的学习、识别，掌握预测对象历史数据的关系规律从而对未来趋势进行预测。

人工神经算法的种类有许多，其中比较著名、应用较广的有 BP 算法、Hopfield 算法、SA 算法、CP 算法。其中，BP 算法在道路交通中应用较多。

BP 算法的全称是多层神经网络的误差逆传播学习算法，简称反向传播算法。神经网络是一个由输入层、隐藏层、输出层 3 个部分组成的网络，如图 5-17 所示，数据从输入层经过权值和偏置项的线性变换处理，再通过激活层，得到隐藏层的输出，也即下一层的输入；隐藏层到输出层之间是，经过权值和偏置项的线性变换，之后通过激活层，得到输出层。

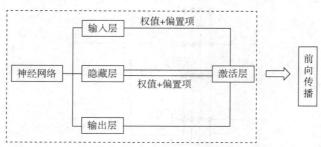

图 5-17 神经网络

一般的神经网络是具有多个隐藏层的网络，如图 5-18 所示是一个隐藏层个数为 N，每层隐藏单元数为 5 的神经网络。

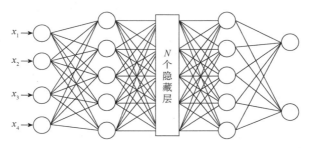

图 5-18　隐藏层个数为 N 的神经网络

从输入层到隐藏层再到输出层，这一向前传递的过程，我们称为前向传播。前向传播过程往往是我们设定模型的过程，也可以理解为设定数学表达式或列方程的过程。

6）BP 算法原理及其实施步骤

BP 算法的核心思想：使用梯度下降来搜索可能的权向量的假设空间，以找到最佳的拟合样例的权向量。具体而言，即利用损失函数，每次向损失函数负梯度方向移动，直到损失函数取得最小值。

或者说，BP 算法是根据损失函数，求出损失函数关于每一层的权值及偏置项的偏导数，也称为梯度，用该值更新初始的权值和偏置项，一直更新到损失函数取得最小值或是设置的迭代次数完成为止。以此来计算神经网络中的最佳参数。

由此，正式介绍 BP 算法前，我们需要知道前向传播过程，确定网络的设计。为此，先设定一个只有一层的神经网络，如图 5-19 所示。

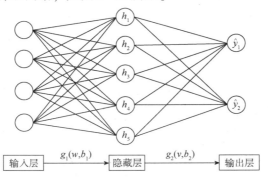

图 5-19　一层神经网络

典型的 BP 网络是一层的隐藏层型网络，如图 5-19 所示，网络含有输入层、隐藏层（中间层）和输出层，各层之间实现完全连接。BP 网络的学习由 4 个过程组成：输入样本模式的顺传播→误差逆传播→记忆训练→算法收敛。

对图 5-19 所示的 BP 网络，设输入模式向量 $A_k = (a_1, a_2, \cdots, a_n)$，希望输出向量 $Y_k = (y_1, y_2, \cdots, y_n)$；隐藏层单元输入向量 $S_k = (s_1, s_2, \cdots, s_p)$，输出向量 $B_k = (b_1, b_2, \cdots, b_p)$；输出层单元输入向量 $L_k = (l_1, l_2, \cdots, l_q)$，输出向量 $C_k = (c_1, c_2, \cdots, c_q)$；输入层至隐含层的连接权为 $\{w_{ij}, i = 1, 2, \cdots, n; j = 1, 2, \cdots, p\}$；隐藏层至输出层的连接权为 $\{V_{jt}, j = 1, 2, \cdots, p; t = 1, 2, \cdots, q\}$；隐藏各单元的阈值为 $\{\theta_j, j = 1, 2, \cdots, p\}$；输出层各单元的输出阈值为 $\{r_t, t = 1, 2, \cdots, q\}$。

BP 算法的步骤如下。

（1）初始化。给各连接权 $\{w_{ij}\}$、$\{V_{jt}\}$ 及阈值 $\{\theta_j\}$、$\{r_t\}$ 赋予（-1，+1）区间的任

意值。

（2）选取一个样本模式对 $\boldsymbol{A}_k = (a_1^k, a_2^k, \cdots, a_n^k)$，$\boldsymbol{Y}_k = (y_1^k, y_2^k, \cdots, y_q^k)$，提供给网络。

（3）用 $\boldsymbol{A}_k = (a_1^k, a_2^k, \cdots, a_n^k)$、$\{w_{ij}\}$、$\{\theta_j\}$ 计算隐藏层各单元的输入 S_j，然后用 S_j 通过 S 函数计算隐藏层各单元的输出 $\{b_j\}$。

$$S_j = \sum_{i=1}^{n} w_{ij}a_i - \theta_j$$
$$b_j = f(S_j)\,(j = 1, 2, \cdots, p)$$

（4）用 $\{b_j\}$、$\{V_{jt}\}$ 及 $\{r_t\}$ 计算 $\{L_t\}$，然后用 $\{L_t\}$ 通过 S 函数计算输出层各单元响应 $\{C_t\}$。

$$L_t = \sum_{j=1}^{p} V_{jt}b_j - r_t$$
$$C_t = f(L_t)\,(t = 1, 2, \cdots, q)$$

（5）用 $\boldsymbol{Y}_k = (y_1^k, y_2^k, \cdots, y_q^k)$、$\{C_t\}$ 计算输出层各单元的一般化误差 $\{d_t^k\}$。

$$d_t^k = (y_t^k - C_t)C_t(1 - C_t)$$

（6）用 $\{V_{jt}\}$、$\{d_t^k\}$、$\{b_j\}$ 计算隐藏层各单元的一般化误差 $\{e_j^k\}$。

$$e_j^k = \left(\sum_{t=1}^{q} d_t^k V_{jt}\right)b_j(1 - b_j)$$

（7）修正各连接权及其阈值。

$$V_{it}(N + 1) = V_{jt}(N) + \alpha \cdot d_t^k \cdot b_j$$
$$r_t(N + 1) = r_t(N) + \alpha \cdot d_t^k$$
$$w_{ij}(N + 1) = w_{ij}(N) + \beta \cdot e_j^k \cdot a_i^k$$
$$\theta_j(N + 1) = \theta_j(N) + \beta \cdot e_j^k$$

$(j = 1, 2, \cdots, p;\ t = 1, 2, \cdots, q;\ i = 1, 2, \cdots, n;\ 0 < \alpha < 1;\ 0 < \beta < 1)$

（8）随机选取下一个样本模式对，将其提供给 BP 网络，返回步骤（3），直至全部 m 个样本对训练完毕。

（9）重新从 m 个样本对中任选一对，返回步骤（3）直至网络全局误差函数 E 小于预先设定的值 ε（精确值）；如果迭代次数 N 大于某个给定的值，即使没有收敛也停止计算。

（10）输出各记忆的连接权值 $\{w_{ij}\}$、$\{V_{jt}\}$，计算结束。

在 BP 算法中，步骤（3）~（6）为顺传播过程，步骤（7）为逆传播过程，步骤（8）和步骤（9）为记忆训练和算法收敛过程。

BP 算法在应用的过程中，最突出的优点就是具有很强的非线性映射能力，网络的隐藏层数、各层的处理单元数以及网络学习系数可根据具体情况任意设定。在一般的预测分析中，BP 算法基本都能发挥作用。但是，BP 算法也同时面临许多缺陷，在预测时对于多层网络，误差曲面可能含有多个不同的局部极小值，梯度下降可能导致陷入局部极小值。

当隐藏节点过多、层数越多时，权值成倍增长。权值的增长意味着对应的空间维数的增加，过高的维数易导致训练后期的过拟合。训练次数过多、空间维数过高均容易过拟合。

例 5-8 某城市过去 10 年的汽车保有量及各相关因素历年统计指标如表 5-7 所示。经过分析，认为城市汽车保有量与人口、国内生产总值（GDP）、人均国内生产总值（人均

GDP)、工业总产值、财政收入、居民年均生活费收入与支出 7 个因素相关，根据以上数据预测该城市未来第 7 年汽车保有量。

表 5-7　某城市过去 10 年汽车保有量及各相关因素历年统计指标

年份	人口/万人	GDP/万元	人均 GDP/元	工业总产值/万元	财政收入/万元	居民年均生活费收入/元	居民年均生活费支出/元	汽车保有量/辆
2014	87.9	306 867	1 652	409 349	45 494	1 149	1 023	58 041
2015	89.5	358 603	1 917	446 049	49 499	1 281	1 202	59 621
2016	90.2	437 264	2 321	539 506	56 619	1 544	1 413	62 713
2017	91.2	627 291	3 296	711 990	71 964	1 981	1 782	67 725
2018	92.8	851 636	4 419	903 052	85 157	2 735	2 372	68 930
2019	93.9	962 001	4 946	931 036	95 395	3 008	2 785	69 802
2020	96.3	1 137 364	5 762	1 060 061	133 880	3 934	3 171	71 311
2021	98.6	1 280 130	6 388	1 211 278	154 249	4 335	3 398	73 521
2022	101.8	1 430 164	6 997	1 403 100	173 219	4 739	3 674	76 308
2023	104.9	1 564 299	7 528	1 425 275	189 805	5 167	4 173	79 532

解：神经网络具有并行分布处理，自组织、自适应、自学习，联想记忆，较强容错性等特点，因而被广泛应用于多因素、不确定性、非线性问题的预测领域。城市汽车保有量受多种相关因素的影响，是多种相关因素的非线性函数，适宜采用神经网络法预测城市未来汽车保有量。

采用 BP 算法进行求解，建立 3 层网络结构，即一个输入层、一个隐藏层和一个输出层。选取人口、GDP、人均 GDP、工业总产值、财政收入、居民年均生活费收入和居民年均生活费支出 7 个影响指标作为输入层，输入层单元节点数为 7。在兼顾网络学习能力和学习速度的基础上，隐藏层节点数采用 4。输出层为预测目标——汽车保有量。

首先，对已知年汽车保有量及相关因素指标用 BP 网络建立非线性映射关系，经过学习检验至平均误差收敛或总误差最小，得到稳定的网络结构和连接权值。选择 2014—2021年的 8 个年份样本数据作为学习样本，输入至专用的计算机软件进行运行。以 2022—2023年样本数据作为检验样本，并比较汽车保有量输出值与实际值的差异。输出值与实际值的误差在要求的 5% 以内，说明模型建立的网络结构和连接权值用于汽车保有量预测已经具有较高的可行性。

其次，将影响汽车保有量的各因素未来第 7 年的指标作为稳定网络结构的输入，即可得到相应预测年份的城市汽车保有量值。

最后，经过计算，该城市未来第 7 年汽车保有量将达到 127 410 辆。

采用神经网络法进行预测，计算过程相对较复杂，需要借助计算机软件，其计算结果精度较高。

4. 灰色预测法

1）概念

灰色预测是就灰色系统所做的预测。所谓灰色系统，是介于白色系统和黑箱系统之间的过渡系统。其具体的含义：如果某一系统的全部信息已知为白色系统；全部信息未知为黑箱系统；部分信息已知、部分信息未知，那么这一系统就是灰色系统。一般地，社会系统、经济系统、生态系统都是灰色系统。例如物价系统，导致物价上涨的因素有很多，但已知的却不多，因此对物价这一灰色系统的预测可以用灰色预测法。

灰色系统理论认为对既含有已知信息又含有未知或非确定信息的系统进行预测，就是对在一定方位内变化的、与时间有关的灰色过程的预测。尽管过程中所显示的现象是随机的、杂乱无章的，但毕竟是有序的、有界的，因此这一数据集合具备潜在的规律，灰色预测就是利用这种规律建立灰色模型对灰色系统进行预测。

灰色预测通过鉴别系统因素之间发展趋势的相异程度，即进行关联分析，并对原始数据进行生成处理来寻找系统变动的规律，生成有较强规律性的数据序列，然后建立相应的微分方程模型，从而预测事物未来发展趋势的状况。其用等时距观测到的反应预测对象特征的一系列数量值构造灰色预测模型，预测未来某一时刻的特征量，或达到某一特征量的时间。

2）灰色预测的分类

（1）数列预测。对某现象随时间的顺延而发生的变化所做的预测定义为数列预测，如对消费物价指数的预测，需要确定两个变量，一个是消费物价指数的水平，另一个是这一水平所发生的时间。

（2）灾变预测。对发生灾害或异常突变时间可能发生的时间预测称为灾变预测。例如对地震时间的预测。

（3）季节性灾变预测。对发生在每年特定时区的事件或命题做灰色预测，称为季节性灾变预测。

（4）拓扑预测。将原始数据作曲线，在曲线上按定值寻找该定值发生的所有时点，并以该定值为框架构成时点数列，然后建立模型预测未来该定值所发生的时点的预测称为拓扑预测。

（5）系统预测。对系统中众多变量间相互协调关系的发展变化所进行的预测称为系统预测，如市场中替代商品、相互关联商品销售量互相制约的预测。

（6）包络灰预测。对于难以用数列预测或灾变预测处理，也不必用拓扑预测计算的离乱序列，可以构造上边界 GM（1，1）与下边界 GM（1，1）进行覆盖，这种边界模型即包络模型。

3）灰色预测法的特征

（1）不需要大量的样本。

（2）预测精度较高。

（3）用累加生成拟合微分方程，符合能量系统的变化规律。

（4）可以进行长期预测。

4）建模方法和程序

（1）数据处理。

假设给定的 n 个原始时间数据序列为

$$X^{(0)} = (x^{(0)}(1), x^{(0)}(2), \cdots, x^{(0)}(n))$$

这些数据表现为量少、无规律、随机性强、波动明显等。此时，将原始数据序列进行一次累加生成 1-AGO（Accurnulated Generating Operation），获得新的数据序列

$$X^{(1)} = (x^{(1)}(1),\ x^{(1)}(2),\ \cdots,\ x^{(1)}(n))$$

式中：$x^{(1)}(i) = \sum_{k=1}^{i} x^{(0)}(k)$ $(i = 1,\ 2,\ \cdots,\ n)$。由于新生成的数据序列为一条单调增长的曲线，所以增加了原始数据序列的规律性，弱化了其波动性。

（2）建立微分方程。

灰色系统建模思想是直接将时间序列转化为微分方程，从而建立抽象系统的发展变化模型，即灰色模型（Grey Model，GM）。GM(1，1)的灰微分方程对应的（白）微分方程（称为 GM(1，1)的白化型，也称影响方程）为

$$\frac{\mathrm{d}x^{(1)}}{\mathrm{d}t} + a x^{(1)} = b \tag{5-1}$$

式中：1——一阶方程，为一个变量；

a——发展系数；

b——灰作用量，是微分方程的参数。

将式(5-1)中的导数以离散形式展开，得到

$$x^{(0)}(k+1) = -\frac{1}{2}\left[x^{(1)}(k) + x^{(1)}(k+1)\right]a + b \tag{5-2}$$

方程(5-2)转化为矩阵方程

$$\boldsymbol{y}_n = \boldsymbol{B}\boldsymbol{P}$$

式中：$\boldsymbol{y}_n$——数据向量；

$\boldsymbol{B}$——数据矩阵；

$\boldsymbol{P}$——参数矩阵。

$$\boldsymbol{y}_n = (x^{(0)}(2),\ x^{(0)}(3),\ \cdots,\ x^{(0)}(n))^{\mathrm{T}}$$

$$\boldsymbol{B} = \begin{pmatrix} -\dfrac{1}{2}\left[x^{(1)}(1) + x^{(1)}(2)\right] & 1 \\[2mm] -\dfrac{1}{2}\left[x^{(1)}(2) + x^{(1)}(3)\right] & 1 \\[2mm] \vdots & \vdots \\[2mm] -\dfrac{1}{2}\left[x^{(1)}(7) + x^{(1)}(8)\right] & 1 \end{pmatrix}$$

$$\boldsymbol{P} = \begin{pmatrix} a \\ b \end{pmatrix}$$

用最小二乘法求解，得

$$\boldsymbol{P} = \begin{pmatrix} a \\ b \end{pmatrix} = (\boldsymbol{B}^{\mathrm{T}}\boldsymbol{B})^{-1}\boldsymbol{B}^{\mathrm{T}}\boldsymbol{y}_n \tag{5-3}$$

将式(5-3)代入 GM(1，1)的预测模型为

$$x^{(1)}(k+1) = \left[x^{(0)}(1) - \frac{b}{a}\right]\mathrm{e}^{-ak} + \frac{b}{a}$$

$$x^{(0)}(k+1) = x^{(1)}(k+1) - x^{(1)}(k)$$

例 5-9　现已知某城市过去 8 年的历年人口数（如表 5-8 所示），采用 GM(1，1)模型预测该市今年的人口数量。

表 5-8　某城市过去 8 年的历年人口数

年份	2015	2016	2017	2018	2019	2020	2021	2022
人口 $x^{(0)}$ /千人	929.8	951.1	977.5	998.7	1 023.9	1 047.4	1 063.5	1 089.7
人口 $x^{(1)}$ /千人	929.8	1 880.9	2 858.4	3 857.1	4 881.0	5 928.4	6 991.9	8 081.9

解：做 $x^{(0)}$ 的一阶累加，得新数列 $x^{(1)}$。

确定向量 $\boldsymbol{y}_n$ 和矩阵 $\boldsymbol{B}$。

$$\boldsymbol{y}_n = \left[x^{(0)}(2),\ x^{(0)}(3),\ \cdots,\ x^{(0)}(8) \right]^{\mathrm{T}}$$

$$= \left[951.1,\ 977.5,\ 998.7,\ 1\,023.9,\ 1\,047.4,\ 1\,063.5,\ 1\,089.7 \right]^{\mathrm{T}}$$

$$\boldsymbol{B} = \begin{pmatrix} -\dfrac{1}{2}\left[x^{(1)}(1) + x^{(1)}(2) \right] & 1 \\[2mm] -\dfrac{1}{2}\left[x^{(1)}(2) + x^{(1)}(3) \right] & 1 \\[1mm] \vdots & \vdots \\[1mm] -\dfrac{1}{2}\left[x^{(1)}(7) + x^{(1)}(8) \right] & 1 \end{pmatrix} = \begin{pmatrix} -1\,405.35 & 1 \\ -2\,369.65 & 1 \\ -3\,357.75 & 1 \\ -4\,369.05 & 1 \\ -5\,404.70 & 1 \\ -6\,460.15 & 1 \\ -7\,536.90 & 1 \end{pmatrix}$$

$$\hat{a} = (\boldsymbol{B}^{\mathrm{T}}\boldsymbol{B})^{-1}\boldsymbol{B}^{\mathrm{T}}\boldsymbol{y}_n = (-0.022\,2\quad 923.499\,7)^{\mathrm{T}}$$

即

$$a = -0.022\,2,\ b = 923.499\,7$$

因此，该城市人口预测的 GM(1，1) 模型为

$$\hat{x}^{(1)}(t+1) = \left[x^{(0)}(1) - \frac{b}{a} \right] e^{-at} + \frac{b}{a} = 42\,528.886\,e^{0.022\,2t} - 41\,599.086$$

根据得到的模型对该城市今年的人口总量进行预测。

$$\hat{x}^{(1)}(t+1) = \hat{x}^{(1)}(t) + \hat{x}^{(0)}(t+1)$$

$$\hat{x}^{(0)}(t+1) = \hat{x}^{(1)}(t+1) - \hat{x}^{(1)}(t)$$

$$\hat{x}^{(0)}(9) = \hat{x}^{(1)}(9) - \hat{x}^{(1)}(8)$$

$$= 42\,528.886\,(e^{0.022\,2 \times 8} - e^{0.022\,2 \times 7})$$

$$= 42\,528.886 \times 0.026$$

$$= 1\,115.1$$

因此，预测该城市今年人口数量为 1 115.1 千人。

5. 蒙特卡洛法

1）概念

蒙特卡洛法又称统计模拟法、随机抽样技术，是一种随机模拟方法，是以概率和统计理论方法为基础的一种计算方法，是使用随机数（或更常见的伪随机数）来解决很多计算问题的方法。其将所求解的问题同一定的概率模型相联系，用电子计算机实现统计模拟或抽样，以获得问题的近似解。为象征性地表明这一方法的概率统计特征，故借用赌城蒙特卡洛命名。

蒙特卡洛法的基本思想：当所求解问题是某种随机事件出现的概率，或者是某个随机变量的期望值时，通过某种"实验"的方法，以这种事件出现的频率估计这一随机事件的概

率，或者得到这个随机变量的某些数字特征，并将其作为问题的解。

2）蒙特卡洛法的程序

（1）构造或描述概率过程。

对于本身就具有随机性质的问题（如粒子输运问题），主要是正确描述和模拟这个概率过程；对于本来不是随机性质的确定性问题（如计算定积分），就必须事先构造一个人为的概率过程，它的某些参量正好是所要求问题的解。也就是要将不具有随机性质的问题转化为随机性质的问题。

（2）实现从已知概率分布抽样。

构造了概率模型以后，由于各种概率模型都可以看作由各种各样的概率分布构成的，因此产生已知概率分布的随机变量（或随机向量），就成为实现蒙特卡洛法模拟实验的基本手段，这也是蒙特卡洛法被称为随机抽样技术的原因。最简单、最基本、最重要的一个概率分布是(0，1)上的均匀分布（或称矩形分布）。

随机数就是具有这种均匀分布的随机变量。随机数序列就是具有这种分布的总体的一个简单子样，也就是一个具有这种分布的相互独立的随机变数序列。产生随机数的问题，就是从这个分布的抽样问题。在计算机上，可以用物理方法产生随机数，但价格昂贵，不能重复，使用不便。另一种方法是用数学递推公式产生。这样产生的序列，与真正的随机数序列不同，所以称为伪随机数或伪随机数序列。

不过，经过多种统计检验表明，它与真正的随机数或随机数序列具有相近的性质，因此可把它作为真正的随机数来使用。由已知分布随机抽样有多种方法，与从(0，1)上均匀分布抽样不同，这些方法都是借助随机序列来实现的。也就是说，这些方法都是以产生随机数为前提的。由此可见，随机数是我们实现蒙特卡洛模拟的基本工具。

（3）建立各种估计量。

一般来说，构造了概率模型并能从中抽样后，即实现模拟实验后，我们就要确定一个随机变量，作为所要求的问题的解，我们称它为无偏估计。建立各种估计量，相当于对模拟实验的结果进行考察和登记，从中得到问题的解。

3）蒙特卡洛法与定积分的计算

例 5-10　设 $0 \leqslant f(x) \leqslant 1$，用蒙特卡洛法求定积分 $J = \int_0^1 f(x) \mathrm{d}x$ 的值。

解：设 $(X，Y)$ 服从正方形 $\{0 \leqslant x \leqslant 1，0 \leqslant y \leqslant 1\}$ 上的均匀分布，则可知 x、y 分别服从 $[0，1]$ 上的均匀分布，且 x、y 相互独立。记事件 $A = \{y \leqslant f(X)\}$，则 A 的频率为

$$P(A) = P\{y \leqslant f(X)\} = \int_0^1 \int_0^{f(X)} \mathrm{d}y\mathrm{d}x = \int_0^1 f(x) \mathrm{d}x = J$$

即定积分 J 的值就是事件 A 出现的频率。同时，由伯努利大数定律，我们可以用重复试验中 A 出现的频率作为 P 的估计值，即将 $(x，y)$ 看作正方形 $\{0 \leqslant x \leqslant 1，0 \leqslant y \leqslant 1\}$ 内的随机投点，用随机投点落在区域 $y \leqslant f(x)$ 中的频率作为定积分的近似值。这种方法称为随机投点法，如图 5-20 所示，具体做法如下。

①首先产生服从 $[0，1]$ 上的均匀分布的 $2n$ 个随机数（n 为随机投点个数，可以取很大）并将其配对。

②对这 n 对数据 $(x_i，y_i)$，$i = 1，2，\cdots，n$，记录满足不等式 $y_i \leqslant f(x_i)$ 的个数，这就是事件 A 发生的频数 μ_n，由此可得事件 A 发生的频率为 $\dfrac{\mu_n}{n}$，则 $J \approx \dfrac{\mu_n}{n}$。

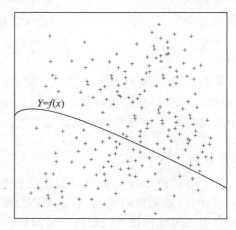

图 5-20　随机投点法

4) 蒙特卡洛法的优点

借助计算机技术，蒙特卡洛法实现了两大优点：一是简单，省却了繁复的数学推导和演算过程，使一般人也能够理解和掌握；二是快速。简单和快速正是蒙特卡洛法在现代项目管理中获得应用的技术基础。

蒙特卡洛法有很强的适应性，问题的几何形状的复杂性对其影响不大。该方法的收敛性是指概率意义下的收敛，因此问题维数的增加不会影响其收敛速度，而且节省了存储单元，这些是用该方法处理大型复杂问题时的优势。因此，随着电子计算机的发展和科学技术问题的日趋复杂，蒙特卡洛法的应用也越来越广泛。它不仅较好地解决了多重积分计算、微分方程求解、积分方程求解、特征值计算和非线性方程组求解等高难度和复杂的数学计算问题，而且在统计物理、核物理、真空技术、系统科学、信息科学、公用事业、地质、医学及计算机科学等广泛的领域都得到成功的应用。

本章小结

本章首先介绍了系统预测的定义、特性、意义、要素及分类等，并对预测方法的选择进行分析；其次重点介绍了定性与定量预测方法，主要包括各种预测方法的使用及对比。本章主要知识架构如图 5-21 所示。

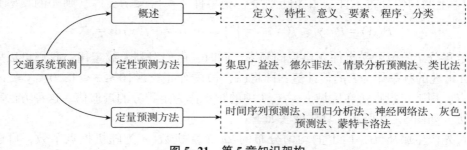

图 5-21　第 5 章知识架构

习题

1. 预测方法的分类有哪些？

2. 各种定性预测方法共同面临的问题是什么？如何解决？

3. 移动平均法中的 n 如何确定？

4. 指数平滑法中的初始值如何确定？

5. 简述回归分析法的使用要点。

6. 试比较各种定量预测方法的适用范围以及优缺点。

7. 某城市道路交叉口 2018—2022 年观测的高峰小时交通量如表 5-9 所示，根据已观测到的高峰小时交通量，预测 2023 年的交叉口高峰小时交通量。

表 5-9 某城市道路交叉口 2018—2022 年观测的高峰小时交通量

年份	2018	2019	2020	2021	2022
高峰小时交通量	714	719	726	731	735

8. 某地区历年综合货运量如表 5-10 所示，试采用时间序列法预测该地区未来第 3 年的综合货运量。

表 5-10 某地区历年综合货运量   单位：万吨/年

年份	综合货运量	年份	综合货运量	年份	综合货运量
2011	3.988	2015	6.352	2019	9.395
2012	4.327	2016	7.023	2020	10.201
2013	4.822	2017	7.745	2021	10.870
2014	5.818	2018	8.455	2022	11.816

9. 某城市道路交通调查结果如表 5-11 所示，其中 x 代表机动车车头间距，y 为平均车速。请根据该调查结果建立平均车速与车头间距的一元线性回归方程，并预测当机动车车头间距为 50 m 时的平均车速。

表 5-11 某城市道路交通调查结果

项目	编号				
	1	2	3	4	5
x/m	30.60	34.31	38.00	42.72	44.90
$y/(\text{km} \cdot \text{h}^{-1})$	33.40	37.85	42.17	47.83	51.50

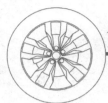

第 6 章
交通系统优化

交通系统优化

知识目标

　　了解交通系统优化方法的分类，理解优化本质，掌握数学规划、组合优化等理论在交通系统分析中的具体应用。

能力目标

　　能够采用正确的优化方法对具体交通问题或方案进行优化分析，为决策提供依据。

　　优化是指从一系列可能的方案中寻求相对最优方案的方式方法，即寻优的过程。追求最优方案以达到最优结果的理论就是最优化理论。最优化理论有独特严谨的理论结构体系，作为当代数学研究中的一个重要分支，以数学的手段来解决实际问题，根据各个系统体系的实际情况，找寻最佳的优化途径和方法，帮助决策者做出科学的决策。最优化理论在交通运输领域应用较多，在交通规划、船舶流量、大型桥梁的设计工程、飞机建造等方面都有所涉及；对工程实施方案的创新优化，可大大节省工程建设的人力、物力和不必要的经济利润流失，也为国家大型工程设施建设及交通强国的建设发展提供助力。

　　交通系统分析往往采用最优化方法去建造最优化交通系统，最优化理论及方法一般分为无约束优化、约束优化和非光滑优化 3 种。交通问题的优化大多是有约束的优化，因此，运筹学的数学规划、组合优化、博弈论、排队论等分支理论在交通优化领域应用较多。本章重点介绍数学规划(线性规划、整数规划、非线性规划等)、组合优化(物质流网络图优化方法——图论和时间流网络图优化方法等)在交通系统中的优化分析。

6.1 数学规划

6.1.1 线性规划

线性规划最早是由苏联学者列奥尼德·康托罗维奇(Leonid Kantorovich)于 1939 年提

出的，它是运筹学的重要分支之一。线性规划的理论已十分成熟，它在军事、工农业以及交通运输等方面都有了广泛应用，是现代管理科学的重要基础和手段之一。

1. 线性规划问题的引入

在工程技术和生产管理中，经常出现这样的问题：一类是利用一定数量的资源取得最大的经济效益；另一类是在完成一定任务的情况下，如何合理安排，使资源消耗最少。通常，前者是求目标的极大值，后者是求目标的极小值。实际上，这两类问题是同一问题的不同形式，都是要求在资源消耗最小的条件下，获得最好的经济效益。可以建立数学模型对这类问题进行求解，建立数字模型的步骤：

（1）确定未知变量（决策变量）；

（2）确定要达到的目标，表示为未知变量的函数（目标函数）；

（3）确定需要满足的限制条件（约束条件）。

接下来用一个实例来说明什么是线性规划问题以及线性规划问题的数学表达形式。

例 6-1　某工厂利用原材料来生产 A、B、C 3 种产品，它们的单位产品所需要的数量和耗费的加工时间各不相同，如表 6-1 所示。A、B、C 单位产品的利润分别为 4 000、5 000、7 000 元，问：应该如何安排生产计划，才能使获得的利润最大？

表 6-1　三种产品基本情况表

资源	产品			资源总量
	A	B	C	
原材料	2	1.5	3	100
工时	1	2	2	150

解：对于这个问题，我们首先整理题目中的变量、目标函数，以及约束条件。

（1）变量。根据题目的描述，可以知道变量为 A、B、C 3 种产品的产量，假设用 x_1、x_2、x_3 来表示。

（2）目标函数。根据题目的描述，可以知道我们的目标是希望利润最大，用变量来表示利润，最终确定目标函数为

$$S = 4x_1 + 5x_2 + 7x_3$$

（3）约束条件。根据题目的描述，可以知道变量的取值不是任意的，其取值需要满足资源总量和总工时的约束。因此，根据这两个方面的约束和变量自身的特性，我们可以确定约束条件为

$$2x_1 + 1.5x_2 + 3x_3 < 100$$
$$x_1 + 2x_2 + 2x_3 \leq 150$$
$$x_i \geq 0, \ i = 1, \ 2, \ 3$$

在确定变量、目标函数和约束条件之后，将问题抽象成一个数学模型，用如下公式进行描述

$$\min S = 4x_1 + 5x_2 + 7x_3$$
$$\text{s. t.} \begin{cases} 2x_1 + 1.5x_2 + 3x_3 < 100 \\ x_1 + 2x_2 + 2x_3 \leq 150 \\ x_i \geq 0, \ i = 1, \ 2, \ 3 \end{cases}$$

2. 线性规划的形式

在数学的规划论中，这类问题可以概括为在一定的约束条件下求目标函数的极值（极大值或极小值）问题，且变量的次数为 1。我们称这类问题为线性规划问题。

目标函数

$$\min(\max) z = c_1 x_1 + c_2 x_2 + \cdots + c_n x_n \tag{6-1}$$

约束条件：对于线性规划中的自变量，其取值是可以变化的，但是这种变化的范围不是无限的，否则我们很难对于复杂的问题进行建模求解。其变量一般是在一定范围内进行变化，这种范围的确定，不仅是直接对于变量取值范围的约束，还会通过将各个自变量相结合来满足一定的不等式，从而控制取值范围。我们将上述所有的不等式统一称为约束条件。

$$\begin{cases} a_{11} x_1 + a_{12} x_2 + \cdots + a_{1n} x_n \leqslant (\geqslant) b_1 \\ a_{21} x_1 + a_{22} x_2 + \cdots + a_{2n} x_n \leqslant (\geqslant) b_2 \\ \qquad\qquad\qquad \vdots \\ a_{m1} x_1 + a_{m2} x_2 + \cdots + a_{mn} x_n \leqslant (\geqslant) b_n \\ \qquad x_1, \ x_2, \ \cdots, \ x_n \geqslant 0 \end{cases} \tag{6-2}$$

式（6-1）、式（6-2）是线性规划问题的数学模型。通常 a_{ij}、b_j、c_j 为已知常数，其中 c_j 为价值系数。

由式（6-1）、式（6-2）可以看出，线性规划问题有不同的形式。对目标函数，有的要求实现最大化，有的要求实现最小化；约束条件可以是"$\geqslant$"的不等式，也可以是"$\leqslant$"的不等式，还可以是等式。这种多样性给问题的讨论带来不便。为了便于以后的讨论，我们规定线性规划问题的标准形式（标准型）如下。

目标函数

$$\max z = c_1 x_1 + c_2 x_2 + \cdots + c_n x_n \tag{6-3}$$

约束条件

$$\begin{cases} a_{11} x_1 + a_{12} x_2 + \cdots + a_{1n} x_n = b_1 \\ a_{21} x_1 + a_{22} x_2 + \cdots + a_{2n} x_n = b_2 \\ \qquad\qquad\qquad \vdots \\ a_{m1} x_1 + a_{m2} x_2 + \cdots + a_{mn} x_n = b_n \\ \qquad x_1, \ x_2, \ \cdots, \ x_n \geqslant 0 \end{cases} \tag{6-4}$$

其简要形式为

$$\max z = \sum_{j=1}^{n} c_j x_j \tag{6-5}$$

$$\text{s. t.} \begin{cases} \sum_{j=1}^{n} a_{ij} x_j = b_j (i = 1, \ 2, \ 3, \ \cdots, \ m) \\ x_j \geqslant 0 (j = 1, \ 2, \ \cdots, \ n) \end{cases} \tag{6-6}$$

在式（6-4）、式（6-6）中，要求 $b_j \geqslant 0$，若 $b_j < 0$，则在等式两端乘以 -1，使 $b_j \geqslant 0$。

用向量和矩阵表示线性规划问题，可以使数学模型很简洁，标准型表达为

$$\max \boldsymbol{Z} = \boldsymbol{CX} \tag{6-7}$$

$$\text{s. t.} \begin{cases} \boldsymbol{AX} = \boldsymbol{B} \\ \boldsymbol{X} \geqslant 0 \end{cases} \tag{6-8}$$

其中：

$$C = (c_1, \ c_2, \ \cdots, \ c_n)$$
$$X = (x_1, \ x_2, \ \cdots, \ x_n)^{\mathrm{T}}$$
$$B = (b_1, \ b_2, \ \cdots, \ b_n)^{\mathrm{T}}$$
$$A = \begin{pmatrix} a_{11} & a_{12} & \cdots & a_{1n} \\ a_{21} & a_{22} & \cdots & a_{2n} \\ \vdots & \vdots & \ddots & \vdots \\ a_{m1} & a_{m2} & \cdots & a_{mn} \end{pmatrix}$$

综上所述，线性规划模型的标准形式必须满足以下要求：

(1)目标函数要求是极大化；

(2)约束条件要求是等式约束；

(3)决策变量满足非负要求；

(4)约束方程右端常数非负。

对于一些非标准型的线性规划问题，可以通过下面的方法将其转化为标准形式。

(1)若问题是求目标函数的极小值，即目标函数为

$$\min Z = CX$$

这时，只要做如下替换

$$\min Z = -\max(-Z)$$

令 $Z' = -Z$，于是得到

$$\max Z' = -\min Z = -CX$$

这样就把极小值问题转换成了标准的极大化问题。将求得的最大值乘以-1，就是原极小值问题的解。

(2)若约束条件中有"$\leqslant$"不等式约束

$$a_{m1}x_1 + a_{m2}x_2 + \cdots + a_{mn}x_n \leqslant b_m$$

则可以添加一个非负松弛变量 u_i，用下面两个约束

$$\begin{cases} a_{m1}x_1 + a_{m2}x_2 + \cdots + a_{mn}x_n + u_i = b_m \\ u_i \geqslant 0 \end{cases}$$

来代替原来的不等式约束。u_i 称为松弛变量。

(3)若约束条件中有"$\geqslant$"不等式约束

$$a_{m1}x_1 + a_{m2}x_2 + \cdots + a_{mn}x_n \geqslant b_m$$

则可以减去一个非负剩余变量 v_j，用下面两个约束

$$\begin{cases} a_{m1}x_1 + a_{m2}x_2 + \cdots + a_{mn}x_n - v_j = b_m \\ v_j \geqslant 0 \end{cases}$$

来代替原来的不等式约束。v_j 称为剩余变量。

(4)若约束变量中有 x_j 无约束，这种 x_j 称为自由变量(可正可负)，则令

$$x_j = r_j - w_j$$

代入消去 x_j，并增加 $r_j \geqslant 0$，$w_j \geqslant 0$ 两个约束。

3. 图解法

所谓线性规划的图解法就是利用几何作图的方法分析并求出最优解的过程。其求解思路：先将约束条件加以图解，求得满足约束条件的解的集合，然后结合目标函数的要求从

解的集合中找出最优解。这种方法仅适用于含有两个决策变量的方程。

例 6-2 用图解法求解下述线性规划问题

$$\max z = 4x_1 - 3x_2$$

$$\text{s. t.} \begin{cases} x_1 + 2x_2 \leq 10 \\ x_1 \leq 6 \\ x_1 \geq 1 \\ x_2 \leq 4 \\ x_1, x_2 \geq 0 \end{cases}$$

解：我们先将约束条件表示在以 x_1、x_2 为坐标轴的直角坐标系上，如图 6-1 所示。非负条件 $x_1 \geq 0$ 代表 x_2 轴及其右侧的半平面；同理，$x_2 \geq 0$ 代表 x_1 轴及其以上的半平面，这两个条件同时存在，即为第一象限。其他每一个约束条件也都代表一个半平面。这些非负条件和约束条件构成一个凸多边形（图 6-1 中的阴影部分 $ABCDE$），其中的任何一点都同时满足上述约束。

区域 $ABCDE$ 中的每一个点（包括边界点）都是线性规划问题的一个解，称为可行解，因而区域 $ABCDE$ 是例 6-2 线性规划问题的解集，我们称这个解集为可行域。

接下来分析目标函数 $z = 4x_1 - 3x_2$。在坐标系中，我们可以把目标函数看成是以 z 为变量的一组平行线族，如图 6-2 所示。

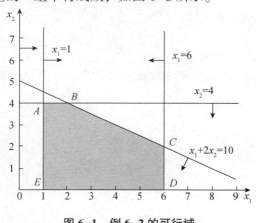

图 6-1 例 6-2 的可行域

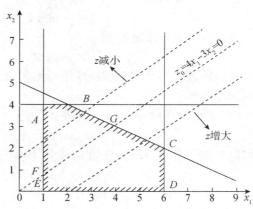

图 6-2 原线性规划问题目标函数的平行线族

令 $z = z_0 = 0$，则目标函数为 $4x_1 - 3x_2 = 0$，在直角坐标系中为一条直线，直线上各点都有相同的 z 值（$z = 0$），故称为等值线。

等值线与可行域边界的交点为 F、G，线段 FG 上的任一点都为例 6-2 线性规划问题的可行解。从目标函数可以看出，当等值线向左上方移动时，目标函数值减小；等值线向右下方移动时，目标函数增大。当等值线向右下方移动至点 D 时，z 取最大值，这就是原线性规划问题的最优解。点 D 的坐标为（6，0），可得 z 的最大值为

$$\max z = 4x_1 - 3x_2 = 24$$

即原问题的最优解为

$$x_1 = 6, \ x_2 = 0, \ z = 24$$

原线性规划问题中，若目标函数是求 z 的最小值而不是最大值，即 $\min z = 4x_1 - 3x_2$，那么等值线应该向左上方移动，当等值点到达点 A 时，z 取最小值。点 A 的坐标为（1，4），则

$$\min z = 4x_1 - 3x_2 = -8$$

即最优解为

$$x_1 = 1, \quad x_2 = 4, \quad z = -8$$

若原线性规划问题的目标函数为 $\max z = 2x_1 + 4x_2$，则等值线平行于边界线 BC，如图 6-3 所示，且等值线向右上方移动时，z 值增大。当等值线移动到与 BC 线重合时，z 取最大值，BC 线段上任意一点都使目标函数 z 取得相同的最大值。这表明，该线性规划问题有无限多个最优解。

有时约束条件所构成的可行域可能是无界的，这时可能有最优解，也可能无最优解。如图 6-4 所示的可行域是无界的，若目标函数为 $\max z = 2x_1 + 3x_2$，则无最优解；若目标函数为 $\max z = 3x_1 - 4x_2$，则目标函数在点 A 达到最大值，即点 A 为最优解。

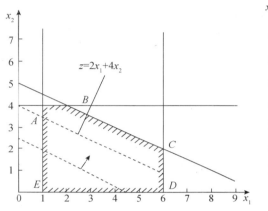

图 6-3 目标函数 $\max z = 2x_1 + 4x_2$ 的平行线族

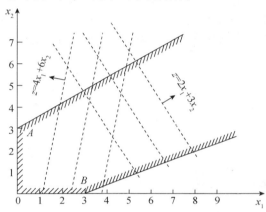

图 6-4 无界可行域中目标函数的平行线族

如果约束条件无法形成一个闭合形区域，即整体区域是开放的，如图 6-5 所示，最优解随着 x_1、x_2 变量增加而增大，没有任何限制，此时该线性规划有无数个解，并且其最大值没有边界，这种情况下称为线性规划的解是无界解，同时也没有最优解。

有时目标函数图像的平行线与可行域都不相交，如图 6-6 所示，这种情况下属于无可行解，同时也就无最优解。

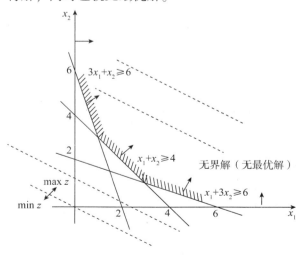

图 6-5 无可行域无界解示意图

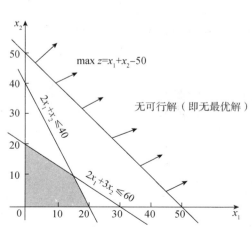

图 6-6 无可行解示意图

4. 线性规划问题的基本性质

线性规则问题的基本性质可从以下几个方面进行讨论。

1）可行解

满足式（6-6）的解 $X = (x_1, x_2, \cdots, x_n)^T$ 称为线性规划问题的可行解，所有可行解的集合称为可行域。

2）最优解

满足式（6-5）的可行解称为线性规划问题的最优解（即使目标函数达到最大值的可行解为最优解）。

3）基

设 A 是约束方程组的 $m \times n$ 阶系数矩阵，其秩为 $m(m \leq n)$，D 是矩阵 A 中 $m \times n$ 阶非奇异子矩阵（$|D| \neq 0$），则称 D 是线性规划问题的一个基，并且基不是唯一的。

这就是说，矩阵 D 是由 m 个线性独立的列向量组成的。为了不失去一般性，可设

$$D = \begin{pmatrix} a_{11} & a_{12} & \cdots & a_{1m} \\ a_{21} & a_{22} & \cdots & a_{2m} \\ \vdots & \vdots & \ddots & \vdots \\ a_{m1} & a_{m2} & \cdots & a_{mm} \end{pmatrix}$$
$$= (P_1, P_2, \cdots, P_m)$$

称 $P_j(j = 1, 2, \cdots, m)$ 为基向量，与基向量 P_j 相应的变量 $x_j(j = 1, 2, \cdots, m)$ 为基变量，否则称为非基变量。

4）基本解

在式（6-6）中，若 $X = (x_1, x_2, \cdots, x_n)^T$ 为基变量，$x_{m+1}, x_{m+2}, \cdots, x_n$ 为非基变量，令非基变量为0，即令 $x_{m+1} = x_{m+2} = \cdots = x_n = 0$，则从约束方程组可求出一个解

$$X = (x_1, x_2, \cdots, x_m, 0, 0, \cdots, 0)^T$$

这个解的非零分量的个数不大于方程数目 m，称这个解 X 为基本解。

5）基本可行解

满足式（6-6）$x_i \geq 0$ 非负条件的基本解称为基本可行解。基本可行解的非零分量的数目也不大于 m，并且都是非负的。

6）可行基

对应于基本可行解的基，称为可行基。

线性规划问题的一般性质：

（1）线性规划的基本可行解对应线性规划可行域的顶点；

（2）若线性规划有可行解，则必有基本可行解；

（3）若线性规划有最优解，则一定存在一个基本可行解是最优解。

它们之间的相互关系如图6-7所示。

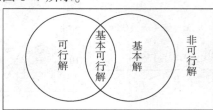

图6-7　解的相互关系

虽然图解法只可以求解两个决策变量的线性规划问题，但可以得到线性规划问题的几何意义和性质：

（1）线性规划问题中可以有唯一最优解，可以有无限多的最优解，可能无最优解（无界解，即虽然有可行解，但是在可行域中，目标函数可以无限增大或无限减小）；

（2）若线性规划问题存在可行域，则其可行域为凸集，且有有限个顶点，线性规划问题的可行解对应于可行域的顶点，则其一定可以在其可行域的顶点上达到最优；

（3）若可行域无界，线性规划问题可能有最优解，也可能无最优解。

5. 单纯形法

根据线性规划问题的性质可知，若可行域有界，线性规划问题的目标函数的最优解必然在可行域的顶点上达到最优。单纯形法就是通过设置不同的基向量，经过矩阵的线性变换，求得基可行解（可行域顶点）并判断该解是否最优，否则继续设置另外一组基向量，重复执行以上步骤，直到找到最优解。因此，单纯形法的求解过程是一个迭代优化的过程。

单纯形法是求解线性规划问题最主要的一种方法，其基本流程如图 6-8 所示。

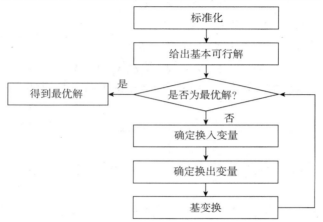

图 6-8　单纯形法的基本流程

下面用一个简单的例子来说明单纯形法的解题步骤和方法。

例 6-3　解下列线性规划问题

$$\max z = 3x_1 + 4x_2$$

$$\text{s. t.} \begin{cases} -x_1 + 2x_2 \leqslant 4 \\ x_1 + x_2 \leqslant 5 \\ x_1 \leqslant 4 \\ x_1, \ x_2 \geqslant 0 \end{cases}$$

解： 标准化

$$\max z = 3x_1 + 4x_2$$

$$\text{s. t.} \begin{cases} -x_1 + 2x_2 + x_3 = 4 \\ x_1 + x_2 + x_4 = 5 \\ x_1 + x_5 = 4 \\ x_1, \ x_2, \ x_3, \ x_4, \ x_5 \geqslant 0 \end{cases}$$

（1）求初始的基本可行解。在标准化的过程中，通过添加松弛变量，正好得到秩为 3

的单位阵，以此作为初始的基本阵，即

$$\boldsymbol{A}_b = (\boldsymbol{P}_3, \ \boldsymbol{P}_4, \ \boldsymbol{P}_5) = \begin{pmatrix} 1 & 0 & 0 \\ 0 & 1 & 0 \\ 0 & 0 & 1 \end{pmatrix}$$

对应的基本变量为 $\boldsymbol{X}_b = (x_3, \ x_4, \ x_5)^{\mathrm{T}}$。

令非基本变量等于 0，则

$$\boldsymbol{X}_b = \boldsymbol{A}_b^{-1} \boldsymbol{b} = \begin{pmatrix} 1 & 0 & 0 \\ 0 & 1 & 0 \\ 0 & 0 & 1 \end{pmatrix} (4, \ 5, \ 4)^{\mathrm{T}}$$

此时，$\boldsymbol{X}^{(0)} = (0, \ 0, \ 4, \ 5, \ 4)^{\mathrm{T}}$，且 $z = 0$，基本解满足非负要求，也是基本可行解。

（2）判断是否为最优解。将非基变量代入目标函数，显然，只要某一个非基变量 x_1 或 x_2 不为 0，z 的值就会比 0 大。因此，基本可行解 $\boldsymbol{X}^{(0)} = (0, \ 0, \ 4, \ 5, \ 4)^{\mathrm{T}}$ 不是最优解。

如何判断基本可行解是否为最优解呢？

$$\max \boldsymbol{Z} = \boldsymbol{CX}$$

$$\mathrm{s.\,t.} \begin{cases} \boldsymbol{AX} = \boldsymbol{B} \\ \boldsymbol{X} \geqslant 0 \end{cases} \rightarrow \begin{cases} \boldsymbol{Z} = \boldsymbol{C}_b \boldsymbol{X}_b + \boldsymbol{C}_n \boldsymbol{X}_n \\ \boldsymbol{A}_b \boldsymbol{X}_b + \boldsymbol{A}_n \boldsymbol{X}_n = \boldsymbol{b} \end{cases} \rightarrow \boldsymbol{X}_b = \boldsymbol{A}_b^{-1} \boldsymbol{b} - \boldsymbol{A}_b^{-1} \boldsymbol{A}_n \boldsymbol{X}_n$$

$$\boldsymbol{Z} = \boldsymbol{C}_b \boldsymbol{A}_b^{-1} \boldsymbol{b} + (\boldsymbol{C}_n - \boldsymbol{C}_b \boldsymbol{A}_b^{-1} \boldsymbol{A}_n) \boldsymbol{X}_n$$

式中：$\boldsymbol{C} = (\boldsymbol{C}_b \quad \boldsymbol{C}_n)$，$\boldsymbol{C}_b$ 为基变量 $\boldsymbol{X}_n$ 在目标函数中的系数，$\boldsymbol{C}_n$ 为非基变量 $\boldsymbol{X}_n$ 在目标函数中的系数。

令非基变量 $\boldsymbol{X}_n = 0$，且一般在求解时，将基本阵化为单位阵，即 $\boldsymbol{A}_b^{-1} = \boldsymbol{I}$，$z = \boldsymbol{C}_b \boldsymbol{A}_b^{-1} \boldsymbol{b} = \boldsymbol{C}_b \boldsymbol{b}$。

假设 $\boldsymbol{X}_n$ 中的 $\boldsymbol{X}_j \neq 0$，即 $\boldsymbol{X}_n = (0, \ \cdots, \ x_j, \ \cdots, \ 0)^{\mathrm{T}}$，目标函数值 z 将发生变化，且变化为

$$\Delta z = z_j - z = \boldsymbol{C}_b \boldsymbol{b} + (\boldsymbol{C}_n - \boldsymbol{C}_b \boldsymbol{A}_n) \boldsymbol{X}_n - \boldsymbol{C}_b \boldsymbol{b} = (\boldsymbol{C}_n - \boldsymbol{C}_b \boldsymbol{A}_n) \boldsymbol{X}_n = (\boldsymbol{C}_j - \boldsymbol{C}_b \boldsymbol{P}_j) x_j$$

令 $\sigma_j = \boldsymbol{C}_j - \boldsymbol{C}_b \boldsymbol{P}_j$，则 $\Delta z = \sigma_j x_j$。式中：σ_j 为非基变量 x_j 的检验数，其中，$\boldsymbol{C}_j$ 为 x_j 在目标函数中的系数，$\boldsymbol{P}_j$ 为 $\boldsymbol{A}$ 中 x_j 对应的列向量。

由于 $x_j \geqslant 0$，当 $\sigma_j \geqslant 0$ 时，$\Delta z \geqslant 0$，表明在非基变量中有某个非基变量不等于 0 时，目标值函数将增加，因此可以判断刚刚得到的基本可行解不是最优解。

对于极大化的线性规划问题，只有在所有非基变量的检验数小于或等于 0 时，即 $\sigma_j \leqslant 0$，这时的基本可行解是最优解。

（3）确定换入变量。由于 $\Delta z = \sigma_j x_j$，则 $\sigma_j > 0$ 中最大的 σ_j 将使目标函数值增大的最多，故选取 $\max(\sigma_j)$ 对应的非基变量作为换入变量。本例选取 x_2 为换入变量。

（4）确定换出变量。当 x_2 为换入变量时（此时 x_1 仍为非基变量，且 $x_1 = 0$），由约束条件，有

$$\begin{cases} x_3 = 4 - 2x_2 \geqslant 0 \\ x_4 = 5 - x_2 \geqslant 0 \\ x_5 = 4 \geqslant 0 \end{cases}$$

由此可得

$$x_2 \leqslant \frac{b_1}{a_{12}} = 2$$

$$x_3 \leqslant \frac{b_2}{a_{22}} = 5$$

当 x_2 增大时，将使 x_3 率先达到 0，x_2 继续增大时，x_3 将不满足非负要求。x_3 的非负要求制约了 x_2 的进一步增大，也就制约了 z 的进一步增大，故选取 x_3 为换出变量。

一般选取 $\min\left\{\dfrac{b_i}{a_{ij}} \,\middle|\, \dfrac{b_i}{a_{ij}} \geqslant 0,\ a_{ij} > 0\right\}$ 所对应的基变量为换出变量。

（5）构造新的基本阵。通过非基变量的换入和基变量的换出，得到构造新的基本阵。

$$\boldsymbol{A}_b = \begin{bmatrix} \boldsymbol{P}_2, & \boldsymbol{P}_4, & \boldsymbol{P}_5 \end{bmatrix} = \begin{pmatrix} 2 & 0 & 0 \\ 1 & 1 & 0 \\ 0 & 0 & 1 \end{pmatrix}$$

为保持基本阵仍然为单位阵，需要依据基本阵中基向量的顺序，通过行初等变换成单位阵。

（6）求新的基本可行解。因为基本阵为单位阵，所以基本变量的解就是右端常数，即 $\boldsymbol{X}^{(1)} = (0,\ 2,\ 0,\ 3,\ 4)^{\mathrm{T}}$。

（7）判断是否为最优解。非基变量 x_1、x_3 的检验数分别为

$$\sigma_1 = C_1 - \boldsymbol{C}_b \boldsymbol{P}_1 = 3 - (4,\ 0,\ 0)\begin{pmatrix} -\dfrac{1}{2} \\[2mm] \dfrac{2}{3} \\[2mm] 1 \end{pmatrix} = 5 > 0$$

$$\sigma_3 = C_3 - \boldsymbol{C}_b \boldsymbol{P}_3 = 0 - (4,\ 0,\ 0)\begin{pmatrix} \dfrac{1}{2} \\[2mm] -\dfrac{1}{2} \\[2mm] 0 \end{pmatrix} = -2 < 0$$

存在非基变量的检验数大于 0，则基本可行解 $\boldsymbol{X}^{(1)} = (0,\ 2,\ 0,\ 3,\ 4)^{\mathrm{T}}$ 不是最优解。

（8）求新的基本可行解。选取 x_1 为换入变量。由 $\min\left\{\dfrac{b_i}{a_{ij}} \,\middle|\, \dfrac{b_i}{a_{ij}} \geqslant 0,\ a_{ij} > 0\right\} = \min\{2,\ 4\} = 2$，对应的 x_4 为换出变量。

做初等行变换，把新的基本阵 $\boldsymbol{A}_b = (\boldsymbol{P}_2,\ \boldsymbol{P}_1,\ \boldsymbol{P}_5) = \begin{pmatrix} 1 & -\dfrac{1}{2} & 0 \\[2mm] 0 & \dfrac{2}{3} & 0 \\[2mm] 0 & 1 & 1 \end{pmatrix}$ 化为单位阵。

此时，基本可行解为 $\boldsymbol{X}^{(2)} = (2,\ 3,\ 0,\ 0,\ 2)^{\mathrm{T}}$。

（9）判断是否为最优解。非基变量 x_3、x_4 的检验数分别为

$$\sigma_3 = C_3 - \boldsymbol{C}_b \boldsymbol{P}_3 = 0 - (4,\ 3,\ 0)\begin{pmatrix} \dfrac{1}{3} \\[2mm] -\dfrac{1}{3} \\[2mm] \dfrac{1}{3} \end{pmatrix} = -\dfrac{1}{3} < 0$$

$$\sigma_4 = C_4 - \boldsymbol{C}_b \boldsymbol{P}_4 = 0 - (4,\ 3,\ 0) \begin{pmatrix} -\dfrac{1}{3} \\ \dfrac{2}{3} \\ 0 \end{pmatrix} = -\dfrac{3}{3} < 0$$

至此，所有非基变量的检验数全部小于 0，对极大化线性规划问题，得到最优解，记为 $\boldsymbol{X}^* = (2,\ 3,\ 0,\ 0,\ 2)^{\mathrm{T}}$，最优值为 $z^* = 18$。一般可采用单纯形表理清计算过程，如表 6-2 所示。

表 6-2　单纯形表

C_{Bi}	X_{Bi}	C_1 x_1	C_2 x_2	$\cdots$	C_n x_n	C_{n+1} x_{n+1}	C_{n+2} x_{n+2}	$\cdots$	C_{n+m} x_{n+m}	b_i	θ_i
C_{n+1}	x_{n+1}	a_{11}	a_{12}	$\cdots$	a_{1n}	1	0	$\cdots$	0	b_1	θ_1
C_{n+2}	x_{n+2}	a_{21}	a_{22}	$\cdots$	a_{2n}	0	1	$\cdots$	0	b_2	θ_2
$\vdots$	$\vdots$	$\vdots$	$\vdots$		$\vdots$	$\vdots$	$\vdots$		$\vdots$	$\vdots$	$\vdots$
C_{n+m}	x_{n+m}	a_{m1}	a_{m2}	$\cdots$	a_{mn}	0	0	$\cdots$	1	b_m	θ_m
\multicolumn{2}{c|}{$z_j{}'$}	z_1	z_2	$\cdots$	z_n	z'_{n+1}	z'_{n+2}	$\cdots$	z'_{n+m}		z
\multicolumn{2}{c|}{$\sigma_j = C_j - z_j{}'$}	C_1-z_1	C_2-z_2	$\cdots$	C_n-z_n	$C_{n+1}-z'_{n+1}$		$\cdots$	$C_{n+m}-z'_{n+m}$		

归纳起来，单纯形法求解线性规划问题的基本步骤如下。

（1）标准化。

（2）求基本解可行解。依据 $\boldsymbol{A}$，找出满秩阵 $\boldsymbol{A}_b$，对应的决策变量为基本变量 $\boldsymbol{X}_b$，令非基本变量 $\boldsymbol{X}_n = 0$，则 $\boldsymbol{X}_b = \boldsymbol{A}_b{}^{-1}\boldsymbol{b}$，在 $\boldsymbol{A}_b = \boldsymbol{I}$（单位阵）时，$\boldsymbol{X}_b = \boldsymbol{b}$。如果 $\boldsymbol{X}_b \geqslant 0$，则 $\boldsymbol{X}_b$ 可以作为初始的基本可行解。

（3）判断基本可行解是否为最优解。对于所有的非基本变量，当 $\sigma_j \leqslant 0$ 时，基本可行解就为极大化线性规划的最优解，否则执行步骤（4）。

（4）构造新的基本阵。确定换入变量 $\max\{\sigma_j \mid \sigma_j > 0\}$ 对应的非基本变量 x_j；确定换出变量 $\min\left\{\dfrac{b_i}{a_{ij}} \;\middle|\; \dfrac{b_i}{a_{ij}} \geqslant 0,\ a_{ij} > 0\right\}$ 所对应的基变量 x_i。从而得到一个新的基本阵，利用行初等变换，把新的基本阵化为单位阵。

（5）求得新的基本可行解。基于新的基本阵，求得新的基本可行解，跳转步骤（3）。

用单纯形法求解线性规划问题时，确定初始基本可行解是相当重要的，是进行迭代运算的前提。如果约束不等式组中，不等号全为"$\leqslant$"，那么，我们可以引入松弛变量（$i = 1,\ 2,\ \cdots,\ m$）把不等式组化成正规方程组。这些松弛变量在方程组的系数构成一个 $\boldsymbol{X}_{n+i}$ 单位矩阵，取这些松弛变量为基变量，就可以得到一组初始基本可行解 $\boldsymbol{X} = (x_i \mid x_i = b_i)^{\mathrm{T}}$。

如果约束不等式组中，出现"$\geqslant$"的不等号，可以通过引入剩余变量 X_{n+j} 将其化为标准型，即

$$a_{j1}X_1 + a_{j2}X_2 + \cdots + a_{jn}X_n - X_{n+j} = b_j$$

但通过这种变换，这个线性方程组仍不能直接用单纯形法进行求解。因为所有剩余变量之前为负号，将它们取作基变量得到的解为 $X_{n+j} = -b_j$，不能满足非负的条件。单纯形

法要求通过变换的等式约束方程组，其作为基变量的系数矩阵一定是单位矩阵。因此，需要引入新的人工变量。

对于具有等式约束条件的情况，也可以通过引入人工变量的办法来寻找初始基本可行解。

所谓人工变量，是指并不是为满足方程式由不等式变为等式而引进的，而是为了能找到初始的基本可行解而人为引进的变量。也就是在原不等式化成等式之后，再在等式中外加一个人工变量 X_a，为了使这些变量最终不影响原来的不等式，要求在迭代结束时，人工变量为 0。为此，在目标函数中所有的人工变量前均应加上一个很大的负数 $-M$（M 为正值），这个 $-M$ 称为罚因子。因为人工变量 X_a 如果不为 0，即使是很小的正值，目标函数也会大幅度减小，从而受到很大的影响。因此，对求最优解来说，$-M$ 是对引进不为 0 的人工变量 X_a 的一种惩罚。这样，这种问题就可以按照单纯形法来求解。

6. 单纯形法的启示

单纯形法是一个循环迭代不断优化的过程，这个过程中，每一次基变换都离目标函数越来越近，同时，未造成其他变量不利的变化，这种做法跟"帕累托改进"不谋而合。帕累托改进，就是指一项政策能够至少有利于一个人，而不会对其他任何人造成损害。为了改善某些人的利益而损害另外一些人的利益，就不是帕累托改进。

帕累托最优是从多目标数学规划得到的。例如，交通规划问题往往有多个目标；又如，既要保护环境，又要发展经济，就可以用帕累托改进的方法，即只要不破坏环境，并有利于经济增长。

交通问题的处理往往更需要采用"帕累托改进"的思路，如城市交通方式的选择、交通拥堵问题的治理，可从交通效率和能耗上分析，如图 6-9 所示。基于低碳理念，为实现"碳达峰、碳中和"目标，大力发展公共交通及绿色交通（自行车、步行）是解决一系列交通问题的主要措施。

图 6-9　交通效率对比图

6.1.2　其他数学规划

1. 整数规划

上一小节讨论的一般线性规划问题，其可行域都是实数空间的子集，即变量都取实数值。但是许多来自实际应用的线性规划问题，其有些变量必须取整数值。例如，公交车辆的分配、建筑设备的合理配备、产品的生产规划等问题中，都要求其中的车辆数、建筑设备数和产品件数等为整数。又如，工程项目优化排序、投资项目选择、任务分派等问题，相应的线性规划问题中要求某些变量只能取 0 或 1。这种限制某些变量只能取整数的线性规划称为线性整数规划，简称整数规划。其中，若所有变量都要求取整数的线性规划称为纯整数规划；若只有一部分变量要求取整数的线性规划称为混合整数规划。特别地，若要求变量只能取 0 或 1 的线性规划称为 0-1 整数规划或 0-1 规划。本小节主要讨论整数规划和 0-1 整数规划的解法。

例 6-4 某厂制造 3 种不同规格的金属产品 I、II、III，所用的资源是金属板、劳动力和机器。制造各种型号的单位产品资源消耗情况如表 6-3 所示。

表 6-3 制造各种型号的单位产品资源消耗情况

资源	型号		
	I	II	III
	消耗量		
金属板/块	3	5	8
劳动力/人	2	4	6
机器/台	1	2	3

若现在工厂有金属板 500 块，可支配劳动力 300 人，可使用的机器 100 台。各种产品出售后，单位利润分别是 6 元、8 元和 9 元。问该工厂各种型号的产品分别生产多少，才能获得最大利润？

解：这个问题很容易用线性规划数学模型来描述。假设该工厂生产 I、II、III 型号的产品数量分别为 x_1、x_2 和 x_3，则问题可以描述为求解下面线性规划问题的最优解。

$$\max z = 6x_1 + 8x_2 + 9x_3$$

$$\text{s. t.} \begin{cases} 3x_1 + 5x_2 + 8x_3 \leq 500 \\ 2x_1 + 4x_2 + 6x_3 \leq 300 \\ x_1 + 2x_2 + 3x_3 \leq 100 \\ x_1, x_2, x_3 \geq 0 \text{ 且为整数} \end{cases}$$

求解过程可参考例 6-2、例 6-3，此处不再赘述。

2. 非线性规划

前面讨论的线性规划和整数规划，其目标函数和约束条件均是线性函数。而当极值问题的目标函数或约束条件出现非线性函数时，这样的极值问题就是非线性极值问题或非线性规划问题。

对于线性规划，如果存在最优解，它一定存在于其可行域的边界上，而且一定至少有一个最优解能在其可行域的一个顶点上出现，所以存在求解一切线性规划的最优解普遍有效的方法。但是如果非线性规划存在最优解，它未必一定存在于其可行域的边界上，也可以出现在可行域的内部，而且最优解附近的情况比较复杂，所以非线性规划的极值问题的求解没有一个普遍有效的方法，它比求解线性规划的极值问题要复杂得多。

对于其他数学规划方法，本章不做展开介绍，读者可参照相关文献学习。

6.2 组合优化

典型的组合优化问题主要包括背包问题、装箱问题、图与网络优化问题、指派问题、旅行商问题等，图论中的最短路、最大流、最小费用最大流在交通系统中应用广泛，网络图优化常用方法包括 PERT、CPM 及两者的结合方法。

在实际工程中，许多工程系统都可以用图形来描述，如公路运输系统、城市公交系统、农田灌溉系统、城市给排水系统以及通信系统等。这些系统都可以用节点与连线所组成的网络来描述。有一些计划工作，也可以按照其相互关系绘制成网络形式，可以认为是沿时间展开的网络。因此，一个工程系统可以用图解模型或网络模型来代表并对其进行分析，即可以把一个工程课题的各种物理量之间的关系用一个抽象的图或网络来描述。利用图与网络的某些性质求解网络模型往往比求解数学模型简单得多，因此，图与网络理论在系统分析中占有很重要的地位。

网络图是图论及网络图分析的基础，因其形状像网络而得名。根据不同的指标划分，网络图可以有不同的分类形式。不同类型的网络图，往往在绘图、计算和优化时具有不同的特点。根据载体不同常见的网络图可以分为物质流网络图、时间流网络图和信息流网络图。本节重点介绍物质流网络图和时间流网络图的典型优化方法。

6.2.1 物质流网络图优化方法——图论

1. 图论基础知识

图论中所研究的图与人们通常熟悉的图（如数学中各种几何图形、函数图形）是完全不同的。图论中所研究的图，是指由若干个点和连接这些点中某些"点对"的连接所组成的图形。它可以不按比例尺画，线段不代表真正的长度，点和线条的位置也是随意的。图中的点称为顶点（Vertex），线条称为边（Edge）。在图论中，用顶点表示所研究的对象，用边表示所研究对象之间的某种特定关系，通常应用于规划学科、管理学科。

1）基本概念

（1）图。

图由表示具体事物的点（顶点）的集合 $V = \{v_1, v_2, \cdots, v_n\}$ 和表示事物之间关系边的集合 $E = \{e_1, e_2, \cdots, e_m\}$ 组成，且 E 中的元素 e_i 由 V 中的无序元素对 (v_i, v_j) 表示，即 $e_i = (v_i, v_j)$，记为 $G = (V, E)$，并称这类图为无向图，如图 6-10 所示。

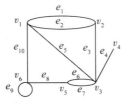

图 6-10 无向图

①顶点数和边数：图 $G = (V, E)$ 中，V 中元素的个数称为图 G 的顶点数，记为 $p(G)$ 或简记为 p；E 中元素的个数称为图 G 的边数，记为 $q(G)$ 或简记为 q。

②端点和关联边：若 $e_i = (v_i, v_j) \in E$，则称点 v_i、v_j 是边 e_i 的端点，边 e_i 是点 v_i 和 v_j

的关联边。

③相邻点和相邻边：同一条边的两个端点称为相邻点，简称邻点；有公共端点的两条边称为相邻边，简称邻边。

④多重边与环：具有相同端点的边称为多重边或平行边；两个端点落在同一个顶点的边称为环。

⑤多重图和简单图：含有多重边的图形称为多重图；无环也无多重边的图形称为简单图。

⑥次：以 v_i 为端点的边的条数称为点 v_i 的次，记为 $d(v_i)$。

⑦悬挂点和悬挂边：次为 1 的点称为悬挂点；与悬挂点相连的边称为悬挂边。

⑧孤立点：次为 0 的点称为孤立点。

⑨奇点与偶点：次为奇数的点称为奇点；次为偶数的点称为偶点。

（2）连通图。

一个图的任意两个顶点之间，如果至少有一条通路将它们连接起来，则这个图就称为连通图，否则称为不连通图。在图 6-11 中，v_4 和其他点之间没有一条通路把它们连接起来，故此图是不连通图。图 6-12 所示是一个连通图。

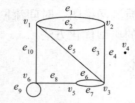 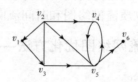

图 6-11　不连通图　　　　　图 6-12　连通图

（3）链与回路。

在一个图 $G = (V, E)$ 中，一个由点与边构成的交错序列 $(v_1, e_1, v_2, e_2, \cdots, v_k)$，称为一条连接 v_1、v_k 的链，记为 $\mu = (v_1, v_2, \cdots, v_k)$，称点 v_2、v_3、$\cdots$、v_{k-1} 为链的中间点。

①闭链与开链：链 μ 中，若 $v_1 = v_k$，即始点与终点重合，则称此链为闭链（圈）；否则为开链。

②简单链与初等链：链 μ 中，若含的边均不相同，则称为简单链；链 μ 中，若顶点 v_1、v_2、$\cdots$、v_k 都不相同，则称此链为初等链。例如，在图 6-12 中，$M_2 = \{v_1, v_3, v_5, v_6\}$ 为一初等链。

（4）子图。

设有两图 G_1、G_2，$G_1 = (V_1, E_1)$，$G_2 = (V_2, E_2)$，如果 $V_1 \subseteq V_2$，$E_1 \subseteq E_2$，则称 G_1 是 G_2 的子图，并且：

若 $V_1 = V_2$，$E_1 \subset E_2$，则称 G_1 是 G_2 的一个部分图；

若 $V_1 \subset V_2$，$E_1 \subset E_2$，即 G_1 不包含 G_2 的所有顶点和边，则称 G_1 是 G_2 真子图；

若 G_1 是 G_2 的部分图，且 G_1 是不连通图，则称 G_1 是 G_2 的支撑子图；

若 G_1 是 G_2 的真子图，且 G_1 是不连通图，则称 G_1 是 G_2 的生成子图。

例如，图 6-13 所示，图 6-13（b）、图 6-13（c）、图 6-13（d）均为图 6-13（a）的子图，其中，图 6-13（b）是图 6-13（a）的部分图，图 6-13（c）、图 6-13（d）为图 6-13（a）的真子图，图 6-13（d）中的点 v_6 称为孤立点。

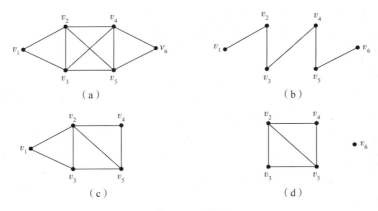

图6-13 子图

(5)连通图。

在一个图中，若任何两点之间至少存在一条链，则称这个图为连通图，否则就称为不连通图。在以后的讨论中，除特别说明之外，总是假设给定的图是连通的。

(6)有向图。

在图论的应用中，经常遇到这样的情况：问题的解决不仅要画出描述问题的图形，而且还需要指出图示中每一条边的方向，即一对顶点之间的关系是不对称的情况。例如，城市道路系统中的单行道和时序电路中的状态转换都属于这种情况。这种顶点关系不对称的问题，需要借助有向图来加以描述。

有向图是点和弧的集合，记作 $D=(V, A)$，其中 V 仍然是点的集合，A 是弧的集合，而弧是两个点的有序偶对，有向图就是每条边都具有一定方向的图。如图6-14所示，图6-14(a)为有向图，图6-14(b)为无向图。

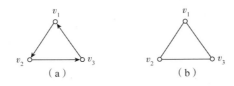

图6-14 有向图和无向图

(a)有向图；(b)无向图

(7)赋权图。

各种管道的铺设、线路安排等问题，不但需要反映研究对象的相互关系，而且要求有一数量指标与这一关系对应。这类需要反映一定数量关系的问题，用图论的方法来求解就需要借助赋权图，如图6-15所示。

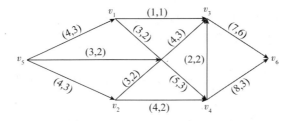

图6-15 赋权图

可见，赋权图不仅指出各点之间的邻接关系，而且也表示各点之间的数量关系。因此，赋权图在图的理论以及其应用方面有着重要的地位。

2）图的矩阵表示

在节点与边数不太多的情况下，图用图形表示具有一定的优越性，它比较直观明了，但当图的节点和边数较多时，使用图形表示法就比较困难，此时，图用矩阵表示既便于研究图的性质、构造算法，也便于计算机处理。

图的矩阵表示常用的有两种形式：邻接矩阵和权矩阵。邻接矩阵常用于研究图的道路连通状态，权矩阵常用来研究优化问题。由于矩阵的行列有固定的顺序，因此在用矩阵表示图之前，必须将图的节点和边加以编号（定序），以确定与矩阵元素的对应关系。

（1）邻接矩阵。

设图 $G(V, E)$ 是一个简单图，$V = \{v_1, v_2, \cdots, v_n\}$，$n$ 阶方阵 $A(G) = (a_{ij})$ 称为 G 的邻接矩阵。当 $A(G)$ 是无向图时，它的元素 a_{ij} 定义为

$$a_{ij} = \begin{cases} 1, & v_i \text{ 与 } v_j \text{ 邻接} \\ 0, & v_i \text{ 与 } v_j \text{ 不邻接或 } i = j \end{cases}$$

当 $A(G)$ 是有向图时，它的元素 a_{ij} 定义为

$$a_{ij} = \begin{cases} 1, & \text{存在自 } v_i \text{ 射向 } v_j \text{ 的弧} \\ 0, & \text{不存在自 } v_i \text{ 射向 } v_j \text{ 的弧或 } i = j \end{cases}$$

据此，图 6-16(a)、图 6-16(b) 的邻接矩阵可用 A_G、A_D 表示

$$A_G = \begin{pmatrix} 0 & 1 & 0 & 0 & 0 & 1 \\ 1 & 0 & 1 & 0 & 1 & 1 \\ 0 & 1 & 0 & 1 & 1 & 0 \\ 0 & 0 & 1 & 0 & 1 & 0 \\ 0 & 1 & 1 & 1 & 0 & 1 \\ 1 & 1 & 0 & 0 & 1 & 0 \end{pmatrix}, \quad A_D = \begin{pmatrix} 0 & 1 & 0 & 0 & 0 & 1 \\ 0 & 0 & 1 & 0 & 1 & 1 \\ 0 & 0 & 0 & 0 & 1 & 0 \\ 0 & 0 & 0 & 0 & 0 & 0 \\ 0 & 0 & 1 & 1 & 0 & 0 \\ 0 & 1 & 0 & 0 & 1 & 0 \end{pmatrix}$$

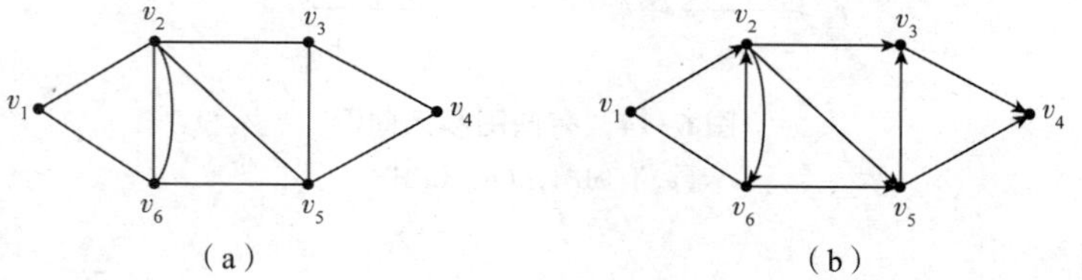

图 6-16　网络图
(a)无向图；(b)有向图

由此不难看出邻接矩阵具有以下特征：

①邻接矩阵中的元素非 0 即 1，称这种矩阵为布尔矩阵；

②有 n 个顶点的图的邻接矩阵是一个 n 阶方阵，无向图的邻接矩阵是关于主对角线对称的矩阵；

③简单无向的邻接矩阵是对称矩阵，但是当给定的图是有向图时，邻接矩阵不一定是对称的；

④邻接矩阵与节点在图中的标定次序有关。节点的标定次序不同，会得到不同的邻接矩阵，但是这些邻接矩阵是置换等价的。

（2）权矩阵。

设图 $G(V，E)$ 是一个简单图，$V = \{v_1，v_2，\cdots，v_n\}$，$w_{ij}$ 为边 $(v_i，v_j)$ 的权，n 阶方阵 $W(G) = (a_{ij})$ 称为 G 的权矩阵。它的元素 a_{ij} 定义为

$$a_{ij} = \begin{cases} w_{ij}，& v_i \text{ 与 } v_j \text{ 相连} \\ 0，& v_i \text{ 与 } v_j \text{ 不相连或 } i = j \end{cases}$$

图 6-17 的权矩阵为

$$W = \begin{pmatrix} 0 & 4 & 0 & 6 & 4 & 3 \\ 4 & 0 & 2 & 7 & 0 & 0 \\ 0 & 2 & 0 & 5 & 0 & 3 \\ 6 & 7 & 5 & 0 & 2 & 0 \\ 4 & 0 & 0 & 2 & 0 & 3 \\ 3 & 0 & 3 & 0 & 3 & 0 \end{pmatrix}$$

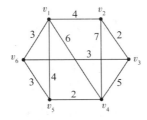

图 6-17　网络图

3）最小树问题

树是在实际的问题中，尤其是在计算机科学领域被广泛应用的一类图。树具有简单的形式和优良的性质，可以从不同的角度去描述。

（1）树及其性质。

当一个连通图不含有任何圈时，称该图为树，如图 6-18 所示。

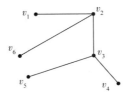

图 6-18　树

树具有以下性质：

①树中任意两点之间有且只有一条链；

②树中去掉任意一条边，则树变成不连通图；

③树中任何两个顶点间添上一条边，恰好得到一个圈。

（2）图的部分树。

如果图 $G = (V，E)$ 的部分图 $T(V，E)$ 是树，则称 T 为 G 的一棵部分树。部分树一定是部分图，但是部分图不一定是部分树。

任意一个连通图 G 中一定存在部分树，已知一个连通图求部分树的方法有两种，一种是破圈法，另一种是避圈法。

①破圈法。破圈原则：取一个圈，从圈中抽去任意一边，对余下的图重复这个步骤，直到无圈可破为止，即可得到一棵部分树。

例 6-5 在图 6-19 所示的连通图 $G(V, E)$ 中，用破圈法求该图的部分树。

解：先从图 6-19 中任取一圈 $\{v_1, v_2, v_3, v_1\}$，从圈中去掉一边 e_1，再从圈 $\{v_2, v_3, v_4, v_2\}$ 中去掉边 e_3，然后从圈 $\{v_2, v_4, v_5, v_2\}$ 中去掉边 e_7，最后，从圈 $\{v_3, v_4, v_5, v_3\}$ 中去掉边 e_5，得到图 6-20 所示的部分树。注意：部分树不是唯一的。

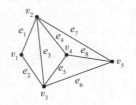

图 6-19 连通图

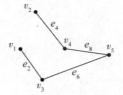

图 6-20 部分树

②避圈法。避圈原则：先在图中任取一条边，然后每步选择与已选边不构成圈的边，直到不能进行时为止。

例 6-6 用避圈法求图 6-19 所示的连通图 $G(V, E)$ 的部分树。

解：任取一边 e_1，因为 e_3 与 e_1 不成圈，所以取 e_3；同理，e_5 与 $\{e_1, e_3\}$ 不成圈，e_7 与 $\{e_1, e_3, e_5\}$ 不成圈，因此取 $\{e_1, e_3, e_5, e_7\}$ 4 条边，这时不能再增加边，否则将形成圈。因此，$\{e_1, e_3, e_5, e_7\}$ 4 边组成的图 6-21 就是图 6-19 的部分树。

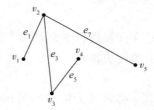

图 6-21 部分树

(3) 最小树。

图 $G = (V, E)$ 中每条边 (v_i, v_j) 相应的有一个数 w_i，称这个数为边 (v_i, v_j) 上的权，此时 G 称为赋权图。如果图 $T = (V, E_1)$ 是图 G 的一个生成树，那么称 E_1 上所有边的权之和为生成树 T 的权，记作 $S(T)$。如果图 G 的生成树 T^* 的权 $S(T^*)$ 在 G 的所有生成树 T 中的权最小，则称 T^* 是 G 的最小生成树，简称最小树。求最小树的常见方法有破圈法和避圈法。

①破圈法。破圈原则：对于一个连通赋权图 G，若 G 中不存在圈，则图 G 本身就是最小树；否则，在图 G 中任意找一个圈，去掉圈上的权最大的边，重复这个过程，直到剩下的图不含圈为止。

例 6-7 某城市有六个居民点，道路交通图如图 6-22 所示，现在要沿着道路铺设煤气管道，将 6 个居民点连成网，已知每条道路的长度，求使管道长度最短的铺设方案。

解：由于煤气管道只能沿着道路铺设，并要求通到所有的居民点，故表示煤气管道的图必为道路图的部分图，为了使管道总长最短，图中不应该有圈，故原问题转化为求一棵最小树的问题。任取一圈 $\{v_1, v_2, v_3, v_1\}$，去掉权重最大的边 (v_1, v_3)，取圈 $\{v_3, v_2, v_5, v_3\}$，去掉权重最大的边 (v_5, v_2)，取圈 $\{v_5, v_6, v_4, v_5\}$，去掉权重最大的边 (v_4, v_6)，取圈 $\{v_2, v_3, v_5, v_4, v_2\}$，去掉权重最大的边 (v_3, v_5)，得到最小树如图 6-23 所示，即为管道总长为最短的铺设方案，管道总长(即最小树的权之和)为 15 个单位。

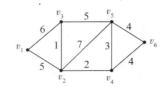

图 6-22　某城市道路交通图

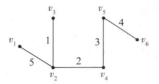

图 6-23　最小树

②避圈法。避圈原则：先从图中选取一条权最小的边，以后每一步从未选的边中，选一条权最小的边，使与已选的边不构成圈，直至形成最小树。

例 6-8　用避圈法求图 6-24 所示的最小树。

解：先取圈最小权对应的边 (v_1, v_2)，在余下的边中，选取最小权对应的边 (v_3, v_4)，且与 (v_1, v_2) 不构成圈，然后，从余下边中选取权最小的 (v_2, v_3) 且与边 (v_1, v_2)、(v_3, v_4) 不构成圈，最后，从余下边中选取与已选边不能构成圈的权最小的边 (v_4, v_5)，便是最小树，如图 6-24 粗线所示。

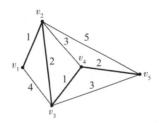

图 6-24　最小树

2. 优化方法

1) 最短路问题

在实际生活中，有时我们会遇到这样一类问题：车辆选择哪一条出行路线可以最快到达目的地，邮递员怎样选择路线才能使所走路线最短等，这类问题在图论中属于最短路问题。最短路问题是图论理论的一个经典问题，寻找最短路径就是在指定网络的两点间找一条最小树的过程。最短路不仅指一般地理意义上的最短，还可以引申到其他的度量，如时间、费用、线路容量等，这些都可以抽象为在图中找出任意两点之间的一条路，使这条路上的权值和最小。因此，最短路问题的分析对于用最优化方法解决运输问题、管道铺设问题、公路以及城市交通网络规划问题、生产组织管理问题等都具有指导意义。

一般最短路问题的描述：给定一个连通图 $G = (V, E)$，对每一个边 (v_i, v_j)，相应地有权 w_{ij}，（$w_{ij} = +\infty$ 表示 v_i、v_j 之间没有边），v_s、v_t 为图中起、终点，求一条路 μ，使它为从 v_s 到 v_t 的所有路中的总权最小，即 $w(\mu) = \sum\limits_{(v_i, v_j) \in \mu} w_{ij}$ 最小。

最短路问题的分析分为如下两类：

①从起点 v_s 到终点 v_t 的最短路问题；

②任意点之间的最短路问题。

求解最短路问题有多种算法，最基本的算法包括迪杰斯特拉(Dijkstra)算法以及弗洛伊德(Floyd)算法。其中，Dijkstra算法(又称标号法)是求解网络图中起点到其他各点最短路，Floyd算法(又称距离矩阵法)是求解图中任意两点间的最短路。

（1）Dijkstra算法。

在图 $G = (V, E)$ 中，$V = \{v_1, v_2, \cdots, v_n\}$，求起点到任意一点的最短路。

Dijkstra算法的步骤如下：

①给始点 v_1 以 P 标号，$P(v_1) = 0$，这表示从 v_1 到 v_1 的最短距离为0，其余节点均给 T 标号，$T(v_i) = +\infty (i = 2, 3, \cdots, n)$；

②设节点 v_i 为刚得到 P 标号的点，考虑 v_i 相邻的 T 标号点 v_j，对 v_j 的 T 标号进行如下修改：$T(v_j) = \min[T(v_j), P(v_i) + w_{ij}]$；

③比较所有具有 T 标号的点，把最小者改为 P 标号，即 $P(v_k) = \min[T(v_j)]$。

当存在两个以上的最小者时，可同时改为 P 标号。若终点为 P 标号，则停止，其标号值就是最短路权，反向追踪可以得到最短路径；否则用 v_k 代替 v_i，返回步骤②。

例 6-9 用 Dijkstra 算法求图 6-25 中 v_1 到 v_6 的最短路。

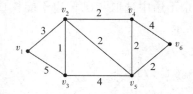

图 6-25　连通图

解：①首先给点 v_1 标上 $P(v_1) = 0$，其他点标上 T 标号，$T(v_i) = +\infty (i = 2, 3, \cdots, 6)$。

②将与 v_1 相邻的 T 标号的点 v_2，v_3 进行 T 标号修改如下：

$$T(v_2) = \min[T(v_2), P(v_1) + l_{12}] = \min[+\infty, 0 + 3] = 3$$
$$T(v_3) = \min[T(v_3), P(v_1) + l_{13}] = \min[+\infty, 0 + 5] = 5$$

当前所有 T 标号中，v_2 的 T 标号最小，则给 v_2 标上 P 标号，即 $P(v_2) = 3$。

③将与 v_2 相邻的 T 标号点 v_3、v_4、v_5 进行修改 T 标号如下：

$$T(v_3) = \min[T(v_3), P(v_2) + l_{23}] = \min[5, 3 + 1] = 4$$
$$T(v_4) = \min[T(v_4), P(v_2) + l_{24}] = \min[+\infty, 3 + 2] = 5$$
$$T(v_5) = \min[T(v_5), P(v_2) + l_{25}] = \min[+\infty, 3 + 2] = 5$$

当前所有 T 标号中，v_3 的 T 标号最小，则给 v_3 标上 P 标号，$P(v_3) = 4$。

依此类推，得到 v_4、v_5、v_6 的 P 标号 $P(v_4) = 5$、$P(v_5) = 5$、$P(v_6) = 7$。

这时终点 v_6 已经得到固定标号，则算法终止。可见，v_1 到 v_6 的最短路权为7。

需要指出的是，以上求得的是从某一点到另外一点的最短路权，而实际上要求的是具体的最短路线。因此，还必须在求得各点最短路权之后，再采用反向追踪法求出最短路线。"反向追踪"法从线路的终点 v_n 开始反向寻找最短路线，设 P_j 为起点 v_1 到某一点 v_j 的最短路权，已由 Dijkstra 算法求得，则寻找一点 v_k，使 $P_k + w_{kn} = P_n$，记下弧 (v_k, v_n)，再考察 P_k，寻找一点 v_i，使 $P_i + w_{ik} = P_k$，记下弧 (v_i, v_k)，依此类推，直至到达起点 v_1，于

是从 v_1 到 v_n 的最短路线为 $\{v_1, \cdots, v_i, v_k, v_n\}$。例 6-9 中反向追踪 v_1 到 v_6 的最短路：$v_1 \to v_2 \to v_5 \to v_6$。

（2）Floyd 算法。

在有些最短路的问题中，不仅需要知道从起点到终点的最短路线，还需要知道网络中任意两点间的最短路线。例如，在城市交通规划中，进行出行交通量分配时，就需要知道各个出行节点之间的最短路线。对于这种情况，可以用前面介绍的 Dijkstra 算法求解，但是用这种算法解任意点之间的最短问题比较复杂，有 n 个节点就需要重复计算 n 次。这里介绍一种借助于距离矩阵求解最短路的方法——Floyd 算法。

首先构造网络图一个距离矩阵 $\boldsymbol{D} = (d_{ij})$，$w_{ij}$ 为边 (v_i, v_j) 的权，其中：

$$d_{ij} = \begin{cases} w_{ij}, & (v_i, v_j) \in E \\ 0, & v_j = v_j \\ \infty, & 其他 \end{cases}$$

Floyd 算法步骤如下：

①标定直接到达距离矩阵 $\boldsymbol{D}^{(1)} = \boldsymbol{D} = \{d_{ij}\}$，$\boldsymbol{D}^{(1)}$ 表明从 v_i 到 v_j 直接到达（两点间一步到达）的路权，由于从 v_i 到 v_j 的最短路不一定是直接到达的，可能由一个、两个或者更多的中间点间接到达；

②计算两步最短距离矩阵 $\boldsymbol{D}^{(2)}$，$\boldsymbol{D}^{(2)}$ 中的元素 $d_{ij}^{(2)} = \min[d_{ik} + d_{kj}]$，$k = 1, 2, \cdots, n$；

③计算 k 步最短距离矩阵 $\boldsymbol{D}^{(k)}$，$\boldsymbol{D}^{(k)}$ 中的元素 $d_{ij}^{(k)} = \min_k[d_{ik}^{(k-1)} + d_{kj}^{(k-1)}]$，$k = 1, 2, \cdots, n$；

④当 $\boldsymbol{D}^{(m+1)} = \boldsymbol{D}^{(m)}$，停止计算，矩阵 $\boldsymbol{D}^{(m)}$ 中的各元素即为各点间的最短路权。

例 6-10 求图 6-26 中任意两点间的最短路。

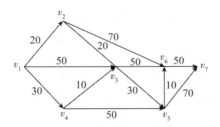

图 6-26 网络图

解：（1）标定直接到达矩阵 $\boldsymbol{D}^{(1)}$。

$$\boldsymbol{D}^{(1)} = \begin{pmatrix} 0 & 20 & 50 & 30 & \infty & \infty & \infty \\ \infty & 0 & 20 & \infty & \infty & 70 & \infty \\ \infty & \infty & 0 & 10 & 30 & 50 & \infty \\ \infty & \infty & \infty & 0 & 50 & \infty & \infty \\ \infty & \infty & \infty & \infty & 0 & 10 & 70 \\ \infty & \infty & \infty & \infty & \infty & 0 & 50 \\ \infty & \infty & \infty & \infty & \infty & \infty & 0 \end{pmatrix}$$

（2）计算 $d_{ij}^{(2)} = \min[d_{ik}^{(1)} + d_{kj}^{(1)}]$，$k = 1$，2，3，4，5，6，7。

$$D^{(2)} = \begin{pmatrix} 0 & 20 & 40 & 30 & 80 & 90 & \infty \\ \infty & 0 & 20 & 30 & 50 & 70 & 120 \\ \infty & \infty & 0 & 10 & 30 & 40 & 100 \\ \infty & \infty & \infty & 0 & 50 & 60 & 120 \\ \infty & \infty & \infty & \infty & 0 & 10 & 60 \\ \infty & \infty & \infty & \infty & \infty & 0 & 50 \\ \infty & \infty & \infty & \infty & \infty & \infty & 0 \end{pmatrix}$$

$d_{ij}^{(3)} = \min[d_{ik}^{(2)} + d_{kj}^{(2)}]$，$k = 1$，2，3，4，5，6，7。

$$D^{(3)} = \begin{pmatrix} 0 & 20 & 40 & 30 & 70 & 90 & 140 \\ \infty & 0 & 20 & 30 & 50 & 60 & 120 \\ \infty & \infty & 0 & 10 & 30 & 40 & 90 \\ \infty & \infty & \infty & 0 & 50 & 60 & 110 \\ \infty & \infty & \infty & \infty & 0 & 10 & 60 \\ \infty & \infty & \infty & \infty & \infty & 0 & 50 \\ \infty & \infty & \infty & \infty & \infty & \infty & 0 \end{pmatrix}$$

依此类推，$d_{ij}^{(6)} = \min[d_{ik}^{(5)} + d_{kj}^{(5)}]$，$k = 1$，2，3，4，5，6，7。

$$D^{(6)} = \begin{pmatrix} 0 & 20 & 40 & 30 & 70 & 80 & 130 \\ \infty & 0 & 20 & 30 & 50 & 60 & 110 \\ \infty & \infty & 0 & 10 & 30 & 40 & 90 \\ \infty & \infty & \infty & 0 & 50 & 60 & 110 \\ \infty & \infty & \infty & \infty & 0 & 10 & 60 \\ \infty & \infty & \infty & \infty & \infty & 0 & 50 \\ \infty & \infty & \infty & \infty & \infty & \infty & 0 \end{pmatrix}$$

此时 $D^{(6)} = D^{(5)}$，至此，得到了各点之间的最短路权。

以上方法计算得到的最短距离矩阵 $D^{(m)}$ 是任意两点之间的最短路权，而与它相应的最短路线，还需用反向追踪法来确定。

需要说明的是，在前面讨论的求最短路的诸多方法之中，均假设权值为非负。如果权值为负，则 Dijkstra 法失效。但是在道路与交通、运输等问题中遇到的权值，如距离、费用、运行时间等，一般为正值，所以这里不再介绍权值为负的最短路求解方法，如果遇到这类情况，可以参考相关文献。

2）最大流问题

在日常生活中，有大量的网络，如电网、水管网、交通运输网、通信网、生产管理网等。先看一个水管网络的实例，假设该网络只有一个进水口和一个出水口，其他管道（边）和接口（节点）均密封。网络中每个管道用它的截面面积作为该管道的权数，它们反映着管道在单位时间内可能通过的最大量（称为容量）。现在在此管道网络中注入稳定的水流，由进水口注入，经水管网络之后由出水口流出，这就形成了一个实际的稳定流动，称为流。分析这种实际流动，有如下性质：

①实际流动是一个有向的流动；

②每个管道中单位时间内通过的流量不可能超过该管道的容量（权数）；

③每个内部节点处流入节点的流量与流出节点的流量应该相等；

④流入进水口的流量应等于流出出水口的流量，即为实际流动的流量。

如果进一步加大流量，由于受到水管网络的限制，加到一定的流量之后，再也加不进去了，此时的流量就是水管网络能通过的最大流量。

如果把有向网络看作一个交通网络，其中点表示车站，弧表示道路，则弧的权就表示两个车站之间道路的通行能力。于是，给定一个有向网络，需要指定两点之间的最大流量，即最大流问题。

（1）基本概念及定理。

①网络与流。给定一个有向图 $D = (V, A)$，设 D 有一个始点 v_s 和一个终点 v_t，其余点都为中间点。对于图中每一个弧 $(v_i, v_j) \in A$，对应一个非负数 c_{ij}，称为弧的容量。把这样的图 D 称为网络，记作 $D = (V, A, C)$。在网络的每条弧上给定一个流量 $f(v_i, v_j)$（或记为 f_{ij}），这样就在网络上构成了一个流，如图 6-27 所示弧旁的数据为 (c_{ij}, f_{ij})。

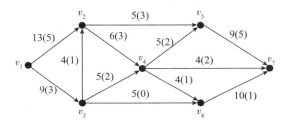

图 6-27　网络图

②可行流与最大流。从图 6-27 中可以看出，对于流有两个明显的要求：一是每个弧上的流不可以超过它的容量；二是中间点的流量为 0。因为对于中间点来说，流出该点的总交通量与流进该点的交通量之差是该点的净产生量，简称为该点的流量。由于中间点只起到运转作用，所以流进该点的流量应该等于流出该点的流量，即该点的流量必为 0。易知，发点发出的流量与收点收到的流量应该相等。因此，有如下定义。

满足下述条件的流 f 称为可行流。

容量限制条件。对每一弧 $(v_i, v_j) \in A$，有

$$0 \leqslant f_{ij} \leqslant c_{ij}$$

平衡条件。对于中间点，有流出量=流入量，即对每个 $i(i \neq s, t)$，有

$$\text{中间点 } v_i: \sum_{(v_i, v_j) \in A} f_{ij} - \sum_{(v_j, v_i) \in A} f_{ji} = 0$$

$$\text{始点 } v_s: \sum_{(v_s, v_j) \in A} f_{sj} - \sum_{(v_j, v_s) \in A} f_{js} = w(f)$$

$$\text{终点 } v_t: \sum_{(v_t, v_j) \in A} f_{tj} - \sum_{(v_j, v_t) \in A} f_{jt} = -w(f)$$

式中：$w(f)$ 为可行流的流量，即始点的净输出量（或终点的净输入量）。

显然，零流也可以是可行流，符合上述条件的可行流不是唯一的。最大流就是流量最大的可行流。

最大流问题的数学模型为

$$\max w(f)$$

$$\text{s.t.} \begin{cases} 0 \leqslant f_{ij} \leqslant c_{ij}, & (v_i, v_j) \in A \\ \sum_{(v_s, v_j) \in A} f_{sj} - \sum_{(v_j, v_i) \in A} f_{ji} = w(f), & i = s \\ \sum_{(v_i, v_j) \in A} f_{ij} - \sum_{(v_j, v_i) \in A} f_{ji} = 0, & i \neq s, t \\ \sum_{(v_t, v_j) \in A} f_{tj} - \sum_{(v_j, v_i) \in A} f_{jt} = -w(f), & i = t \end{cases}$$

由此可见，最大流问题也是一个线性规划问题，当然也可以用线性规划的单纯形法求解。但是，利用图的特点，解决这个特殊的线性规划问题的方法较之单纯形法要更方便、直观得多。

③增广链。若给定一个可行流 $f = \{f_{ij}\}$，则将网络中使 $f_{ij} = c_{ij}$ 的弧称为饱和弧，$f_{ij} < c_{ij}$ 的弧称为非饱和弧，$f_{ij} = 0$ 的弧称为零流弧，$f_{ij} > 0$ 的弧称为非零流弧。

若 μ 是网络中从始点 v_s 到终点 v_t 的一条链，定义链的方向是从 v_s 到 v_t，则链上的弧被分为两类：一类是弧的方向与链的方向一致，称为前向弧，前向弧的全体记为 μ^+；另一类是弧与链的方向相反，称为后向弧，后向弧的全体记为 μ^-。

图 6-27 中，考查链 $\mu = \{v_1, (v_1, v_2), v_2, (v_3, v_2), v_3, (v_3, v_6), v_6, (v_6, v_7), v_7\}$，则 $\mu^+ = \{(v_1, v_2), (v_3, v_6), (v_6, v_7)\}$，$\mu^- = \{(v_3, v_2)\}$。

设 f 是一个可行流，μ 是从始点 v_s 到终点 v_t 的一条链，若 μ 满足下列条件，则称为关于可行流的一条增广链：

在前向弧 μ^+ 上，$0 \leqslant f_{ij} < c_{ij}$，即 μ^+ 中的每一弧均是非饱和弧。

在后向弧 μ^- 上，$0 < f_{ij} \leqslant c_{ij}$，即 μ^- 中的每一弧均是非零流弧。

④割集与割量。容量网络 $G = (V, E, C)$，v_s 为始点，v_t 为终点。如果把 V 分成两个非空集合 S，$\bar{S}$，使 $v_s \in S$，$v_t \in \bar{S}$，如图 6-28 所示，则所有始点属于 S、终点属于 $\bar{S}$ 的弧的集合，称为由 S 决定的割集，记作 $(S, \bar{S})$。割集 $(S, \bar{S})$ 中所有弧的容量之和，称为这个割集的容量（割量），记为 $c(S, \bar{S})$。图 6-28 所示网络的割集 $(S, \bar{S}) = \{(v_s, v_1), (v_2, v_4), (v_2, v_3)\}$，割量 $c(S, \bar{S}) = l_{s1} + l_{24} + l_{23} = 7 + 6 + 5 = 18$。

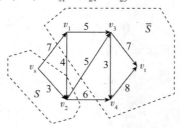

图 6-28　网络图

不难看出，割集是 v_s 到 v_t 的必经之路，任何一个可行流的流量 $w(f)$ 都不会超过任一割集的容量，即 $w(f) \leqslant c(S, \bar{S})$，故找到最小割量就可得到网络的最大流量。

⑤最大流量—最小割量定理。最大流量—最小割量定理：任一网络 D 中，从始点 v_s 到终点 v_t 的最大流的流量等于分离 v_s、v_t 的最小割量的容量。

这个定理说明，只要能找到网络的一个最小割量，那么就可以得到网络的最大流量。

但是对于比较复杂的网络，直接在网络图上找最小割集是不胜其烦的，且很容易漏掉最小割集。因此，通常采用 Ford-Fulkerson 标号法来寻找最小割集。

（2）Ford-Fulkerson 标号法。

寻找最大流的算法是从某个可行流 f 开始的，若网络中没有给定可行流，则可以取 $f = 0$，即从零流开始，进而用标号法求关于可行流 f 的增广链。如果增广链存在，可以经过调整，得到一个新的可行流 f'，其流量 $w(f')$ 较 $w(f)$ 大，然后再寻找 f' 的增广链，再调整。反复多次直到增广链不存在为止，即得到最大流。

Ford-Fulkerson 标号法的步骤如下：

第一步：找出第一个可行流，一般从零流开始，即 $f_{ij} = 0$。

第二步：标号寻找关于零流的增广链。

在这个过程中，网络中的点或是标号点（又分为已检查和未检查两种），或是未标号点。每个标号点的标号包含两个部分：第一部分表明它的标号是从哪里得到的，以便找出增广链；第二部分用于确定增广链的调整量。

标号过程开始，先给 v_s 标上 $(0, \infty)$，这时 v_s 是标号而未检查的点，其余都是未标号点。一般地，取一个已标号而未检查的点 v_i，对于一切未标号点 v_j：

①若在前向弧 (v_i, v_j) 上，$f_{ij} < c_{ij}$，则给 v_j 标号 $[v_i, l(v_j)]$，这里 $l(v_j) = \min[l(v_i), c_{ij} - f_{ij}]$，这时点 v_j 称为标号而未检查的点；

②若在后向弧 (v_j, v_i) 上，$f_{ij} > 0$，则给 v_j 标号 $[-v_i, l(v_j)]$，这里 $l(v_j) = \min[l(v_i), f_{ji}]$，这时点 v_j 称为标号而未检查的点。

于是，v_i 称为标号且已检查的点。重复上述过程，一旦 v_t 被标上号，就表明得到一条从 v_s 到 v_t 的增广链 μ，按照 v_t 及其他点的第一部分标号，利用反向追踪的方法，找出增广链 μ，从而转入调整过程。

若终点不能得到标号，则表明不存在增广链，算法结束，这时的可行流就是最大流。

第三步，调整流量。调整流量的方法如下：

①求调整量

$$\theta_1 = \min\{c_{ij} - f_{ij} \mid (v_i, v_j) \in \mu^+\}$$
$$\theta_2 = \min\{f_{ij} \mid (v_i, v_j) \in \mu^-\}$$
$$\theta = \min(\theta_1, \theta_2)$$

②调整流量

$$f'_{ij} = \begin{cases} f_{ij} + \theta, & (v_i, v_j) \in \mu^+ \\ f_{ij} - \theta, & (v_i, v_j) \in \mu^- \\ f_{ij}, & (v_i, v_j) \notin \mu \end{cases}$$

根据以上步骤得到一个新的可行流 f'_{ij}。去掉所有的标号，返回第二步对新的可行流 f'_{ij} 重新标号寻找增广链，直到不能标号为止。

用 Ford-Fulkerson 标号法寻找最大流，不仅能求得从始点到终点的最大流，同时还可以找到最小割集。最小割集是影响网络流量的咽喉，在这里弧的容量最小，因此决定了整个网络的最大通行能力，若要提高整个网络的通行能力，必须从改造这个咽喉部位开始，相当于道路网中的瓶颈路段。

当网络中存在多个始点和终点时，可增设一个虚拟的始点 v_s 和一个虚拟的终点 v_t，虚拟始点至各个始点的弧的容量以及各个终点至虚拟终点的弧的容量为无限大。这样把原来的多始点、多终点的网络化成单始点、单终点的网络，从而可以使用前面的标号法求最大流。如图 6-29 所示，原网络为 3 个始点、3 个终点的网络系统，增设虚拟始点、虚拟终点后转换成单始点、单终点的网络系统。

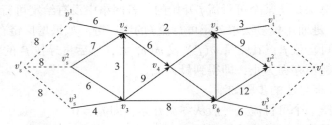

图 6-29　网络图

例 6-11　用标号法求图 6-30 所示网络的最大流，弧旁数为 (c_{ij}, f_{ij})。

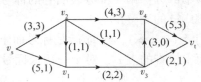

图 6-30　网络图

解：（1）从可行流零流开始标号，寻找增广链。

①给始点 v_s 标号（0，$+\infty$）。

②检查 v_s。

在前向弧 (v_s, v_1) 上，$f_{s1} < c_{s1}$，满足标号条件，则 v_1 的标号为（$+ v_s$，$l(v_1)$）$l(v_1) = \min\{l(v_s)，c_{s1} - f_{s1}\} = \min\{+\infty，5 - 1\} = 4$，即 v_1 的标号为（$+ v_s$，4）。

在前向弧 (v_s, v_2) 上，$f_{s2} = c_{s2}$，不满足标号条件。

③检查 v_1。

在前向弧 (v_1, v_3) 上，$f_{13} = c_{13} = 2$，不满足标号条件。

在后向弧 (v_2, v_1) 上，$f_{21} = 1 > 0$，满足标号条件，则 v_2 的标号为（$- v_1$，$l(v_2)$）。$l(v_2) = \min\{l(v_1)，f_{21}\} = \min\{4，1\} = 1$，即 v_2 的标号为（$- v_1$，1）。

④检查 v_2。

在前向弧 (v_2, v_4) 上，$f_{24} < c_{24}$，满足标号条件，v_4 的标号为（$+ v_2$，$l(v_4)$）。$l(v_4) = \min\{l(v_2)，c_{24} - f_{24}\} = \min\{1，4 - 1\} = 1$，即 v_4 的标号为（$+ v_2$，1）。

在后向弧 (v_3, v_2) 上，$f_{32} = 1 > 0$，满足标号条件，v_3 的标号为（$- v_2$，$l(v_3)$）。$l(v_3) = \min\{l(v_2)，f_{32}\} = \min\{1，1\} = 1$，即 v_3 的标号为（$+ v_2$，1）。

⑤在 v_3、v_4 两点中任选一点进行检查。

如选 v_4 点，在前向弧 (v_4, v_t) 上，$f_{4t} < c_{4t}$，满足标号条件，v_t 的标号为（$+ v_4$，$l(v_t)$）。$l(v_t) = \min\{l(v_4)，c_{4t} - f_{4t}\} = \min\{1，5 - 3\} = 1$，即 v_t 的标号为（$+ v_4$，1）。

因 v_t 得到标号，说明找到了一条增广链 $\mu(v_s \to v_1 \to v_2 \to v_4 \to v_t)$。

（2）调整过程。

该增广链 μ 中，$\mu^+ = \{(v_s, v_1)，(v_2, v_4)，(v_4, v_t)\}$，$\mu^- = \{(v_2, v_1)\}$。

调整量 $\theta_1 = \min\{4，1，2\} = 1$，$\theta_2 = \min\{1\} = 1$，故 $\delta = \min(\theta_1，\theta_2) = 1$。

在 μ 上调整 f。

在 μ^+ 上：$f_{s1} + \theta = 1 + 1 = 2$；$f_{24} + \theta = 3 + 1 = 4$；$f_{4t} + \theta = 3 + 1 = 4$。

在 μ^- 上：$f_{21} - \theta = 1 - 1 = 0$。

其余 f_{ij} 不变，于是得到一个新的可行流，如图 6-31 所示。对这个可行流重新进行标号，寻找增广链。

开始给 v_s 标上 $(0 + \infty)$，检查 v_s，其中前向弧 (v_s, v_2) 为饱和弧，不能标号，而前向弧 (v_s, v_1) 为不饱和弧，满足标号要求，给 v_1 标上 $(+v_s, 3)$，此时 v_s 成为已标号且已检查的点，而 v_1 为已标号未检查的点。检查与 v_1 相关联的弧，发现所有的前向弧均为饱和弧，而所有的后向弧均为零流弧，故标号过程无法继续，如图 6-32 所示，图中已不存在增广链，当前流为网络的最大流。最大流的流量等于当前始点的流量，也等于当前终点的流量，即 $w(f) = f_{s1} + f_{s2} = f_{3t} + f_{4t} = 3 + 2 = 5$。

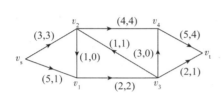

图 6-31　调整后流量图

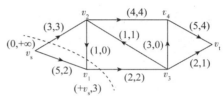

图 6-32　割集

在最后一次标号过程中，随着标号的中止，同时得到了网络最小割集，即标号已检查的点集 $S = \{v_s, v_1\}$，未标号的点集 $\bar{S} = \{v_2, v_3, v_4, v_t\}$，最小割集 $(S, \bar{S}) = \{v_s, v_1\}$，如图 6-32 虚线所示，此最小割集的割量 $c(S, \bar{S}) = f_{s2} + f_{13} = 3 + 2 = 5$。

3）最小费用最大流问题

最小费用最大流问题是运筹学的一个重要分支，它涉及最短路、最大流、最小费用等诸多问题。在交通运输规划中，不但要求从始点到终点传输最大流量，而且还存在时间、路况、天气等客观因素，导致出行成本变动。最小费用最大流问题就是解决使流量达到最大且总成本费用最低的交通运输问题。

最小费用最大流问题的研究是在最大流和最小费用流问题的基础上进行的，建立了一系列的理论体系，提出许多经典算法。

在网络 $D = (V, A, C)$ 的每一弧 $(v_i, v_j) \in A$ 上，除了已经给定的容量 c_{ij} 外，还给定了一个单位流量的费用 $b_{ij} \geq 0$。所谓最小费用最大流问题就是要寻找一个最大流 f，使流的总输送费用

$$b(f) = \sum_{(v_i, v_j) \in A} b_{ij} f_{ij}$$

取极小值。

寻找最小费用的最大流，首先考虑这样一个问题，当沿着一条关于可行流 f 的增广链 μ，以 $\theta = 1$ 调整 f，得到新的可行流 f'，即 $w(f') = w(f + 1)$ 时，费用 $b(f')$ 比 $b(f)$ 增加了多少？不难看出

$$b(f') - b(f) = \sum_{\mu^+} b_{ij}(f'_{ij} - f_{ij}) - \sum_{\mu^-} b_{ij}(f'_{ij} - f_{ij})$$

$$= \sum_{\mu^+} b_{ij} - \sum_{\mu^-} b_{ij}$$

因此，把 $\sum_{\mu^+} b_{ij} - \sum_{\mu^-} b_{ij}$ 称为这条增广链 μ 的"费用"。

可以证明，若 f 是流量为 $w(f)$ 的所有可行流中的费用最小者，而 μ 是关于 f 的所有增广链中费用最小的增广链，那么，沿着 μ 去调整 f 所得到的可行流 f'，就是流量为 $w(f')$ 的所有可行流中的最小费用流。这样，当 f' 为最大流时，它就是所要求的最小费用最大流了。

在实际问题中，费用 b_{ij} 总是非负的，所以 $f=0$ 必是流量为 0 的最小费用流。这样，总可以从可行流 $f=0$ 开始。一般地，设已知 f 是流量 $w(f)$ 的最小费用流，余下的问题就是如何去寻找关于 f 的最小费用增广链。

为了找出关于 f 的最小费用增广链，需要构造一个长度网络 $L(f)$，使在网络 D 中寻找关于 f 的最小费用增广链等价于在长度网络 $L(f)$ 中寻找从 v_s 到 v_t 的最短路。长度网络的构造方法如下：

①保持原网络各顶点不动，每两点之间各连正反向两条弧。

②对于正向弧（与原网络方向一致者），令弧长

$$l_{ij} = \begin{cases} b_{ij}, & f_{ij} < c_{ij} \\ +\infty, & f_{ij} = c_{ij} \end{cases}$$

其中，$+\infty$ 表示该弧已经饱和，不能再增大流量，这样的弧在 $L(f)$ 图中可以省略不画。

③对于反向弧，令弧长

$$l_{ij} = \begin{cases} -b_{ij}, & f_{ij} > 0 \\ +\infty, & f_{ij} = 0 \end{cases}$$

其中，$+\infty$ 表示流量已经减少到 0，不能再小，这样的弧同样在 $L(f)$ 图中可以省略不画。

于是，求网络最小费用最大流的算法步骤如下。

①取零流为初始可行流 $f^{(0)} = 0$。

②构造长度网络 $L^{(0)}$，在 $L^{(0)}$ 上求 v_s 到 v_t 的最短路。这条最短路就是对应在原网络中的关于 $f^{(0)}$ 的最小费用增广链。

③在原网络中找到相应于最短路的增广链 μ，沿 μ 对 $f^{(0)}$ 进行调整，于是得到费用最小的可行流 $f^{(1)}$。

④调整方法。设在第 $k-1$ 步得到最小费用流为 $f^{(k-1)}$，在原网络 D 中找到相应的增广链 μ，在 μ 上对 $f^{(k-1)}$ 进行调整，调整量为

$$\theta = \min\left[\min_{\mu^+}(c_{ij} - f_{ij}^{(k-1)}), \min_{\mu^-}(f_{ij}^{(k-1)})\right]$$

令

$$f_{ij}^{(k)} = \begin{cases} f_{ij}^{(k-1)} + \theta, & (v_i, v_j) \in \mu^+ \\ f_{ij}^{(k-1)} - \theta, & (v_i, v_j) \in \mu^- \\ f_{ij}^{(k-1)}, & (v_i, v_j) \notin \mu \end{cases}$$

于是，得到一个新的可行流 $f^{(k)}$。

⑤返回步骤②，继续进行，直到网络 L 中不存在最短路为止，这时的可行流 f 就是最小费用最大流。

例 6-12 求图 6-33 所示网络的最小费用最大流，弧旁权是 (b_{ij}, c_{ij})。

解：（1）取初始可行流为零流 $f^{(0)} = 0$，并以此构造相应的长度网络 $L(f^{(0)})$，如图 6-33 所示。

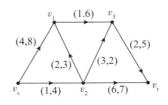

图 6-33　网络图

（2）在 $L(f^{(0)})$ 上，求出 v_s 到 v_t 的最短路。其最短路为 $v_s \to v_2 \to v_1 \to v_3 \to v_t$，如图 6-34 所示。

（3）在原网络中找出与最短路线相应的最小费用增广链 μ，沿着 μ 对 $f^{(0)}$ 进行调整，调整量

$$\theta_1 = \min\left[\min_{\mu^+}(c_{ij} - f_{ij}^{(k-1)}),\ \min_{\mu^-}(f_{ij}^{(k-1)})\right] = \min\left[(4-0),(3-0),(6-0),(5-0)\right] = 3$$

调整后得到新的最小费用可行流 $f^{(1)}$，如图 6-35 所示。

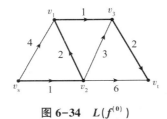

图 6-34　$L(f^{(0)})$

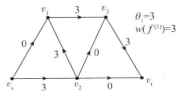

图 6-35　$f^{(1)}$

（4）重复前面的过程。构造长度网络 $L(f^{(1)})$，并找出最短路：$v_s \to v_2 \to v_3 \to v_t$，如图 6-36 粗线所示。

（5）在 $L(f^{(1)})$ 中找出最短路线相应的增广链 μ，沿着 μ 对 $f^{(1)}$ 进行调整，调整量

$$\theta_2 = \min\left[(4-3),(2-0),(5-3)\right] = 1$$

调整后得到新的最小费用可行流 $f^{(2)}$，如图 6-37 所示。重复前面的过程。构造长度网络 $L(f^{(2)})$，并找出最短路：$v_s \to v_1 \to v_3 \to v_t$，如图 6-38 所示。

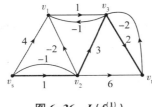

图 6-36　$L(f^{(1)})$

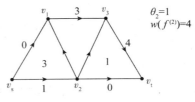

图 6-37　$f^{(2)}$

重复上面的方法，依次求出 $f^{(3)}$（见图 6-39），$L(f^{(3)})$（见图 6-40），$f^{(4)}$（见图 6-41），$L(f^{(4)})$（见图 6-42），$f^{(5)}$（见图 6-43），$L(f^{(5)})$（见图 6-44），其中粗线均代表最短路。

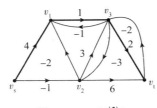

图 6-38　$L(f^{(2)})$

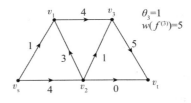

图 6-39　$f^{(3)}$

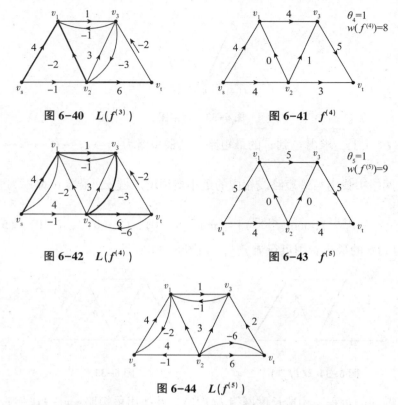

图 6-40　$L(f^{(3)})$　　　　图 6-41　$f^{(4)}$

图 6-42　$L(f^{(4)})$　　　　图 6-43　$f^{(5)}$

图 6-44　$L(f^{(5)})$

当进行到 $L(f^{(5)})$ 时，已经不存在从 v_s 到 v_t 的通路，这时算法结束。$f^{(5)}$ 就是所有该网络的最小费用最大流，最大流是 9，对应的最小费用为：$5\times4+5\times1+5\times2+4\times1+4\times6=63$。

6.2.2　时间流网络图优化方法

1. 概述

运输系统是一个由物质、能量和信息交换构成的复杂的网络系统，在运输系统网络内部各种关系纵横交错、彼此相连。在这些错综复杂、彼此相连的关系的共同作用下，各种物质、能量和信息在网络内部和网络与环境之间有秩序、有节奏地流动和循环着，并使这个网络(实际上是一个层次更高的大系统)执行它的各种功能。因此，要正确认识运输系统网络中的各种关系，以实现对运输系统网络的最优控制和最优管理。

运输系统网络控制，即对运输系统施加各种适当的作用，以保证系统的行为尽可能最优地达到原来在最优设计中规定的各项目标。目前，常采用网络计划技术来达到对系统的优化控制。

网络计划技术，又称计划协调技术、计划评审技术或统筹法，简称 PERT(Program Evaluation and Review Technique)。计划协调技术是 1958 年美国海军特种计划局在制造"北极星"导弹的工程管理中提出来的。"北极星"导弹的制作工程由 8 家总承包公司、250 家分包公司、3 000 家三包公司、9 000 家厂商承担。PERT 提高了工作效率，使整个工程的研制工作提前两年完成。

20 世纪 60 年代，世界各国陆续把 PERT 应用于工业、农业、国防和科学技术的计划和管理中。有统计资料表明，在不改变人力、物力和财力的条件下，使用 PERT 进行工程系统的管理和控制，可以提前进度 15%~20%，节省成本 10%~15%。

还有一种系统优化控制方法，称为关键线路法，简称 CPM(Critical Path Method)，是美国兰德公司和杜邦公司于 1956 年在建设化工厂时提出来的，后来又用于生产设备的维修，效果都非常显著。例如，路易维尔工厂原来因设备大修需停产 125 h，采用 CPM 以后，大修时间缩短为 78 h。杜邦公司在采用 CPM 后的一年中，就节约了 100 万美元，5 倍于该公司用于研究发展 CPM 所花费的经费。这种方法除考虑时间因素外，还考虑成本或费用。

正因为如此，这两种技术在美国引起了各方的重视，其应用推广到了军事工业、计算机工业、空间发展计划和建筑施工等领域中。日本在 1962 年前后引进了 PERT/CPM，并首先在建筑领域中应用，继而又推广到了钢铁、造船和设备安装等部门。其后，英国、美国、意大利等国也都广泛采用。有的国家甚至采用行政措施来推行 PERT/CPM，例如规定：凡不采用 PERT/CPM 编制计划的工程项目，不予审批。

PERT 与 CPM 并无根本区别。由于 PERT 是由军事部门所创，而 CPM 是由民用部门所创，因此，前者较偏重于时间控制，后者较偏重于成本控制。此外，后者的工作时间一般是确定性的，而前者的工作时间往往具有某种不确定性。但是，在后来的发展中，这两种方法逐渐融合，常称为 PERT-CPM。这就是说，既要考虑时间因素，又要考虑成本因素；既能用于有先例可循的、常规性的任务(即工作时间是确定性的任务)，又能用于无先例可循的、一次性的任务(即工作时间是不完全确定的任务)。

2. PERT

PERT 是指以规定的网络符号及其图形表达计划中工作之间的相互制约和依赖关系，并分析其内在规律，从而寻求其最优方案的计划管理方法。

1)基本思想

PERT 的基本思想是统筹兼顾、求快、求好、求省。

2)基本思路及原理

PERT 的基本思路及原理：分析—分解—画图—计算—调整—优化。

3)适用范围

PERT 特别适用于生产技术复杂、工作项目繁多且联系密集的一些跨部门的工作计划编制，人力、物力、财力等资源的安排。

3. 网络图的组成

一个网络图包含了以下几个要素：工作、事项、线路。

1)工作

工作是指一项有具体活动的过程，有实工作和虚工作之分。实工作是需要人、财、物等资源消耗，并经过一定的时间才能完成的活动过程，用带箭头的实线"→"表示；虚工作是指仅表示工作之间相互依存的逻辑关系，而不代表真正的工作，用带箭头的虚线"-->"表示。虚工作既不需要人力，也不消耗资源，更不占用时间。一个箭线只能表示一个工作。

2)事项

事项是指两个工作之间的衔接点，不需要人力参加，不消耗资源，也不占用时间，只是表示某个工作开始和结束的一种符号，用一个圆"〇"表示。一个事项既是前面工作的结束事项，又是后面工作的开始事项。但每一个工作只能用两个事项来连接，且两个事项之间有且仅有一个工作。

3）线路

线路是指从始点开始顺着箭头所指的方向，连续不断地到达终点的一条通道。线路所需要的时间称为路长，即线路上各个工作的时间总和。在一个系统网络图中，往往包含多条线路，每一条线路所需要的时间都不同，在所有的线路中，所需时间最长的线路称为关键线路，往往用双箭线"⟹"表示。关键线路的时间是完成整个系统的任务所需要的时间。

网络分析的目的，就是要通过网络图找出系统的关键线路，关键线路上的工作若能够按时完成，则整个系统的任务就能按时完成；反之，关键线路上的工作时间被耽误了，整个系统的完成时间就要受影响。

4. 网络图的绘制

一般网络图的绘制都可以分为3个步骤：任务的分解、作图和编号。

1）任务的分解

（1）分解原则。

分解原则是指根据目标，确定分解的粗细，逐步细化，逐步具体。

（2）分解步骤。

①将任务分解成工作。任何一项任务都是由许多工作组成的，在绘制网络图以前，应将一项计划任务，根据需要分解为一定数目的工作。按照分解的粗细不同，网络图可分为以下几种。

总网络图：整个系统的网络图，便于领导掌握进度。

分网络图：子系统网络图，便于任务的开展。

基层网络图：详细的工作网络图，便于具体调度，适当地调整和修改。

②确定各个工作之间相互联系和相互制约的关系。工作与工作之间往往存在着下述一些关系。

紧前工作：当某个工作开始之前，必须先期完成的工作。

紧后工作：当某个工作完成之后，必须紧接着开始的工作。

平行工作：与某个工作同时进行的工作。

交叉工作：与某个工作交叉进行的工作。

确定工作之间的相互关系非常重要，这是正确绘制网络图的基础，要通过认真的系统分析，以确定工作之间的关系。

③估计完成每个工作所需要的时间及费用（成本）。完成每个工作所需要的时间称为作业时间或工作时间，记作 t_e。作业时间的长短受作业人员的技术水平、设备条件、气候条件等因素的影响，往往因人而异、因时而异、因地而异。估计作业时间有一点估计法和三点估计法两种方法。

一点估计法：在具备劳动定额资料的情况下，或者在有作业时间消耗的统计数据时，可利用这些资料，通过分析对比，给出一个工作时间值。

三点估计法：把时间定额分为最乐观时间、最悲观时间和最大可能时间3种。

最乐观时间（a）：指某个作业在各个方面的工作都配合得很好、很协调和顺利的情况下所需要的时间。最乐观时间主要依靠技术指导、组织管理等改善而获得，不是依靠加强人力、物力来取得的。

最悲观时间（b）：指在工作进行得最不顺利的情况下所需要的时间。

最大可能时间（m）：在正常情况下完成任务的可能性为最大时所需要的时间。

三点估计法是求上述 3 个时间的平均值

$$t_e = \frac{a + 4m + b}{6}$$

在网络计划中，正确确定完成各个工作所需要的时间，是一项十分重要的工作，如果能够充分利用平时积累的定额资料，则非常方便和省力。但由于实际情况经常变化，所以要采用估算的方法来确定，最常用的就是三点估计法。

为了使系统在资源(包括人力、物力、资金等)的使用上达到最优，通常要同时考虑时间因素和成本因素，因此，除了估计完成每项工作所需要的时间，还要考虑完成每项工作所需要的费用或成本，可以参照估计工作时间的方法来估计工作的成本。

④将分解结果汇总列表。最后，将分解的结果汇总成一张明细表，其主要内容包括工作名称、工作之间的关系、完成每个工作所需要的时间和费用(成本)等，如表 6-4 所示。

表 6-4　分解结果汇总表

工作名称	紧前工作	工作时间(单位)	工作费用(单位)

2)作图

(1)图形代号。

任务分解完后，就要具体作图。目前常用的是一种双代号网络图，其表示方法是：

①用箭线表示工作，工作名称标在箭线上方，工作时间标在箭线下方；

②用圆表示事项，工作与工作之间用事项连接起来，一个工作由两个事项连接，且两个事项之间也只能有一个工作；

③箭头的方向表示工作进行的方向，箭尾表示工作开始，箭头表示工作结束。双代号网络图如图 6-45 所示。

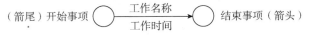

图 6-45　双代号网络图

(2)绘图原则。

绘制网络图时，应注意以下问题。

①网络图是有向的。网络图从左向右排列，且不能出现循环。图 6-46、图 6-47 所示的网络图就是错误的。

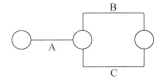
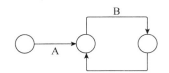

图 6-46　错误网络图 1　　　　图 6-47　错误网络图 2

②一个网络图只能有一个总开始事项和一个总结束事项。无论是对总网络图，还是分网络图、基层网络图，都只能有一个总开始事项和一个总结束事项。

例 6-13 一项工程可以分成 4 个工作，有关资料如表 6-5 所示，请问该项工程的网络图(见图 6-48)是否正确?

表 6-5 某工程有关资料

工作名称	紧前工作
A	—
B	—
C	A
D	A、B

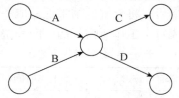

图 6-48 某工程网络图

由于图 6-48 中有两个总开始事项和两个总结束事项，且逻辑关系有误，故此网络图是错误的。

③箭线必须从一个事项开始，到另一个事项结束，其首尾必须有事项相连，图 6-49 所示网络图是错误的。

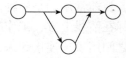

图 6-49 错误的网络图

④尽量避免箭线交叉，若必须交叉，用如图 6-50 所示的"暗桥"(图中弧线)。

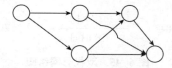

图 6-50 带"暗桥"的网络图

⑤要合理运用虚工作。

分析例 6-13 中的图 6-48 我们可以发现，它有两处错误：一处是有多于一个的总开始事项和总结束事项；另一处是工作与工作之间的逻辑关系不对。C 的紧前工作只有工作 A，而在图 6-48 中，C 的紧前工作是 A 和 B，这显然不对。只需引入一个虚工作就可以解决此问题，如图 6-51 所示。

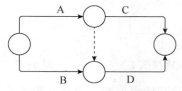

图 6-51 例 6-3 的网络图

3）编号

（1）编号目的。

为便于对网络图进行管理和计算，需要对网络图中的事项统一编号。

（2）编号规则。

①每个事项均有一个编号，不能重复。

②编号顺序是自左向右，逐列编号，每列自上而下或自下而上。

③一个工作的两个相关事项可写成 $i \rightarrow j$，编号一般要求箭尾事项的编号小于箭头事项的编号，即 $i < j$。

④一个工作的两个事项号，可以连续编也可以间隔编。

⑤可以根据施工的需要和管理中的要求进行编号。

例 6-14　一项工程由 5 个工作组成，有关资料如表 6-6 所示。

表 6-6　某工程有关资料

工作名称	紧前工作
A	—
B	A
C	A
D	A
E	B、C、D

解： 按照画图规则，从左向右绘制网络图并进行编号，如图 6-52 所示。

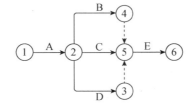

图 6-52　网络图

5. 网络图时间参数的计算

绘制网络图的最终目的，是要通过网络图实现对系统的最优控制，因而，必须计算网络图的时间参数。网络图时间参数的计算，是网络分析的重要环节，是编制网络计划、寻找关键线路的前提。寻找关键线路有两种计算方法：一是计算网络图中事项的时间参数；二是计算网络图中工作的时间参数。因此，网络图时间参数的计算，包括事项时间参数的计算和工作时间参数的计算，以及线路时间参数的计算。

网络图时间参数的计算方法有 3 种：

（1）公式计算法，即用公式进行网络图时间参数的计算；

（2）图上计算法，即直接在网络图上完成时间参数的计算；

（3）表格计算法，即利用表格完成对网络图时间参数的计算。

这 3 种算法都可以计算出各项工作的时间参数，并找到关键工作和关键线路，为编制计划提供依据。

1）事项时间参数的计算

事项时间参数的计算包括事项的最早开始时间、事项的最迟结束时间和事项的时差。

（1）事项的最早开始时间 $t_E(j)$。

事项的最早开始时间是从始点起到此事项的最长路线的时间和。

计算顺序：从始点开始，自左至右，逐个计算，直至终点。

计算公式：

$$t_E(1) = 0$$
$$t_E(j) = \max[t_E(i) + t(i, j)] \quad (j = 2, 3, \cdots, n)$$

式中：$t_E(j)$ ——箭头事项的最早开始时间；

$t_E(i)$ ——箭尾事项的最早开始时间；

$t(i, j)$ ——工作 ⓘ + ⓙ 的工作时间。

表示方法：事项 ⓘ 的最早开始时间 $t_E(j)$ 计算出来后，直接标在事项 ⓙ 的上方，用 "□" 框起来

（2）事项的最迟结束时间 $t_L(i)$。

事项的最迟结束时间是指在这个时间里该事项必须完成，若不能完成，就要影响以后各项工作的按时开始。

计算顺序：从终点开始，自右向左，逐个计算，直至始点。

计算公式：

$$t_L(n) = t_E(n)$$
$$t_L(i) = \min[t_L(j) - t_L(i, j)] \quad (i = n - 1, n - 2, \cdots, 3, 2, 1)$$

式中：$t_L(n)$ ——终点的最迟结束时间；

$t_E(n)$ ——终点的最早开始时间；

$t_L(i)$ ——箭尾事项的最迟结束时间；

$t_L(j)$ ——箭头事项的最迟结束时间。

表示方法：事项 ⓘ 的最早开始时间 $t_L(i)$ 计算出来后，直接标在事项 ⓘ 的上方，用 "△" 框起来。

（3）事项的时差 $S(i)$ 或 $S(j)$。

事项的时差是指事项的最迟结束时间与最早开始时间之差。时差表明一个事项可以推迟多少时间完成，而不至于影响整个工期和下一个事项的最早开工，表明了该事项有多大的机动时间可以利用。

计算顺序：自左至右或自右至左。

计算公式：

$$S(i) = t_L(i) - t_E(i) \quad (i = n - 1, n - 2, \cdots, 3, 2, 1)$$

或

$$S(j) = t_L(j) - t_E(j) \quad (j = 1, 2, 3, \cdots, n - 1, n - 2)$$

表示方法：$S(i) = \triangle - \square$

例 6-15 一项工程由 8 个工作组成，有关资料如表 6-7 所示，计算该事项的最早开始时间、最迟结束时间和时差。

解： （1）根据绘图及编号规则绘制网络图并编号，如图 6-53 所示。

表 6-7　某工程有关资料

工作名称	紧前工作	工作时间/天
A	—	1
B	—	8
C	A	6
D	A	9
E	B、C	5
F	B、C	4
G	D、E	7
H	F	3

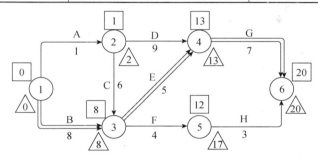

图 6-53　某工程网络图

（2）求解网络图的时间参数。

事项的最早开始时间：

$$t_E(1) = 0$$

$$t_E(2) = \max[t_E(1) + t_E(1, 2)] = 0 + 1 = 1$$

$$t_E(3) = \max\begin{bmatrix} t_E(2) + t_E(2, 3) \\ t_E(1) + t_E(1, 3) \end{bmatrix} = \max\begin{bmatrix} 1 + 6 \\ 0 + 8 \end{bmatrix} = 8$$

$$t_E(4) = \max\begin{bmatrix} t_E(2) + t_E(2, 4) \\ t_E(3) + t_E(3, 4) \end{bmatrix} = \max\begin{bmatrix} 1 + 9 \\ 8 + 5 \end{bmatrix} = 13$$

$$t_E(5) = t_E(3) + t_E(3, 5) = 8 + 4 = 12$$

$$t_E(6) = \max\begin{bmatrix} t_E(4) + t_E(4, 6) \\ t_E(5) + t_E(5, 6) \end{bmatrix} = \max\begin{bmatrix} 13 + 7 \\ 12 + 3 \end{bmatrix} = 20$$

计算结果标在图 6-53 的方框中。

事项的最迟结束时间：

$$t_L(6) = t_E(6) = 20$$

$$t_L(5) = t_L(6) - t(5, 6) = 20 - 3 = 17$$

$$t_L(4) = t_L(6) - t(4, 6) = 20 - 7 = 13$$

$$t_L(3) = \min\begin{bmatrix} t_L(5) - t(3, 5) \\ t_L(4) - t(3, 4) \end{bmatrix} = \min\begin{bmatrix} 17 - 4 \\ 13 - 5 \end{bmatrix} = 8$$

$$t_L(2) = \min \begin{bmatrix} t_L(4) - t(2,4) \\ t_L(3) - t(2,3) \end{bmatrix} = \min \begin{bmatrix} 13 - 9 \\ 8 - 6 \end{bmatrix} = 2$$

$$t_L(1) = \min \begin{bmatrix} t_L(2) - t(1,2) \\ t_L(3) - t(1,3) \end{bmatrix} = \min \begin{bmatrix} 2 - 1 \\ 8 - 8 \end{bmatrix} = 0$$

计算结果标在图 6-53 的三角形框中。

事项的时差：

$$S(6) = t_L(6) - t_E(6) = 20 - 20 = 0$$
$$S(5) = t_L(5) - t_E(5) = 17 - 12 = 5$$
$$S(4) = t_L(4) - t_E(4) = 13 - 13 = 0$$
$$S(3) = t_L(3) - t_E(3) = 8 - 8 = 0$$
$$S(2) = t_L(2) - t_E(2) = 2 - 1 = 1$$
$$S(1) = t_L(1) - t_E(1) = 0 - 0 = 0$$

时差为 0 的事项称为关键事项，结合事项参数的计算，把关键事项串起来，就可能得到关键线路。

如例 6-15 的关键事项为①、③、④、⑥；关键线路为①→③→④→⑥；总时间为 8+5+7=20 天。也就是说，关键线路的路长为 20 天，说明完成该项工程所需要的时间为 20 天。

在网络图上用双箭线表示关键线路，其他线路是"非关键线路"，又称"富裕线路"。

如例 6-15 中的线路①→②→④→⑥就是一条富裕线路，其工作时间为 17 天，比关键线路少 3 天，这 3 天就是该条线路的富裕时间。

一个网络图的关键线路可能不止一条，而且，关键线路和非关键线路是相对的，是可以变化的。在编制和执行计划的过程中，采取一定的技术组织措施，可以使非关键线路变为关键线路。

为了使网络图简洁、清晰，引入图 6-54 所示的符号，来表示事项的编号及时间参数，用此符号可以用图上作业法直接计算事项的时间参数，求解关键线路。

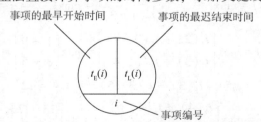

图 6-54 图上作业法事项表示符号注释

例 6-16 一项工程由 9 个工作组成，有关资料如表 6-8 所示，绘制网络图并求解关键线路。

表 6-8 某工程有关资料

工作名称	紧前工作	工作时间/天
A	—	6
B	—	5

工作名称	紧前工作	工作时间/天
C	A	7
D	B	3
E	B	4
F	C、D	5
G	C、D	3
H	E、F	4
I	G	6

解： 该工程的网络图如图 6-55 所示。

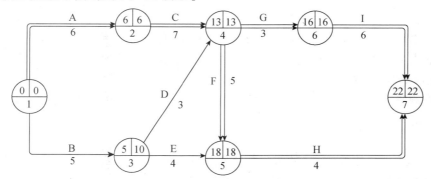

图 6-55　某工程网络图

用图上计算法求出该网络各事项的时间参数，标在图 6-55 中。

此时，有两条关键线路：

①→②→④→⑥→⑦

①→②→④→⑤→⑦

关键线路的时间为 22 天。

2）工作时间参数的计算

工作时间参数的计算包括工作最早开始时间、工作最早结束时间、工作最迟结束时间、工作最迟开始时间、工作总时差和工作单时差。

（1）工作最早开始时间 $T_{ES}(i, j)$。

任何一个工作都必须在其紧前工作结束后才能开始，紧前工作最早结束时间，即是该工作的最早可能开始的时间，简称工作最早开始时间，它等于该工作箭尾事项的最早开始时间，即

$$T_{ES}(i, j) = t_E(i)$$

（2）工作最早结束时间 $T_{EF}(i, j)$。工作的最早结束时间，是工作可能结束时间的简称，它等于工作最早开始时间加上完成该工作所需要的工作时间，即

$$T_{EF}(i, j) = T_{ES}(i, j) + t(i, j)$$

（3）工作最迟结束时间 $T_{LF}(i, j)$。

在不影响工程最早结束时间的前提下，工作最迟必须结束的时间，简称工作最迟结束

时间，它等于工作箭头事项的最迟结束时间，即

$$T_{LF}(i, j) = t_L(j)$$

（4）工作最迟开始时间 $T_{LS}(i, j)$。

在不影响工程最早结束时间的条件下，工作最迟必须开始的时间，简称工作最迟开始时间，它等于工作最迟结束时间减去完成工作所需要的时间，即

$$T_{LS}(i, j) = T_{LF}(i, j) - t(i, j)$$

（5）工作总时差 $T_E(i, j)$。

在不影响工程最早结束时间的条件下，工作最早开始（或结束）可以推迟的时间，称为该工作的总时差，即

$$\begin{aligned} T_E(i, j) &= T_{LS}(i, j) - T_{ES}(i, j) \\ &= T_{LF}(i, j) - t(i, j) - T_{ES}(i, j) \\ &= t_L(j) - t_E(i) - t(i, j) \end{aligned}$$

工作的总时差越大，表明该工作在整个网络中的机动时间越大，可以在一定的范围内将该工序的人力、物力资源用到关键工作上去，以达到缩短工程结束时间的目的。

（6）工作单时差 $FF(i, j)$。

在不影响紧后工作最早开始时间的条件下，工作最早结束可以推迟的时间，称为工作的单时差，即

$$FF(i, j) = T_{ES}(j, k) - T_{EF}(i, j)$$

式中：$T_{ES}(j, k)$ —— 工序 $i \rightarrow j$ 的紧后工序的最早开始时间。

总时差为 0 的工序，其开始和结束时间没有机动的余地，由这些工作组成的路线就是网络中的关键路线，这些工作就是关键工作，用计算工作总时差的方法确定网络的关键工作和关键线路是确定关键线路最常用的方法。

例 6-17 计算例 6-16 中各工作的时间参数。

解：各工作的最早开始时间：

$$T_{ES}(1, 2) = t_E(1) = 0$$
$$T_{ES}(1, 3) = t_E(1) = 0$$
$$T_{ES}(2, 4) = t_E(2) = 6$$
$$T_{ES}(3, 4) = t_E(3) = 5$$
$$T_{ES}(3, 5) = t_E(3) = 5$$
$$T_{ES}(4, 5) = T_{ES}(4, 6) = t_E(4) = 13$$
$$T_{ES}(5, 7) = t_E(5) = 18$$
$$T_{ES}(6, 7) = t_E(6) = 16$$

各工作的最早结束时间：

$$T_{EF}(1, 2) = T_{ES}(1, 2) + t(1, 2) = 0 + 6 = 6$$
$$T_{EF}(1, 3) = T_{ES}(1, 3) + t(1, 3) = 0 + 5 = 5$$
$$T_{EF}(2, 4) = T_{ES}(2, 4) + t(2, 4) = 6 + 7 = 13$$
$$T_{EF}(3, 4) = T_{ES}(3, 4) + t(3, 5) = 5 + 3 = 8$$
$$T_{EF}(3, 5) = T_{ES}(3, 5) + t(3, 5) = 5 + 4 = 9$$
$$T_{EF}(4, 5) = T_{ES}(4, 5) + t(4, 5) = 13 + 5 = 18$$

$$T_{EF}(4, 6) = T_{ES}(4, 6) + t(4, 6) = 13 + 3 = 16$$
$$T_{EF}(5, 7) = T_{ES}(5, 7) + t(5, 7) = 18 + 4 = 22$$
$$T_{EF}(6, 7) = T_{ES}(6, 7) + t(6, 7) = 16 + 6 = 22$$

各工作的最迟结束时间：

$$T_{LF}(1, 2) = t_L(2) = 6 \qquad T_{LF}(1, 3) = t_L(3) = 10$$
$$T_{LF}(2, 4) = t_L(4) = 13 \qquad T_{LF}(3, 4) = t_L(4) = 13$$
$$T_{LF}(3, 5) = t_L(5) = 18 \qquad T_{LF}(4, 5) = t_L(5) = 18$$
$$T_{LF}(4, 6) = t_L(6) = 16 \qquad T_{LF}(5, 7) = t_L(7) = 22$$
$$T_{LF}(6, 7) = t_L(7) = 22$$

各工作的最迟开始时间：

$$T_{LS}(1, 2) = T_{LF}(1, 2) - t(1, 2) = 6 - 6 = 0$$
$$T_{LS}(1, 3) = T_{LF}(1, 3) - t(1, 3) = 10 - 5 = 5$$
$$T_{LS}(2, 4) = T_{LF}(2, 4) - t(2, 4) = 13 - 7 = 6$$
$$T_{LS}(3, 4) = T_{LF}(3, 4) - t(3, 4) = 13 - 3 = 10$$
$$T_{LS}(3, 5) = T_{LF}(3, 5) - t(3, 5) = 18 - 4 = 14$$
$$T_{LS}(4, 5) = T_{LF}(4, 5) - t(4, 5) = 18 - 5 = 13$$
$$T_{LS}(4, 6) = T_{LF}(4, 6) - t(4, 6) = 16 - 3 = 13$$
$$T_{LS}(5, 7) = T_{LF}(5, 7) - t(5, 7) = 22 - 4 = 18$$
$$T_{LS}(6, 7) = T_{LF}(6, 7) - t(6, 7) = 22 - 6 = 16$$

以上是用公式进行计算的时间参数，用公式计算，步骤简单，不容易出错。也可以直接在图上进行计算，简单迅速，但在工序很多和网络图复杂的情况下，计算容易出错和遗漏。还可以用表格法进行计算。

表格法计算时间参数的步骤：首先设计表格，然后在表上填写各道工作的工作代号、箭线的起始点、工作时间，按照计算 $T_{ES}(i, j)$、$T_{EF}(i, j)$、$T_{LS}(i, j)$、$T_{LF}(i, j)$、$T_E(i, j)$ 及 $FF(i, j)$ 的顺序，根据计算各项时间参数的公式，在表格上对逐项工作进行计算。首先计算 $T_{ES}(i, j)$ 和 $T_{EF}(i, j)$，方法是由始点开始，从上至下逐项工作进行计算；然后计算 $T_{LS}(i, j)$ 和 $T_{LF}(i, j)$，这时由终点开始，由下而上逐项工作进行计算；最后计算各项工作的 $T_E(i, j)$ 和 $FF(i, j)$，并确定关键工作与关键路线。

例 6-18 用表格法计算例 6-16 中各工作的时间参数，并确定关键工作和关键线路。

解：用表格法计算，其结果如表 6-9 所示。

表 6-9 用表格法计算各工作的时间参数

工作名称	事项		时间参数						关键工作
	i	j	$t(i, j)$	$T_{ES}(i, j)$	$T_{EF}(i, j)$	$T_{LS}(i, j)$	$T_{LF}(i, j)$	$T_E(i, j)$	$FF(i, j)$	
A	1	2	6	0	6	0	6	0	0	*
B	1	3	5	0	5	5	10	5	0	
C	2	4	7	6	13	6	13	0	0	*
D	3	4	3	5	8	10	13	5	5	

续表

工作名称	事项		时间参数							关键工作
	i	j	$t(i, j)$	$T_{ES}(i, j)$	$T_{EF}(i, j)$	$T_{LS}(i, j)$	$T_{LF}(i, j)$	$T_E(i, j)$	$FF(i, j)$	
E	3	5	4	5	9	14	18	9	9	
F	4	5	5	13	18	13	18	0	0	*
G	4	6	3	13	16	13	16	0	0	*
H	5	7	4	18	22	18	22	0	0	*
I	6	7	6	16	22	16	22	0	0	*

将关键工作串起来，就可以得到关键线路。与前面我们用图上计算法得到的计算结果是一样的。

6. 网络图的优化

所谓系统的最优计划方案，就是要根据编制计划的要求，综合地考虑进度、费用和资源等目标，达到整体最优。

因此，网络图的优化与控制，主要是讨论：工期最短，即缩短工程进度；费用最低，即确定最低成本日程；资源最优，即使有限的资源得到合理的安排和使用。

1)缩短工程进度

在现有的资源允许的条件下，应尽量缩短工程进度。缩短工程进度的主要途径有以下3条。

(1)采取技术措施：压缩关键工作的工作时间。例如，采取改进工艺方案、合理划分工序组成、改进工艺装备等措施，来压缩工作时间。

(2)采取组织措施：在工艺流程允许的条件下，对关键线路上的各关键工作组织平行作业或交叉作业，合理调配工程技术人员或生产工人，尽量缩短各道关键工作的工作时间，达到缩短工期的目的。

(3)利用时差：从非关键工作上抽调部分人力、物力，集中用于关键工作，缩短关键工作的时间，达到缩短工期的目的。

例 6-19 某工程的有关资料如表 6-10 所示，另外，每天可以安排的人员数只有 10 人，要求工程在 15 天内完成。应如何安排工程进度，确保在现有人力资源下按期完成任务？

表 6-10　某工程有关资料

工作名称	紧前工作	工作时间/天	每天需要的人员/人
A	—	4	4
B	—	5	4
C	—	8	3
D	B	5	4
E	A、D、C	9	7
F	C	1	3

解：(1)绘制网络图。绘制如图 6-56 所示的网络图，并求出关键线路。

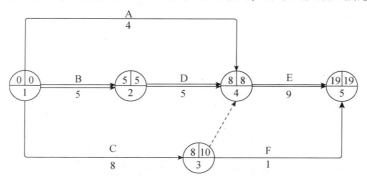

图 6-56 某工程网络图

关键线路：①→②→④→⑤。

关键线路的路长：19 天，即工程需要 19 天才能完成，不能满足完工期的要求。

(2)画出某工程每天对人员的需求量的直方图，如图 6-57 所示。由图可知，对人员的需求也不能满足要求。例如，在前 4 天，由于 A、B、C 3 项工作同时进行，故对人员的需求量是 11 人。

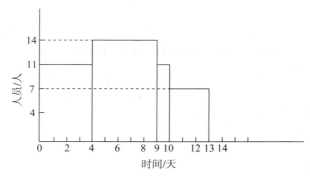

图 6-57 某工程某天对人员的需求量

(3)计划调整。为了在现有人力资源条件下能按期完工，所以在保证关键工作人员配置的情况下，要想办法从非关键工作抽调人力，支援关键工作。例如，对计划作如下调整。

①从非关键工作 A 上抽调人员 2 人，分别支援关键工作 B、D 各 1 人，这样，工作 A 的工作时间将延长至 8 天，而工作 B 和工作 D 的工作时间都将缩短为 4 天。

②从非关键工作 F 上抽调人员 2 人，支援关键工作 E，这样工作 F 的工作时间将延长至 3 天，而工作 E 的工作时间将缩短为 7 天。

调整后的网络图如图 6-58 所示。

由图 6-58 可知，此时的工期为 15 天，满足题目的要求，且每天对人员的需求量也不超过 10 人，因此，画出直方图如图 6-59 所示。

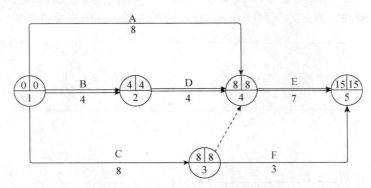

图 6-58　某工程调整后的网络图

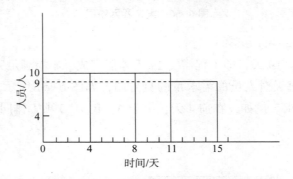

图 6-59　某工程调整后的每天对人员的需求量

采用上述方法以缩短工期时，要注意资源的特殊性。有时非关键线路上的工作，虽有机动时间，但其资源却不能用于关键工作，如专业技术人员、特种设备等。另外，抽调非关键线路上的资源要适当，否则，会造成矛盾转化，出现新的、更长的关键线路，达不到缩短工期的目的。

2）时间成本优化

（1）基本思想。

缩短工程进度，仅仅考虑了系统的时间因素，若要达到系统整体的最优，还必须综合考虑时间、成本等各方面的因素。也就是既要时间最短，又要成本最低。就成本而言，一项工程或任务，一般具有3类成本：直接成本、间接成本和赶工成本。

①直接成本。直接用来完成工程任务的费用称为直接成本，如人工费、材料费、燃料费等。直接成本直接分摊到每一道工序，若要缩短工序的工作时间，相应地就要增加一部分直接成本。

②间接成本。在某些工程项目中，间接成本是按照各道工序所消耗的时间比例进行分摊的。例如，管理人员的工资、办公费、采购费等就属于间接成本。工序的工作时间越短，分摊到该工序的间接成本就越少；工程周期越短，则工程的间接成本就越少。

③赶工成本。赶工成本是指在增加了人力、物力等资源以后，使工期得以缩短而需要的费用。

所谓网络图的时间成本优化，就是研究如何以最低的成本来缩短整个工期的问题。在编制网络计划时，需要计算工程的完工时间所对应的工程费用，使工程费用最低的完工时间，称为最低成本日程。无论是以降低成本为主要目标，还是以尽量缩短工程周期为主要目标，都要计算最低成本日程，这样才可以制订出最优计划方案。

那么，如何寻找最低成本日程？这里有两个目标：一是尽可能使工期最短；二是使完成工程所需的总费用最低。由于工程的工期是由关键线路的时间决定的，也就是由关键工作的工作时间决定的，因此，要缩短工期，就要想办法缩短关键工作的工作时间。同时，为了达到使总费用最低的目的，就要想办法缩短单位赶工费用最低的关键工作的工作时间。这种寻找最低成本日程的方法称作关键线路-成本法。

（2）基本概念。

要缩短工程周期，就要在某些工作上赶工。所谓赶工，是相对于正常时间而言的。

正常时间：按原计划进行所需要的时间。

赶工时间：多派人力、物力后，完成该工作所需要的时间。

正常成本：按原计划进行所需要的成本。

赶工成本：赶工使工期缩短后该工程的成本。

成本斜率：赶工1天所需要的成本。

以上基本概念可以参看成本斜率图（见图6-60）来理解。

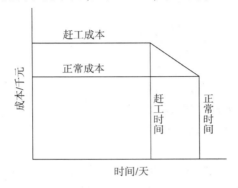

图6-60　成本斜率图

一项工程的费用或成本，除了直接成本、间接成本，还有赶工成本，即

$$工程总成本=直接成本+间接成本+赶工成本$$

下面我们举例讨论网络图时间成本优化的方法。

例6-20　某工程由4个工作组成，有关资料如表6-11所示。

表6-11　某工程有关资料

工作名称	紧前工作	工作时间/天		工作成本/千元		成本斜率
		正常时间	赶工时间	正常成本	赶工成本	
A	—	3	1	10	18	4
B	A	7	3	15	19	1
C	A	4	2	12	20	4
D	C	5	2	8	14	2

又知，该工程的间接成本为每天4.5千元，试进行时间成本优化（求最低成本日程）。

解：由题目可知，该工程的直接成本为

$$10+15+12+8=45 千元$$

绘制网络图，并找出关键线路：根据表6-11绘制该工程的网络图，如图6-61所示。

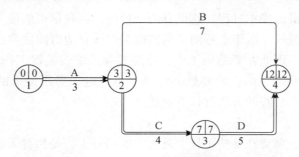

图 6-61　某工程网络图

图中关键工作用双箭线表示，将关键工作串起来，就得到了关键线路：

①→②→③→④

关键线路的路长为 12，故该工程的总工期为 12 天。

$$总成本 = 直接成本 + 间接成本 + 赶工成本$$
$$= 45 + 4.5 \times 12 + 0$$
$$= 99 \text{ 千元}$$

另一条线路①→②→④为富裕线路，工期为 10 天，即该条线路有 2 天的富裕时间。

为使工期最短，就要缩短关键线路上关键工作的工作时间；同时，为了使成本最低，就要从成本斜率最低的关键工作上着手来缩短工期。

算出各项工作的成本斜率，填入表 6-11 中。

改进方案 1：分析关键线路的关键工作 A、C、D，工作 D 的赶工成本的成本斜率最低，故在工作 D 上赶工。工作 D 最多可赶工 3 天，但若赶工 3 天，则关键线路①→②→③→④的工期就变为 9 天，工期小于线路①→②→④的工期，这是不允许的。因此，工作 D 最多只能赶工 2 天。工作 D 赶工 2 天后，就有两条关键线路：

①→②→③→④
②→②→④

工期均为 10 天。此时

$$总成本 = 45 + 4.5 \times 10 + 2 \times 2$$
$$= 94 \text{ 千元}$$

或

$$总成本 = 99 - 4.5 \times 2 + 2 \times 2$$
$$= 94 \text{ 千元}$$

改进方案 2：是否还能够进一步缩短工期呢？

由于此时有两条关键线路，故若要进一步缩短工期，就要同时考虑两条关键线路。分析改进方案 1 可知，此时可选择的赶工方案如表 6-12 所示。

表 6-12　某工程可选择的赶工方案

赶工方式	成本斜率/(千元·天⁻¹)	赶工方式	成本斜率/(千元·天⁻¹)
方案1：A赶工1天	4	方案3：D赶工1天 B赶工1天	1+2=3
方案2：B、C各赶工1天	1+4=5		

从表 6-12 中可以看到，方案 3 的赶工成本最低，故首先选择 B、D 各赶工 1 天的方案，这样关键线路仍然保持不变，工期变为 9 天，此时

$$总成本=45+4.5×9+2×3+1×1$$
$$=92.5 千元$$

改进方案 3：由图 6-61 可知，若要再赶工，应选择 A 赶工，A 可以赶工 2 天，故在 A 工作上赶工 2 天，工期变为 7 天，此时

$$总成本=45+4.5×7+2×3+1×1+4×2$$
$$=91.5 千元$$

此时，可以赶工的方案只剩下 B、C 同时赶工，但若 B、C 同时赶工 1 天，则赶工成本为 5 千元，大于工程每天的间接成本，故再继续赶工已经不合算。

因此，该工程的最低成本日程如图 6-62 所示。工期为 7 天，工程总成本为 91.5 千元。

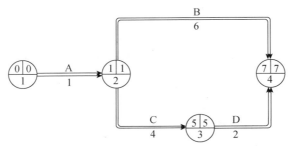

图 6-62　某工程最低成本日程

3）资源优化

网络分析不仅要考虑时间因素，合理安排时间，而且要考虑资源的利用。所谓资源，就是完成各项工作所需要的人力、物力、财力等。当工程的工期确定以后，接下来就要确定各项工作对资源的需要情况，以便多快好省地完成预定的任务。

资源优化包括两方面的内容：一是工期固定，资源均衡；二是资源有限，工期最短。

（1）工期固定，资源均衡。

制订一项计划，总希望对资源的利用能够尽量保持均衡，使计划期内对资源的需求不会出现过大的高峰或低谷。某时段，若对资源的需求量过大，可能会造成资源供应不足；而需求量过小，则可能会使资源闲置，不能充分发挥效用。工期固定，资源均衡的目的，就是要在计划工期不变的前提下，实现资源分配的均衡。

（2）资源有限，工期最短。

上述时间成本的优化，是假定可供调配的资源能够充分的满足，但实际上，一项任务或一项工程，在一定的期间内所能得到的资源总是有限的。因此，如果网络计算的结果在某些时间段内，对资源的需求量超过了可能供应的限度，则会影响原有计划的实现，必须对整个计划重新安排和调整。如何最优地使用有限的资源，并使工程的工期尽可能地最短。一般来说，资源供应的限制，使某些工作不可能在某一时段同时进行，而某些工作推后，又有可能延误工期。因此，在安排资源的时候，就应该分析一下，应该推迟哪些工作，才能够不延误工期或尽可能少延误工期。这就是资源有限，工期最短所要讨论的内容。

例 6-21　某工程队承担的道路施工项目共有 5 项工作，有关资料如表 6-13 所示。

表 6-13　某工程队道路施工有关资料

工作名称	紧前工作	工作时间/天	每天所需人力/人
A	—	10	11
B	—	6	8
C	—	4	9
D	A、B、C	3	8
E	A、B、C	4	11

现施工队共有 20 人，应如何组织施工，才能使工程在 14 天内完成？

解：（1）根据工程资料，绘制如图 6-63 所示的网络图。

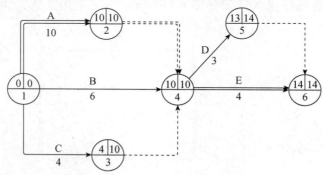

图 6-63　某工程队道路施工网络图

（2）求出该网络的关键线路：①→②→④→⑥，关键线路的路长为 14 天，即整个工程的工期为 14 天。

（3）根据每天总的劳动力的需求量，画出劳动力分布图，如图 6-64 所示。

（4）分析劳动力的分布是否均衡（即资源的分配是否均衡）。

从图 6-64 可以看出，工程前 4 天共需要劳动力 28 人，而整个工程队只有 20 人，显然不能如此组织施工。为了在现有人力资源的条件下，使工程按期完工，我们可以利用工序的时差，进行资源的合理调配。

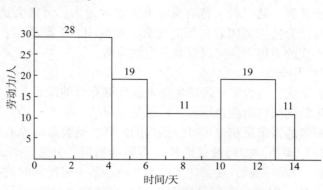

图 6-64　某道路施工每天总的劳动力分布图

（5）资源调整。可根据以下几个原则进行资源的调整：

①保证关键线路上关键工作的资源需求量；

②充分利用各工作的机动时间(时差)来错开各工作的开工时间;

时差大的工作往后推迟开工期,或者在技术规程允许的情况下,延长工作完工期,以减少每天所需要的工人数(或资源数)。

根据上述原则,进行工程劳动力调整:前 4 天劳动力需求量最大的原因是工作 A、B、C 同时开工,因此,要想办法错开工作的开工时间。但 A 是关键工作,需优先保证劳动力的需求,故考虑工作 B、C。工作 B、C 均有机动时间,其中 C 的时差最大,因此,让工作 C 尽量推迟开工,如让工作 C 与工作 A 同时完工,即将网络图改为图 6-65 的形式,这样,每天需要的劳动力分布图就如图 6-66 所示。

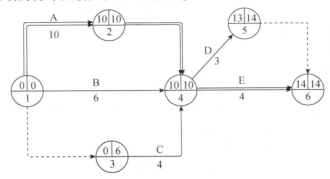

图 6-65　工作 C 与工作 A 同时完工的网络图

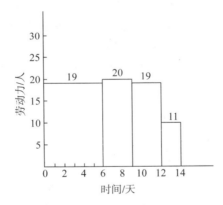

图 6-66　工作 C 与工作 A 同时完工的劳动力分布图

显然,经过调整后,在现有的人力条件下,可以按时完工。

6.3　常用算法

实际交通系统优化问题的解决往往比较复杂,需要借助计算机搜索算法完成,如局部搜索算法、现代搜索算法(遗传算法、模拟退火法、粒子群算法、蚁群算法、爬山算法)等,下面主要介绍其中的 5 种常用算法。

(1)遗传算法:通过数学的方式,利用计算机仿真运算,将问题的求解过程转换成类似生物进化中的染色体基因的交叉、变异等过程。在求解较为复杂的组合优化问题时,相对一些常规的优化算法,遗传算法通常能够较快地获得较好的优化结果。遗传算法已被人们广泛地应用于组合优化、机器学习、信号处理、自适应控制和人工生命等领域。

（2）粒子群算法：粒子群算法的英文名为 Particle Swarm Optimization，简称 PSO，PSO 中优化问题的每个解都是搜索空间中的一只鸟，我们称为"粒子"。所有的粒子都有一个由被优化的函数决定的适应值，每个粒子还有一个速度，决定它们飞翔的方向和距离。然后粒子们就追随当前的最优粒子在解空间中搜索。

（3）分支定界法：基本思想是对有约束条件的最优化问题的所有可行解（数目有限）空间进行搜索。该算法在具体执行时，把全部可行的解空间不断分割为越来越小的子集（称为分支），并为每个子集内的解的值计算一个下界或上界（称为定界）。在每次分支后，对凡是界限超出已知可行解的值的那些子集不再做进一步分支。这样，解的许多子集（即搜索树上的许多节点）就可以不予考虑了，从而缩小了搜索范围。这一过程一直进行到找出可行解为止，该可行解的值不大于任何子集的界限。因此，这种算法一般可以求得最优解。

（4）动态规划法：基本思想也是将待求解问题分解成若干个子问题，先求解子问题，然后从这些子问题的解得到原问题的解。与分支定界法不同的是，动态规划法适合用动态规划求解的问题，经分解得到的子问题往往不是互相独立的。若用分支定界法来解这类问题，则分解得到的子问题数目太多，有些子问题被重复计算了很多次。如果我们能够保存已解决的子问题的答案，而在需要时再找出已求得的答案，这样就可以避免大量的重复计算，节省时间。我们可以用一张表来记录所有已解决的子问题的答案。

（5）贪心算法：其特点是逐步进行，常以当前情况为基础，根据某个优化测度做最优选择，而不考虑各种可能的整体情况，省去了为找最优解要穷尽所有可能而必须耗费的大量时间。贪心算法自顶向下，以迭代的方法做出相继的贪心选择，每做一次贪心选择，就将所求问题简化为一个规模更小的子问题，通过每一步贪心选择，可得到问题的一个最优解。虽然每一步上都要保证能获得局部最优解，但由此产生的全局解有时不一定是最优的，所以贪心算法不要回溯。

本章小结

本章首先介绍了常规优化理论及方法；其次，重点介绍了交通系统分析中常用的优化方法，包括数学规划、组合优化等，并借助例题阐述了这些方法在交通系统分析中的具体应用；最后，简要介绍了优化计算时常用的算法。本章主要知识架构如图 6-67 所示。

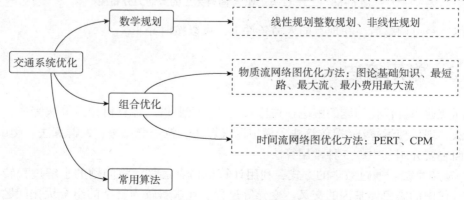

图 6-67　第 6 章知识架构

🎯 **习 题** ▶▶ ▶

1. 使用单纯形法求解线性规划问题的基本步骤是什么?
2. 线性规划可以解决道路交通设计中的哪些问题?
3. 使用 Dijkstra 算法和 Floyd 算法求解最短路问题的基本步骤是什么?
4. 试总结解决最小费用最大流问题与最大流问题方法之间的异同点。
5. PERT 的具体步骤是什么?
6. 简述采用关键线路-成本法对网络图进行优化的思路。
7. 根据表 6-14 和表 6-15 所示的某工程有关资料,绘制网络图。

表 6-14 某工程有关资料 1

工作名称	紧前工作
A	—
B	—
C	B
D	A、C
E	B
F	D
G	D、E
H	F、G
I	G
J	H、I

表 6-15 某工程有关资料 2

工作名称	紧前工作
A	—
B	—
C	—
D	—
E	—
F	D、E
G	C、D
H	B、C
I	A、B
J	H、I
K	F、G
L	J、K

8. 已知某工程有关资料如表 6-16～表 6-18 所示,试绘制网络图,并求关键线路。

表 6-16　某工程有关资料 1

工作名称	紧前工作	工作时间/天
A	—	60
B	A	45
C	A	10
D	A	20
E	A	40
F	C	18
G	D	30
H	D、E	15
I	G	25
J	B、F、H、I	35

表 6-17　某工程有关资料 2

工作名称	紧前工作	工作时间/天
A	—	4
B	—	4
C	—	6
D	A、C	3
E	A、B	5
F	A、B、C	7
G	E、F	4
H	D、G	3
I	D、G	6

表 6-18　某工程有关资料 3

工作名称	紧前工作	工作时间/天
A	—	7
B	—	4
C	B	6
D	A、C	5
E	B	9
F	D	6
G	D、E	4
H	F、G	8
I	G	5
J	H、I	7

9. 已知某工程有关资料如表 6-19 所示，该工程的间接成本为 500 元/天，试求该工程

的最低成本日程。

表 6-19 某工程有关资料

工作名称	紧前工作	工作时间/天		工作成本/百元	
		正常时间	赶工时间	正常成本	赶工成本
A	—	4	3	15	20
B	—	8	6	22	30
C	B	6	4	9	15
D	A	3	2	3	5
E	A	5	4	14	18
F	A	7	4	19	40
G	B、D	4	3	7	10
H	E、F、G	3	2	9	15

10. 某地区 7 个城镇间的公路交通网络如图 6-68 所示，试用标号法计算从 A 城到 G 城的最短路。图中弧旁数据为公路长度(单位：km)。

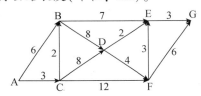

图 6-68 某地区 7 个城镇间的公路交通网络

11. 某地区的公路交通网络如图 6-69 所示，弧旁数据为路段通行能力(容量，单位：百辆/h)，试求该交通网络通行能力(最大流)。

12. 某地区的公路交通网络如图 6-70 所示，弧旁数据为(b_{ij} , C_{ij})， b_{ij} 为行驶费用， C_{ij} 为容量。试求该交通网络的最小费用最大流。

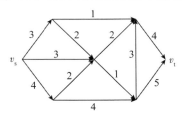 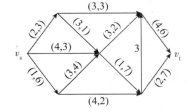

图 6-69 某地区的公路交通网络　　　图 6-70 某地区的公路交通网络

项目课题 ▶▶▶ ▶

综合运用本章所学知识特别是任意两点间最短路的求解方法，系统分析、计算所给现有区域公交站点间的换乘情况，判断能否满足相关规范及客流需求，若不能满足，提出优化措施及方案。要求及示例详见二维码。

项目课题资料

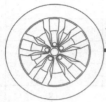

第7章
交通系统评价

交通系统评价

知识目标

了解交通系统评价的概念、理论基础、特性、分类及步骤，理解评价指标体系的描述，掌握系统评价方法，尤其是综合评价方法及其在交通系统分析中的具体应用。

能力目标

能够采用正确的系统评价方法对具体交通问题或方案进行评价分析，为决策提供依据。

7.1 概　述

7.1.1 系统评价概述

1. 相关概念

评价是指通过计算、观察和咨询等方法对某个对象进行一系列的复合分析研究和评估，从而确定对象的意义、价值或状态。系统评价是指把评价对象看成一个系统，根据预定的系统目标，用系统分析的方法，从技术、经济、社会环境等方面对系统设计的各种方案进行评审和选择，以确定最优或次优或满意的系统方案。系统评价是技术工作，由技术人员完成；系统评价是决策的主要依据。交通系统评价就是对交通系统达到目标程度的估价。交通系统是国民经济大系统中的一个重要子系统，涉及的问题多且复杂，影响广且深远，其与经济、社会和自然环境相互联系、相互作用与影响。因此，需要从经济、社会、环境和技术等方面，对交通系统进行全面、客观、科学的评价，从而为交通系统规划和决策提供可靠的依据。

2. 理论基础

系统评价以效用理论、确定性理论、不确定性理论、模糊集合理论和最优化理论作为理论基础。

效用理论是用数学方法描述效用的理论，一般用函数表示效用，并要求效用最大化。效用理论是以评价主体的价值观为基础建立起来的数学理论，作为系统评价的基础理论之一，其重点是如何选择满足实际需要的效用指标。

确定性理论采用统计的方法使评价指标数量化。定性指标没有客观的标准，所以量化的数值具有较强的随意性；当系统评价中涉及定性指标的量化问题时，必须深入了解评价的目的，设立假定或构造概念模型，收集大量数据和资料。在此基础上，以统计方法确认假定的合理性，并确定定性指标的数量界限。

不确定性理论是针对评价对象中的不确定因素；为了提高评价结果的可靠性，需要估计各种状态发生的概率，通过计算期望值将其转化为确定性问题。即使在缺乏数据的情况下，也可凭借专家的经验和直观判断，以及同类情况以往发生的概率，对事件发生的可能性做出定量估计。这种估计称为主观概率，随着主观概率信息的增加，可以逐步接近于客观概率。

模糊集合理论，在系统评价过程中，除了某些事件的发生具有不确定性，人的认识还存在着固有的模糊性，即非精确性。例如，用语言描述的交通顺畅、交通拥挤、路况良好等，从本质上讲都是定性概念。因此，在系统评价中，需要应用模糊集合理论。

最优化理论，系统评价的目的是在备选方案中确定最优方案，至少是最满意方案。因此，必然需要最优化理论。

3. 系统评价的特性

除了系统评价的基础理论，系统评价还具有以下特性。

1）近似性

产生近似性的原因是事物客观效用是客观存在的，评价得到的结果是评价者的主观效用。评价者作为社会的某一部分，由于认识的局限性，他们的主观欲望与整个社会的要求之间不可避免的存在差异。用评价者主观欲望来代替客观效用必然是一种近似。

改进近似性需要注意两个方面：一是增加评价者的数量，一般应超过 30 人，通过足够的数量以反映社会代表性；二是提高评价者的素质，要求具有渊博的知识，对评价对象有较深的了解。

2）模糊性

产生模糊性的原因是任何系统都是比较复杂的，存在多属性、多变量，而评价时为了实用、可行，往往只能用有限个属性来表示事物的功能，有限个变量来表示事物的属性。首先，这样只抓住了事物本质的主要方面而不是全部；其次，许多属性难以用一个或几个变量来描述，在评价时，不得不借助专家的定性评价。因此，结果肯定不是精确的。

改进模糊性需要注意两个方面：一是在实用可行的基础上，评价指标尽可能包含系统的各种属性，指标要细化，并进行定量分析；二是对某一指标不得不采用打分评价时，要邀请内行专家，且条目要分得尽量详细，即有针对性。

3）相对性

产生相对性的原因是最终的评价值是将各个属性加以综合得到的，而综合过程是将各个属性按一定的权重进行并合。这些并合原则及权重是由评价者（集团）决定的。此外，随着社会观念的变迁，现在看似科学的权重，将来会变得未必合理。因此，评价值只能是事物绝对效用的相对值。

改进相对性需要注意两个方面：一是参与评级人员（尤其是模型建立者）对指标体系有一个好的理解，对并合原则的选择要尽可能符合物理概念；二是随着时间的变化，应对所评价问题进行重新评价。

4. 系统评价的分类

系统评价分类可按不同的分类方法进行如下分类。

（1）按照评价项目分类，可以分为目标评价、规划评价、设计评价和使用效果评价。

（2）按照评价的时间顺序分类，可以分为事前评价、中间评价、事后评价、跟踪评价。

（3）按照评价的内容分类，可以分为技术评价、经济评价、社会评价、综合评价。

（4）按照评价指标的数量分类，可以分为单指标评价、多指标评价、综合评价。

5. 系统评价的步骤

完整的系统评价包括对象分析、资料收集、评价指标体系设计与量化、评价方法选择与计算、评价结论与分析 5 个阶段，如图 7-1 所示。

对象分析 → 资料收集 → 评价指标体系设计与量化 → 评价方法选择与计算 → 评价结论与分析

图 7-1 系统评价步骤

1）对象分析

对象分析是确定评价目的、评价范围、评价立场、评价时期和评价环境的过程。

评价是为决策服务的，决策的性质不同，评价的目的和侧重点也有所不同。如果评价的目的是使系统结构或技术参数达到最优，则侧重对各种备选方案进行定量化评价。如果评价的目的是了解对象的性质及其发展趋势，则需要重点对评价对象的特性类别和等级进行评价。

评价范围是指评价对象涉及的范围，如评价对象涉及哪些领域、哪些部门等。评价范围对评价工作量和评价结论的可信度有重要影响，评价的范围过小，会因忽略了重要部门而使评价有失系统性；范围过大，会使评价问题过分复杂化，增加评价的工作量。

在系统评价中必须明确评价主体的立场，即明确评价主体是系统使用者还是开发者或是第三者等，其对评价指标和评价方法的选择具有直接的影响。

评价时期是指评价处于系统开发全过程的具体时期，对象所处的时期不同，评价的侧重点有所不同。

评价环境分析是指对被评价对象之外的各种影响因素进行分析。环境影响因素可以分为技术影响、经济与管理影响和社会影响 3 大类。

2）资料收集

实际调查，选择合适的专家，为设定评价指标与计量标准、建立评价函数等提供所需的定性、定量资料。专家在资料收集、指标及其权重确定等方面具有重要作用。在保证专家数量的同时，要注意专家的业务素质和知识构成的合理性。

3）评价指标体系设计与量化

这是系统评价最重要的一个环节，所选择的指标要与评价目的密切相关，并构成一个完整的体系，以便全面反映评级对象的不同特性。在构成指标体系的基础上，评价指标的数量应尽可能少，以减轻评价的负担，并突出重要指标的作用。同时确定评价指标的计量方法和规范化方法，以消除定性指标的不确定性以及不同指标取值范围和计量单位的差异。

4）评价方法选择与计算

评价方法的选择是确定评价数学模型的过程。评价方法根据评价对象的具体要求不同而不同，总的来说，要按照系统目的和系统分析的结果、实施费用、评价效果等方面来确定系统评价的方法。系统评价方法可分为单项评价和综合评价。单项评价是指对系统的某一方面进行详细评价，但其不能用来判定最优方案；在单项评价的基础上，从不同的观点和角度，对系统进行全面评价，称为综合评价。综合评价即利用各种模型和资料，用技术经济的观点，对比各种可行方案，权衡各方案的利弊得失，从系统整体观点出发，选择适当且可能实现的最优方案。

5）评价结论与分析

按照既定的评价指标体系，在指标的定量化和规范化的基础上，运用选定的评价方法，计算出各备选方案的综合评价值，进行方案相对优劣的排序。但是由于评价指标和评价模型不可能全面、准确地体现评价对象的所有属性，因此需要从技术、经济、社会、环境等方面对评价结论进行必要的分析说明，以便提供正确的决策依据。

6. 系统评价的原则

系统评价主要具有以下 3 项原则。

(1) 保证系统评价的客观性：收集的资料要全面、可靠、准确，确保人员的公正性。

(2) 保证系统方案的可比性。

(3) 评价指标要形成体系。

7.1.2 评价指标体系

要进行系统评价，就必须建立系统的评价指标体系。评价指标体系的制订是一个很困难的问题，一般来说，指标范围越宽，指标数量越多，则方案之间的差异越明显，越有利于判断和评价；但处理和建模的过程也越复杂，歪曲方案本质特性的可能性越大。评价指标体系要全面地反映出评价系统的各种目标要求，尽可能做到科学、合理，且符合实际情况，并基本上能为有关人员和部门所接受。因此，通常在全面分析系统的基础上，首先拟定指标草案，使用德尔菲法，广泛征求专家意见，处理信息和综合归纳等，最后确定系统的评价指标体系。

1. 建立评价指标体系的原则

建立评价指标体系可参考以下 7 项原则。

1）系统性原则

系统性原则是指指标体系应能全面反映被评价对象的综合情况。交通系统是一个复杂、多因素相联系的系统。因此，交通系统的评价指标体系应当考虑系统内外因的相关性、整体性和目标性，能够反映系统的综合情况，保证系统评价的全面性和可信度。

2）科学性原则

科学性原则是指指标的选择与指标权重的确定，数据的选取、计算与合成必须以公认的科学伦理为依据。

3）可比性原则

可比性原则是指在评价指标体系中，各个指标在不同方案中要有统一的计量标准，保证方案之间可以比较。

4）可行性原则

交通系统评价的意义在于分析现状，认清所处阶段和发展中存在的问题。因此，评价指标必须有明确的意义，简便实用，具有可量化、可检测的特点。同时，各指标也应有稳定的数据来源，便于资料收集，易于掌握。

5）简易性原则

指标宜少不宜多，宜简不宜繁。评价指标并非多多益善，关键在于其在评价过程中所起作用的大小。

6）定性与定量相结合

系统评价指标既包括技术经济指标又包括社会环境指标，前者易于用定量指标来度量，但后者较难用定量指标衡量。因此，为使评价更具有客观性，必须坚持定量和定性相结合的原则。

7）绝对指标和相对指标相结合

绝对指标反映系统的规模和总量；相对指标反应系统在某些方面的强度和性能，两者结合，能够全面描述交通系统的特性。

2. 评价指标权重的确立

指标的权重是指标在评价过程中的相对重要程度的一种主观、客观度量的反映。一般而言，指标间的权重差异主要是由以下3个方面的原因造成的：

（1）评价者对各指标的重视程度不同，反映评价者的主观差异；

（2）各指标在评价中所起的作用不同，反映各指标间的客观差异；

（3）各指标的可靠程度不同，反映各指标所提供的信息的可靠性不同。

因此，在确定指标的权重时也应该从这3个方面来考虑，其中第三个方面在确定指标体系时已经进行了考虑。权重也称加权，表示对指标重要程度的定量分配。加权的方法可以分为以下两种。

（1）经验加权（定性加权）：主要优点是由专家直接估价，简捷易行。

（2）数学加权（定量加权）：以经验为基础，以数学原理为背景间接生成的，科学性较强。

根据计算权重时原始数据的来源不同，加权也可以分为以下两类。

（1）主观赋权法：原始数据主要由专家根据经验判断得到，优点在于专家可以根据实际问题，合理确定各指标权重之间的排序；缺点在于主观的随意性较大。

（2）客观赋权法：区别于主观赋权法，不需要专家的意见，权重系数具有绝对的客观性；缺点是确定的权重有时与指标的实际重要程度相悖。

3. 评价指标体系的结构

评价指标体系的结构可分为3种类型：一元结构、线性结构和塔式结构。

1）一元结构

一元结构即单指标，如综合指标和关键指标等。综合指标即通过综合评价的方法获得的指标，以反映方案的优劣程度。关键指标，如在评价公交系统服务水平时，载客率可以作为关键指标。

2）线性结构

线性结构指一系列指标的平行或顺序关系，一般不超过7个指标。例如，有学者选择等车时间、行驶速度、平均载客里程、乘客密度等指标对公交系统服务水平进行评价。线性结构指标体系通过直接加权进行评价。

3）塔式结构

当分析因素增加时，线性结构中各指标间的关系难以掌握，因此塔式结构应运而生。但其过于复杂和多变的结构关系不利于决策分析，一般采用树状的关系结构。

4. 系统评价指标

系统评价指标主要包括以下 6 大类。

（1）政策性指标：主要包括政府有关交通系统方面的方针、政策及法律和发展规划等方面的要求。

（2）技术性指标：交通系统的性能、寿命、可靠性、先进性等方面。

（3）经济性指标：交通系统的国民经济评价和区域经济影响分析等方面。

（4）社会性指标：对国民经济大系统和社会大系统综合发展的影响等。

（5）环境性指标：对生态环境的影响、自然资源的开发和利用等。

（6）时间性指标：交通系统开发周期的长短和寿命周期等。

7.2 单项评价方法

7.2.1 经济评价分析

单项评价方法主要是指利用经济理论和技术水平对系统做出定量评价的方法。

经济评价是以货币价值或经济效益为评价标准的。在系统工程中，经济评价具有重要的作用，交通系统从规划、设计、施工到运营管理，经常会有多种方案。因此，需要进行经济分析，选取经济效果最好的方案。经济评价方法主要有价值分析法（现值法、年值法、回收率法）、成本效益法、利润评价法等，这些方法在交通经济学相关书籍中有详细介绍，下面简要介绍价值分析法和成本效益法。

1. 价值分析法

价值分析法就是通过认知和评价社会现象的价值属性，确证一定社会价值或理想的方法。

1）现值法

现值法是进行系统经济分析时最常用的一种方法。其又分为使用期相等和不等两种情况。它是通过将各种方案在不同时期的投资都换算成现值的方法，来进行方案的分析、评价和选择的。

（1）使用期相等的方案比较。可直接将各方案在各个时期的投资换算成现值，并进行比较，选择投资限制最少的方案作为合理的方案。

（2）使用期不等的方案比较。现值法中，各方案的比较必须在相等的使用期内进行，若使用期不等，则必须求出各方案使用期的最小公倍数，将各方案的使用期延长，使各方案的使用期相等，并假设在延长的使用期中，各方案按原来的使用期重复投资，然后按使用期相等的方法计算现值，并进行比较、选择。

2）年值法

年值法与现值法不同，在年值法中，首先要将方案的各项投资和运转费用换算成现值，然后用资本回收基金的换算公式换算成等值，再进行比较，年值最少的方案即是经济上最合理的方案。

当使用期相等的方案比较时，现值法比较方便；但当使用期不等时，年值法要比现值法方便很多。

3）回收率法

回收率和利率具有相似的含义，回收率的计算方法有两种：现值计算法和年值计算法。

（1）现值计算法：先将工程的所有支出和收入全部都换算成现值，然后令支出与收入相等，用试算法反求回收率 i。

（2）年值计算法：将工程的所有收入和支出全部换算成年等值，并令工程的收入年等值与支出年等值相等，用试算法反求回收率 i。

回收率法是在现值法和年值法的基础上发展起来的。其基本原理：将各方案的收入与支出都换算成现值和年值，令各方案的收入现值（或年值）等于各方案的支出现值（或年值），用试算法求出回收率，然后对各方案的回收率进行比较，回收率最大的方案就是最优方案。其优点在于事先知道各个方案的投资效果，对方案的评价比较确切；缺点是计算麻烦。

2. 成本效益法

成本效益法就是把不同技术方案的成本和效益进行比较分析的方法。成本反映主要耗费，效益反映经济和社会效果。效益一般用经济收益来衡量。一般思路是寻找成本（收益）与方案的特性参数之间的关系，建立成本（效益）模型。

1）成本模型

一般的成本模型为

$$C = F(X)$$

式中：C ——方案的成本；

X ——特性参数；

F ——函数形式。

2）效益模型

和成本模型一样，一般的效益模型为

$$E = G(X)$$

式中：E ——方案的效益；

G ——函数形式。

3）综合模型

综合模型主要研究成本与效益的关系，从以下 3 个方面进行考虑：

（1）在一定成本下，讨论哪个方案的效益最高；

（2）在一定效益下，讨论哪个方案的成本最低；

（3）效益成本比率（E/C），取比率最大的方案。

7.2.2 技术评价分析

技术评价是以技术水平为标准的，即对交通系统备选方案所采用的技术的先进性、适用性、可靠性、维护性等方面进行分析、比较、评价，为技术选择以及系统方案决策提供科学依据。技术评价方法主要有可行性分析、可靠性评价等。

可行性分析是事前评价方法。设想所研究项目建成后会处于怎样的一种环境之中，将来如何运行，可获得什么经济效果，会产生什么社会影响等，这种设想越符合将来的实际，就越能为做出正确的评价提供可靠的依据。

可行性分析必须包括分析和说明有关的关键要素以及达到目标的不同方案。为达到这个目的，必须有一个相互影响、带有因果关系的、相互连锁循环的过程，提出各种方案，阐明并选择较优的方案，论述可能实现和令人满意的程度，做出可定和否定的结论性建议，一般程序如图 7-2 所示。

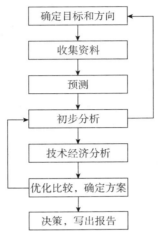

图 7-2　可行性分析一般程序

7.3　综合评价方法

在交通系统中，大部分实际问题通常呈现多目标性质，要从多方面对系统进行综合评价，单目标系统的评价方法难以满足需求，本节主要讨论交通系统的综合评价方法。

7.3.1　关联矩阵评价法

关联矩阵评价法是一种常用的综合评价方法，适用于有 m 个备选方案、每个方案有 n 个并列指标的情况，这种方法通过加权的方式将各指标联系起来，通过指标的线性组合计算出各方案的评价值，再按照评价值的大小对备选方案排序。其主要是用矩阵形式来表示各备选方案有关评价指标及其重要度与方案关于具体指标的价值评定量之间的关系，如表 7-1 所示。

表 7-1　关联矩阵表

A_i	x_i						V_i
	x_1	x_2	$\cdots$	x_j	$\cdots$	x_n	
	W_i						
	w_1	w_2	$\cdots$	w_j	$\cdots$	w_n	
A_1	v_{11}	v_{12}	$\cdots$	v_{1j}	$\cdots$	v_{1n}	$V_1 = \sum_{j=1}^{n} w_j v_{1j}$

续表

A_i	x_i						V_i
	x_1	x_2	$\cdots$	x_j	$\cdots$	x_n	
	W_i						
	w_1	w_2	$\cdots$	w_j	$\cdots$	w_n	
A_2	v_{21}	v_{22}	$\cdots$	v_{2j}	$\cdots$	v_{2n}	$V_2 = \sum_{j=1}^{n} w_j v_{2j}$
$\cdots$	$\cdots$	$\cdots$	$\cdots$	$\cdots$	$\cdots$	$\cdots$	$\cdots$
A_m	v_{m1}	v_{m2}	$\cdots$	v_{mj}	$\cdots$	v_{mm}	$V_m = \sum_{j=1}^{n} w_j v_{mj}$

表 7-1 中，A_1、A_2、$\cdots$、A_m 代表 m 个备选方案，x_1、x_2、$\cdots$、x_n 表示 n 个评价指标，w_1、w_2、$\cdots$、w_n 表示 n 个指标的权重；v_{ij} 表示第 i 个备选方案的第 j 个指标的取值，V_i 表示第 i 个备选方案的综合评价值。如果各指标均为正向指标，即指标值越大越好，则综合评价值大的备选方案排序在前；反之，则在后。

在关联矩评价法中，指标权重通常采用评分的方法确定，常用的评分方法包括直接评分法、两两对比法和德尔菲法，下面重点介绍前两种方法。

1. 直接评分法

直接评分法是一种利用专家经验和感觉进行评分的方法，由若干专家对评价指标体系进行分析，并根据重要程度进行评分（五分制、十分制或百分制均可）。把专家对某指标的评分全部加起来，或者去掉最高分和最低分，求平均值，即为该指标的绝对权重。将各指标的绝对权重与所有指标绝对权重的平均值相比，进行归一化处理，所得结果即为该指标的相对权重，简称权重。其优点是简单易行；缺点是主观性过大，系统功能分类复杂时不易进行。

2. 两两对比法

两两对比法也称逐对比较法，是综合评价的常用加权方法。这种方法首先将所有的指标任意排序，然后将任意两个指标进行比较，按照规定的评分准则分别为相对重要的指标和相对不重要的指标评分，汇总各指标的得分。为避免出现总分为 0 的情况，需要在各指标的总分上再加上 1 分，之后计算其所占所有得分的比重，经过归一化计算，得到其相应的权值。若有多个专家参与评分，则先按专家人数计算各指标得分的平均值，再按照上述过程计算各指标的相对权值。

常用的评分准则有 0-1 评分法、0-4 评分法、多比例评分法和 DARE 法等。

1）0-1 评分法

这是最简单的评分方法。对于两个相互比较的指标，相对重要的得 1 分，相对不重要的得 0 分。0-1 评分法认为，任何两个指标之间的相对重要程度只分为重要和不重要两种情况，无法区分指标对之间相对重要程度的差异。

2）0-4 评分法

0-4 评分法的评分规则与 0-1 评分法相同，但在进行指标一对一的比较时，非常重要的打 4 分，不重要的打 0 分，较重要的打 3 分，不太重要的打 1 分，同等重要的打 2 分。其在一定程度上克服了指标得分非 1 即 0 的缺点。

3）多比例评分法

多比例评分法将 0-1 评分法中非 1 即 0 的评分规则改为 1∶0、0.9∶0.1、0.8∶0.2、0.7∶0.3、0.6∶0.4、0.5∶0.5 等多种比例，充分体现相互比较的指标之间重要程度的差异。虽然这种方法比较复杂，但更加灵活，增加了指标权重的准确程度。

4）DARE 法

环比评分（Decision Alternative Ratia Evaluation System，DARE）法也称循环比较法，在对序列相邻两个指标进行重要程度比较时，按照重要程度的倍数进行各指标评分，比固定比例的评分方法更为灵活。

例 7-1 为提高城市交叉路口的安全通行能力，设计了 3 种方案以供选择。A_1：守护栏杆；A_2：人行天桥；A_3：信号设备。试对这 3 种方案进行分析、评价、比较。

解：（1）根据系统目的，确定评价项目：该系统的主要目的是安全性，其次，还要考虑系统实施的费用、与周边环境的协调、城市美观等因素，故确定评价项目如下。

B_1：减少死亡人数；B_2：减少负伤人数；B_3：减少经济损失；B_4：城市景观；B_5：实施费用。

根据以上各评价项目及其他城市的统计信息可知，3 种方案的实施效果如表 7-2 所示。

表 7-2 提高城市交叉路口安全通行能力方案的实施效果统计

备选方案	评价项目				
	减少死亡人数 B_1/人	减少负伤人数 B_2/人	减少经济损失 B_3/百万元	城市景观 B_4	实施费用 B_5/万元
守护栏杆 A_1	5	10	10	不好	20
人行天桥 A_2	6	15	15	很好	100
信号设备 A_3	3	5	5	一般	5

（2）确定各评价项目的相对重要程度（即权系数或评价系数）：用两两比较法，得出各评价项目的权系数，其结果如表 7-3 所示。

表 7-3 提高城市交叉路口安全通行能力评价系数

评价项目	两两比较得分										累计得分	评价系数
B_1	1	1	1	1							4	0.4
B_2	0				1	1	1				3	0.3
B_3		0			0			1	0		1	0.1
B_4			0			0		0		0	0	0.0
B_5				0			0		1	1	2	0.2

由表 7-3 可知，减少死亡人数比减少负伤人数重要，因此，前者得 1 分，后者得 0 分；余可类推。最后，根据累计得分，计算各评价项目的评价系数。

（3）对各备选方案的有关评价项目确定其评价基准，如表 7-4 所示。

交通系统分析及优化

表 7-4　各备选方案评价基准表

评价项目	评价分值				
	5	4	3	2	1
减少死亡人数 B_1	8 人以上	6~7 人	4~5 人	2~3 人	1 人以下
减少负伤人数 B_2	30 人以上	20~29 人	15~19 人	10~14 人	9 人以下
减少经济损失 B_3 /百万元	30 以上	20~29	15~19	10~14	0~9
城市景观 B_4	很好	好	一般	不好	很不好
实施费用 B_5 /万元	0~20	21~40	41~60	61~80	80 以上

（4）计算各评价项目的评分，如表 7-5 所示。

表 7-5　评价项目得分表

备选方案	评价项目					综合评价值 $V_i = \sum\limits_{j=1}^{5} w_j v_{ij}$
	B_1	B_2	B_3	B_4	B_5	
	0.4	0.3	0.1	0.0	0.2	
守护栏杆 A_1	3	2	2	2	5	3.0
人行天桥 A_2	4	3	3	5	1	3.0
信号设备 A_3	2	1	1	3	5	2.2

（5）计算各方案的综合评价值。

第 i 个备选方案的综合评价值 V_i 为

$$V_i = \sum_{j=1}^{5} w_j v_{ij}(i = 1,\ 2,\ 3)$$

$$V_1 = 0.4 \times 3 + 0.3 \times 2 + 0.1 \times 2 + 0.2 \times 5 = 3$$
$$V_2 = 0.4 \times 4 + 0.3 \times 3 + 0.1 \times 3 + 0.2 \times 1 = 3$$
$$V_3 = 0.4 \times 2 + 0.3 \times 1 + 0.1 \times 1 + 0.2 \times 5 = 2.2$$

（6）对各备选方案做综合评价。

以上计算结果表明：守护栏杆和人行天桥两个方案比信号设备优越。而前两个方案的综合评价值相同。那么，应该如何做出选择呢？此时，可以增加评价项目，对前两个方案做进一步评价、比较。例如，增加对行人的方便性、人流的通过能力等评价项目，再做评价，并进行取舍。

7.3.2　层次分析法

层次分析（Analytic Hierarchy Process，AHP）法是美国运筹学家、匹兹堡大学 T. L. Saaty 教授于 1970 年提出的，是一种定性分析与定量计算相结合的多目标决策分析方法，可模拟人的决策思维过程，解决多因素复杂系统，特别是难以定量描述的社会系统，具有可信、灵活而实用的特点。

1. 层次分析法的基本思想及原理

层次分析法的基本思想：将一个复杂的多目标决策问题作为一个系统，将目标分解为多个目标或准则，进而分解为多指标（或准则、约束）的若干层次，通过定性指标模糊量化方法算出层次单排序（权数）和总排序，以作为目标（多指标）、多方案优化决策的系统方法。

层次分析法的基本原理：根据问题的性质和要达到的总目标，将问题分解为不同的组成因素，并按照因素间的相互关联影响及隶属关系将其按不同层次聚集组合，形成一个多层次的分析结构模型（如图 7-3 所示），最终使问题归结为最低层（供决策的方案、措施等）相对于最高层（总目标）的相对重要权值的确定或相对优劣次序的排定。

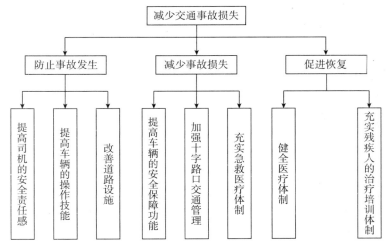

图 7-3　层次结构模型

2. 层次分析法的特点

（1）思路清晰，思维过程数学化。

（2）所需数据量不多，但要对问题所包含的要素及其相关关系清楚、明确。

（3）适用于多准则、多目标复杂问题的评价、分析。

（4）不能为决策提供新方案，同时不适用于解决较高定量要求的问题。

3. 层次分析法的基本步骤

1）建立层次结构模型

建立层次结构模型是指分析评价系统中各基本要素之间的关系，建立系统的递阶层次结构。通过分析问题，确定该系统的元素，包括总目标、所涉及的准则和措施、方案等。按元素的属性和相互关系形成若干等级层次，并用框图的形式说明层次的递阶结构和元素间的从属关系。图 7-4 是简单的层次结构图。

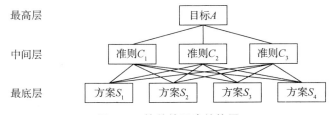

图 7-4　简单的层次结构图

从图中可以看出结构图中层次主要分为最高层、中间层、最底层 3 类。

最高层（目标层）：指解决问题的目的或要达到的目标，只有一个元素。

中间层（策略层）：为实现目标所涉及的中间环节。根据要考虑的准则的不同，中间层可由多个层次组成；同层元素在对下一层元素起支配作用的同时，又受上一层元素的支配。

最底层(方案层)：解决问题的具体措施、决策、方案等。

根据问题的复杂程度的不同，模型的层数也不相同。一般而言，模型层数不受限制，但每一层中的元素不应超过 9 个，同一层中包含过多元素会给两两比较判断带来困难。

2)构造判断矩阵

对同一层次的各要素关于上一层次中某一准则的重要性进行两两比较，构造判断矩阵。判断矩阵元素的值一般采用 1~9 及其倒数的标度方法，标度的赋值一般经由专家调查等途径获得。各标度具体含义如表 7-6 所示。

表 7-6 标度具体含义

因素 i 比 j	标度
同等重要	1
稍微重要	3
较强重要	5
强烈重要	7
绝对重要	9
两相邻判断的中间值	2，4，6，8

设某一准则层元素所支配的下一层元素为 S_1，S_2，$\cdots$，S_n。针对该准则，按表 7-6 中的标度对两个元素 S_i 和 S_j 的重要性程度进行赋值，构成判断矩阵 $A = \left[a_{ij} \right]_{n \times n}$，其中 a_{ij} 就是元素 S_i 和 S_j 相对于准则的重要性比例标度，具体形式如表 7-7 所示。

表 7-7 判断矩阵

准则	S_1	S_2	$\cdots$	S_n
S_1	a_{11}	a_{12}	$\cdots$	a_{1n}
S_2	a_{21}	a_{22}	$\cdots$	a_{2n}
$\cdots$	$\cdots$	$\cdots$	$\ddots$	$\cdots$
S_n	a_{n1}	a_{n2}	$\cdots$	a_{nn}

判断矩阵 A 为正互反判断矩阵，其各元素具有如下性质：

(1) $a_{ij} > 0$；

(2) $a_{ij} = 1/a_{ij}$，$i \neq j$；

(3) $a_{ii} = 1$，i，$j = 1$，2，$\cdots$，n。

由此可知，对任一个由 n 个元素构成的判断矩阵，只需知道上三角(或下三角)的 $n(n - 1)/2$ 个元素即可。

3)层次单排序及其一致性检验

层次单排序是根据判断矩阵计算本层次与上层次某要素相对重要性的权重。一致性检验是计算判断矩阵 A 的特征根和特征向量。

(1)层次单排序。

理论上，单排序过程中的计算可归结为计算判断矩阵的最大特征根及其特征向量。最常用的有求和法和方根法。

求和法的计算步骤如下。

①计算判断矩阵的每一行元素的和 V_i，有

$$V_i = \sum_{j=1}^{n} a_{ij}$$

②将 V_i 归一化处理即可得到各要素的相对权重 W_i，有

$$W_i = V_i \Big/ \sum_{j=1}^{n} V_j$$

方根法的计算步骤如下。

①计算判断矩阵每一行元素的乘积 M_i。

②计算 M_i 的 n 次方根 $\overline{W_i}$。

③将 $\overline{W_i}$ 归一化处理即可得到各要素的相对权重 W_i，有

$$W_i = \overline{W_i} \Big/ \sum_{i=1}^{n} \overline{W_i}$$

（2）一致性检验。

由于客观事物的复杂性及人的认识的多样性，构造判断矩阵时，常常出现判断不一致的情况，必然导致权重计算的偏差。因此，需要进行一致性检验，以便将偏差控制在允许的范围内。一致性检验的计算步骤如下。

①计算判断矩阵的最大特征根 $\lambda_{\max}$，有

$$\lambda_{\max} = \sum_{i=1}^{n} \frac{(\boldsymbol{AW})_i}{n \cdot W_i}$$

式中：$\boldsymbol{A}$——判断矩阵；

　　　$\boldsymbol{W}$——判断矩阵的特征向量；

　　　n——判断矩阵的阶数；

　　　W_i——各要素的相对权重。

②计算一致性指标 CI，有

$$CI = \frac{\lambda_{\max} - n}{n - 1}$$

式中：n——判断矩阵的阶数。

③计算一致性比例 CR，有

$$CR = \frac{CI}{RI}$$

式中：RI——平均随机一致性指标，具体数值如表 7-8 所示。

当 $CR < 0.1$ 时，一般认为判断矩阵的一致性是可以接受的。

表 7-8　平均随机一致性指标

阶数 n	1	2	3	4	5	6	7	8	9	10	11	12
RI	0.00	0.00	0.58	0.90	1.12	1.24	1.32	1.41	1.45	1.49	1.52	1.54

4）层次总排序及其一致性检验

（1）层次总排序。

各层要素对上一层要素的权重计算完毕后，可由上而下沿递阶层次结构依次计算得出最底层要素对于最高层要素（即总目标）的综合权重，即层次总排序。以图 7-4 所示的层次结构为例，记中间层要素 C_1，C_2，C_3，$\cdots$，C_m 对最高层 A 的权重为 $b_j(j = 1, 2, \cdots,$

m)，模型最底层要素 S_1，S_2，S_3，$\cdots$，S_n 对中间层 C 各要素的权重为 $w_{ij}(i = 1，2，\cdots，n；j = 1，2，\cdots，m)$，则其层次总排序可按表 7-9 所示的形式进行，最大值所对应的方案即为所列方案中的最优方案。

表 7-9　层次总排序

目标	中间层要素				总排序
	C_1	C_2	$\cdots$	C_m	
	权重				
	b_1	b_2	$\cdots$	b_m	
S_1	w_{11}	w_{12}	$\cdots$	w_{1m}	$W_1 = \sum\limits_{j=1}^{m} b_j w_{1j}$
S_2	w_{21}	w_{22}	$\cdots$	w_{2m}	$W_2 = \sum\limits_{j=1}^{m} b_j w_{2j}$
$\cdots$	$\cdots$	$\cdots$	$\ddots$	$\cdots$	$\cdots$
S_n	w_{n1}	w_{n2}	$\cdots$	w_{nm}	$W_n = \sum\limits_{j=1}^{m} b_j w_{nj}$

（2）一致性检验。

层次总排序的一致性检验也是从高层向底层进行的，计算公式为

$$CI = \sum_{j=1}^{n} b_j CI_j$$

$$RI = \sum_{j=1}^{n} b_j RI_j$$

$$CR = \frac{CI}{RI}$$

总结下来，层次分析法的步骤如图 7-5 所示。

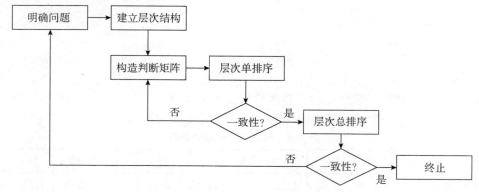

图 7-5　层次分析法的步骤

例 7-2　某市是以钢铁工业为主的新兴工业城市，近年来，工农业总产值持续稳定增长。但随着生产的发展，运输缺口也越来越大，已成为经济进一步发展的主要障碍，急需投资交通工程项目，以增强运输能力。该项目有 3 个备选方案：水路运输、公路运输、铁路运输，试用层次分析法对优先发展的运输方案排序。

解：（1）分析该运输系统的要素集合及其相关关系，用层次分析法建立系统的层次结构模型，如图 7-6 所示。

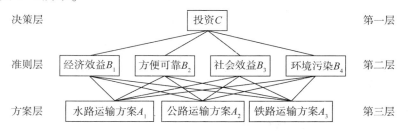

图 7-6　用层次分析法建立的系统层次结构模型

（2）确定评价基准或判断标度。定义该结构模型的判断标度如表 7-10 所示。

表 7-10　建立的系统层次结构模型的判断标度

标度	定义	简要说明
1	同等重要	两要素对于某个性质具有同样的贡献
3	稍微重要	从经验判断，要素 S_i 比 S_j 稍微重要
5	较强重要	从经验判断，要素 S_i 比 S_j 较强重要
7	强烈重要	从经验判断，要素 S_i 比 S_j 强烈重要
9	绝对重要	从经验判断，要素 S_i 比 S_j 绝对重要
2，4，6，8	上述两判断的中间值	表示需要在上述两个标准之间取折中值
倒数	反比较	要素 S_i 与 S_j 比较得判断值 b_{ij} 则 S_j 与 S_i 比较得判断值 $b_{ji} = 1/b_{ij}$

（3）从最上层要素开始，依次以最上层要素为依据，对下一层要素两两比较，建立判断矩阵。

①先以第一层（决策层）要素为依据，对第二层（准则层）要素建立判断矩阵，如表 7-11 所示。

表 7-11　以投资层要素为依据对准则层要素建立判断矩阵

投资 C	B_1	B_2	B_3	B_4	优先级
经济效益 B_1	1	3	3	4	0.494 4
方便可靠 B_2	1/3	1	4	3	0.285 4
社会效益 B_3	1/3	1/4	1	2	0.129 0
环境污染 B_4	1/4	1/3	1/2	1	0.091 2

说明：①判断矩阵主对角线上的元素均为 1，是因为自己与自己相比重要程度相同；

②经济效益与方便可靠相比，投资者认为，经济效益稍微重要；

③经济效益与社会效益相比，投资者认为，经济效益稍微重要；

④余可类推。

②再以第二层（准则层）要素为依据，对第三层（方案层）要素建立判断矩阵。由于此

时有 4 个准则，故有 4 个判断矩阵，如表 7-12 ~ 表 7-15 所示。

表 7-12　以经济效益为依据对各方案建立判断矩阵

经济效益 B_1	A_1	A_2	A_3	优先级
水路运输方案 A_1	1	1/7	1/5	0.071 9
公路运输方案 A_2	7	1	3	0.649 1
铁路运输方案 A_3	5	1/3	1	0.279 0

表 7-13　以方便可靠为依据对各方案建立判断矩阵

方便可靠 B_2	A_1	A_2	A_3	优先级
水路运输方案 A_1	1	5	3	0.648 3
公路运输方案 A_2	1/5	1	1/2	0.122 0
铁路运输方案 A_3	1/3	2	1	0.229 7

表 7-14　以社会效益为依据对各方案建立判断矩阵

社会效益 B_3	A_1	A_2	A_3	优先级
水路运输方案 A_1	1	2	3	0.539 6
公路运输方案 A_2	1/2	1	2	0.297 0
铁路运输方案 A_3	1/3	1/2	1	0.613 4

表 7-15　以环境污染为依据对各方案建立判断矩阵

环境污染 B_4	A_1	A_2	A_3	优先级
水路运输方案 A_1	1	3	5	0.571 3
公路运输方案 A_2	1/3	1	2	0.321 2
铁路运输方案 A_3	1/5	1/2	1	0.107 5

（4）根据判断矩阵，计算各要素的优先级向量。

①首先计算表 7-11 的判断矩阵各要素的优先级。由于此时判断矩阵为 4×4 矩阵，则首先计算矩阵各行元素乘积的 4 次根：

$$\sqrt[4]{1 \times 3 \times 3 \times 4} = 2.449\ 5$$

$$\sqrt[4]{(1/3) \times 1 \times 4 \times 3} = 1.414\ 2$$

$$\sqrt[4]{(1/3) \times (1/4) \times 1 \times 2} = 0.638\ 9$$

$$\sqrt[4]{(1/4) \times (1/3) \times (1/2) \times 1} = 0.451\ 8$$

②其次，将上述计算结果正交化，即先将上述各数相加，再分别除以每个数，这样就得到了表 7-11 中各要素 B_1、B_2、B_3、B_4 的优先级：

$$2.449\ 5 + 1.414\ 2 + 0.638\ 9 + 0.451\ 8 = 4.954\ 4$$

$$2.449\ 5 / 4.954\ 4 = 0.494\ 4$$

$$1.414\ 2 / 4.954\ 4 = 0.285\ 4$$

$$0.638\ 9/4.954\ 4 = 0.129\ 0$$

$$0.451\ 8/4.954\ 4 = 0.091\ 2$$

因此，以投资为准则时，经济效益、方便可靠、社会效益、环境污染的优先级向量为

$$(0.494\ 4,\ 0.285\ 4,\ 0.129\ 0,\ 0.091\ 2)$$

将此优先级向量写在表 7-11 的最后一列。

以此方法，可求出其他几个矩阵的优先级向量，如表 7-12~表 7-15 的最后一列所示。

（5）确定总体优先级向量。

总体优先级向量的计算结果如表 7-16 所示。

表 7-16　总体优先级向量的计算结果

投资 C	B_1	B_2	B_3	B_4	总体优先级
	0.494 4	0.285 4	0.129 0	0.091 2	
A_1	0.071 9	0.648 3	0.539 6	0.571 3	0.342 3
A_2	0.649 1	0.122 0	0.297 0	0.321 2	0.423 3
A_3	0.279 0	0.229 7	0.163 4	0.107 5	0.234 4

总体优先级向量的计算如下：

$$0.494\ 4\times0.071\ 9+0.285\ 4\times0.648\ 3+0.129\ 0\times0.539\ 6+0.091\ 2\times0.571\ 3 = 0.342\ 3$$

$$0.494\ 4\times0.649\ 1+0.285\ 4\times0.122\ 0+0.129\ 0\times0.297\ 0+0.091\ 2\times0.321\ 2 = 0.423\ 3$$

$$0.494\ 4\times0.279\ 0+0.285\ 4\times0.229\ 7+0.129\ 0\times0.163\ 4+0.091\ 2\times0.107\ 5 = 0.234\ 4$$

因此，总体优先级向量为 $(0.349\ 3,\ 0.415\ 0,\ 0.235\ 7)$。

（6）按照优先级别向量，对系统进行分析、评价、排序。

根据总体优先级向量可知，水路运输方案的总体优先级为 0.349 3，公路运输方案的总体优先级为 0.415 0，铁路运输方案的优先级为 0.235 7。可以认为 3 个方案的排序应为 A_2、A_1、A_3，即应选择公路运输方案。

7.3.3　模糊综合评价法

模糊综合评价法，是近年来逐渐被推广应用的一种系统综合评价方法，是综合运用层次分析法和模糊数学方法而形成的一种综合评价方法。

模糊数学又称 Fuzzy 数学，是研究和处理模糊性现象的一种数学理论和方法。模糊数学着力研究"认知不确定"类型的问题，把数学的应用范围扩大到模糊现象的范畴去处理复杂问题。模糊数学不是把精确的数学变得模糊，而是利用精确的数字处理过去无法描述的模糊事物，因而可以用来解决这些棘手的问题。

1. 模糊综合评价法的基本思想及原理

模糊综合评价就是以模糊数学为基础，应用模糊关系合成的原理，将一些边界不清、不易定量的因素定量化，从多个因素对被评价事物隶属等级状况进行综合性评价的一种方法。该方法的特点是对对象进行逐个评价，并有唯一评价值，不受对象所处集合的影响。该方法的目的是从集合中选取最优对象，故还需要对所有对象的评价值进行排序，即给每个对象赋值一个非负的评判指标，再通过排序选出优胜对象。这种方法适合处理多因素、

多层次的复杂问题。

2. 模糊综合评价法的基本步骤

1）确定系统评价项目的评审要素集合

因素集是以影响评价对象的各种因素为元素所组成的一个普通集合，常用大写字母 U 表示

$$U = \{u_1, u_2, u_3, \cdots, u_m\}$$

其中，$u_i(i=1, 2, \cdots, m)$ 代表各影响因素，通常具有不同程度的模糊性。

评价集是评判者对评价对象做出的各种评价结果所组成的集合，常用大写字母 V 表示

$$V = \{v_1, v_2, v_3, \cdots, v_n\}$$

其中，$v_j(j=1, 2, \cdots, n)$ 可以是语言形式，如{很欢迎，欢迎，一般，不欢迎}，这个评级结果是非数量性的；v_j 也可以是数量性的，如某件设备的安全系数{1.5，2.0，3.0}。

2）构造评判矩阵并确定权重

单独从因素集中的一个因素出发，对评判对象进行评判，可以得到单因素评判集；以此类推，对其余因素进行单因素评价，得到从 U 到 V 的模糊关系矩阵（又称评判矩阵）R，即

$$R = (r_{ij})_{m \times n} = \begin{pmatrix} r_{11} & r_{12} & \cdots & r_{1n} \\ r_{21} & r_{22} & \cdots & r_{2n} \\ \vdots & \vdots & \ddots & \vdots \\ r_{m1} & r_{m2} & \cdots & r_{mn} \end{pmatrix}$$

矩阵中，r_{ij} 表示从因素 u_i 的角度评价为 v_j 等级。

得到矩阵 R 后，为了反映各因素的重要程度，对各个因素应赋予一个相应的权数 a_i $(i=1, 2, \cdots, m)$。由各权数所组成的集合 $A = \{a_1, a_2, \cdots, a_m\}$ 称为因素权重集，即权重集。同时，各权数 $a_i(i=1, 2, \cdots, m)$ 应满足归一性和非负性，即

$$\sum_{i=1}^{m} a_i = 1$$
$$a_i \geq 0(i = 1, 2, \cdots, m)$$

3）进行综合评判

单因素综合评判，仅反映一个因素对评判对象的影响。为了综合考虑所有因素的影响，必须考虑各因素的重要程度，将权重矩阵 A 与评判矩阵 R 合成为模糊综合评判矩阵 B，即

$$B = AR$$

式中：$B = \{b_1, b_2, \cdots, b_n\}$，若评判结果 $\sum b_i = 1$，则将其归一化处理。

例7-3 某交通运输主管部门收到下级申报的科研课题6个，由于科研经费有限，不能全部拨款进行研究。为此，该部门请了9位有关专家，对这6个课题进行评议，以排出优先顺序供决策者进行决策时参考。专家们采用了模糊综合评价法进行评议。

（1）确定系统评审要素集合为 $U = \{U_1, U_2, U_3, U_4, U_5\}$。

U_1：立题必要性；U_2：技术先进性；U_3：实施可行性；U_4：经济合理性；U_5：社会效益性。

6个科研课题记为（$A_1, A_2, A_3, A_4, A_5, A_6$）。

（2）确定各评审要素的权系数行向量：$\boldsymbol{P} = (P_1, P_2, P_3, P_4, P_5)$
$$= (0.15, 0.20, 0.10, 0.25, 0.30)$$

（3）确定评价基准及相应的价值量：$\boldsymbol{E} = (E_1, E_2, E_3, E_4, E_5)$
$$= (0.9, 0.7, 0.5, 0.3, 0.1)$$

即评价等级分为 5 级。

（4）计算各评价项目的模糊评判矩阵。

首先，根据上述评价项目及权系数、评价等级，9 位专家对第一个课题 A_1 进行评议。评议结果如表 7-17 所示。

表 7-17 专家对课题 A_1 的评议结果表

评价项目	评价项目的权系数	评价等级					专家人数
		0.9	0.7	0.5	0.3	0.1	
立题必要性	0.15	0	6	3	0	0	
技术先进性	0.20	5	3	1	0	0	
实施可行性	0.10	0	4	4	1	0	9
经济合理性	0.25	0	7	2	0	0	
社会效益性	0.30	4	4	1	0	0	

然后，计算模糊评判矩阵
$$R = (r_{ij})_{m \times n}$$

式中：$(r_{ij})_{m \times n} = d_{ij} / \sum_{j=1}^{n} d_{ij}$。

模糊评判矩阵中的元素 r_{ij} 要归一化，d_{ij} 是矩阵 $\boldsymbol{D} = (d_{ij})_{m \times n}$ 中的元素

$$\boldsymbol{D} = \begin{pmatrix} 0 & 6 & 3 & 0 & 0 \\ 5 & 3 & 1 & 0 & 0 \\ 0 & 4 & 4 & 1 & 0 \\ 0 & 7 & 2 & 0 & 0 \\ 4 & 4 & 1 & 0 & 0 \end{pmatrix}$$

$r_{11} = \dfrac{0}{9} = 0.00 \quad r_{12} = \dfrac{6}{9} = 0.67 \quad r_{13} = \dfrac{3}{9} = 0.33 \quad r_{14} = \dfrac{0}{9} = 0.00 \quad r_{15} = \dfrac{0}{9} = 0.00$

$r_{21} = \dfrac{5}{9} = 0.56 \quad r_{22} = \dfrac{3}{9} = 0.33 \quad r_{23} = \dfrac{1}{9} = 0.11 \quad r_{24} = \dfrac{0}{9} = 0.00 \quad r_{25} = \dfrac{0}{9} = 0.00$

$r_{31} = \dfrac{0}{9} = 0.00 \quad r_{32} = \dfrac{4}{9} = 0.44 \quad r_{33} = \dfrac{4}{9} = 0.44 \quad r_{34} = \dfrac{1}{9} = 0.11 \quad r_{35} = \dfrac{0}{9} = 0.00$

$r_{41} = \dfrac{0}{9} = 0.00 \quad r_{42} = \dfrac{7}{9} = 0.78 \quad r_{43} = \dfrac{2}{9} = 0.22 \quad r_{44} = \dfrac{0}{9} = 0.00 \quad r_{45} = \dfrac{0}{9} = 0.00$

$r_{51} = \dfrac{4}{9} = 0.44 \quad r_{52} = \dfrac{4}{9} = 0.44 \quad r_{53} = \dfrac{1}{9} = 0.11 \quad r_{54} = \dfrac{0}{9} = 0.00 \quad r_{55} = \dfrac{0}{9} = 0.00$

根据归一化的要求，将矩阵中两个元素的值 r_{34} 和 r_{53} 改为 0.12。

由此得模糊评判矩阵为

$$R = \begin{pmatrix} 0.00 & 0.67 & 0.33 & 0.00 & 0.00 \\ 0.56 & 0.33 & 0.11 & 0.00 & 0.00 \\ 0.00 & 0.44 & 0.44 & 0.12 & 0.00 \\ 0.00 & 0.78 & 0.22 & 0.00 & 0.00 \\ 0.44 & 0.44 & 0.12 & 0.00 & 0.00 \end{pmatrix}$$

(5)对模糊评判矩阵进行加权,得出模糊综合评价结果。

由 $S_i = PR$,有

$$S_i = PR = (0.15,\ 0.20,\ 0.10,\ 0.25,\ 0.30) \begin{pmatrix} 0.00 & 0.67 & 0.33 & 0.00 & 0.00 \\ 0.56 & 0.33 & 0.11 & 0.00 & 0.00 \\ 0.00 & 0.44 & 0.44 & 0.12 & 0.00 \\ 0.00 & 0.78 & 0.22 & 0.00 & 0.00 \\ 0.44 & 0.44 & 0.12 & 0.00 & 0.00 \end{pmatrix}$$

$$= (0.244,\ 0.538,\ 0.207,\ 0.012,\ 0.00)$$

(6)计算第一个课题的可行度,有

$$N_1 = S_1 E^T = (0.244,\ 0.538,\ 0.207,\ 0.012,\ 0.00) \begin{pmatrix} 0.9 \\ 0.7 \\ 0.5 \\ 0.3 \\ 0.1 \end{pmatrix} = 0.71$$

即第一个课题的可行度是 0.71。

按照上述方法,可以依次求出其他几个课题的可行度:

$$N_2 = 0.47,\ N_3 = 0.41,\ N_4 = 0.56,\ N_5 = 0.64,\ N_6 = 0.43$$

(7)比较各课题的可行度,按可行度的大小排出先后次序。

由于 $0.71 > 0.64 > 0.56 > 0.47 > 0.43 > 0.41$,故得出 6 个科研课题的优先排序为 A_1、A_5、A_4、A_2、A_6、A_3。

7.3.4 数据包络分析法

1. 概述

一个经济系统或一个生产过程可以看作一个单元在一定的范围内,通过投入一定的生产要素产出一定数量的产品的活动和过程。其目的是尽可能得到更多的利润。这样的单元称为决策单元(Decision Making Units,DMU)。DMU 的基本特点:有一定的输入和输出,并在输入转化为输出的过程中,努力实现自己的决策目标。

数据包络分析(Data Envelopment Analysis,DEA)法是运筹学、管理科学与数理经济学交叉研究的一个新领域。该方法于 1978 年由美国著名运筹学家 A. Charnes 和 W. W. Cooper 提出,是处理多目标决策问题的重要方法。它是根据多项投入指标和多项产出指标,利用线性规划的方法,对具有可比性的同类型单位进行相对有效性评价的一种数量分析方法。通过输入和输出数据的综合分析,数据包络分析法可以得到每个 DMU 综合效率的数量指标,并根据数量指标对这些 DMU 进行排序,为进一步优化、调整和决策提供关键信息。

在处理多输入–多输出的有效性评价方面,数据包络分析法具有以下优势。

(1)数据包络分析法以 DMU 各输入、输出的权重为变量,从最有利于 DMU 的角度进行评价,避免了确定各指标在优先意义下的权重。

(2)假设各输入均对应一个或多个输出，且输入、输出之间存在某种联系，数据包络分析法无须计算这种联系的表达式。数据包络分析法最突出的优点是不必计算每项服务的标准成本(输入)，因为它可以将多种输入和多种输出转化为效率比率的分子和分母，而不需要统一货币单位。因此，用数据包络分析法衡量效率可以清晰地说明输入与输出的关系，具有很强的客观性和现实性，参考意义很大。

同时，数据包络分析法同其他评价方法一样，也存在一些不足，主要体现在以下几个方面。

(1)数据包络分析法在评价问题时太具有客观性，由于数据包络分析模型在计算过程中没有主观的偏好设置，因此每个决策单元都是从最有利于自己的角度选择指标权重，使自己达到最优，但在一些实际评价问题中，决策者对决策单元的某些指标存在不同偏好，导致评价结果与决策者的偏好有所差距。

(2)使用数据包络分析法得出的是相对效率，而不是绝对效率。评价结果中表现最佳的只是相对于评价对象范围内的其他决策单元最佳，但并不代表其真正有效或有效率。

(3)数据包络分析法是建立在相对效率评价基础上的，决策单元的数量必须足够多，才能保证评价结果的准确性。而在实际评价中，受到众多因素的影响，决策单元可能并不能确保有足够多的数量。

2. 数据包络分析法的基本步骤

数据包络分析法的基本步骤如下：

(1)确定评价目标。

(2)根据评价目标选择恰当的评价单元，每一个评价单元将作为一个决策单元。

(3)进行输入、输出评价指标体系的构建，这也是评价的关键一步。

(4)根据确定的评价指标体系收集相应的数据。

(5)分析收集到的数据，判断方案是否可行。

(6)如果方案可行，选择一个合适的 DEA 模型进行计算。

(7)对得到的评价结果做进一步分析。

数据包络分析法的基本步骤如图 7-7 所示。

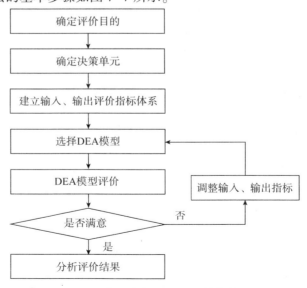

图 7-7 数据包络分析法的基本步骤

第一个 DEA 模型是由 A. Charnes 和 W. W. Cooper 提出的 C²R 模型，之后在国内外学者和专家的不懈努力下，出现了许多新的 DEA 模型，如比较常见的 2BC 模型、FG 模型和 ST 模型。本书以经典的 C²R 模型为例介绍其评价方法。

设有 n 个决策单元 DMU$_j$，$j = 1, 2, \cdots, n$，DMU$_j$ 的输入为向量 $\boldsymbol{X}_j = (x_{1j}, x_{2j}, \cdots, x_{mj})^{\mathrm{T}} > 0$，输出为向量 $\boldsymbol{Y}_j = (y_{1j}, y_{2j}, \cdots, y_{rj})^{\mathrm{T}} > 0$，引入权重输入、输出向量分别为 $\boldsymbol{V} = (v_1, v_2, \cdots, v_m)^{\mathrm{T}}$，$\boldsymbol{U} = (u_1, u_2, \cdots, u_r)^{\mathrm{T}}$，以输入、输出进行综合。定义 DMU$_j$ 的效率指数为输出"综合"和输入"综合"之比，以评价的决策单元 $\overline{\mathrm{DMU}_{j0}}$ 的效率指数 h_{j0} 最大为目标，以所有决策单元效率指数 $h_j \leqslant 0$ 为约束，即构成 DEA 优化 C²R 模型，目标函数为

$$\max h_{j0} = \frac{\boldsymbol{U}^{\mathrm{T}} \boldsymbol{Y}_0}{\boldsymbol{V}^{\mathrm{T}} \boldsymbol{X}_0}$$

约束条件为

$$\mathrm{s.t.} \begin{cases} h_j = \dfrac{\boldsymbol{U}^{\mathrm{T}} \boldsymbol{Y}_j}{\boldsymbol{V}^{\mathrm{T}} \boldsymbol{X}_j} \leqslant 1, \ j = 1, 2, \cdots, n \\ \boldsymbol{U} \geqslant 0; \ \boldsymbol{V} \geqslant 0 \end{cases}$$

数据包络分析协调度模型通过引入数据包络分析，用 DEA 相对效率值描述系统的投入产出效应，以评价系统的协调性。该模型规定 DEA 相对效率值越高，系统越协调。可知该模型隐含的系统理想协调状态假定：系统理想协调时，系统投入产出高效。相应地，该模型设定系统的投入产出效应为评价变量，选用 DEA 相对效率值来度量，规定当其值为 1 时，系统投入产出有效，处于理想协调状态；当其值为 0 时，系统处于最不协调状态。因此，DEA 协调度同样地反映了系统实际状态到理想协调状态的距离。

3. 实例分析

公交线路资源配置与高峰客流协调发展是公交系统可持续发展的重要保障，把公交线路视作决策单元，运用 DEA 中的 C²R 模型，充分考虑基础数据获取的可行性，建立合理的评价体系，根据得到的相对效率值，对公交线路资源配置与高峰客流协调性进行评价，可为公交资源分配提供具有针对性的决策参考。

公交线路资源配置的输入指标选取公交车辆数、站点数量和沿线客流强度。

(1)公交车辆数：公交系统最重要的要素。单条公交线路公交车辆数间接体现了对该线路人员、停车库、油耗量等多种资源的投入。

(2)站点数量：除站点建设自身投入成本外，站点数量体现了公交运营空间和时间上的投入。首先，在公交站距一定的情况下，公交站点越多，公交线路就越长。覆盖的客流区域也越广。其次，站点越多，由于站点停靠带来的延误，投入的服务时间也越多；在相同的线长和发车间隔下，站点数量越多，所需的公交车辆就越多。综上所述，公交线路用较少的站点数量完成较多的客流量，说明其效率较高。

值得注意的是，站点数量作为投入指标必须保证不同线路平均站距的一致性。一般城市主城区线路平均站距为 500 m，而一些郊区线路平均站距则超过 1 km。不同区域线路相同的站点数可带来较大的线长差距。在这种情形下，需将郊区线路站点数按一定比例换算成与主城区平均站距一致的站点数。由于主城区线路与郊区线路承载的功能不同，且在票价和发车频率上存在较大差异，因此，将主城区线路和郊区线路作为不同决策单元集分别进行评价，以得到更加准确的结果。

(3)沿线客流强度：指公交线路沿线客流资源的丰富程度。为了简单准确地表示沿线客流强度，提出基于线路周边公交线路数的沿线客流强度计算方法，公式如下

$$l_j = \sqrt[n]{\prod_{i=1}^{n} K_i^j}$$

式中：l_j——第 j 条线路的沿线客流强度系数；

K_i^j——第 j 条线路第 i 个站点周边公交线路数

n——第 j 条线路的站点数量。

若一条公交线路沿线客流强度很低，但却输送了较高的公交客流，说明其以较少的投入，完成较高的产出，其相对效率较高。

高峰客流的输出指标选取高峰客流量和高峰满载率适宜度。

（1）高峰客流量：公交客流量是能够体现公交效率的最有效的一种方式，无论是总体公交系统评价还是单条线路评价，都将客流量作为输出指标。高峰客流量是衡量线路资源配置是否合理的关键因素。

（2）高峰满载率适宜度：高峰客流体现了资源配置的效率，满载率则体现了资源配置的效益。过低的满载率会降低公交线路的营运效益，而过高的满载率会降低乘客舒适度。满载率要保持在一定的适宜区间内，因此，提出以下的满载率适宜度的计算方式

$$\overline{ra} = \frac{\sum_{i=1}^{4} ra_i^*}{4}$$

$$ra_i^* = \begin{cases} 1 - \dfrac{q_1 - x}{\max\{q_1 - m,\ M - q_2\}}, & ra_i < q_1 \\ 1, & ra_i \in [q_1,\ q_2] \\ 1 - \dfrac{x - q_2}{\max\{q_1 - m,\ M - q_2\}}, & ra_i > q_2 \end{cases}$$

式中：$\overline{ra}$——某条公交线路高峰期满载率适宜度；

ra_i^*（$i = 1,2,3,4$）——该线路早高峰上行、早高峰下行、晚高峰上行、晚高峰下行的满载率适宜度，根据实际满载率 ra_i 计算；

$[q_1,\ q_2]$——实际满载率 ra_i 的最佳区间，即若 ra_i 落在区间 $[q_1,\ q_2]$，则 ra_i^* 的值为 1，设定当 $ra_i \in [0.6,\ 0.8]$ 时，处于最佳状态；

M、m——所有评价公交线路中公交车高峰期实际满载率 ra_i 的最大值与最小值；

ra_i——车辆实际满载率，即线路最大断面客流量与公交车最大容量之比。

例 7-4　选取某市主城区 86 条公交线路作为评价单元，其中公共汽车公司 36 条、公共电车公司 23 条、其他民营公司 27 条。对原始数据进行相应处理得到输入指标值和输出指标值，其描述性统计如表 7-18、表 7-19 所示。试分析各线路资源配置与客流是否协调。

表 7-18　公交线路输入指标描述性统计

输入指标	公交车辆数/标台		站点数量/个		沿线客流强度系数	
	平均值	标准差	平均值	标准差	平均值	标准差
公共汽车公司	48.7	13.5	22.7	5.6	7.5	2.8
公共电车公司	46.1	19.3	26.0	6.2	7.3	3..6
其他民营公司	52.0	14.6	30.9	4.5	6.9	1.7

表 7-19 公交线路输出指标描述性

输出指标	客流量/人次		满载率适宜度	
	平均值	标准差	平均值	标准差
公共汽车公司	9 855.8	2 813.3	0.75	0.15
公共电车公司	10 335.6	3 586.7	0.81	0.12
其他民营公司	12 911.1	2 644.1	0.81	0.14

解：使用 DEAP 2.1 软件进行求解，得到每条线路的相对效率评价值，其描述性统计如表 7-20 所示，可以看出公共电车公司的公交线路均值最高，为 0.87，公共汽车公司和其他民营公司的均值都为 0.83。

表 7-20 公交线路相对效率评价值描述性统计

统计项目	线路条数	效率极小值	效率极大值	效率均值	效率标准差
总数	86	0.55	1.00	0.84	0.12
公共汽车公司	36	0.60	1.00	0.83	0.12
公共电车公司	23	0.55	1.00	0.87	0.11
其他民营公司	27	0.55	1.00	0.83	0.13

以资源为输入指标，高峰客流量为输出指标，评价指标体系兼顾了线路的空间效益（沿线客流强度）和服务水平（适宜满载率），因此可以认为通过数据包络分析法得到的效率值越高，公交线路资源配置与高峰客流越协调。也就是说，将效率值视作协调度，并把协调度作为协调等级划分依据。

在已有研究中，关于协调等级的划分多以定性划分为主，结合该市实际情况以定性为主、定量为辅的思路进行协调等级划分。首先根据每条线路的协调度值，运用系统聚类分析中的组间连接法，将 86 条线路分为 4 类，并根据各类所属协调度区间定义协调等级。根据聚类结果，评价等级最低的一类协调度区间为 0.6 以下，设为严重失调；评价等级最高的一类协调度区间为 [0.87，1]，设为强协调；中间两类分别设为轻度失调和弱协调，协调等级划分如表 7-21 所示。

表 7-21 协调等级划分

协调度	[0，0.60]	[0.60，0.70]	[0.70，0.87]	[0.87，1]
评价等级	严重失调	轻度失调	弱协调	强协调
线路条数	3	9	34	40
线路编号	28、94、107	11、12、13、17、31、55、61、64、74	1、3、8、9、15、18、19、20、21、22、23、25、26、34、53、59、67、70、79、84、86、90、91、92、93、103、104、108、112、114、115、116、117、118	2、3、5、6、7、10、13、14、16、25、27、30、32、33、35、36、51、56、60、62、63、72、73、75、77、81、83、101、102、105、106、109、111、119、121、122、123、124、125、126

可以看出，86 条线路中有 74 条处于强协调或弱协调状态，12 条处于轻度失调或严重失调状态。对于 12 条处于严重失调或轻度失调状态的线路，建议适当调整站点设置，并

根据满载率情况增减车辆配置，提高与高峰客流的协调度；对于 34 条处于弱协调状态的线路，建议通过调整高峰时段发车频率来使之达到强协调状态。建议定期对线路资源配置与高峰客流进行协调评价，以掌握公交系统最新协调情况，并据此及时调整公交资源配置，提高公交服务水平。

本章小结

本章首先简要介绍了系统评价的定义、理论基础、特性、分类及系统评价的具体步骤，进而描述评级指标体系，包括指标体系建立的原则，权重的确立，以及 6 类系统评价指标。最后重点介绍了系统评价的方法，系统评价分为单项评价和综合评价。单项评价方法主要包括经济评价分析方法和技术评价分析方法；结合交通系统的特点，重点介绍了 4 种综合评价方法：关联矩阵评价法、层次分析法、模糊综合评价法和数据包络分析法。本章主要知识架构如图 7-8 所示。

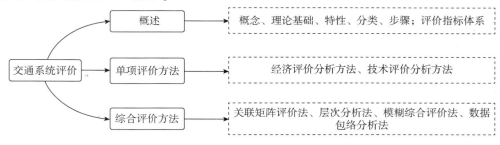

图 7-8　第 7 章知识架构

习　题

1. 什么是系统评价？系统评价的具体步骤有哪些？
2. 系统评价的评价指标分为哪几类？建立评级指标体系的原则是什么？
3. 层次分析法的特点是什么？
4. 模糊综合评价法的特点是什么？
5. 今有一项目建设评价问题，已经建立起如图 7-9 所示的层次结构模型和如表 7-22~表 7-25 所示的判断矩阵，试用 AHP 法确定 5 个方案的优先顺序。

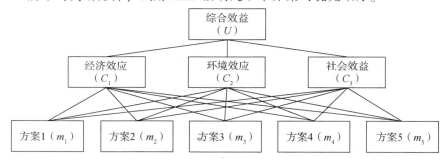

图 7-9　层次结构模型

表 7-22 判断矩阵 1

U	C_1	C_2	C_3
C_1	1	3	5
C_2	1/3	1	3
C_3	1/5	1/3	1

表 7-23 判断矩阵 2

C_1	m_1	m_2	m_3	m_4	m_5
m_1	1	1/5	1/7	2	5
m_2	5	1	1/2	6	8
m_3	7	2	1	7	9
m_4	1/2	1/6	1/7	1	4
m_5	1/5	1/8	1/9	1/4	1

表 7-24 判断矩阵 3

C_1	m_1	m_2	m_3	m_4	m_5
m_1	1	1/3	2	1/5	3
m_2	3	1	4	1/7	7
m_3	1/2	1/4	1	1/9	2
m_4	5	7	9	1	9
m_5	3	1/7	1/2	1/9	1

表 7-25 判断矩阵 4

C_1	m_1	m_2	m_3	m_4	m_5
m_1	1	2	4	1/9	1/2
m_2	1/2	1	3	1/6	1/3
m_3	1/4	1/3	1	1/9	1/7
m_4	9	6	9	1	3
m_5	2	3	7	1/3	1

6. 设某交通工程项目有两个实施方案可供选择，方案 A 和方案 B，拟对这两个方案做出评价选择，评价指标为费用效益、区域发展、社会安定、环境保护 4 个方面。经抽样调查，得出两个方案的评判矩阵如下

$$R_A = \begin{pmatrix} 0.7 & 0.2 & 0.1 & 0.0 \\ 0.2 & 0.7 & 0.1 & 0.0 \\ 0.0 & 0.2 & 0.7 & 0.1 \\ 0.1 & 0.3 & 0.5 & 0.1 \end{pmatrix} \qquad R_B = \begin{pmatrix} 0.1 & 0.3 & 0.5 & 0.1 \\ 0.2 & 0.7 & 0.1 & 0.0 \\ 0.2 & 0.7 & 0.1 & 0.0 \\ 0.0 & 0.2 & 0.7 & 0.1 \end{pmatrix}$$

试用模糊综合评价法评价上述两个方案，并做出选择。

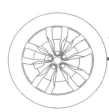

第8章
交通系统决策

交通系统决策

知识目标

了解决策的概念、意义、构成要素、分类及过程，掌握不同类型决策问题的决策分析方法，重点掌握风险型决策问题的分析方法，理解对策分析理论。

能力目标

能够采用正确的决策分析方法对具体交通决策问题或方案进行决策分析。

8.1 概　述

8.1.1 决策的概念及意义

决策是为了实现特定的目标，根据客观的可能性，在有一定信息和经验的基础上，借助一定的工具、技巧和方法，对影响目标实现的诸多因素进行分析、计算和判断优选后，对未来行动做出决定。决策分析是一门与经济学、数学、心理学和组织行为学有密切关系的综合性学科。决策分析是一门创造性的管理技术，它包括发现问题、确定目标、确定评价标准、方案制订、方案选优和方案实施等过程。

决策本质是一个优化过程，是一个反复分析、比较、综合并做出选择的过程。实际生活和生产中，凡是对于同一问题，面临几种情况，而又有多种方案可供选择时，就形成一个决策。

决策的科学概念具有以下几个显著的特点。

（1）决策一定要有预定目标，没有目标就无从决策。这个目标可以是具体的数量指标，如利润最大或损失最小等；可以是非数量化的指标，如解决某些棘手的政治问题或军事纠纷等。

（2）决策总是要付诸实践的，不准备实施的决策是多余的。

（3）决策总是在某种条件（现实条件或可争取到的条件）下寻找优化目标和寻找达到优化目标的手段，不追求优化的决策是没有意义的。

（4）决策总是在若干个有价值的方案中进行选择。一个方案无从选择、没有选择就无从优化。

（5）决策是一个完整的动态过程，这一过程不单指对备选方案选定，而是指确定目标、制订方案、选定方案直至目标的实现。

随着我国国民经济的高速发展，城市化进程加快，机动车保有量迅速增加，交通运输需求迅速增加，交通运输供需不平衡矛盾日益尖锐。制订正确、科学、合理的交通决策，建立可持续发展的交通环境，为新世纪我国国民经济的全面发展奠定基础，这是有待解决的问题。

所谓交通系统决策是指通过对交通信息的加工与管理、仿真实验分析、多样化的输出信息表达等方式，在深入剖析交通系统内在发展规律的基础上，为交通规划工作提供必要的技术支持，是进行相关分析与决策所不可缺少的工具。交通系统决策问题，就是在交通系统中与交通运输活动有关的决策问题，如交通运输经济决策、交通运输科技决策、交通运输发展决策等。

8.1.2 决策的构成与分类

1. 决策的构成要素

决策有多种形式、多个层次，各类决策中所包含的必有的组成部分，就是决策的基本要素。决策者、决策对象、决策信息、决策方法、决策结果是决策的五大基本要素。

1）决策者

决策者是指决策系统的主观能力的体现者。这个体现者可以是个人、集团（决策机构）。决策者的基础是其智、能、素质结构，关键是决策权力。

2）决策对象

决策对象是指在人的意志指导下，只能对之施加影响处于某一层次，并且具有明确边界的系统，它可以是人、物或人物关系体。

3）决策信息

决策信息是指与决策系统相关联的信息，包括决策者与决策对象构成的决策系统内部的相互联系，即内信息；决策系统与外界发生必然联系，即外信息。内信息是系统变化发展的依据，外信息是系统运动、变化发展的条件。

4）决策方法

决策方法是指决策者对确定的决策信息和决策对象进行分析、综合、合理计算得出决策方案过程中所采取的一切具有规律性的方式、手段。决策方法具体应用对象是不统一的，可以依据不同的决策环境采取不同的决策方法。

5）决策结果

决策结果是指决策者利用决策方法对决策信息和决策对象进行研究，最后确定的决策结论。决策结果可以有多种表达形式，如思想、语言、图表、软件等。

2. 决策的分类

决策可以从不同的角度，按照不同的标准进行分类。

1）按照决策的重要性分类

按照决策的重要性，可以将决策分为战略决策、策略决策和执行决策。

（1）战略决策是涉及系统全局和长远问题的决策。例如，某大城市是否采用地铁系统作为其客运交通的骨架，就是该城市交通发展的战略决策。

（2）策略决策是为了完成战略决策所规定的目标而进行的决策。例如，某大城市决定采用地铁系统后，各路线、车站的选择确定即为策略决策。

（3）执行决策是根据战略决策的要求，对行动方案选择的决策。例如，对地铁系统各线路、车站设计方案的确定属于执行决策。

2）按照决策的结构分类

按照决策的结构，可以将决策分为程序化决策和非程序化决策。

（1）程序化决策是指目标明确，具备可供选择的方案，用一般程序化的方法就可以找到最优方案的决策。这类决策可以建立固定的模式，有一套通用的决策方法，一般是可重复的、有章可循的决策，如材料的订购、常规生产作业计划的制订等方面的决策。

（2）非程序化决策是指复杂的、用一般程序化方法无法解决的决策问题。这种决策是一种非例行决策，受许多因素的影响，没有规律可循，不可能独立建立一套通用的决策模式。这类决策一般是一次性的，只能依靠决策者的知识、经验、判断力，如新技术开发等方面的决策。

3）按照决策的可靠度分类

按照决策的可靠度，决策可以分为确定型决策、风险型决策和不确定型决策。

（1）确定型决策具备以下条件：

①存在决策者希望达到的一个明确的目标；

②存在一种确定的自然状态；

③不同方案在确定状态下的益损值可以计算。

（2）风险型决策具备以下条件：

①存在决策者希望达到的一个明确的目标；

②存在两种或两种以上的自然状态；

③存在供决策者选择的两个以上的方案；

④不同方案在确定状态下的益损值可以计算；

⑤在 n 种自然状态中，究竟出现哪一种状态，决策者无法确定，但是各种自然状态下出现的概率（可能性）事先可以估计或计算出来。

（3）不确定型决策不同于上述两种决策。确定型决策实际上是知道有某种自然状态，而且这种自然状态一定会发生，即该自然状态出现的概率为 1。风险型决策是知道有 n 种可能的自然状态，虽然不知道哪一种自然状态将会出现，但是知道每种自然状态下发生的概率。而不确定型决策所面临的情况是知道有 n 种可能发生的状态，但是既不知道 n 种状态中会发生哪一种，也不知道每种状态发生的概率有多大。不确定型决策问题满足风险型决策的前 4 个条件。

4）按照决策目标的数量分类

按照决策目标的数量，决策可以分为单目标决策和多目标决策。

（1）单目标决策问题仅有一个决策目标，如决策目标是提高经济效益。

（2）多目标决策问题存在多个决策目标，如决策目标是既要提高经济效益，又要降低成本。

5）按照决策面对的自然状态性质分类

按照决策面对的自然状态性质，决策可分为竞争型决策和非竞争型决策。

（1）竞争型决策：决策者面对的自然状态是有理智的、善于采取合理行动的竞争对手，也称冲突型决策问题或对策问题。

（2）非竞争型决策：决策者面对的自然状态是客观的自然环境或社会环境。

本章重点讨论确定型决策、不确定型决策和风险型决策问题的分析。

8.1.3 决策过程

决策过程一般包括准备、计划、选择、实施控制 4 个阶段，如图 8-1 所示。

图 8-1 决策过程

准备阶段主要包括明确决策问题、相关信息的收集和处理，即明确决策问题的性质、背景、特征、条件，收集与决策相关的政治、经济、社会、技术等方面的信息资料，并按照一定的要求将收集到的信息进行分析、加工和处理。

计划阶段在对所掌握的信息进行分析研究的基础上，确定预测目标，并对影响预测结果的重要因素进行预测。在此基础上提出可行方案，并对方案进行研究和论证。

选择阶段计算出不同方案在不同自然状态下的益损值，即对各种可行方案进行分析评价，在此基础上按照一定的价值准则选择满意方案。

当前的决策是基于对事物过去、现在的认知和对将来的预测的，但在决策方案实施过程中，常会出现偏差或未预料到的新情况。因此，决策方案不是一成不变的，需要在实施过程中根据实际情况不断调整和补充。

上述决策过程是一个有机整体，既相互独立，又相互联系、互相交叉、互相渗透。例如在拟订可行方案时，可能发现原定目标不恰当而要加以修改；又如在选择阶段，可能发现某些方案需要进行一些修改，甚至可能发现新方案；而在方案的实施过程中，更要求将实施结果与预测结果加以对比，观察实施结果与预测结果是否有差异以及差异的程度，反过来对决策方案进行修正。作为决策方法研究的重点是在选择阶段，即对已经拟订的可行方案进行分析、比较、评价和选择。

8.2 不同决策问题的决策分析

8.2.1 确定型决策问题的决策分析

在确定型决策问题中，供决策者选择的可行方案有两个以上，同时自然状态是确定的，不含有随机因素；存在决策者希望达到的一个明确目标；不同方案在确定状态下的益损值可计算。

由于每一个方案都有一个确定的结果，因此，只要直接比较各方案的益损值就可以判别方案的优劣，从而完成决策。

例 8-1 某交通建设项目有 3 种投资方案 A_1、A_2、A_3，3 种方案投资所获得的年利润不同。方案 A_1 的年利润为 100 万元，方案 A_2 的年利润为 50 万元，方案 A_3 的年利润为 30 万元。问：应该选择哪个方案？

解： 该问题中，不涉及具体的自然状态，每个方案的结果都是确定的。因此，该问题属于确定型决策问题。方案 A_1 的年利润最高，为最优方案。

确定型决策问题的决策方法有以下几种。

1. 线性规划法

线性规划法是指在满足规定的约束条件下，寻求目标函数的最大值或最小值，求取最优方案。

2. 量本利分析法

量本利分析法是成本-销售量-利润理论依存关系的简称，也称为 CVP（Cost-Volume-Profit Analysis）分析，是指在变动成本计算模式的基础上，以数字化会计模型与图文来表示固定成本、变动成本、销售收入、利润等变量之间的内在规律性联系，为预测和规划提供了一种定量分析方法。

由于量本利分析法是在成本性态分析的基础上发展起来的，所以成本性态的基本假设也就成为量本利分析的基本假设，也就是在相关范围内，固定成本总额保持不变，变动成本总额与销售量变化成正比例变化。因此，总成本与销售量呈现线性关系。相应地，假设售价也在相关范围内保持不变，这样销售收入与销售量之间也呈现线性关系。因此，在相关范围内，成本与销售收入均表现为直线，如图 8-2 所示。其中，总成本是生产某种品种或数量的产品所耗费的生产资料和人工费用的总和。变动成本（Variable Cost）指支付给各种变动生产要素的费用，如购买原材料及电力消耗费用和工人工资等。这种成本随产量的变化而变化，常常在实际生产过程开始后才需支付。固定成本（Fixed Cost），又称固定费用，相对于变动成本，是指成本总额在一定时期和一定业务量范围内，不受业务量增减变动影响而能保持不变的成本。盈亏平衡点（Break Even Point，BEP），亦称保本点、盈亏分离点，它是指企业经营处于不盈不亏状态所须达到的业务量（产量或销售量），即销售收入等于总成本，是投资或经营中的一个很重要的数量界限。

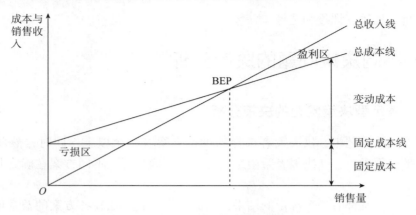

图 8-2　量本利分析法的基本原理示意

量本利分析法是以盈亏平衡点产量或销量作为依据进行分析的方法，其基本公式为

$$Q = \frac{C}{P - V}$$

式中：Q——盈亏平衡点产量（销量）；

　　　C——总固定成本；

　　　P——产品价格；

　　　V——单位变动成本。

要获得一定的目标利润 B 时，其公式为

$$Q = \frac{C + B}{P - V}$$

8.2.2　不确定型决策问题的决策分析

在不确定型决策问题中，供决策者选择的行为方案有两个或两个以上；并存在两个或两个以上的自然状态，且各种状态出现的概率不可知；存在决策者希望达到的明确目标；不同方案在各种状态下的益损值可计算。所谓不确定，是指决策者不知道未来究竟出现哪种自然状态，也不知道各状态发生的概率。这时，决策者主要根据自己的主观倾向进行决策，常用的决策方法有悲观准则、乐观准则、折中准则、等可能性准则和遗憾准则等。

1. 悲观准则

悲观准则亦称最小-最大准则、瓦尔特（Wald）准则、保守决策准则，是特殊的决策准则之一。持悲观准则的决策者对风险的态度总是悲观的，对客观事件发生的概率不明而需做决策时，非常谨慎，先估计各种最坏的可能结果，然后从中选择最好的作为决策策略。其决策步骤如下：

（1）编制决策益损表，求出每个方案在各种自然状态下的最小益损值；

（2）求各最小益损值的最大值；

（3）最大值对应的行动方案，即为所求。

例 8-2　某公司需要根据下一年度宏观经济的增长趋势预测决定投资策略。宏观经济增长趋势有不景气、不变和景气 3 种，投资策略有积极、稳健和保守 3 种，各种状态下的益损值如表 8-1 所示，基于悲观准则的最佳决策是什么？

表 8-1　各方案在不同状态下的益损值　　　　　　　　　单位：万元

方案	状态			最小收益
	不景气	不变	景气	
积极	50	150	500	50
稳健	100	200	300	100
保守	400	250	200	200
max[50，100，200]=200				

因 max[50，100，200]=200，故相应的投资策略为保守，即采用保守的投资策略为采用悲观准则得到的最优方案。

2. 乐观准则

乐观准则亦称最大-最大准则，是特殊的决策准则之一。持乐观准则的决策者对风险的态度总是乐观的，对客观情况不明而需要做决策时，总是争取获得最好结果的机会，而从大中之大来选择他的决策策略。其决策步骤如下：

（1）求出每个方案在各种自然状态下的最大效益值；

（2）求各最大效益值的最大值；

（3）最大值对应的行动方案即为所求。

乐观准则被偏好冒险的决策者所推崇，他们往往着眼于每个方案的最大可能收益，从而决定自己的行动。但由于并不能总是保证最有利的状态出现，因此采用乐观准则的风险很大。

对于例 8-2，各方案在不同状态下的益损值如表 8-2 所示，基于乐观准则的最佳决策是什么？

表 8-2　各方案在不同状态下的益损值　　　　　　　　　单位：万元

方案	状态			最大收益
	不景气	不变	景气	
积极	50	150	500	500
稳健	100	200	300	300
保守	400	250	200	400
max[500，300，400]=500				

因 max[500，300，400]=500，故相应的投资策略为积极，即采用积极的投资策略为采用乐观准则得到的最优方案。

3. 折中准则

悲观准则和乐观准则的倾向性较大。往往决策者对客观条件的估计既不那么悲观，也不那么乐观，主张从中平衡，用一个系数表示乐观程度，称为乐观系数，记为 α。因此，该准则又称乐观系数准则。

这种方法首先选定 $\alpha(0 \leqslant \alpha \leqslant 1)$，然后根据每一个方案的最大收益 A_i 和最小收益 B_i 计算相应的折中值

$$H_i = \alpha A_i + (1 - \alpha)B_i$$

折中值最大的方案就是最优方案。

α 的取值根据问题的性质而定，α 越大越乐观，α 越小越悲观。α 取 1 时为乐观准则，α 取 0 时为悲观准则。

对于例 8-2，各方案在不同状态下的益损值如表 8-3 所示，用折中准则求解的最佳决策是什么？（取 $\alpha = 0.7$）

表 8-3　各方案在不同状态下的益损值　　　　　单位：万元

方案	状态			收益		
	不景气	不变	景气	最大收益	最小收益	折中收益
积极	50	150	500	500	50	365
稳健	100	200	300	300	100	240
保守	400	250	200	400	200	340
max[365，240，340] = 365						

因 max[365，240，340] = 365，故相应的投资策略为积极，即采用积极的投资策略为采用折中准则得到的最优方案。

4. 等可能性准则

等可能性准则是当决策者在决策过程中，不能肯定哪种状态容易出现，哪种状态不容易出现时，可以一视同仁，认为各种状态出现的可能性是相等的。如果有 n 个自然状态，那么每个自然状态出现的概率即为 $1/n$，然后按收益最大或损失最小的期望值（或矩阵法）进行决策。这个想法是法国数学家拉普拉斯首先提出的，所以又称拉普拉斯方法。

等可能性准则的基本原理：当存在两个或两个以上的可行方案时，假定每一个方案遇到各种自然状态的可能性是相等的，然后求出各种方案的益损期望值，以此作为依据，进行决策。这种决策方法带有一定的主观性。

对于例 8-2，各方案的收益平均值为

$$M_1 = (50 + 150 + 500)/3 = 233.33 \text{ 万元}$$
$$M_2 = (100 + 200 + 300)/3 = 200 \text{ 万元}$$
$$M_3 = (400 + 250 + 200)/3 = 283.33 \text{ 万元}$$

M_3 最大，相应的保守的投资策略为最优方案。

5. 遗憾准则

在决策过程中，当某一种状态可能出现时，决策者必然要选择心中想要的方案。但如果决策者由于决策失误而没有选择心中想要的方案，则会感到遗憾和后悔。遗憾准则的基本思想就是在于尽量避免决策者的遗憾，使决策者绝不后悔。该方法的思路：每一种自然状态下总有一个方案可以达到最好的情况或取得最优值，如果选择其他方案，其结果将达不到最优值，相应的差值称为后悔值。

一般将一个方案中各自然状态下的最大后悔值作为该方案的后悔值，然后从各个方案中，将具有最小后悔值的方案选为最优方案。

遗憾准则的求解方法是首先确定各自然状态发生时的最优方案，这时每个方案的后悔值为每种状态下的最大收益值减去其他方案的收益值。比较各方案的后悔值，最小后悔值所对应的方案就是最优方案。

对于例 8-2，基于遗憾准则的最优方案是什么？

先计算各种状态下的后悔值，如表 8-4 所示。再计算各方案的后悔值，如表 8-4 最后一列所示。最后计算各方案后悔值的最小值，如表 8-4 的最后一行。

表 8-4 各方案在不同状态下的后悔值 单位：万元

方案	状态			后悔值
	不景气	不变	景气	
积极	350	100	0	350
稳健	300	50	200	300
保守	0	0	300	300
min[350，300，300]=300				

因 min[350，300，300]=300，故相应的投资策略为保守，即采用保守的投资策略为采用遗憾准则得到的最优方案。

8.2.3 风险型决策问题的决策分析

风险型决策是指决策者对决策对象的自然状态和客观条件比较清楚，也有比较明确的决策目标，但是实现决策目标必须冒一定风险，在对未来的决定因素可能出现的结果不能作出充分肯定的情况下，根据各种可能结果的客观概率做出的决策。决策者对此要承担一定的风险。风险型决策问题具有决策者期望达到的明确标准，存在两个以上的可供选择方案和决策者无法控制的两种以上的自然状态，并且在不同自然状态下，不同方案的益损值可以计算出来，对于未来发生何种自然状态，决策者虽然不能作出确定回答，但能大致估计出其发生的概率值。对这类决策问题，常用期望值准则法和决策树法求解。常见的期望值决策准则主要有最大可能收益值准则、最大期望收益值准则、最小后悔值期望损失值准则。

1. 期望值准则法

1) 最大可能收益值准则

最大可能收益值准则的基本思想是将风险型决策问题转化为确定型决策问题。风险型决策问题中，每种自然状态的发生都有一个概率值，某种状态的发生概率越大，说明该状态发生的可能性越大。基于这种想法，在风险型决策问题中，若某种状态出现的概率远远大于其他状态，就可以忽略其他状态，而只考虑概率特别大的这一状态。这样风险型决策问题就转变成确定型决策问题了。

例 8-3 以例 8-2 所述问题为例，说明最大可能收益值准则的决策过程。假设 3 种状态出现的概率分别为 0.8、0.1、0.1，此时经济不景气出现的可能性非常大，故不再考虑其他两种情况，只考虑经济不景气这一情况。分别用最大收益值准则和最小损失值准则决策，结果如表 8-5 所示。

表 8-5　各方案的益损值

方案	收益值准则	损失值准则
积极	50	350
稳健	100	300
保守	400	0
决策	$\max[50, 100, 400] = 400$	$\min[350, 300, 0] = 0$

故选择保守的投资策略。

用最大可能收益值准则对风险型决策问题进行决策适用于某种状态出现的概率比其他状态出现的概率大得多，而它们相应的益损值相差不是很大时，用这种方法进行决策可以得到较好效果。相反，如果一组自然状态下出现的概率都很小，并且互相接近，则采用这种方法会造成决策失误。

2)最大期望收益值准则

在风险型决策问题的决策中，未来出现哪种状态是不确定的，是一个随机事件，每一个可行方案能获得的收益也是一个随机事件，但获得某个收益的概率是知道的。因此，每一个可行方案所能获得的收益的数学期望值为

$$E(A_i) = \sum_{j=1}^{n} P(j) C_{ij}$$

式中：A_i——第 i 个可行方案；

$E(A_i)$——第 i 个可行方案的期望收益值；

$P(j)$——出现自然状态 j 的概率；

C_{ij}——可行方案 i 在自然状态 j 下的益损值。

在所有方案中，期望收益值最大的就是最优方案。

例 8-4　以例 8-2 所述问题为例，据估计经济不景气的概率为 0.5，稳健的概率为 0.3，景气的概率为 0.2。此时，问题就变成了风险型决策问题，各方案在不同状态下的期望收益值如表 8-6 所示。

表 8-6　各方案在不同状态下的期望收益值

方案	状态			期望收益值
	不景气 ($P = 0.5$)	不变 ($P = 0.3$)	景气 ($P = 0.2$)	
积极	50	150	500	170
稳健	100	200	300	170
保守	400	250	200	315
$\max[170, 170, 315] = 315$				

故应该选择保守的经济策略为最优方案。

3)最小后悔值期望损失值准则

决策者做出决策之后，若情况未能符合理想，将会有后悔的感觉。每一种自然状态下

总有一个方案可以达到最好的情况或取得最优值，如果选择其他方案其结果将达不到最优值，每种状态下的最大收益值与该状态下各方案收益值之差称为该状态下各方案的后悔值。可以根据各方案的后悔值计算后悔值期望损失值，从中选取最小值，相应的方案即为最优方案。对于例 8-2，先计算各方案在不同状态下的后悔值，如表 8-7 所示，再计算各方案后悔值的期望损失值。

表 8-7　各方案在不同状态下的后悔值

方案	状态			后悔值
	不景气 （$P = 0.5$）	不变 （$P = 0.3$）	景气 （$P = 0.2$）	
积极	350	100	0	205
稳健	300	50	200	205
保守	0	0	300	60
$\min[205，205，60] = 60$				

故应该选择保守的经济策略为最优方案。

2. 决策树法

1）决策树的结构

决策树法是利用树形结构图辅助进行决策的一种方法。这种方法是把各种备选方案、可能出现的状态以及决策产生的结果，按照逻辑关系画成一个树形图，在树形图上完成对各种方案的计算、分析和选择。决策树由 4 个部分组成，结构如图 8-3 所示。

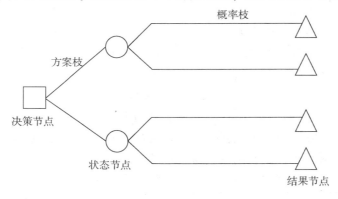

图 8-3　决策树结构

（1）决策节点：在决策树中用"□"代表决策节点，表示决策者要在此处进行决策。从它引出的每一个分枝都是代表决策者可能选取的一个方案。

（2）状态节点：在决策树中用"○"代表状态节点。从它引出的分枝代表其后续状态，分枝上的数字表示该状态发生的概率。

（3）结果节点：在决策树中用"△"代表结果节点，表示决策问题在某种可能情况下的结果，旁边的数字是这种情况下的益损值。

（4）分枝：在决策树中用连接的两个节点的线段表示。根据分枝所处的位置不同，又可以分为方案枝和概率枝。连接决策节点和状态节点的分枝称为方案枝；连接状态节点和结果节点的分枝称为概率枝。

2）决策树法的过程

（1）画决策树。

画决策树的过程就是建立决策问题的模型。这种模型不是用数学公式来描述的，而是用一个树形图来反映。

①首先，提出各种可行方案，画出方案枝。

②预计可能发生的自然状态及其发生的概率，画出相应的概率枝，并把状态概率标在概率枝上。

③计算各方案在各自然状态下的益损值，并标在相应的结果节点上。

（2）计算期望值。

在决策树中，由结果节点开始，按照自右向左的方向，逐列计算每个状态节点和决策节点的期望值，并标在相应的节点上。

（3）比较、剪枝、决策。

在决策树中，比较状态节点的期望值，进行方案的选择。

若决策问题的目标是效益、利润、产值等，应取最大期望收益值对应的方案为最优方案。

若决策问题的目标是费用、成本、损失等，应取最小后悔值期望损失值对应的方案为最优方案。

将收益最大（或损失最小）的期望值标在相应的决策节点上，表示该方案即为决策选择的方案，其他方案删除，成为剪枝。

3）单级及多级决策问题

单级决策问题是指在一个决策问题中有一个决策节点；多级决策问题反映在决策树中就是有两个或两个以上的决策节点。决策树法更适合处理多级决策问题。

例 8-5 假设某工程队正在施工，可供选择的施工方案有 4 种：P_1、P_2、P_3、P_4，不同的施工方案在不同的天气状况下的收益是不同的。施工期间可能遇到的天气状态有 4 种：W_1（施工期间下雨天数 $D < 10$）、W_2（施工期间下雨天数 $10 \leqslant D < 20$）、W_3（施工期间下雨天数 $20 \leqslant D < 30$）、W_4（施工期间下雨天数 $D \geqslant 30$）。不同的施工方案在不同天气状况下的收益如表 8-8 所示。试利用决策树法进行决策。

表 8-8　不同施工方案在不同天气状况下的收益

施工方案	天气状况			
	W_1	W_2	W_3	W_4
P_1	40	70	30	35
P_2	95	75	65	40
P_3	80	45	90	35
P_4	60	50	65	45

解：采用决策树法的决策过程如图 8-4 所示。

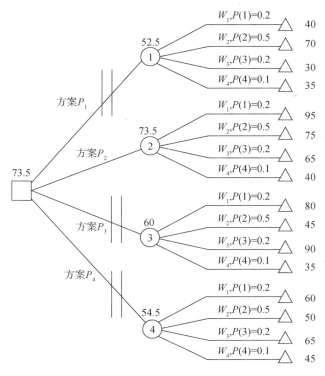

图 8-4　采用决策树法的决策过程

例 8-6(多级决策问题)　某交通附属设施生产公司拟修建一个货物中转仓库,拟订了两个方案:一是投资 9 000 万元建大仓库,货源好时年收益 3 500 万元,货源差时每年亏损 900 万元;二是投资 6 000 万元建小仓库,货源好时年收益 1 800 万元,货源差时年收益 800 万元,5 年后若货源好则考虑是否扩建成大仓库,追加投资 3 000 万元,以后运营收益同大仓库。两个方案的经营期均为 10 年,据预测,在这 10 年经营期内,前 5 年货源好的概率是 0.7,若前 5 年货源好,则后 5 年货源好的概率是 0.9,若前 5 年货源差,则后 5 年货源肯定差。试用决策树法进行决策分析。

解: (1)画决策树,如图 8-5 所示。

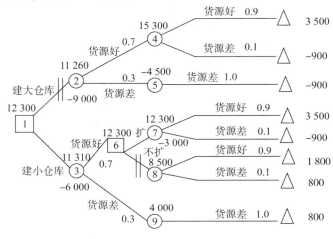

图 8-5　决策树

（2）计算各节点的期望值。

节点4：$(0.9×3\,500-0.1×900)×5=15\,300$ 万元

节点5：$1.0×(-900)×5=-4\,500$ 万元

节点7：$(0.9×3\,500-0.1×900)×5-3\,000=12\,300$ 万元

节点8：$(0.9×1\,800+0.1×800)×5=8\,500$ 万元

节点9：$1.0×800×5=4\,000$ 万元

节点2：$(0.7×3\,500-0.3×900)×5+(0.7×15\,300-0.3×4\,500)-9\,000=11\,260$ 万元

节点3：$(0.7×1\,800+0.3×800)×5+(0.7×12\,300+0.3×4\,000)-6\,000=11\,310$ 万元

（3）比较、剪枝、决策：比较节点2和3，节点3的期望值大，故最优方案为建小仓库，5年后扩建，并将建大仓库的方案枝剪去。

8.3 对 策

8.3.1 对策的概念

对策是决策者在某种竞争场合下做出的决策，是一种人为的不确定型决策（竞争或对抗型决策），一个对策是对许多决策者行为的相互影响的正式表示。行为的相互影响的意思是每一个人的福利不仅依赖于他自己的行为，而且依赖其他人的行为，同时他可能采取的最好的行为依赖于他对其他人行为的预期。

对策论又被称为博弈论，主要研究公式化了的激励结构间的相互作用，是研究具有斗争或竞争性质现象的数学理论和方法，主要考虑游戏中的个体预测行为和实际行为，并研究它们的优化策略。对策论已经成为经济学的标准分析工具之一。在生物学、经济学、国际关系、计算机、政治学、军事战略和其他很多学科都有广泛的应用。

对策论的基本概念中包括局中人、行动、信息、策略、收益、均衡和结果等。其中局中人、策略和收益是最基本的要素。局中人、行动和结果被统称为对策论的对策规则。

（1）局中人：在一场竞赛或博弈中，每一个有决策权的参与者成为一个局中人。只有两个局中人的博弈现象称为"两人博弈"，而多于两个局中人的博弈称为"多人博弈"。

（2）策略：一局博弈中，每个局中人都有选择实际可行的、完整的行动方案，即方案不是某阶段的行动方案，而是指导整个行动的一个方案，一个局中人的一个可行的、自始至终全局筹划的一个行动方案，称为这个局中人的一个策略。如果在一个博弈中，局中人总共有有限个策略，则称为"有限博弈"，否则称为"无限博弈"。

（3）收益：一局博弈结局时的结果称为得失。每个局中人在一局博弈结束时的得失，不仅与该局中人自身所选择的策略有关，而且与全体局中人所取定的一组策略有关。因此，一局博弈结束时每个局中人的"得失"是全体局中人所取定的一组策略的函数，通常称为支付函数。

（4）结果：对于博弈参与者来说，存在着一博弈结果。

（5）均衡：均衡是平衡的意思，在经济学中，均衡意即相关量处于稳定值。在供求关系中，某一商品市场如果在某一价格下，想以此价格买此商品的人均能买到，而想卖的人均能卖出，此时我们就说，该商品的供求达到了均衡。所谓纳什均衡，它是一稳定的博弈结果。

8.3.2　对策的基本模式

将对策活动构建成对策(博弈)模型,需要了解以下 6 个方面的情况:

(1)局中人;

(2)外生事件的概率分布;

(3)局中人选择行动的次序;

(4)局中人所能选择的行动;

(5)局中人在选择行动时所了解的信息;

(6)局中人的支付。

构造博弈模型所需要的要素如下。

1. 局中人集合

$N = \{0, 1, 2, \cdots, n\}$,称 N 为局中人或参与人集合。N 中元素称为局中人或参与人。局中人不专指人,它泛指参与博弈活动的政府、企业、地区、国家、个人等决策主体。通常用"o"表示虚拟局中人,它的行为是以确定的概率分布进行随机选择,$i = 1$, 2, $\cdots$, n 表示实际局中人。

2. 行动集合

称局中人 $i \in N$ 在对策中所有选择的行动构成的集合 A_i 为局中人 i 的行动集合,A_i 中的元素 a_i 称为局中人 i 的行动。

局中人的行动集合可能是有限集,也有可能是无限集。如果博弈活动中每个局中人的行动集合都是有限集,且每个局中人行动的次数也是有限的,称该博弈是有限博弈。

3. 博弈树

对于有限博弈,可以用博弈树直观地刻画。

4. 支付向量

博弈树中终点 Z 下面的向量 $\boldsymbol{U} = (u_1, u_2, \cdots, u_n)$ 称为支付向量,它的第 $i = (1, 2, \cdots, n)$ 个分量表示博弈结果为 Z 时,局中人 i 所得的支付。支付可表示参与人的某种收益或损失。支付向量是终点集合 Z 到 n 维向量集合 $\boldsymbol{R}^n$ 的映射,即

$$U: Z \to R^n, \ U(z) = (U_1(z), U_2(z), \cdots, U_n(z)), \ z \in Z$$

5. 信息集与信息集分割

信息集由同一个局中人在相同的时点上的具有相同信息的决策节点组成,用 $I_{ik}(i = 0, 1, 2, \cdots, n; k = 0, 1, 2, \cdots, r_i)$ 表示局中人 i 的第 k 个信息集。它满足:

(1) $I_{ik} \neq \varnothing$。

(2)从博弈起始点到任一终点的路径至多与 I_{ik} 交于一点(描写同一信息集的节点处于同一时点上)。

(3)从 I_{ik} 中任一节点出发,局中人 i 可能选择的行动集合都相同(因为局中人在同一信息集的不同节点上具有相同的信息)。

在博弈树上,将属于同一信息集的节点用虚线框在一起,称 $I_i = (I_{i1}, I_{i2}, \cdots, I_{in})$ 为局中人的信息集类(在数学上,称以集合为元素的集合为类)。称 $I = \{I_0, I_1, I_2, \cdots, I_n\}$ 为信息集分割。

因此，有定义：称 $G = (N, Y, U, I, q)$ 为有限扩展型博弈模型。其中，N 为局中人集合；Y 为博弈树；U 为支付向量；I 为信息集分割；q 为外生事件的概率分布。

如果所有的局中人对构成 G 的元素 N，Y，U，I，q 都完全了解，称 G 为完全信息博弈，否则为不完全信息博弈。

如果所有的局中人都同时选择行动，则称 G 为静态博弈；否则，称 G 为动态博弈。静态博弈更本质的特征是所有局中人在选择行动时不知道对手选择了什么行动。

8.3.3　对策的分类

对策根据不同的基准也有不同的分类。

一般认为，博弈主要可以分为合作博弈和非合作博弈。合作博弈和非合作博弈的区别在于相互发生作用的当事人之间有没有一个具有约束力的协议，如果有，则是合作博弈，否则就是非合作博弈。

从行为的时间序列性，博弈进一步分为静态博弈、动态博弈两类。静态博弈是指在博弈中，局中人同时选择或虽非同时选择但后行动者并不知道先行动者采取了什么具体行动；动态博弈是指在博弈中，局中人的行动有先后顺序，且后行动者能够观察到先行动者所选择的行动。通俗的理解："囚徒困境"就是同时决策的，属于静态博弈；而棋牌类游戏等决策或行动有先后次序的，属于动态博弈。

按照局中人对其他局中人的了解程度，博弈分为完全信息博弈和不完全信息博弈。完全信息博弈是指在博弈过程中，每一位局中人对其他局中人的特征、策略空间及收益函数有准确的信息。不完全信息博弈是指如果局中人对其他局中人的特征、策略空间及收益函数信息了解得不够准确，或者不是对所有局中人的特征、策略空间及收益函数都有准确的信息。

非合作博弈又分为完全信息静态博弈、完全信息动态博弈、不完全信息静态博弈、不完全信息动态博弈。与上述 4 种博弈相对应的均衡概念为纳什均衡、子博弈精炼纳什均衡、贝叶斯纳什均衡、精炼贝叶斯纳什均衡。

博弈还有很多分类，例如：以博弈进行的次数或持续时间长短可以分为有限博弈和无限博弈；以表现形式也可以分为一般型(战略型)博弈或展开型博弈；以博弈的逻辑基础不同又可以分为传统博弈和演化博弈。

8.3.4　二人零和对策

二人零和对策又称矩阵对策。

1. 特点

(1)必须有且仅有两个局中人，每个局中人可以从有限个策略中选择一个策略。

(2)每个局中人的赢得正好等于另一个局中人的损失。

(3)每个局中人对双方可采取的策略都有充分的了解，双方都知道当采用各组策略时可能发生的支付函数。

(4)局中人双方的利益是冲突的，双方的唯一目的就是最大限度地扩大自己的赢得。

(5)不允许双方相互达成协议，局中人要同时选择策略，使竞争者在不知道对方采取的策略之前选择自己的策略。

2. 模型

以齐王与田忌赛马为例，x_1(上，中，下)表示齐王先用上等马，再用中等马，最后用下等马。也就是说，x_1 是齐王的一个策略。于是，齐王就有 6 个策略，即

$$x_1(上，中，下)、x_2(上，下，中)、x_3(中，上，下)$$
$$x_4(中，下，上)、x_5(下，中，上)、x_6(下，上，中)$$

如果用集合符号来描述，则齐王的策略集 S_1 中就有 6 个元素，即

$$S_1 = \{x_1, x_2, x_3, \cdots, x_6\}$$

同样，田忌也有 6 个策略，即田忌的策略集中也有 6 个元素，记为

$$S_2 = \{y_1, y_2, y_3, \cdots, y_6\}$$

上述的 x_i 和 $y_i (i = 1, 2, \cdots, 6)$ 称为纯策略。这时，齐王的支付情况如表 8-9 所示。

表 8-9　齐王与田忌赛马对策矩阵表

齐王的策略	田忌的策略					
	y_1	y_2	y_3	y_4	y_5	y_6
x_1	3	1	1	1	1	-1
x_2	1	3	1	1	-1	1
x_3	1	-1	3	1	1	1
x_4	-1	1	1	3	1	1
x_5	1	1	-1	1	3	1
x_6	1	1	1	-1	1	3

表 8-9 中的 1 和 3 表示的是齐王赢得的场数，也是田忌输掉的场数；而-1 是齐王输掉的场数，也是田忌赢得的场数。由表 8-9 可得该问题的赢得(或支付)矩阵

$$A = \begin{pmatrix} 3 & 1 & 1 & 1 & 1 & -1 \\ 1 & 3 & 1 & 1 & -1 & 1 \\ 1 & -1 & 3 & 1 & 1 & 1 \\ -1 & 1 & 1 & 3 & 1 & 1 \\ 1 & 1 & -1 & 1 & 3 & 1 \\ 1 & 1 & 1 & -1 & 1 & 3 \end{pmatrix}$$

对策问题的一般形式如下。

若局中人 X 的策略集合中有 m 个策略：$x_1, x_2, x_3, \cdots, x_m$，即

$$S_x = \{x_1, x_2, x_3, \cdots, x_m\}$$

局中人 Y 的策略集合中有 n 个策略：$y_1, y_2, y_3, \cdots, y_n$，即

$$S_y = \{y_1, y_2, y_3, \cdots, y_n\}$$

则，局中人 X 的赢得矩阵可写为

$$A = \begin{pmatrix} a_{11} & \cdots & a_{1j} & \cdots & a_{1n} \\ \vdots & & \vdots & & \vdots \\ a_{i1} & \cdots & a_{ij} & \cdots & a_{in} \\ \vdots & & \vdots & & \vdots \\ a_{m1} & \cdots & a_{mj} & \cdots & a_{mn} \end{pmatrix}$$

这时，我们可以将局中人 X 和 Y 的对策记为

$$G = \{X,\ Y,\ S_x,\ S_y,\ \boldsymbol{A}\}$$

或

$$G = \{S_x,\ S_y,\ \boldsymbol{A}\}$$

我们就用 $G = \{S_x,\ S_y,\ \boldsymbol{A}\}$ 表示一个对策模型

$$
\begin{array}{c}
\begin{array}{ccccc} y_1 & \cdots & y_j & \cdots & y_n \end{array} \\
\begin{array}{c} x_1 \\ \vdots \\ x_j \\ \vdots \\ x_m \end{array}
\left\{
\begin{array}{ccccc}
a_{11} & \cdots & a_{1j} & \cdots & a_{1n} \\
\vdots & & \vdots & & \vdots \\
a_{i1} & \cdots & a_{ij} & \cdots & a_{in} \\
\vdots & & \vdots & & \vdots \\
a_{m1} & \cdots & a_{mj} & \cdots & a_{mn}
\end{array}
\right\}
\end{array}
$$

3. 最优纯策略

1）有鞍点的对策

例 8-7 有一对策 $G = \{S_x,\ S_y,\ \boldsymbol{A}\}$，其中，$S_x = \{x_1,\ x_2,\ x_3\}$，$S_y = \{y_1,\ y_2,\ y_3\}$

$$
\boldsymbol{A} = \begin{pmatrix} 3 & -4 & 1 \\ -3 & 0 & 1 \\ 4 & 3 & 2 \end{pmatrix}
$$

求：双方的最优策略和对策值。

解：（1）首先考虑局中人 X：

若局中人 X 选择 x_1，则可能发生的最坏的情况（最大的损失）是 Y 选择 y_1，这时，局中人 X 将损失 4，即 $\min\{3,\ -4,\ 1\} = -4$；

若局中人 X 选择 x_2，则可能发生的最坏的情况（最大的损失）是 Y 选择 y_2，这时，局中人 X 将损失 3，即 $\min\{-3,\ 0,\ 1\} = -3$；

若局中人 X 选择 x_3，则可能发生的最坏的情况（最大的损失）是 Y 选择 y_3，这时，局中人 X 将赢得 2，即 $\min\{4,\ 3,\ 2\} = 2$。

因此，局中人 X 的策略 x_1、x_2、x_3 相对应的最大损失分别为 -4、-3、2，这些损失的最小值是 2，它就是局中人 X 的极大损失下的极小解，或者说是局中人 X 在最坏的条件下争取损失最小的结果。局中人 X 的最优策略为选择 x_3，则

$$\max = \{-4,\ -3,\ 2\} = 2$$

（2）同样，局中人 Y 的策略 y_1、y_2、y_3 相对应的最大损失分别为 4、3、2，这些损失的最小值也是 2，它就是局中人 Y 的极大损失下的极小解，或者说是局中人 Y 在最坏的条件下争取损失最小的结果。局中人 Y 的最优策略为选择 y_3，则

$$\max\{3,\ -3,\ 4\} = 4$$
$$\max\{-4,\ 0,\ 3\} = 3$$
$$\max\{1,\ 1,\ 2\} = 2$$
$$\min\{4,\ 3,\ 2\} = 2$$

故该对策问题的对策为 $(x_3,\ y_3)$，又称"鞍点"。

该对策问题的对策值为 $a_{33} = 2$，又称"鞍点值"。

现在，把上述讨论推广到一般的情况：设有一对策 $G = \{S_x,\ S_y,\ \boldsymbol{A}\}$，$S_x$、$S_y$ 与 $\boldsymbol{A}$ 的定

义同前。对局中人 X 来说，其最优策略值为

$$\max_i \{ \min_j a_{ij} \}$$

而对局中人 Y 来说，其最优策略为

$$\min_j \{ \max_i a_{ij} \}$$

若有等式

$$\max_i \{ \min_j a_{ij} \} = \min_j \{ \max_i a_{ij} \}$$

成立，则其值为 V_G，称为对策 G 的值。如果有纯局势 (X_i^* , Y_j^*) 使

$$\min_j a_{ij}^* = \max_i a_{ij}^* (= V_G)$$

则称对策 $G = \{ S_x , S_y , A \}$ 为有鞍点的对策，其鞍点为 (X_i^* , Y_j^*)，也称它是对策 G 在纯策略中的解，X_i^* 和 Y_j^* 分别称为局中人 X 与局中人 Y 的最优纯策略。

2）无鞍点的对策

设矩阵 A 的对策 G 为

$$G = \{ S_x , S_y , A \}$$
$$S_x = \{ x_1 , x_2 \}$$
$$S_y = \{ y_1 , y_2 \}$$

若

$$\max_i \{ \min_j a_{ij} \} \neq \min_j \{ \max_i a_{ij} \}$$

则称该对策没有鞍点，或者说该对策在纯策略没有解。

例 8-8　设赢得矩阵为

$$A = \begin{pmatrix} 1 & 0 \\ -4 & 3 \end{pmatrix}$$

求局中人的最优纯策略和对策值。

解：对局中人 X 来说，有

$$\max_i \{ \min_j a_{ij} \} = 0$$

对局中人 Y 来说，有

$$\min_j \{ \max_i a_{ij} \} = 1$$

因

$$\max_i \{ \min_j a_{ij} \} \neq \min_j \{ \max_i a_{ij} \}$$

故该对策问题无解。

例 8-9　在齐王与田忌赛马的例子中，由齐王的赢得矩阵可知

$$\max_i \{ \min_j a_{ij} \} = -1$$
$$\min_j \{ \max_i a_{ij} \} = 3$$

因

$$\max_i \{ \min_j a_{ij} \} \neq \min_j \{ \max_i a_{ij} \}$$

故齐王与田忌赛马对策双方没有最优纯策略，也没有纯策略的对策值。

4. 混合策略和对策期望值

例 8-8 和例 8-9 都在纯策略中没有解，那么，局中人应该如何选择纯策略参加对策呢？

在双方没有纯对策可采用的情况下，局中人的一方为了战胜竞争者，就要出其不意地从一个策略的选择，变为另一个策略的选择，并且要估计各个策略使用的最优次数，即确定各个策略使用的可能性的大小，也就是用多大的概率来选取各个纯策略，这种以一定的概率来选择各个策略的对策问题，称为有混合策略的对策问题。

例 8-10 考虑例 8-8 的赢得矩阵

$$A = \begin{pmatrix} 1 & 0 \\ -4 & 3 \end{pmatrix}$$

由例 8-8 可知，该对策没有最优纯策略。下面求它的混合策略。

解：设 p 代表局中人 X 使用策略 x_1 的概率，则 $(1-p)$ 代表局中人 X 使用策略 x_2 的概率；q 代表局中人 Y 使用策略 y_1 的概率，则 $(1-q)$ 代表局中人 Y 使用策略 y_2 的概率。混合对策模型如表 8-10 所示。

表 8-10　混合对策模型

局中人 X		局中人 Y	
		q	$1-q$
		y_1	y_2
p	x_1	1	0
$1-p$	x_2	-4	3

按照二人零和对策的特点，局中人 X 总是希望求得的 p 和 $(1-p)$ 的值，能够使他处于最优的竞争地位。也就是说，当局中人 X 用这种方法分配 x_1 和 x_2 的概率时，无论对方如何选择策略，他总是能够得到相同的收益，其期望收益计算如下。

当局中人 Y 采取 y_1 时，局中人 X 的期望收益为

$$p + (-4) \times (1-p) = 5p - 4$$

当局中人 Y 采取 y_2 时，局中人 X 的期望收益为

$$0p + 3 \times (1-p) = -3p + 3$$

由于局中人 X 希望，无论局中人 Y 选择 y_1 还是 y_2，都会得到相同的期望收益值，所以有

$$5p - 4 = -3p + 3$$
$$8p = 7$$
$$p = 7/8 = 0.875$$
$$1 - p = 0.125$$

这个概率值表明，局中人 X 应该在 x_1 和 x_2 之间分配其对策的概率：选择 x_1 的次数为策略总次数的 87.5%，选择 x_2 的次数为策略总次数的 12.5%。

同理，可以求出局中人 Y 的策略概率值。

当局中人 X 采取 x_1 时，局中人 Y 的期望收益为

$$q + 0 \times (1-q) = q$$

当局中人 X 采取 x_2 时，局中人 Y 的期望收益为

$$(-4) \times q + 3 \times (1-q) = -7q + 3$$

由于局中人 Y 希望，无论局中人 X 选择 x_1 还是 x_2，都会得到相同的期望收益值，所以有

$$q = -7q + 3$$
$$8q = 3$$
$$q = 3/8 = 0.375$$
$$1 - q = 0.625$$

这个概率值表明，局中人 Y 应该在 y_1 和 y_2 之间分配其对策的概率：选择 y_1 的次数为策略总次数的 37.5%，选择 y_2 的次数为策略总次数的 62.5%。

上述与纯策略集合相对应的概率向量为

$$\boldsymbol{P} = (0.875, 0.125), \quad \boldsymbol{Q} = (0.375, 0.625)$$

它们分别称为局中人 X 和 Y 的混合策略。

由于局中人 X 和 Y 按照上述混合策略进行对策时，都能够达到最优期望收益值，所以 $\boldsymbol{P}$ 和 $\boldsymbol{Q}$ 就分别是局中人 X 和 Y 的最优策略。两者的公共值就是该混合对策的期望收益值。

局中人 X 选择 x_1 时，收益值为 $0.375 \times 1 + 0 \times 0.625 = 0.375$；或者局中人 X 选择 x_2 时，收益值为 $0.375 \times (-4) + 3 \times 0.625 = 0.375$。

局中人 Y 选择 y_1 时，收益值为 $0.875 \times 1 + 0.125 \times (-4) = 0.375$；或者局中人 Y 选择 y_2 时，收益值为 $0.875 \times 0 + 3 \times 0.125 = 0.375$。

从以上的分析可以看出，对于没有鞍点的对策问题，每个局中人在做决策时，不仅要决定要采用哪一个纯策略，而且要决定用多大的概率选择一个纯策略，以这样一种方式选择纯策略参加对策，是双方的最优策略。

8.3.5 矩阵对策的求解方法——优势简化法

当矩阵对策中每个局中人都有 3 个或更多个策略可选择时，就往往形成了一个大对策问题，其赢得矩阵就是三阶或三阶以上的矩阵，这时就需要在条件允许的情况下进行简化分析。

优势简化法简化的条件：若大对策问题中存在着对局中人来说，绝不会去选择的策略，就可以将这样的策略从赢得矩阵中去掉，从而使对策问题得到简化。

例 8-11 设有对策 $G = \{S_x, S_y, A\}$，其中，$S_x = \{x_1, x_2, x_3\}$，$S_y = \{y_1, y_2, y_3\}$

$$A = \begin{pmatrix} 0 & -4 & 0 \\ -2 & 4 & 0 \\ -1 & -5 & -2 \end{pmatrix}$$

求最优策略和对策值。

解：1）模型简化

从该赢得矩阵可知，对局中人 X 来说，策略 x_3 明显劣于策略 x_1，因为无论局中人 Y 选择哪种策略，局中人 X 都会在 x_1 和 x_3 中选择 x_1 而不会选择 x_3，因此，对局中人 X 来说，可以将策略 x_3 从赢得矩阵中去掉，而将具有优势的策略 x_1 留下。

这样，赢得矩阵就简化为

$$A = \begin{pmatrix} 0 & -4 & 0 \\ -2 & 4 & 0 \end{pmatrix}$$

继续分析，可以发现策略 y_1 又优于 y_3，所以 y_3 也可以从赢得矩阵中去掉。于是有

$$\begin{array}{cc} & \begin{array}{cc} y_1 & y_2 \end{array} \\ \begin{array}{c} x_1 \\ x_2 \end{array} & \begin{pmatrix} 0 & -4 \\ -2 & 4 \end{pmatrix} \end{array}$$

2）求对策鞍点

对局中人 X 来说，有

$$\max_i\{\min_j a_{ij}\} = \max(-4, -2) = -2$$

对局中人 Y 来说，有

$$\min_j\{\max_i a_{ij}\} = \min(0, 4) = 0$$

因

$$\max_i\{\min_j a_{ij}\} \neq \min_j\{\max_i a_{ij}\}$$

故该问题不存在纯策略，需采用混合策略法求解。

3）求混合策略

设局中人 X 分别以概率 p 和概率 $(1-p)$ 选择策略 x_1 和 x_2；局中人 Y 分别以概率 q 和概率 $(1-q)$ 选择 y_1 和 y_2，则混合策略模型如表 8-11 所示。

表 8-11　混合策略模型

局中人 X		局中人 Y	
		q	$1-q$
		y_1	y_2
p	x_1	0	-4
$1-p$	x_2	-2	4

对局中人 X 来说，期望收益值计算如下。

当局中人 Y 采取 y_1 时

$$0p + (-2) \times (1-p) = -2 + 2p$$

当局中人 Y 采取 y_2 时

$$(-4) \times p + 4 \times (1-p) = 4 - 8p$$

两者应相等，则

$$-2 + 2p = 4 - 8p$$
$$10p = 6$$
$$p = 0.6, \ 1 - p = 0.4$$

对局中人 Y 来说，期望收益值计算如下。

当局中人 X 采取 x_1 时

$$0q + (-4) \times (1-q) = -4 + 4q$$

当局中人 X 采取 x_2 时

$$(-2) \times q + 4 \times (1-q) = 4 - 6q$$

两者应相等，则

$$-4 + 4q = 4 - 6q$$
$$10q = 8$$
$$q = 0.8, \ 1 - q = 0.2$$

故局中人 X 的最优策略为 $\boldsymbol{P}^* = (0.6, 0.4)$；局中人 Y 的最优策略为 $\boldsymbol{Q}^* = (0.8, 0.2)$。

在局势 $(\boldsymbol{P}^*, \boldsymbol{Q}^*)$ 下的混合对策期望收益值为

$$V_G = 0p + (-2) \times (1-p)$$
$$= (-2) \times 0.4 = -0.8$$

8.3.6　对策的应用举例

在对策论中，含有占优战略均衡的一个著名例子是由塔克给出的"囚徒困境"模型。该模型用一种特别的方式为我们讲述了一个警察与两个小偷的故事。假设有两个小偷甲和乙联合犯事、私闯民宅被警察抓住。警方将两人分别置于不同的两个房间进行审讯，对每一个犯罪嫌疑人，警方给出的政策是如果两个犯罪嫌疑人都坦白了罪行，交出了赃物，于是证据确凿，两人都被判有罪，各被判刑 8 年；如果只有一个犯罪嫌疑人坦白，另一个没有坦白而是抵赖，则以妨碍公务罪（因已有证据表明其有罪）再加刑 2 年，而坦白者有功被减刑 8 年，立即释放。如果两个犯罪嫌疑人都抵赖，则警方因证据不足不能判两人的偷窃罪，但可以私闯民宅的罪名将两人各判入狱 1 年。表 8-12 给出了这个博弈的支付矩阵。

表 8-12　支付矩阵

甲	乙	
	坦白	抵赖
坦白	8, 8	0, 10
抵赖	10, 0	1, 1

对甲来说，尽管他不知道乙作何选择，但他知道无论乙选择什么，他选择"坦白"总是最优的。显然，根据对称性，乙也会选择"坦白"，结果是两人都被判刑 8 年。但是，倘若他们都选择"抵赖"，每人只被判刑 1 年。在表 8-11 的 4 种行动选择组合中，（抵赖，抵赖）是帕累托最优，因为偏离这个行动选择组合的任何其他行动选择组合都至少会使一个人的境况变差。但是，"坦白"是任一犯罪嫌疑人的占优战略，而（坦白，坦白）是一个占优战略均衡，即纳什均衡。

不难看出，此处纳什均衡与帕累托存在冲突。单从数学角度讲，这个理论是合理的，也就是都选择坦白。但在这样多维信息共同作用的社会学领域显然是不合适的。例如，从心理学角度讲，选择坦白的成本会更大，一方坦白害得另一方加罪，那么事后的报复行为和不会轻易在周围知情人当中的"出卖"角色将会使他损失更多。而 8 年到 10 年间的增加比例会被淡化，人的尊严会使其产生复仇情绪，略打破"行规"。我们正处于大数据时代，想更接近事实地处理一件事就要尽可能多地掌握相关资料并合理加权分析，人的活动影像动因复杂，所以囚徒困境只能作为简化模型参考，具体决策还得具体分析。

本章小结

本章首先介绍了决策的概念、意义、构成要素、分类及基本步骤等。其次介绍了不同决策问题的决策分析，包括确定型决策问题的决策分析；利用悲观准则、乐观准则、折中准则、等可能性准则、遗憾准则解决不确定型决策问题的决策分析；利用期望值准则法和决策树法解决风险型决策问题的决策分析。最后，介绍了对策的概念、基本模式、分类、二人零和对策，以及矩阵对策的求解方法，并以囚徒困境进行了案例分析。本章主要知识架构如图 8-6 所示。

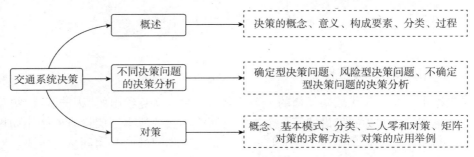

图 8-6 第 8 章知识架构

1. 简述决策的构成要素。

2. 简述决策的过程。

3. 简述解决不确定型决策问题的决策分析的 5 种方法。

4. 简述对策的基本要素及基本模式。

5. 决策问题可以分成哪几类？

6. 决策树的结构及决策程序是什么？

7. 二人零和对策具有哪些特点？

8. 为改善某交通路口的安全通行状况，提出了 3 个方案。方案甲：修建高标准立交桥，投资最大，收益也最大；方案乙：修建简易立交桥，投资较少，收益也较少；方案丙：改建原有设施，调整车流运行方式，加强交通管理，投资最少，收益也最少。预测未来该路口交通量的增长情况有 3 种：迅速增长、一般增长和缓慢增长。各方案相应于不同交通量情况的效益净现值如表 8-13 所示。

表 8-13 各方案相应于不同交通量情况的效益净现值　　　　单位：万元

方案	状态		
	迅速增长	一般增长	缓慢增长
甲	150	80	−70
乙	100	60	−30
丙	−50	20	40

试分别用乐观准则、悲观准则、折中准则（折中系数 0.4）、遗憾准则做出决策，并对几种决策标准所做的决策进行比较。

9. 某运输集团公司拟修建一个货物中转仓库，拟订了两个方案：一是投资 600 万元，一次建成大仓库，货源好时年收益 200 万元，货源差时年亏损 40 万元；二是先建小仓库，投资 280 万元，货源好时年收益 80 万元，货源差时每年仍能收益 60 万元，3 年后若货源好考虑是否扩建成大型仓库，追加投资 400 万元，每年可得收益 190 万元。两个方案的经营期均为 10 年。另外，估计前 3 年货源好的概率是 0.7，若前 3 年货源好，则后 7 年货源好的概率是 0.9。试用决策树法进行决策。

10. 某道路施工，管理人员需决策下个月是否开工：若开工以后天气好，能按时完工，则可获利 50 000 元，若天气坏，则将损失 10 000 元；若不开工，则窝工要付费 1 000 元。据以往的气象资料预测，下月天气好的概率是 0.3，天气坏的概率是 0.7，试做出决策。

11. 今有一矩阵对策 $G = \{S_x, S_y, \boldsymbol{A}\}$，$S_x = \{x_1, x_2, x_3\}$，$S_y = \{y_1, y_2, y_3\}$

$$
\begin{array}{c}
\begin{array}{ccc} y_1 & y_2 & y_3 \end{array} \\
\begin{array}{c} x_1 \\ x_2 \\ x_3 \end{array}
\begin{pmatrix} 5 & 4 & 6 \\ 2 & 3 & 7 \\ 4 & 3 & 0 \end{pmatrix}
\end{array}
$$

求对策双方的最优策略和对策值。

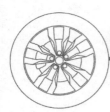

第9章
交通系统模拟及仿真

交通系统模拟及仿真

9.1　概　述

　　模拟的本意是"虚构、抽取本质、超越现实"。系统模拟是指用系统模型结合实际或模拟的环境和条件，或者用实际的系统结合模拟的环境和条件，对系统进行研究、分析和实验的方法。

　　系统模拟的目的是在人为控制的环境和条件下，通过改变系统的输入、输出或系统模型的特定参数，来观察系统或模型的响应，用以预测系统在真实环境和条件下的品质、行为、性质和功能。

　　系统仿真是指根据系统分析的目的，在分析系统各要素性质及其相互关系的基础上，建立能描述系统结构或行为过程的具有一定逻辑关系或数学方程的模拟模型，据此进行试验或定量分析，以获得正确决策所需的各种信息。

　　从上述定义可以看出，系统模拟与系统仿真之间大同小异，在很多情况下是可以通用的，细微区别在于：

　　（1）模拟是以模型为基础的，仿真是以功能为基础的，但大多数模型的建立都是以实现某种功能为前提的，实际区分度不大；

（2）模拟更注重理论，仿真更侧重于实物，但仿真也不是完全的实物，很多时候只是实物的替代品；

（3）一般来说，数值模拟是用数值的方法近似对某个问题求解，体现为"模拟"或"逼近"，主要在于对问题解的取得程度，常常得到的是确定的一些值；数值仿真是用数值的方法为某个问题的过程进行演绎，计算出不同时间或空间上的状态，更注重问题的过程，常常追求的是一系列值，多半是动态问题。

9.2　交通系统模拟

9.2.1　交通系统模拟原理及功能

系统模拟的基本原理可以归纳为以某种工具和手段（主要是电子计算机及其软件）模仿系统的工作过程和运行状态。系统模拟是改进正在运行的系统的好方法，通过模拟研究改进设计方案，可获得系统设计的最佳结果。

交通系统模拟即指用系统模拟技术来研究交通行为，它是一门对交通运动随时间和空间的变化进行跟踪描述的技术。交通系统模拟是 20 世纪 60 年代以来，随着计算机技术的进步而发展起来的，它是通过采用计算机数学模型来反映复杂道路交通现象的交通分析技术和方法，具有随机特性，可以是微观的，也可以是宏观的。从实验角度看，交通系统模拟是再现交通流时间和空间变化的模拟技术。它利用计算机对所研究对象（交通系统）的结构、功能、行为以及参与交通的控制者的思维过程和行为特征进行模拟。交通系统模拟的作用在于对现有系统或未来系统的交通运行状况进行再现或预先把握，从而对复杂的交通现象进行解释、分析，找出问题的症结，最终对所研究的交通系统进行优化。

交通系统模拟具有以下功能：
（1）评估交通系统中的某一部分；
（2）评估交通系统各个部分或子系统之间的影响以及对系统整体性能的影响；
（3）比较各种设计方案，以获得最优设计；
（4）在交通系统发生故障后，使之重演，以便研究故障原因；
（5）进行假设检验；
（6）训练交通系统操作人员。

与传统的分析技术相比，交通系统模拟的优点：
（1）模型机制的灵活性和柔软性；
（2）模型描述的准确性和灵活性；
（3）交通分析的开放性；
（4）强大的路网动态和交通状态描述功能。

9.2.2　交通系统模拟步骤

1. 提出问题，明确模拟对象

本步骤即要求清楚、准确地阐明模拟对象（交通系统）的研究主题，要求建立模拟系统的规模、目的、范围，确定模拟系统的界限、条件，确定系统模拟效果的评定准则。

2. 建立系统模拟模型

应用已取得的资料数据，建立描述交通系统的模拟模型，以观察其是否与实际系统情况相符合，若有差异，则立即予以修正，务求使建立的模型可靠有效。

3. 模拟模型验证

利用建立的模拟模型进行一系列模拟实验，对模型输入各种条件，观察其输出情况，了解各种条件的变化对现实过程的影响。

4. 模拟效果评价

按照模拟模型的评价标准，对其验证工作进行评价、比较，若满足要求，则模拟工作完成；若不满足要求，应反馈重新模拟或修改模型。

以上步骤程序框图如图 9-1 所示。

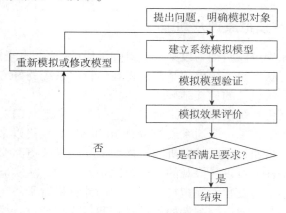

图 9-1　交通系统模拟步骤

9.2.3　交通系统模拟模型及方法

模拟模型一般分为 3 类：物理模拟模型、数学模拟模型和兼有以上两种模型特征的模拟模型。物理模拟模型即实体模型，数学模拟模型又分为数学解析模型和计算机模拟模型，计算机模拟模型的典型代表是蒙特卡洛模拟模型。在交通系统中，很多问题都可以用模拟方法来解决，如用随机概率模拟排队论问题、物资调配及设备管理、生产计划的编制、重大事件的决策等。本节以排队系统的优化为例介绍具体模拟方法的应用。

在交通系统中，排队现象是普遍存在的，如等待加油的汽车、到港待泊的船只等，如何设计一个排队系统，确定最优的运营服务率及服务台数量是排队系统优化的关键，而优化的前提是计算排队系统的运行状态指标，这些指标可以通过模拟方法求得，一般步骤如图 9-2 所示。

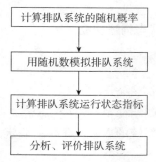

图 9-2　随机概率模拟排队问题的一般步骤

例 9-1 某运输公司资料仓库有管理员负责发放物料，根据过去的记录，得知领料人到达时间间隔和管理员发料时间长度的频率如表 9-1 和表 9-2 所示。

表 9-1 领料人到达时间间隔频率

到达时间间隔/min	3	4	5	6	7	8	合计
频率	0.05	0.20	0.35	0.25	0.10	0.05	1.00

表 9-2 管理员发料时间长度频率

发料时间长度/min	3	4	5	6	7	合计
频率	0.10	0.20	0.40	0.20	0.10	1.00

试用模拟方法求：

（1）领料人的平均等待时间；

（2）等待行列的平均顾客人数；

（3）发料人的平均服务时间；

（4）领料人的平均到达间隔；

（5）领料人在仓库的平均消耗时间。

解：（1）将领料人到达时间间隔与管理员服务时间长度的频率加以累计，并根据随机数的要求，将累计频率换算为随机概率，如表 9-3 和表 9-4 所示。

表 9-3 领料人到达时间间隔累计频率及随机概率

到达时间间隔/min	频率	累计频率	随机概率
3	0.05	0.05	0.00~0.04
4	0.20	0.25	0.05~0.24
5	0.35	0.60	0.25~0.59
6	0.25	0.85	0.60~0.84
7	0.10	0.95	0.85~0.94
8	0.05	1.00	0.95~0.99

表 9-4 管理员发料时间长度累计频率及随机概率

发料时间长度/min	频率	累计频率	随机概率
3	0.10	0.10	0.00~0.09
4	0.20	0.30	0.10~0.29
5	0.40	0.70	0.30~0.69
6	0.20	0.90	0.70~0.89
7	0.10	1.00	0.90~0.99

（2）利用随机数进行模拟。从随机数表中的任一个数开始，顺序抽取 20 个随机数，模拟 20 个顾客来到仓库领料，其模拟的情况如表 9-5 所示。

表 9-5 模拟情况表   min

序号	随机数	到达时间间隔	达到时间	服务开始时间	随机数	服务时间	服务完成时间	等待时间		等待行列长度
								管理员	领料人	
1	83	6	8:06	8:06	46	5	8:11	6		
2	70	6	8:12	8:12	64	5	8:17	1		
3	06	4	8:16	8:17	09	3	8:20		1	1
4	12	4	8:20	8:20	48	5	8:25			
5	59	5	8:25	8:25	97	7	8:32			
6	46	5	8:30	8:32	22	4	8:36		2	1
7	54	5	8:35	8:36	29	4	8:40		1	1
8	04	3	8:38	8:40	01	3	8:43		2	1
9	51	5	8:43	8:43	40	5	8:48			
10	99	8	8:51	8:51	75	6	8:57	3		
11	84	6	8:57	8:57	10	4	9:01			
12	81	6	9:03	9:03	09	3	9:06	2		
13	15	4	9:07	9:07	70	6	9:13	1		
14	36	5	9:12	9:13	41	5	9:18		1	1
15	12	4	9:16	9:18	40	5	9:23		2	1
16	54	5	9:21	9:23	37	5	9:28		2	1
17	97	8	9:29	9:29	21	4	9:33	1		
18	08	4	9:33	9:33	38	5	9:38			
19	49	5	9:38	9:38	14	4	9:42			
20	44	5	9:43	9:43	32	5	9:48	1		
合计	—	103	—	—		93	—	15	11	7

（3）根据有关数据，求该排队系统的有关指标。

①领料人的平均等待时间

$$W_q = 11 \div 20 = 0.55 \text{ min}$$

②等待行列的平均顾客人数

$$L_q = 7 \div 20 = 0.35 \text{ 人}$$

③发料人的平均服务时间

$$93 \div 20 = 4.65 \text{ min}$$

④领料人的平均到达间隔

$$103 \div 20 = 5.15 \text{ min}$$

⑤领料人在仓库的平均消耗时间

$$W_s = 0.55 + 4.65 = 5.20 \text{ min}$$

（4）排队系统分析。

根据上述各项排队系统指标，进一步分析、评价该排队系统的运行状况，如该仓库管理员人数的设置是否合理；工作效率如何；是否要增加管理员，以减少领料人在系统中的等待时间等。

9.3　交通系统仿真

9.3.1　交通系统仿真功能及特点

1. 功能

交通系统仿真是系统仿真技术的一个分支，是用系统模型来复现交通流随时间、空间变化，从而表征其行为特征的技术。交通仿真模型可用于交通系统规划及控制方案的详细评估，更好地理解并掌握交通系统局部和细节，对于较复杂的交通系统尤为适用。交通仿真技术具有以下功能：

（1）交通规划方案的详细评估；

（2）道路几何设计方案的评价；

（3）交通控制策略的评估；

（4）交通管理系统的评价；

（5）交通新技术和新设备的测试；

（6）智能交通系统的评价；

（7）道路交通安全分析；

（8）交通工程技术人员培训。

2. 特点

交通系统仿真的本质是用计算机模拟交通系统，进行交通实验，具有以下优点。

（1）经济性：与实地实验相比，交通系统仿真花费的人、财、物等成本都大大降低。

（2）安全性：在计算机平台上进行交通实验，避免了实地实验中各种事故造成的人身或财产损失。

（3）易重复性：交通系统仿真比实地实验更易于进行重复实验。模型配置好即可进行重复实验。

（4）可更改性：可通过对模型的不同参数进行调整，达到对不同条件（甚至超出实地实验能够观测到的条件范围）下的交通系统状态进行仿真分析的目的。

交通系统仿真的可靠性及精度取决于使用的交通仿真模型，而模型的优劣取决于对实际交通问题的贴合程度。因此，建立一个符合实际交通系统的仿真模型是提高仿真分析准确性的核心，模型的验证分析亦是关键。需要综合考虑众多影响因素及模型的适应性再决定是否需要使用交通仿真的手段进行分析研究。

9.3.2　交通系统仿真分类

交通系统仿真按照不同依据有不同分类，如按照仿真过程中信号流特点，可分为连续系统仿真和离散系统仿真；按照研究范围，可分为交通安全仿真、交通拥堵仿真、交通规划仿真、交通控制仿真等；按照对交通流细节描述程度，可分为宏观交通仿真、中观交通仿真、微观交通仿真，如图 9-3 所示。下面重点介绍最后 3 种交通系统仿真。

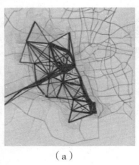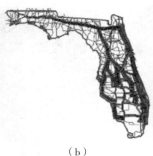

（a） （b） （c）

图9-3 宏观、中观、微观交通仿真示意

(a)宏观；(b)中观；(c)微观

1. 宏观交通仿真

宏观交通仿真对交通系统要素及行为的细节描述处于一个较低程度，研究对象为路网中的整个车队。宏观交通仿真基于对交通流的流量、密度、速度之间关系的定量描述。在宏观交通仿真中，将车流描述为流体或气体，以路段和小区为基本的建模对象，能够仿真不同类型的交通措施，包括高速公路、城市道路网等。宏观交通仿真在计算机上运行速度快，适合辅助进行大范围的交通规划，制定宏观管理政策，对新建、改建交通基础设施的宏观效益进行预测；但是不能提供基于单个车辆的仿真分析。

2. 中观交通仿真

中观交通仿真对交通系统要素及行为的细节描述程度较高，兼顾宏观交通仿真运行速度快和微观交通仿真细致精确的优点。它以若干车辆构成的队列作为研究对象，能够描述队列在节点的流入、流出行为；但不能仿真车与车之间的相互作用，也不能仿真单个车辆的具体行为。

3. 微观交通仿真

微观交通仿真对交通系统要素及行为的细节描述程度最高，研究对象是单个车辆，车辆在道路上的跟车、超车及车道变换等微观行为都能得到较真实的反映。微观交通仿真的运行计算大，但所能得到的分辨率最高，大部分微观交通仿真都能提供"所见即所得"的动画仿真。

3种交通系统仿真适用性对比如表9-6所示。

表9-6 3种交通系统仿真适用性对比

比较项	宏观交通仿真	中观交通仿真	微观交通仿真
规模	大规模，包括区域乃至城市	中大规模，接近于宏观仿真	小规模，若干路段，有限区域等
研究对象	整体车队	若干车辆组成的车辆队列	单个车辆
设施种类	基本的高速路、城市道路(不含交叉口)	高速路、城市道路(含交叉口，但较为简单)	各种路段(分车道及渠化信息)、信号控制、公交专用道、停车场等

续表

比较项	宏观交通仿真	中观交通仿真	微观交通仿真
交通方式	标准车	标准车或简单的车辆分类(小车和大车、公交车等)	各种机动车(多种分类)、非机动车、行人
交通管理措施	路段限行等少量措施	路段限行、管理车道等少量措施	各类措施,包括部分智能运输系统(Intelligent Transportation System,ITS)措施
交通参与者对交通信息的反应	无	部分	部分
运行参数种类	均一假设,流量、密度、速度	流量、密度、速度、车辆超速挡(Over Drie,OD)信息等	车辆运行速度、实时流量、密度、延误等
成本	单位规模成本最低	单位规模成本中等	单位规模成本最高
常用软件	TransCAD、交运之星——TranStar	DYNAMIT、TransModeler	VISSIM、Paramics、SUMO

9.3.3 交通系统仿真步骤

交通系统仿真包括 6 个步骤:问题现状分析、数据采集、初始建模(包括搭建基础模型及模型标定前的建模)、模型的检验及参数标定、仿真运行、仿真评价,具体如图 9-4 所示。

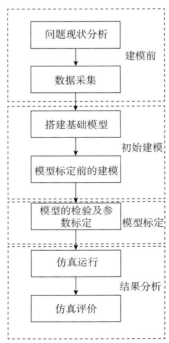

图 9-4 交通系统仿真步骤

1. 问题现状分析

全面系统分析交通问题现状。明确研究目的，确定研究范围，评估交通系统的各组成部分在建立交通仿真模型时的重要程度，描述研究区域内的交通系统的运行规律和交通问题，为合理正确地进行数据采集及交通仿真建模奠定基础。

2. 数据采集

交通系统建模需要的数据一般包括静态的道路基础设施数据、动态的交通流特征数据和交通管制数据。道路基础设施数据包括道路几何数据（道路线型、车道数、车道宽度、隔离带宽度、交叉口形式等）、交通标志数据。交通流特征数据包括交通量、交通组成、区间车速等，微观交通流特征数据还包括驾驶行为数据，如停车间距、安全距离、车辆加减速的加速度等。交通管制数据包括静态、动态信号灯配时及特殊管理规则等。根据不同的目的进行数据采集，并对采集的数据进行统计处理分析，如计算数据的均值、方差以便确定模型中参数的数值。

3. 建立模型

根据采集的道路基础设施数据完成对静态路网的基础建模。交通系统仿真一般需要对系统中的路网形态、交通生成、驾驶行为等进行建模，部分仿真软件内置了交通流的模型，使用时需根据实际情况调整设置模型中的参数。具体模型搭建流程如图9-5所示。

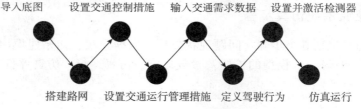

导入底图　　设置交通控制措施　　输入交通需求数据　　设置并激活检测器

搭建路网　　设置交通运行管理措施　　定义驾驶行为　　仿真运行

图9-5　具体模型搭建流程

4. 模型的检验及参数标定

模型的检验通常采用后验拟合法，即通过分析仿真指标值与实际值的绝对误差少于阈值即可，仿真结果的准确性与仿真模型中的参数标定紧密相关。

1）参数标定流程

在输入的参数中，有些参数如交通量、信号灯配时等易于测量或采集，而一些涉及驾驶员行为的部分参数，因各地的驾驶习惯及行驶规则不同可能有所差异，且不易直接获取。在仿真过程中，可记录测试所得的交通延误、行程时间、停车次数等指标，与实测指标进行比较，不断修订模型参数值，寻找能够获得最准确仿真结果的参数设置组合。例如，微观交通仿真中，在对平均停车间距这一参数进行标定时，可以选取车均延误作为指标，寻找在不同平均停车间距参数下仿真产生的车均延误与实际采集的车均延误的最小值，从而找出合适的平均停车间距值。参数标定流程如图9-6所示。

2）参数标定方法

通常采用等间隔选取、随机数选取等方法进行参数标定。等间隔选取是对于某待定参数，等间隔地选取其取值范围内一定的数值，选取仿真结果与实际采集的数据差值最小的参数值。在此基础上，还可以在此参数值周围选取更小的间隔，即取不同的数值进行仿真。随机数选取是使用计算机在参数值范围内生成随机数，使用生成的随机数进行仿真，比对仿真结果选取误差最小的参数值。当需要对多个参数进行标定时，对多个参数的不同参数值组合分别进行仿真，选取最符合实测结果的参数值组合。但待标定参数较多时，使用传统方法对所有参数值组合进行仿真所需的计算量较大，且耗时很长，故多运用遗传算法等启发式算法求最优参数值组合。

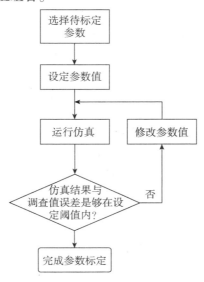

图 9-6　参数标定流程

5. 仿真运行

参数标定完方可运行交通仿真。仿真的结果具有一定的随机性，故需进行多次仿真，取多次仿真运行结果的平均值作为最终结果。

6. 仿真评价

得到不同仿真方案后，需要对各方案的结果进行统计分析。分析评价各方案在经济、社会、环境等方面的可行性，排除一些投资巨大、效益不明显、碳排放量大等不易于实施的方案，最终选取合适的一种或几种方案，提交仿真结果。

9.3.4　交通仿真模型

宏观、中观、微观交通仿真模型具体如图 9-7 所示。

本节以微观交通仿真为例介绍各交通仿真模型。

1. 模型的结构

1）模型的数据结构

（1）车辆的数据结构。影响一辆车运行的因素有很多，如前车运行状态和前几个时刻的运行状态等，这些因素均要储存在对车辆描述的数据结构中。因此，建立车辆（Vehicle）类，每辆车都是 Vehicle 类的一个对象。

（2）路段的数据结构。一般情况下，路段均有两个行车方向。可以用"链"（Link）的概念来表示一个路段上的两个行车方向。建立路段（Road）类，每一条链都是 Road 类的一个对象，其中包含路段起、终点坐标，道路等级，路段长度、宽度及车道数等。

（3）路口的数据结构。路口的数据结构包括路口的位置、是否有红绿灯等，还有对冲

交通系统分析及优化

突点的描述和定义。可建立路口(Cross)类,每一个路口都是 Cross 类的一个对象。

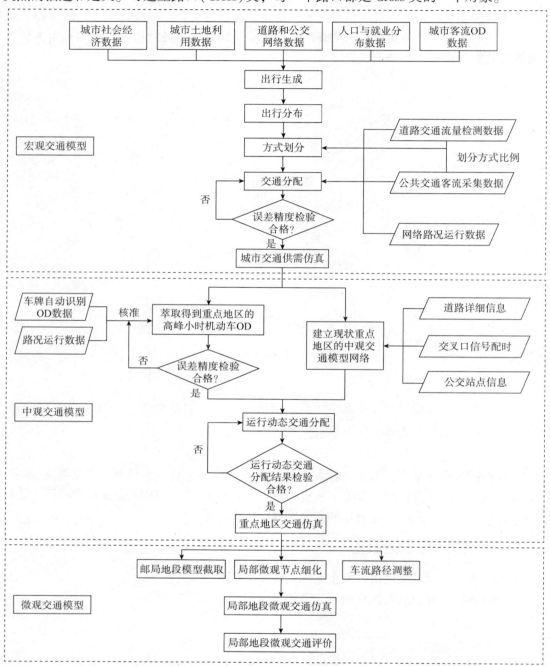

图 9-7　交通仿真模型示意

2)模型的系统功能结构

模型的系统功能结构应包含路网模块和仿真模块两个主要模块。

路网模块帮助用户输入路段、路口等信息,建立一个完整的路网。确定路网描述的基本要素为节点、路段、节段、车道。节段是具有相同线型和横断面的一段道路。

仿真模块主要由以下几个功能子模块构成。

（1）随机数产生模块：产生符合均匀分布、正态分布和爱尔朗分布的随机数，满足程序处理需要。

（2）车辆初始化模块：为仿真提供处理的对象，该模块可产生车型、司机类型等其他需要初始化的数据。

（3）车辆-驾驶员属性设置模块：根据调查所得的分布，将车辆种类随机地赋予每辆车；再通过随机数发生器，将驾驶员行为参数按某一分布随机地赋予每个驾驶员。

（4）车辆处理模块：完成对路段上和路口内车辆的处理。

（5）网内点处理模块：网络内部可能有一些车辆的吸引点和产生点，其对路网的影响不能忽略，应做专门处理。

（6）检测器模块：为控制算法提供车辆信息，如速度、流量和密度等。

2. 微观交通仿真模型

微观交通仿真主要包括两个部分：一部分是对包括道路、交通信号灯、检测器、标志牌等在内的交通基础设施的仿真；另一部分是对车辆、行人等交通参与者的交通行为的仿真。

微观交通仿真主要包括 5 个模型。

1）道路设施模型

道路设施模型是反映路网拓扑关系、道路几何形状的模型。道路设施模型在一次仿真开始后一般不再发生变化，是进行微观交通仿真所需要的最基础的静态模型。

2）交通规则模型

交通规则是对仿真模型中期望驾驶行为的一种限制。常见的交通规则包括车辆转向限制、车辆换道限制、特殊车辆优先车道、预左转车道、限速车道等。真实交通环境中会出现车辆不遵守交通规则的情况，一些交通仿真软件还会将这部分考虑在仿真过程之中，场景及环境越贴近实际越可靠。

3）交通生成模型

交通生成是微观交通仿真的基础，模型根据输入的现实交通量，按照一定的概率分布规律随机地在设定地点生成新的交通量。交通生成模型可以按照使用的概率分布类型分为两种：离散型分布模型和连续型分布模型。如果在一定时间间隔内产生的车辆数量取值为离散整数，则可以使用离散型分布模型来描述，常见的离散型分布有泊松分布、二项分布、负二项分布等。如果前后车辆之间的时距取值为连续实数，则可以使用连续型分布模型来描述，常见的连续型分布有负指数分布、位移负指数分布、爱尔朗分布、韦伯分布等。

4）车辆行为模型

车辆行为模型是微观交通仿真的核心，它描述了车辆在交通系统中的运动规律。主要的车辆行为模型有跟驰模型和换道模型，它们分别描述了同一车道中邻近车辆间的相互作用和车辆由于速度或其他原因变换车道的行为。

5）路径选择模型

路径选择是车辆根据出发地和目的地搜索行驶路径的过程，既可以在车辆出现时一次性搜索出整个路径，也可以让车辆在每个交叉路口根据路网运行情况搜索最短路径。根据具体研究对象的不同，还可以对交通系统中的其他交通对象进行仿真，例如：对非机动车、行人的仿真，对地面公交的仿真等。

本小节重点介绍车辆行为模型，包括跟驰模型和换道模型。

1）跟驰模型

车辆跟驰行为是最基本的微观驾驶行为，描述了在限制超车的单行道上行驶车队中相邻两车之间的相互作用。跟驰模型是运用动力学的方法来研究前导车运动状态变化所引起跟驰车的相应行为，通过分析各车辆逐一跟驰的方式来理解单车道交通流特性，从而在驾驶人微观行为与交通宏观现象之间架起一座桥梁。

跟驰模型依据建模思想不同，可以分为交通工程角度和统计物理角度的跟驰模型。交通工程角度的跟驰模型包括刺激−反应类模型、安全距离模型、心理−生理类模型及人工智能类模型；统计物理角度的跟驰模型包括优化速度模型、智能驾驶模型等。本小节主要讲述交通工程角度的跟驰模型。

（1）刺激−反应类模型。

刺激−反应（Stimulus-Response，SR）类模型的基本框架被视为最基本的跟驰行为建模框架，这类模型是最早也是对后续研究影响较大的模型之一。它将前车对驾驶员的刺激作用用 s_t 表示，将驾驶员对刺激的感知能力用敏感系数 λ_s 表示，将驾驶员的反应用 r_s 表示，其基本公式为

$$r_s = \lambda_s s_t$$

随着研究的深入和发展，Gazis、Herman 和 Rothery 给出了 GM 模型的通用表达式，具体如下

$$a_n(t+\tau) = \lambda v_n^m(t+\tau) \frac{[v_{n-1}(t) - v_n(t)]}{[x_{n-1}(t) - x_n(t)]^l}$$

式中：$a_n(t+\tau)$ ——第 n 辆车在 $(t+\tau)$ 时刻的加速度；

$v_n(t)$、$x_n(t)$ ——第 n 辆车在 t 时刻的速度、位移；

λ ——灵敏度系数；

m、l ——待标定的参数。

GM 模型假设后车加速度与前后车速度差成正比，与车头间距负相关，同时又与自身车速相关。GM 模型形式简单，物理意义明确，作为早期的研究成果具有开创意义。但是该模型的准确性与参数 m、l 紧密相关，而参数 m、l 的标定值又会随着研究环境的变化产生很大的差异，因此 GM 模型的通用性不足。

（2）安全距离模型。

安全距离模型又称防撞（Collision Aroidance，CA）模型。与 GM 模型不同，CA 模型假设后车会与前车保持一个特定的距离值。在该跟驰距离下，即使前车紧急刹车，后车驾驶员仍有足够的反应时间进行制动，避免发生碰撞。该模型最初由 Kometani 和 Sasaki 提出，其基本公式为

$$x_{n-1}(t) - x_n(t) = \alpha v_{n-1}^2(t) + \beta_l v_n^2(t+\tau) + \beta v_n(t+\tau) + b_0$$

式中：α、β_l、β、b_0——待标定的参数。

CA 模型基于牛顿第二定律得出，物理意义明确，并且满足了驾驶员避免碰撞这一最基本的安全要求，因此被许多交通仿真软件采用。然而在实地观测中，驾驶员往往以一种小于安全距离的跟驰距离进行跟车，所以后来许多人对驾驶员期望跟驰距离进行研究，以优化安全距离模型的准确性。

（3）心理-生理类模型。

Wiedemann 模型是一种心理-生理类的跟驰模型。该模型的基本假设如表 9-7 所示。

表 9-7　Wiedemann 模型的基本假设

驾驶员判断	驾驶员行为
后车驾驶员判断与前车间距小于心理距离	开始减速，且车速小于前车车速
减速过程中后车驾驶员判断与前车间距达到心理距离	缓慢加速
跟车过程中后车驾驶员判断车辆保持恒定的跟驰距离	保持与前车相同车速
后车驾驶员判断不受前车影响	保持恒定的期望车速

由 Wiedemann 模型的基本假设可以看出，其实际上是一个加速、减速的重复迭代过程。

其中 Wiedemann 74 模型适用于一般城市道路，该模型中后车驾驶员保持的跟驰距离的表达形式为

$$d = AX + BX$$
$$BX = (BX_{add} + BX_{mult} \cdot z) \sqrt{v}$$

式中：d——跟驰距离；

AX——停车时的平均车辆间距；

BX_{add}——安全距离附加部分；

BX_{mult}——安全距离倍数部分；

z——平均值为 0.5、标准差为 0.15 的正态分布随机数，其取值范围为 [0，1]；

v——车速。

Wiedemann99 模型适用于高速路或快速路，该模型中前后车保持的跟驰距离的表达形式为

$$DX_{safe} = CC0 + CC1 \cdot v$$

式中：DX_{safe}——后车驾驶员跟车时保持的最小跟驰距离；

CC0——停车时的平均车辆间距；

CC1——期望保持的车头时距，值越高说明驾驶员越谨慎。

此外，Wiedemann 99 模型中还有参数 CC2 ~ CC9 可以调整，这些参数决定了驾驶员判断是否需要加减速的反应时间和车辆跟驰时的加减速性能。具体参数设置如图 9-8 所示。

CC2 ~ CC9 参数的物理意义如下。

CC2（跟车变量）：前后车的纵向摆动约束，是后车驾驶员在有所反应、有所行动之前所允许的车辆间距大于目标安全距离的部分，系统默认值为 4 m。

CC3（进入跟车状态的阈值）：控制后车何时开始减速，即后车驾驶员判断需要减速的时间，可以将其理解为在后车达到安全距离之前的多少秒后车驾驶员开始减速。

CC4 和 CC5（跟车状态的阈值）：控制"跟车"状态下前后车速差。该值越小，后车驾驶员对前车的加减速行为反应越灵敏，即在前车速度变化后，后车能更快与前车保持速度一致。

CC6（车速振动）：跟车过程中，距离对后车速度摆动的影响。该值越大，随着前后车车距增加，后车的车速摆动也随之增加。

CC7（加速度波动幅度）：摆动过程中的实际加速度。

CC8(停车时的加速度)：停车时的期望加速度。

CC9：80 km/h 车速时的期望加速度。

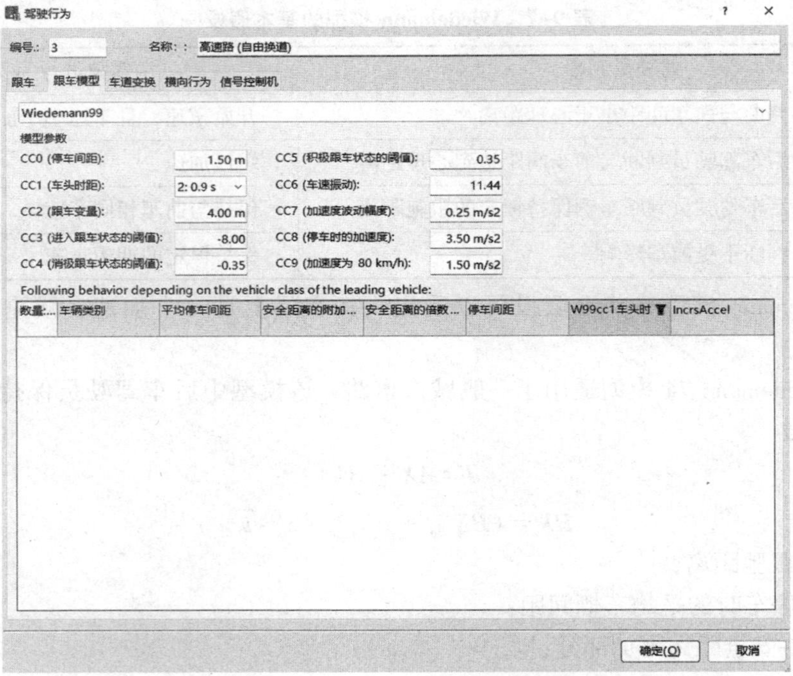

图 9-8　Wiedemann 99 模型参数设置

（4）人工智能类模型。

人工智能类模型是基于事故预防理论的一种重要跟驰模型。该模型假设驾驶员在跟驰行驶时始终尝试保持期望的速度、车头间距等，计算公式为

$$\frac{\mathrm{d}v_n}{\mathrm{d}t} = a \left\{ 1 - \left(\frac{v_n(t)}{\tilde{v}} \right)^{\sigma} - \left[\frac{S^*(v_n(t), \Delta v_n(t))}{\Delta S_n(t)} \right]^2 \right\}$$

$$S^*(v_n(t), \Delta v_n(t)) = \tilde{s} + \tau v_n(t) + \frac{v_n(t) \Delta v_n(t)}{2\sqrt{ab}}$$

式中各项参数具体含义如表 9-8 所示。

表 9-8　人工智能类模型各参数含义

参数	含义
$v_n(t)$	后车 t 时刻车速
$\Delta v_n(t)$	后车与前车 t 时刻速度差
$\Delta s_n(t)$	t 时刻车头间距
$\tilde{v}$	驾驶员期望车速
$S*(v_n(t), \Delta v_n(t))$	期望跟车距离
$\tilde{s}$	期望最小车头间距

续表

参数	含义
σ	加速度指数
τ	期望安全时距
a	期望最大加速度
b	期望最大减速度

人工智能类模型的参数均具有明确物理意义，可直观显示驾驶行为的变化，并且该模型可以同时描述自由流与拥堵流状态下的单车道车辆跟驰行为。在拥堵流中，当前后两车速度之差比较小时，车头间距的微小变化不会使主车产生较大的减速度，可在一定程度上保证驾驶的舒适性。此外，由于模型与开启车速自适应巡航功能的车辆跟驰的动力学特点较为契合，因此，该模型经常被用来进行车路协同或车车协同环境下的交通流仿真。

2）换道模型

在多车道的道路上，车辆除了跟随前车的行为，还有变换车道行为。换道模型将车辆的换道行为分为 3 个步骤，换道意图产生、换行车道选择和换道的实施。具体流程如图 9-9 所示。

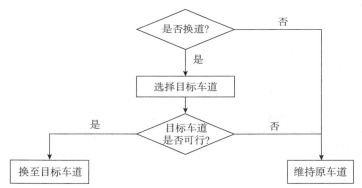

图 9-9 换道行为流程

换行车道选择是换道模型研究的重点。按照换道依据的不同，换道模型分为间隙接受模型和加/减速接受模型。

（1）间隙接受模型。

间隙是指换道车辆相邻车道上前车和后车之间的间距或时距。若车辆汇入新车道后，与前后车之间的间隙满足安全车距，则称换道相邻间隙为可接受间隙。一般在高速运行的自由流状态下采用时间间隙，在缓慢移动的受控流状态下采用空间间隙。常用的间隙接受模型为间隙概率选择模型，该模型假设驾驶员对换道临界间隙的选择心理符合某种概率分布。

（2）加/减速接受模型。

Gipps 提出的加/减速接受模型中分别计算两个加速度：换道车辆进入新车道，开始对目标车道前车的正常跟驰所需要的减速度 d_1；换道车辆进入新的目标车道后，目标车道后车对汇入的换道车辆正常跟驰所需要的减速度 d_2。如果 d_1 和 d_2 小于最大可行减速度 d_{max}，且 d_1 小于计算得到的换道风险减速度 d_n，则接受换道。

在 VISSIM 仿真中，超车行为有两种：自由车道选择、右行或左行规则。自由车道选择允许车辆在任何车道上超车，右行或左行规则只允许快车道速度超过 60 km/h，与慢车道上速度差超过 20 km/h 时，慢车道车辆被超车。图 9-10 和表 9-9 分别是 VISSIM 仿真车道变化参数及其含义。

图 9-10　VISSIM 仿真车道变换参数

表 9-9　VISSIM 仿真车道变换参数含义

参数	含义
最大减速度	减速度的上限
$-1m/s^2$ 距离	减速度变化率
可接受的减速度	减速度的下限
消失前的等待时间	车辆停车等待换道机会的最大时间
最小车头空距(前/后)	车辆换道所需要的与前方车辆的最小距离
在慢速车道上，超车所需的最小时间间隔	在慢速车道上，超车所需的最小时间间隔，即超车所需的最小的慢车道上前后车之间的车头时距
安全距离折减系数	取值范围为 0~1 之间。当发生车辆换道时，安全距离缩减。例如该系数设置为 0.2 时，进行换道时安全距离折减为原安全距离的 80%。换道行为结束后，安全距离重新恢复到初始值
协调刹车的最大减速度	被超车的车辆驾驶员在换道行为发生时配合换道车辆进行减速的最大减速度

9.3.5　仿真算法

仿真建模过程中，进行参数标定时，因为待标定参数较多，使用传统方法对所有参数值组合进行仿真所需的计算量较大，且耗时很长，故多运用遗传算法等启发式算法求最优参数值组合。

1. 遗 传 算 法

遗传算法(Genetic Algorithm，GA)的基本思想是基于达尔文的进化论和孟德尔的遗传学说。达尔文的进化论认为，物种每个个体的基本特征由后代所继承，但后代又会产生一些异于父代的新特征。孟德尔的遗传学说最重要的是基因遗传原理。20 世纪 70 年代初，美国密歇根大学的 Holland 教授受到达尔文进化论的启发创立了遗传算法。该算法按照类似生物界自然选择、变异和杂交等自然进化方式，用数码串类比生物中的染色个体，通过选择、交叉、变异等遗传算子来仿真生物的基本进化过程，利用适应度函数来表示染色体所蕴含问题解的质量的优劣，通过种群的不断更新换代，提高种群的平均适应度，通过适应度函数来引导种群的进化方向，并在此基础上使最优个体所代表的问题解逼近问题的全局最优解。

1) 遗传算法名词解释

个体：GA 所处理的基本对象、结构。

种群：个体的集合称为种群，集合内个体的数量称为种群的大小。例如，个体的长度是 100，适应度函数变量的个数是 3，我们可以将这个种群表示为 100×3 的矩阵。相同的个体可以出现不止一次。每一个后继的种群称为新的一代。

串：个体的表现形式，对应生物界的染色体。在算法中可以是二进制的，也可以是实值型的。

基因：串中的元素。例如，$S_{二进制}$ = 1011，其中 1、0、1、1 这 4 个元素称为基因，其值称为等位基因，表示个体的特征。个体的适应度函数就是它的得分或评价。

基因位置：一个基因在串中的位置。基因位置由串的左边向右边计算。例如，$S_{二进制}$ = 1101，其中 0 的位置是 3。基因位置对应遗传学的地点。

基因特征值：在用串表示整数时，基因的特征值与二进制数的权一致。例如，$S_{二进制}$ = 1011，基因位置 3 的 1，其基因特征值是 2；基因位置 1 的 1，其基因特征值是 8。

串结构空间：在串中，基因任意组合所构成的串的集合称为串结构空间，基因操作就是在其中进行的。

参数空间：串空间在物理系统中的映射，对应遗传学的表现型的集合。

适应度及适应度函数：表示某一个体对于生存环境的适应程度，其值越大即对生存环境适应程度越高的物种将会获得更多的繁殖机会；反之，则相对较少。适应度函数则是优化目标函数。

多样性或差异：一个种群中各个个体间的平均距离。若平均距离大，则种群具有高的多样性；否则，其多样性低。多样性能使遗传算法搜索一个比较大的解的空间区域。

父辈和子辈：为生成下一代，遗传算法在当前种群中选取某些个体(父辈)，使用它们来生成下一代中的个体(子辈)。

遗传算子：遗传算法中的算法规则，主要有选择算子、交叉算子和变异算子。

2) 遗传算法基本原理

GA 将问题的解表示成染色体，即以二进制或浮点数编码表示的串，然后给出一群染色体即初始种群(假设解集)，把这些假设解置于问题的环境中，并按适者生存和优胜劣汰的法则，从中选择出适应环境的染色体进行复制、交叉、变异等过程，产生更适应环境的新一代染色体群。如此一代代的进化，最后收敛到最适应环境的一个染色体上，经过解码，就得到问题的近似最优解。

基本遗传算法的数学模型可表示为

$$GA = F(C, E, P_0, M, \varphi, \tau, \psi, T)$$

式中：C——个体的编码方法；

E——个体适应度评价函数；

P_0——初始种群；

M——种群大小；

φ——选择算子；

τ——交叉算子；

ψ——变异算子；

T——遗传运算终止条件。

3）具体步骤

（1）对问题进行编码。

（2）定义适应度函数后，生成初始化群体。

（3）对于得到的群体选择复制、交叉、变异操作，生成下一代种群。

（4）判断算法是否满足停止准则。若不满足，则重复执行步骤（3）。

（5）算法结束，获得最优解。

遗传算法具体流程如图 9-11 所示（图中 K 表示迭代次数，I 表示遗传算子，M 表示初始个体数）。

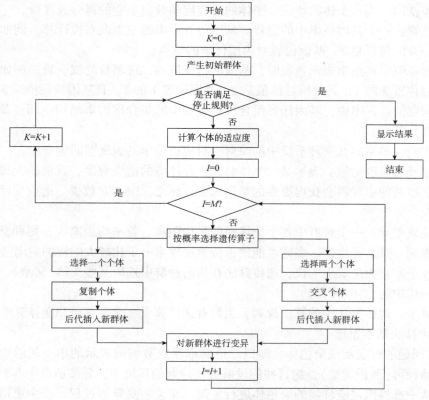

图 9-11　遗传算法流程

4）遗传算法基本框架

（1）编码。遗传算法不能直接处理问题空间的参数，必须通过编码将要求解的问题表示成遗传空间染色体或个体。这个操作称为编码。

评估编码策略常采用以下3个规范。

①完备性：问题空间中的所有点都能作为 GA 空间中的点表现。

②健全性：GA 空间中的染色体能对应所有问题空间中的候选解。

③非冗余性：染色体和候选解一一对应。

（2）适应度函数。适应度函数也称评价函数，它是根据所求问题的目标函数来进行评估的。适应度函数主要满足以下条件：

①单值、连续、非负、最大化；

②合理、一致性；

③计算量小；

④通用性强。

（3）初始群体选取。GA 中初始群体中的个体是随机产生的，一般初始群体的设定可采取如下策略：

①根据问题固有知识，设法把握最优解所占空间在整个问题空间中的分布范围，再次在分布范围内设定初始群体；

②先随机生成一定数目的个体，然后从中挑出最好的个体加到初始群体中。这个过程不断迭代，直到初始群体中的个体数达到了预先确定的规模。

5）遗传算法缺点

（1）编码不规范及编码存在表示的不准确性。

（2）单一的遗传算法编码不能全面地将优化问题的约束表示出来。考虑约束的一个方法就是对不可行解采用阈值，这样计算的时间必然增加。

（3）遗传算法通常的效率比其他传统的优化方法低。

（4）遗传算法容易过早收敛。

（5）遗传算法对算法的精度、可行度、计算复杂性等方面，还没有有效的定量分析方法。

2. 禁忌算法

禁忌（Tabu Search，TS）算法是一种元启发式随机搜索算法，它从一个初始可行解出发，选择一系列的特定搜索方向（移动）作为试探，选择实现让特定的目标函数值变化最多的移动。为了避免陷入局部最优解，TS 搜索中采用了一种灵活的"记忆"技术，对已经进行的优化过程进行记录和选择，指导下一步的搜索方向，这就是 Tabu 表的建立。

禁忌搜索由美国科罗拉多大学系统科学家 Glover 教授于 1986 年在一篇论文中首次提出。之后不久，Glover 教授分别在 1986 年和 1990 年发表了两篇著名论文，论文中提出了现在大家所熟知的禁忌搜索的大部分原理。

禁忌算法的主要思路如下。

（1）在搜索中，构造一个短期循环记忆表——禁忌表，禁忌表中存放刚刚进行过的 $|T|$（T 称为禁忌表）个邻居的移动，这种移动即解的简单变化。

（2）禁忌表中的移动称为禁忌移动。对于进入禁忌表中的移动，在以后的 $|T|$ 次循环内是禁止的，以避免回到原来的解，从而避免陷入循环。$|T|$ 次循环后禁忌解除。

(3)禁忌表是一个循环表，在搜索过程中被循环地修改，使禁忌表始终保持|T|个移动。

(4)即使引入了禁忌表，禁忌搜索仍可能出现循环。因此，必须给定停止准则以避免出现循环。当迭代内所发现的最优解无法改进或无法离开它时，算法停止。

3. 蚁群算法

蚁群算法是一种用来寻找优化路径的概率型算法。它由 Marco Dorigo 于 1992 年在他的博士论文中提出，其灵感来源于蚂蚁在寻找食物过程中发现路径的行为。这种算法具有分布计算、信息正反馈和启发式搜索的特征，本质上是进化算法中的一种启发式全局优化算法。

将蚁群算法应用于解决优化问题的基本思路：用蚂蚁的行走路径表示待优化问题的可行解，整个蚂蚁群体的所有路径构成待优化问题的解空间。路径较短的蚂蚁释放的信息素量较多，随着时间的推进，较短的路径上累积的信息素浓度逐渐增高，选择该路径的蚂蚁个数也越来越多。最终，整个蚂蚁群体会在正反馈的作用下集中到最佳的路径上，此时对应的便是待优化问题的最优解。

蚁群算法具有以下几条规则。

(1)感知范围：蚂蚁观察到的范围是一个方格世界，相关参数为速度半径，一般为3，可观察和移动的范围为 3×3 方格。

(2)环境信息：蚂蚁所在环境中有障碍物、其他蚂蚁、信息素，其中信息素包括食物信息素(找到食物的蚂蚁留下的)、窝信息素(找到窝的蚂蚁留下的)，信息素以一定速率消失。

(3)觅食规则：蚂蚁在感知范围内寻找食物，如果感知到就会过去；否则朝信息素多的地方走，每只蚂蚁会有小概率犯错误，并非都往信息素最多的方向移动。蚂蚁找窝的规则类似，仅对窝信息素有反应。

(4)移动规则：蚂蚁朝信息素最多的方向移动，当周围没有信息素指引时，会按照原来运动方向惯性移动。而且会记住最近走过的点，防止原地转圈。

(5)避障规则：当蚂蚁待移动方向有障碍物时，将随机选择其他方向；当有信息素指引时，将按照觅食规则移动。

(6)散发信息素规则：在刚找到食物或窝时，蚂蚁散发的信息素最多；随着蚂蚁的走远，散发的信息素将逐渐减少。

与其他优化算法相比，蚁群算法具有以下几个特点。

(1)采用正反馈机制，使搜索过程不断收敛，最终逼近最优解。

(2)每个个体可以通过释放信息素来改变周围的环境，且每个个体能够感知周围环境的实时变化，个体间通过环境进行间接通讯。

(3)搜索过程采用分布式计算方式，多个个体同时进行并行计算，大大提高了算法的计算能力和运行效率。

(4)启发式的概率搜索方式不容易陷入局部最优，易于寻找到全局最优解。

9.4　交通仿真软件

20 世纪 50 年代，美国开发了第一个交通规划软件，定名为城市交通规划系统(Urban

Transportation Planning System，UTPS)，并且在芝加哥交通规划中得到成功的应用。UTPS 奠定了如今几乎所有同类软件的基础，其框架即著名的"四阶段法"，仍然是现在主流交通规划与管理软件的框架。UTPS 之后，随着计算机软件技术的发展，涌现出了许多交通仿真软件。其中，国外的 TransCAD、Cube、EMME、PTV Vision 软件包在国际上都有广泛的应用；国内的同类软件有交运之星——TranStar。在微观交通仿真软件方面，目前国际上比较有名的软件集中在欧美、日本等发达国家，包括 Paramics、VISSIM、TransModeler、Aimsum、CorSim、Cube Dynasim、Trafficware 等，以服务于城市交通管理优先为主，部分软件面向高速公路汽车与道路设计。同时开始出现宏微观多尺度和一体化的交通仿真软件。

9.4.1　国内自主软件 TranStar

1. 简介

交运之星——TranStar(以下简称 TranStar)是由东南大学交通学院王炜教授领衔的协同创新团队开发的一款基础功能全面、分析结果可靠、人机操作灵活、环境界面友好的交通系统集成分析及仿真平台软件。TranStar 能为各类交通规划、交通设计、交通建设、交通管控、政策制定等交通相关项目提供详细的交通分析与评价结果，也可对相关方案的实施情况进行交通系统能源消耗与交通环境影响方面的评估。

TranStar 考虑了大数据时代城市巨量、多源异构数据的实际背景，基于标准结构化的交通数据库，实现了对城市全时段、全方式、宏微观交通数据的管理与更新；可有效支撑城市交通问题的解决、辅助交通规划方案的制订，并对未来智慧城市的构建等提供帮助。TranStar 是我国少数自行开发具有自主知识产权的交通分析软件之一，新版 TranStar 在运算速度、系统容量、预测精度、可视化等方面已经达到了 TransCAD、EMME 等国外品牌软件的技术水平，且比国外软件更适合中国国情。

2. 系统构成

新版 TranStar 主要由主体功能、图形编辑系统及图形显示系统 3 个部分构成。

1)主体功能

主体功能界面为用户提供了可视化的交互式计算模块，用户可通过主界面方便地进行城市交通系统的模型建立、参数标定、分析计算。同时，用户能够通过软件主界面进入图形编辑系统及图形显示系统，从而对路网结构、公交信息、管理措施、小区信息等进行可视化编辑，通过丰富的图形从不同层面展示方案实施后网络的交通运行状态。TranStar 主界面如图 9-12 所示。

2)图形编辑系统

为方便用户便捷和直观地对道路网络、公交网络、交通系统管理方案等进行实时自主修改，TranStar 提供了人机交互式的图形编辑功能。编辑主窗口由图层管理窗口、图形显示窗口、快速查看窗口组成，具有简单、清晰、操作性强等特点。图层管理窗口包括添加、单选以及控制图层是否可见等选项；图形显示窗口可以向用户可视化展示实例城市的网络形态，支持缩放、拖动等功能；快速查看窗口能为用户显示选择对象的简要信息，供用户快速查阅。

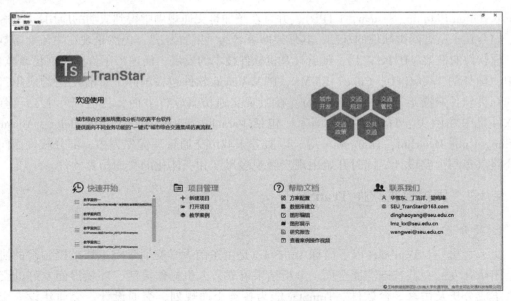

图 9-12　TranStar 主界面

3）图形显示系统

图形显示系统是 TranStar 的重要功能模块，支持前端实现的 TranStar 各类交通分析结果的可视化展示。TranStar 图形显示系统集成了包括交通网络信息、交通管理信息、交通流量信息、公共交通分析、能源消耗与环境影响分析等模块在内的多种交通信息与分析成果的图形化功能，具有展示内容丰富、操作简单、用户自由度高等特点。

3. 主要功能

新版 TranStar 具有以下几个主要功能。

1）数据支持

TranStar 对海量异构交通大数据具有完备的导入、处理和分析能力，能够快速处理不同来源的交通大数据，包括传统的交通出行调查数据、RFID 数据、GPS 数据等。同时，为了满足用户使用需求，TranStar 数据库包括城市综合交通网络、公共交通网络、交通管理信息、交通需求信息等多个数据库。为了方便用户根据自身情况研发数据分析软件，TranStar 为用户提供了一个自备数据分析软件接口，方便用户运行自行开发的各种数据分析软件。

2）交通需求分析

TranStar 具有完善的交通需求分析功能，可实现以传统四阶段法为基础的交通发生吸引、交通分布、交通方式划分的过程。TranStar 为传统四阶段法预测中的交通发生吸引预测和交通分布预测提供了多种可供选择的预测方法，用户可根据需求及掌握的基础数据进行任意组合。TranStar 为居民出行交通方式划分预测提供了两种方法：一种是根据全方式居民出行 OD 矩阵、最短路权矩阵和各方式优势出行距离得到的交通方式划分预测结果；另一种是基于居民出行距离调查文件及各方式优势出行距离得到的交通方式划分预测结果。

3）公共交通分析

TranStar 具有强大的公交分析功能，为使用者提供 3 类分析模块，可满足不同规划目的和层次的分析需求：一是服务于公交网络总体布局的愿望客流分析功能可预测公交愿望客流在道路网上的分布情况，有助于寻找城市的主要公交走廊和流向，适用于还未确定公交线路具体走向的整体布局和规划阶段，包括不设运输能力限制、设置运输能力限制和考虑轨道交通线路3种预测前提；二是服务于公交网络规划评估的客流交通分配功能可预测公交客流在公交线网上的分布情况，有助于确定每条公交线路的客流需求，适用于公交线路走向已知的规划和分析阶段；三是服务于公交网络系统设计的客流交通分配功能可实现公交线路断面客流预测、站点上下客流量预测和换乘次数计算等任务，适用于已知公交线路走向和站点信息的规划和管理阶段。

4）交通运行分析

通过此模块，用户可对交通网络阻抗进行分析，在不同的交通管理措施、交通控制策略及交通政策法规下，此模块提供的模型能够准确反映各种出行方式对应的交通网络阻抗，以服务于交通分配。用户还可通过此模块对交通网络运行特征进行分析，包括交叉口的负荷、排队、延误及路段的负荷、平均车速、服务水平等指标，软件会针对各指标自动生成详尽的汇总报告以便用户进行查阅。

5）综合交通评价

该模块在建模仿真和最终决策之间起到纽带作用，其中的网络分析评价模型可将软件各分析模块的仿真结果数据中最有价值的部分悉数提炼和转化为直观的交通系统运行指标，再以列表和报告的形式呈现给用户，使用户能在完成交通仿真后全面掌握当前网络运行状态并迅速了解土地利用和路网规划方案、交通管控政策和措施等对交通系统整体效率产生的影响，从而为面向可持续发展的城市交通决策提供支持。

9.4.2 国外交通仿真软件

1. TransCAD

TransCAD 是美国 Caliper 公司开发的第一个完全基于地理信息系统（Geographic Information System，GIS）的宏观交通仿真软件，集成了四阶段交通需求预测模型。其最突出的功能是提供友好的界面以及数据的可视化，支持多种需求模型，可用于城市内或城市间的客货运交通预测分析和交通管理，也可用于省际、国际间的交通规划。TransCAD 已在国内外被广泛采用，在实际应用中，其最大的优势在于宏观和微观之间、交通分析与 GIS 分析之间良好的数据衔接，其界面如图 9-13 所示。

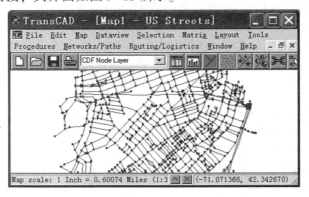

图 9-13 TransCAD 界面

TransCAD 包括 5 个主要的组成部分。

1）地理信息系统

TransCAD 提供了多种工具，用户可创建和剪辑数字地图和地理信息数据、制作专题地图和其他图标输出、进行各种空间和地理信息分析。TransCAD 还提供了一种压缩只读的地理数据格式，可对大型地理信息数据库进行快速访问。

2）可拓展的数据存储系统

此系统为运输数据的显示和处理提供基本的工具，可将新的数据类型和传统的地理信息系统数据类型共同处理。

3）包含多个分析程序的交通分析程序集

完整的 TransCAD 工具包包括一套核心的交通网络分析和运筹学模型、用于特殊应用的高级分析模型和一套统计与计量经济分析的支持工具。这些程序可独立使用或联合使用来解决用户遇到的问题。

4）在交通、地理信息和人口资源方面全面而广泛的数据

TransCAD 提供了一个综合工具，可以创建、编辑、导入和导出地理信息数据。TransCAD 能够导入几乎所有的美国交通运输调查的数据结果，还可使用交通统计局、联邦运输管理局等发布的数据。

5）强有力的二次语言开发系统

该系统可用于建立宏语言程序、嵌入式应用程序、服务器应用程序、通用接口、相关产品及网络应用程序。TransCAD 包括 GIS 开发者工具包和 Caliper Script 编程语言。

2. PTV Vision

PTV Vision 是一组用于交通规划、设计、管理和控制的系统软件，由德国 PTV 公司开发，目前包括 Visum、VISSIM、Viswalk、Vistro、Optima 等可根据不同应用需求进行灵活组合的软件，得到了广泛应用。

目前在国内应用最为普遍的是宏观交通仿真软件 Visum 和微观交通仿真软件 VISSIM。Visum 是一种将私人交通和公共交通集于一体的宏观交通规划软件，它整合了所有的个体交通和公共交通方式的模型软件，以 VISSIM 微观仿真系统作为补充；其可对多数交通信息及规划信息中的基本信息进行一致性管理，并通过网络编辑器来更新这些信息。

VISSIM 由交通仿真器和信号状态产生器两部分组成，它们之间通过接口交换检测器数据和信号状态信息。VISSIM 既可在线生成可视化的交通运行状况，也可离线输出各种统计数据，如行程时间、排队长度等，如图 9-14 所示。

交通仿真器是一个微观交通仿真模型，它包括跟驰模型和换道模型。信号状态产生器是一个信号控制软件，基于一个微小时间间隔（0.1 s）从交通仿真器中提取检测器数据，用以确定下一仿真秒的信号状态，同时，将信号状态信息回传给交通仿真器。

3. Paramics

Paramics 是英国 Quadstone 公司开发的一款具有强大功能的、建立在成熟的仿真引擎基础上的、用于微观交通仿真的软件包，可用于仿真各种交通问题，适用于各种交通网络上的仿真，如单个交叉路口、拥挤的高速公路以及整个城市交通系统。

Paramics 主要由以下主要工具模块组成。

1）建模器

建模器是核心的仿真和可视化工具，提供了 3 个基础的操作过程，即模型建立、交通仿真（3D 可视化）和统计数据输出。

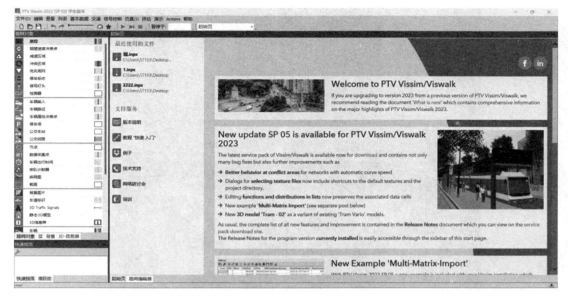

图 9-14　Vissim 界面

2）处理器

处理器允许用户用批处理的方式进行仿真计算，并得到统计数据输出。批处理通过图形用户界面来设置仿真参数、选择输出数据和改变车辆特征。

3）分析器

分析器用于显示由建模器或处理器输出的仿真结果。

4）编辑器

编辑器为用户提供了基于 C++ 的应用程序接口（Application Programming Interface，API）。应用程序接口使 Paramics 具备非常强大的可移植性和可扩充性。

5）监视器

监视器是利用编程器开发的 API 模块，它可以跟踪计算仿真的交通路网中所有车辆尾气排放的数量，并在仿真过程中进行可视化显示。

6）估计器

估计器用于微观层面 OD 矩阵的估计。估计器提供开放和可视化的结构和界面，允许交通工程师把自己的经验知识加入估计器的系统内核。

9.5　案例分析

本节以某市香港东路—海尔路交叉口信号配时为例，采用 VISSIM 软件进行微观仿真分析。

1. 交通调查数据

1）交叉口情况

香港东路—海尔路交叉口情况如图 9-15 所示。

图 9-15 香港东路—海尔路交叉口卫星图

交叉口车道设置如表 9-10 所示。

表 9-10 交叉口车道设置

进口方向	车道及数量			
	直行	左转	右转	直行加左转
东进口	4	2	1	—
南进口	2	1	1	1
西进口	2	2	1	1
北进口	1	2	2	1

2)信号配时方案

信号配时方案如表 9-11 所示。

表 9-11 信号配时方案　　　　　　　　　　　　　　　　　单位：s

编号	相位	周期	相位时长	绿灯时间	黄灯时间	红灯时间
1	北直左	140	29	26	3	111
2	南直左	140	28	25	3	112
3	西直行	140	65	62	3	75
4	西左转	140	38	35	3	102
5	东左转	140	18	15	3	122
6	东直行	140	45	42	3	95
7	北右转	140	95	92	3	45

3)流量数据

流量数据如表 9-12 所示。

表 9-12　流量数据　　　　　　　　　　　　　　　　　　单位：辆

进口道		东	南	西	北
车道	左	618	18	0	0
	直	1 983	0	2 235	0
	右	0	246	108	0

2. 仿真过程

1）路网设置

依据实际路网生成 CAD 文件并导入 VISSIM 软件，绘制路网并设置路段属性，如图 9-16 所示；使用道路连接器连接道路，连接器设置如图 9-17 所示。

图 9-16　路段属性设置

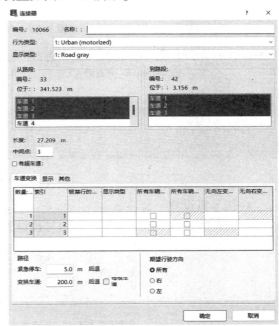

图 9-17　连接器设置

2）决策路径设置

对每个路段建立前往各目标路段的路径，并设置前往各目标路段的流量比例，如图 9-18 所示。

图 9-18　决策路径设置

3）车辆类型、输入设置

车辆类型、输入设置分别如图 9-19 和图 9-20 所示。

图 9-19　车辆类型设置

图 9-20　车辆输入设置

4）信号机设置

按调查所得信号配时方案进行信号机设置，如图 9-21 和图 9-22 所示。

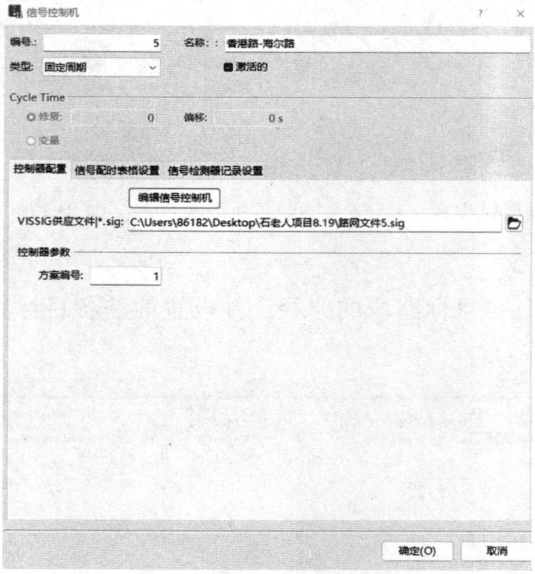

图 9-21　信号机设置 1

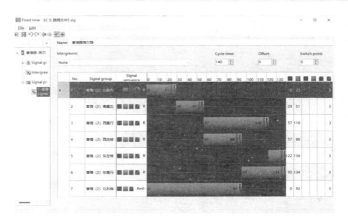

图 9-22　信号机设置 2

5）Wiedemann 74 模型参数设置

Wiedemann 74 模型参数设置如图 9-23 和图 9-24 所示。

图 9-23　Wiedemann 74 模型参数设置 1　　　图 9-24　Wiedemann 74 模型参数设置 2

3. 仿真界面

（1）仿真开始界面如图 9-25 所示。

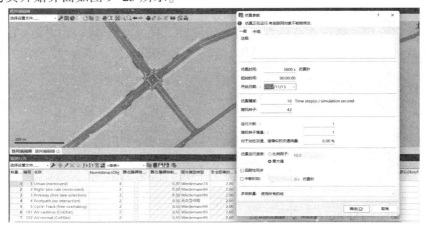

图 9-25　仿真开始界面

（2）仿真评估设置及结果输出。

评估设置如图 9-26 所示。结果输出以延误为例，如表 9-13 所示。

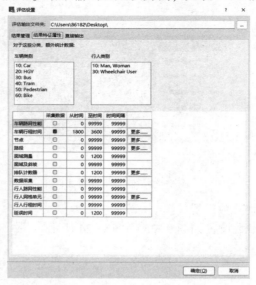

图 9-26　评估设置

表 9-13　交叉口延误结果

交叉口	行驶方向	停车延误（平均值）	停车次数	车辆延误平均值	人均延误
香港东路—海尔路	南—北	44.12	0.84	49.96	49.96
	北—南	81.32	1.25	90.98	90.98
	西—东	22.39	0.5	27.24	27.18
	东—西	28.64	0.86	35.56	35.56

本章小结

本章首先简要介绍了系统模拟和系统仿真的概念及异同点，并系统介绍了交通系统模拟及仿真的原理、功能、步骤及主要模型和方法；详细介绍了随机概率模拟在排队论问题中的应用；重点介绍了微观交通仿真中的常用模型、软件及算法，并以 VISSIM 软件仿真为例介绍了微观交通仿真软件的具体操作。本章主要知识架构如图 9-27 所示。

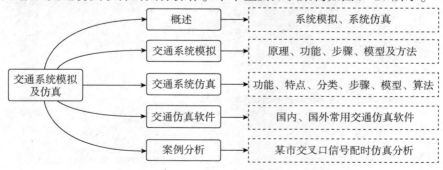

图 9-27　第 9 章知识架构

1. 什么是系统模拟及系统仿真？各自的基本原理是什么？两者的异同点是什么？

2. 交通系统模拟及仿真的步骤是什么？

3. 按照对交通流细节描述程度的不同，可将交通系统仿真分为哪 3 类？请简述这 3 类交通系统仿真之间的差异。

4. 微观交通仿真的常用模型有哪些？核心模型是什么？

5. 微观交通仿真常用算法有哪些？各自特点是什么？

6. 交通仿真的常用软件有哪些？

参 考 文 献

[1]王玮,陆建. 道路交通工程系统分析方法[M]. 2 版. 北京:人民交通出版社,2011.

[2]刘舒燕. 交通运输系统工程[M]. 3 版. 北京:人民交通出版社,2012.

[3]王江锋. 交通系统分析与应用[M]. 北京:北京交通大学出版社,2022.

[4]张国伍. 交通运输系统分析[M]. 成都:西南交通大学出版社,2008.

[5]艾瑶,邓明君,王淑芳. 交通系统分析方法[M]. 成都:西南交通大学出版社,2018.

[6]冯树民. 交通系统工程[M]. 北京:人民交通出版社,2016.

[7]王殿海. 交通系统分析[M]. 北京:人民交通出版社,2007.

[8]刘澜,王琳. 交通运输系统分析[M]. 成都:西南交通大学出版社,2008.

[9]郑长江,沈金星. 交通系统分析[M]. 北京:人民交通出版社,2016.

[10]周晶. 城市交通系统分析及优化[M]. 南京:东南大学出版社,2001.

[11]《运筹学》教材编写组. 运筹学[M]. 4 版. 北京:清华大学出版社,2013.

[12]胡运权. 运筹学[M]. 5 版. 北京:清华大学出版社,2019.

[13]李庆臻. 科学技术方法大辞典[M]. 北京:科学出版社,1999.

[14]刘衡,王龙伟,李垣. 竞合理论研究前沿探析[J]. 外国经济与管理,2009,31(9):1-8,52.

[15]张天悦. 区域经济与区际交通耦合作用研究[J]. 技术经济与管理研究,2014(4):21-26.

[16]曹利军,王华东. 可持续发展评价指标体系建立原理与方法研究[J]. 环境科学学报,1998,18(5):526-532.

[17]徐宪平. 我国综合交通运输体系构建的理论与实践[M]. 北京:人民出版社,2012.

[18]耿华军. 我国各种运输方式竞争力的综合评价[D]. 北京:北京交通大学,2000.

[19]徐利民,胡思继. 论交通运输系统的协调发展[J]. 技术经济,2003(5):封三—封四.

[20]彭辉. 综合交通运输系统理论分析[D]. 西安:长安大学,2006.

[21]卢星儒. 多式联运货物运输方式选择行为机理与双层博弈模型研究[D]. 兰州:兰州交通大学,2017.

[22]陈坚,纪柯柯,汤昌娟. 出行即服务 MaaS 系统发展研究综述[J]. 公路与汽运,2021(6):29-36,54.

[23]王雯钰. 共享单车与城市公共交通系统的竞争与合作关系研究[D]. 南京:东南大学,2019.

[24] 徐凤，余霞. 基于熵权法的交通运输与区域经济的耦合性测度——以江苏省为例 [J].
生产力研究，2017(12)：57-60.

[25] 巩梨. 区域交通一体化下的综合运输通道客运结构协调发展研究 [D]. 兰州：兰州交
通大学，2021.